CHRISTOPH MARTIN WIELAND

INHALT

Anhang

VORWORT

Während der Arbeit an meiner Biografie über Johann Gottfried Herder entdeckte ich gleichsam als Kontrapunkt zu dessen vorwiegend theoretischen Schriften die virtuose Poesie, den Sprachwitz und subtilen Humor Wielands. Seine Korrespondenz wurde zu meiner regelmäßigen Lektüre, die Werke nach autobiografischen Bezügen untersucht. Nur wenig nützen jedoch meterlange Reihen von Brief- und Kommentarbänden sowie Sekundärliteratur, die nur von wenigen Fachgelehrten zur Kenntnis genommen werden. Deshalb sah ich meine Aufgabe in der Vermittlung zwischen Forschung und Leserschaft, in der Hebung und Aufbereitung dieser verborgenen Schätze für das Publikum. Es reizte mich, das etablierte Wieland-Bild des honetten Patriarchen zu hinterfragen.

Anlässlich einer Einladung in das „Wielanddorf" Oßmannstedt, wo ich in der Reihe „Konzerte und Lesungen in der Peterskirche" einen Vortrag hielt, entstand die Idee zu vorliegender Biografie zum 275. Geburtstag des Dichters. Später besuchte ich das Wieland-Archiv in Biberach sowie Schloss Warthausen und konnte mich in Berlin und Weimar mit namhaften Experten fachlich austauschen. Entscheidend für die Publikation einer modernen Lebensbeschreibung war schließlich die Bereitschaft des Böhlau Verlages zu dem Projekt. Vor allem Harald Liehr, M. A. sei für die Unterstützung gedankt.

Es handelt sich um die erste Wielandbiografie, welche den von der Berlin-Brandenburgischen Akademie der Wissenschaften publizierten Briefwechsel mit Text- und Apparatbänden berücksichtigt. Als wichtige Quelle von Dokumenten und Äußerungen zeitgenössischer Personen sowie als chronologischer Kompass diente die dreibändige Dokumentation von Prof. Dr. Thomas C. Starnes, der mich wissenschaftlich beriet.

Wielands Briefe werden mit Datumsangabe genannt; bei den Anmerkungsbänden der Akademie-Ausgabe gilt die Bezeichnung WB, es folgen Band- und Seitenangabe. Die Schriften werden nach der Ausgabe „Sämmtliche Werke" (1794–1811) zitiert, welche als „Hamburger Reprintausgabe" vorliegt und im Text durch C^{1r} gekennzeichnet ist; andernfalls wird die Akademie-Ausgabe „Gesammelte Schriften" (AA) genannt. Bei der Starnes-Dokumentation werden Bandnummer und Seitenzahl angegeben.

Anekdotische Erinnerungen werden nur bedingt und mit Vorbehalt berücksichtigt, da die Authentizität der Angaben oft nicht nachweisbar ist; dazu gehören Carl August Böttigers Schriften „Literarische Zustände und Zeitgenossen“ und das „Historische Taschenbuch“ (beide 1838/39; im Folgenden LZ bzw. HT bezeichnet) sowie die Biografie von Gruber: „C. M. Wielands Leben“ von 1827, welche als Sonderband der „Hamburger Reprintausgabe“ vorliegt. Die Wieland-Studien erscheinen mit dem Sigel WS, es folgen Band- und Seitenangaben. „Die Pforte“ bezeichnet Veröffentlichungen des Freundeskreises Goethe-Nationalmuseum e. V.

Mein Dank für Informationen und fachliche Gespräche gilt in alphabetischer Reihenfolge Dr. Günter Arnold (Klassik Stiftung Weimar/Mitarbeiter der Abteilung Editionswesen), Dr. Hans-Peter Biege (Kulturdezernent der Stadt Biberach), Dr. Heinrich Bock (Mitglied des wissenschaftlichen Beirats des Wieland-Museums Biberach), Dieter Höhnl (Vorsitzender des Freundeskreises Goethe-Nationalmuseum e. V.), Dr. Egon Freitag (Klassik Stiftung Weimar/Abteilungsleiter für Besucherbetreuung), Gisela Krauß (ehemalige Kulturreferentin von Biberach), Prof. Dr. Klaus Manger (Friedrich-Schiller-Universität Jena), Prof. Dr. Jan Philipp Reemtsma (Hamburger Institut für Sozialforschung), Dr. Jens Riederer (Leiter des Stadtarchivs Weimar) sowie Johannes Cämmerer und Prof. Dr. Thomas Steinhöfel (Oßmannstedt).

Mein besonderer Dank für fachkundige Beratung gilt der langjährigen Leiterin des Wieland-Museums Biberach, Viia Ottenbacher M. A., Franz Baron von Ulm-Erbach für die persönliche Führung durch Schloss Warthausen, Prof. Dr. Siegfried Scheibe (Berlin) für Informationen zur Geschichte der Arbeitsgruppe „Wieland-Ausgabe“ an der Berlin-Brandenburgischen Akademie der Wissenschaften sowie dem Pfarrer der Evangelisch-Lutherischen Kirchengemeinde Oßmannstedt, Johannes Sparsbrod, der mir die Auswertung bisher unveröffentlichter Daten des Kirchenarchivs und der Orts-Chronik erlaubte.

Die Wielandbiografie ist meinen Freunden und Beratern Dr. Günter Arnold (Weimar) sowie Prof. Dr. Thomas C. Starnes (Magnolia/Mississippi) gewidmet.

Dr. Michael Zaremba — Berlin, im April 2007

EINLEITUNG

Wichtige literarische Stimmen unterscheiden zwischen dem Leben und dem Werk eines Autors, dessen Vita ihnen lediglich als Nebensache des künstlerischen Schaffens gilt. Gotthold Ephraim Lessing bemerkte in den Literaturbriefen hinsichtlich Wielands: „Was geht uns das Privatleben eines Schriftstellers an? Ich halte nichts davon, aus diesem die Erläuterungen seiner Werke herauszuholen“ (Erster Teil, Siebenter Brief). Ein für die biografische Zunft ebenfalls wenig schmeichelhaftes Diktum notierte Friedrich Nietzsche in der Schrift „Zur Genealogie der Moral“: „Man tut gewiss am besten, einen Künstler insoweit von seinem Werke zu trennen, dass man ihn selbst nicht gleich ernst nimmt wie sein Werk … Die Einsicht in die *Herkunft* eines Werkes geht die Physiologen und Vivisektoren des Geistes an: nie und nimmermehr die ästhetischen Menschen, die Artisten.“ Zu bedenken ist allerdings, dass Lessing die zitierte Briefstelle in scherzhaftem Plauderton schrieb und Nietzsche, der sich durchaus als „Physiolog“ verstand, die eigenen Lebensvorgänge subtil analysierte.

Arthur Schopenhauer, der Wieland persönlich kennen lernte, deutete hingegen das Verhältnis von Leben und Werk als dialektischen Zusammenhang. Nach seiner Auffassung bietet eine gute Biografie „das treu geschilderte Leben des Einzelnen, in einer engen Sphäre, die Handlungsweise der Menschen in allen ihren Nüancen und Gestalten, die Trefflichkeit, Tugend, ja die Heiligkeit Einzelner, die Verkehrtheit, Erbärmlichkeit, Tücke der Meisten, die Ruchlosigkeit Mancher“ (Die Welt als Wille und Vorstellung. Drittes Buch, § 51; zu Wieland vgl. die Ergänzungen zu Kapitel 37). Das Hauptanliegen von Biografien sollte mithin der Versuch einer Annäherung an die soziale, geistige und physische Befindlichkeit der dargestellten Person sein; reine Ideen- oder Werksgeschichte ist keinesfalls die Aufgabe einer Lebensbeschreibung. Vielmehr geht es um die Darstellung der sozialen Kontakte, Empfindlichkeiten, Krankheiten und Rekonvaleszenzen, die das Denken, Handeln und Nicht-Handeln der beschriebenen Person bestimmten.

Den Leser erwartet auf den folgenden Seiten somit keine *Skript*ografie, also keine *Werk*beschreibung, sondern eine *Bio*grafie Wielands, denn seine Schriften enthalten zahlreiche offene oder versteckte lebensgeschichtliche Hinweise. Wie jede Person, sind auch Poeten milieugeprägte Wesen mit bestimmten Idiosynkrasien, Komplexen und Neigungen, welche auf das Werk einwirken. Zuweilen mögen biografische Einsichten als unwichtig eingeschätzt werden: Der Erkenntniswert beispielsweise der Tatsache, dass Wieland vermutlich Rechtshänder war, mag gering sein (zum Schreiben brauchte er eine „gesunde rechte Hand“; vgl. Brief vom 29. Januar 1769). Aber diese sachliche biografische Feststellung ist immerhin lebensnaher als die zumeist langweilige Idolatrie vieler „Klassik“-Fans, welche sich in unreflektierter Zitierung des verehrten Dichters erschöpft. Nicht nur Biografen wissen, dass der Alltag – die Welt der Penaten – der wirkliche Hort des Logos ist.

Im Vorbericht der Edition „Sämmtliche Werke“ notierte Wieland zum Verhältnis von Leben und Schriften: „Die Geschichte seiner an Materie und Form so mannigfaltigen Werke ist zugleich die Geschichte seines Geistes und Herzens, und in gewissem Sinne seines ganzen Lebenslaufs. Er ist so vielfältig angegangen worden, diese Geschichte den Freunden seiner Muse mitzutheilen, daß er sich dem Verlangen derselben um so weniger entziehen kann, da er sich noch überdies durch viele in der Sache selbst liegende Bewegungsgründe schon lange dazu aufgefodert fühlt“. Dass sich der Autor der Probleme einer angemessenen biografischen Darstellung bewusst war, zeigen unter anderem die Reflexionen im Roman „Agathodämon“ (vgl. C^{1r}, Bd. 32, drittes und fünftes Buch).

Die Chronologie von Wielands gescheiterten Versuchen, seine Lebenserinnerungen zu schreiben, würde eine Monografie füllen: Im Jahre 1787 verweigerte er die Abfassung eines Artikels zu einer geplanten „Biographie deutscher Dichter“ und beabsichtigte stattdessen, „authentische Beiträge zu einer künftigen Biografie anzufangen und nach und nach in den Merkur einzurücken“ (Brief vom 10. September 1787) – ein Vorhaben, welches nie ausgeführt wurde. Zehn Jahre später wurde die Arbeit an den Denkwürdigkeiten zugunsten des Romans „Agathodämon“ verschoben, ein Jahr darauf hatte eine Aristophanes-Übersetzung den Vorrang. Im Jahre 1799 gestand der Dichter, für die „Erinnerungen“ „noch keinen Federzug gethan“ zu haben, denn „sein Gedächtnis [umfasse] blos Buchstaben und darauf gegründete Phantasiegemälde“ (vgl. Starnes II, 731; WB 12.2, S. 90). Wielands langjähriger Vertrauter, Friedrich Justin Bertuch, hat vermutlich das wahre Motiv für die Zurückhaltung gegenüber der Abfassung der eigenen Memoiren erkannt. Nach dem Kutschen-Unfall seines Freundes im Jahre 1811 notierte er: „In dieser Crisis hat der Alte beschlossen sein Leben zu schreiben, *weil ihm doch nun endlich ein Unglück geschehen sei.*" (Starnes III, 415; kursive Hervorhebung vom Verfasser; vgl. zur nie verfassten „Geschichte meines geistigen Lebens" WB 18.2, S. 129).

Tatsächlich wurde Wieland, insgesamt betrachtet, in einer Glückshaut geboren: Meist konnte der Dichter seinen Wirkungskreis selbst auswählen; sobald ihm eine Profession zuwider war, erfolgte eine Berufung an einen anderen Ort. Strapaziöse Reisen wusste er meist zu vermeiden, auch ernsthafte Erkrankungen belasteten ihn selten. Beschwerliche Arbeitslasten und redaktionellen Stress nahm der Privatunternehmer aus finanziellen Gründen freiwillig auf sich, zumal es rechtzeitig Entlastungen durch Mitarbeiter gab. Sein Leben verlief weder dramatisch noch tragisch, es war gleichsam – wie die meisten seiner Werke – von einem feinen Goldfaden durchwirkt.

Die Suche nach geeigneten Kandidaten für die Abfassung einer Lebensbeschreibung blieb ergebnislos, denn weder Sophie La Roche noch Heinrich von Kleist, der im Winter 1802/03 auf dem Landgut des Dichters in Oßmannstedt weilte, erklärten sich zu dem Vorhaben bereit. Schließlich versprach Wieland dem Schwiegersohn Carl Leonhard Reinhold, „nach Vollendung seiner Übersetzung der Briefe des Cicero *selbst sein Leben zu beschreiben*" (Brief Reinholds vom 13. April 1814). Gegenüber Vertrauten kündigte der körperlich Geschwächte noch ein Jahr vor dem Tod die Abfassung seiner Memoiren in Briefform an (vgl. WB 17.2, S. 179f.).

Infolge des Nichterscheinens der „Erinnerungen" entbrannte nach Wielands Ableben um das finanziell lukrative, als Vorstufe zu einer Biografie gedachte Briefprojekt ein familiärer Zwist: Einerseits strebte Wielands Sohn Ludwig mithilfe der umfangreichen Sammlungen Böttigers eine Edition durch den Verleger Carl Bertuch an, dessen Vater ein langjähriger Mitarbeiter und Vertrauter Wielands gewesen war (vgl. WB 18.2, S. 320). Andererseits bemühte sich Wielands Tochter Charlotte, die mit dem Schweizer Buchhändler Heinrich Geßner verheirat war, um die Edition einer umfangreichen Sammlung, welche sich aus dem Bodmer-Nachlass, Briefen an Geßners Vater Salomon, Heinse, die Brüder Jacobi und Martin Künzli zusammensetzte. Weiteres Material kam ständig hinzu. Den Schweizer Ambitionen wurde jedoch ein schwerer Schlag versetzt, als Ludwig Wieland im Juli 1813 öffentlich die Besitzer von Briefen seines Vaters um deren Zusendung bat.

Ludwig bezweifelte die kaufmännischen Fähigkeiten Geßners und erklärte jede andere Briefsammlung außer der eigenen für unberechtigt. Mit diesem Missgriff wurden jedoch jene Geister gerufen, die bekämpft werden sollten: Heinrich Geßner fühlte sich herausgefordert und suchte eifrig weiteres Archivmaterial, denn mit dem unversöhnlichen Ludwig war keine Übereinkunft zu erwarten. Als Geßner Ende 1813 starb, lagen die Projekte gänzlich über Kreuz, worauf die resolute Charlotte zur Buchmesse 1815 zwei Briefbände publizierte. Ludwig antwortete im selben Jahr mit einer eigenen Sammlung. Die als Vorleistung zu einer Biografie konzipierte Geßnersche Auswahl war chronologisch geordnet, während Ludwig nach den Empfängern listete. Carl Leonhard Reinhold, Kieler Philosophieprofessor und Schwiegersohn Wielands, besaß ebenfalls umfangreiches Material, er beabsichtigte jedoch keine Briefausgabe, sondern die (allerdings nie durchgeführte) Abfassung einer Lebensbeschreibung.

Die erste Wielandbiografie erschien jedoch nicht aus der Feder eines Verwandten, sondern des Vertrauten Johann Gottfried Gruber, der in den Jahren 1813/14 eine Lebensbeschreibung verfasste, die in Zeiten der Anfechtung des Wielandschen Œvres durch nationale Kreise auf eine Apologie seiner vermeintlich frivolen, welsch gefärbten Schriften zielte. Das Gruber zur Verfügung stehende Briefmaterial war allerdings ungenügend und erweiterte sich erst während des Schreibprozesses, als dem Autor Teile der Wiener und Züricher Sammlungen bekannt wurden.

Gruber konzentrierte sich mangels Briefmaterials mehr auf die geistigen Zusammenhänge als auf Privates; mithin ist diese Biografie eher eine literaturgeschichtliche Erörterung mit allerdings feinsinnigem Gespür für den Porträtierten. Die von Carl August Böttiger gesammelten Lebenszeugnisse Wielands im „Historischen Taschenbuch“ sowie in der Schrift „Literarische Zustände und Zeitgenossen“ sind als anekdotische Quellen für eine kritische Betrachtung nur mit Vorsicht heranzuziehen. Als regional geprägtes Standardwerk gilt Ludwig Felix Ofterdingers Studie „Wielands Leben und Weilen in Schwaben und der Schweiz“ (1877).

Die Korrespondenz ist eine der wichtigsten Quellen der biografischen Forschung. Über die Frage, ob es Wielands brieflicher Stilistik an „Wirklichkeitsfarbe“ mangelt, lässt sich indes trefflich streiten (vgl. Seuffert, Prolegomena VIII, 9). Der Hinweis von Bernhard Seuffert, dass Wielands „Ortssinn nicht aufgeschlossen“ gewesen war, ist sicher begründet, denn geografische Details werden selten präzise genannt, aber auch kulinarische Anmerkungen gibt es kaum. Manchmal nur heiter andeutend, häufig auch affektiv aufgeladen, rufen viele Briefe Erinnerungen an aktuelle oder frühere Erlebnisse hervor. Zweifellos vergnügte sich der Dichter vor allem an poetologischen Diskursen. Er verstand es jedoch ebenso, die Belange des Adressaten mitzudenken und sich fremden Bedürfnissen anzuschmiegen. Devotionswendungen schmückte Wieland häufig durch Zierschrift, einer Mischung aus Schwabacher Druck- und Kurrentschrift (vgl. Seuffert, Prolegomena VIII, 12).

Im Jahre 1938 veröffentlichte der Germanist Friedrich Beißner „Neue Wieland-Handschriften“, die er im Archiv des Germanischen Nationalmuseums Nürnberg entdeckt hatte – darunter das Manuskript zur späten Erzählung „Krates und Hipparchia“. Das Konvolut enthält Textpassagen mit teilweise bis zu 20 unterschiedlichen Ansätzen und Vorfassungen. Beißner stellte fest: „Wieland diktierte nie, er schrieb alles selbst, dachte gewissermaßen mit der Feder.“ Viele Briefe und Schriftstücke entstanden unter Zeitdruck, getrieben von Terminen, Rücksichten auf Empfindlichkeiten des Empfängers oder noch nicht fertiggestellte Texte, zu deren Beendigung es Wieland drängte. Zur Bewältigung seiner vielfältigen Aufgaben diente ihm sein umtriebiger, lebhafter Charakter, der des Sprunghaften nicht entbehrte; bereits in jungen Jahren störte ihn seine Neigung zur „Flüchtigkeit“ (vgl. Briefe vom 30. Juni und 15. Juli 1752).

Voraussetzung für eine wissenschaftliche Biografie und Werkausgabe war die Sicherung, Archivierung und Auswertung des Nachlasses; dieses Projekt nahm fast 150 Jahre in Anspruch. Nach Wielands Tod gelangten die meisten Briefzeugnisse an seine Kinder und Verwandten; weiteres Material befand sich an unterschiedlichen Orten. Die Manuskripte aus dem Besitz von Wielands Tochter Luise Emminghaus – meist partikulare Teilhandschriften zu mittleren und späteren Werken – gelangten im Jahre 1889 in die Sammlung des Goethe- und Schiller-Archivs Weimar; dazu zählt als umfangreichster Korpus die Übersetzung von Ciceros Briefen. Zur textkritischen Erschließung sind (außer den Reinschriften) Druckexemplare jener Werke von Bedeutung, in welche der Autor handschriftliche Korrekturen eintrug. Dies gilt insbesondere für Wieland, der die Eigenart glaubwürdiger Autoren hatte, niemals einen Text als zufriedenstellend anzusehen, dessen rastlose Lust am stilistischen Nuancieren ihn häufig dazu trieb, längere Textpassagen revidierend abzuschreiben. Guten Schriftstellern graut es vor dem fertigen Buch, weil sie den Text nicht mehr ändern können. Wieland notierte zu dieser leidvollen Erfahrung: „Wenn man oft alle mögliche Sorgfalt gebraucht zu haben glaubt, so entdeckt man doch noch hinten nach etwas, das besser seyn könnte" (vgl. Briefe vom 29. September 1764 und 10. Januar 1773).

Heute befindet sich eine umfangreiche Sammlung von Briefen Wielands in der Handschriftenabteilung der Zentralbibliothek Zürich, wo der Nachlass seines Schweizer Mentors, Johann Jacob Bodmer, auch einige frühe Werkmanuskripte enthält. Das Wieland-Museum Biberach bemüht sich, ergänzend zu der Handschriftensammlung, um eine möglichst vollständige Kollektion von Fotokopien sämtlicher bekannten Autografen; auch das Schiller-Nationalmuseum Marbach, das Goethe- und Schiller-Archiv Weimar, das Wieland-Archiv der Berlin-Brandenburgischen Akademie der Wissenschaften sowie andere deutsche und ausländische Bibliotheken und Privatsammlungen verfügen über Briefkonvolute und Werkmanuskripte bzw. deren Kopien. Die Herzogin Anna Amalia Bibliothek in Weimar enthält eine umfangreiche Wielandsamlung mit Erst- und Einzeldrucken, Werkausgaben, Biografien und Gesamtdarstellungen.

Um 1900 wurde von Bernhard Seuffert das Akademievorhaben einer kritischen Edition von Wielands Briefen und Werken gegründet; 1904 bis 1941 veröffentlichte der Grazer Professor „Prolegomena zu einer Wieland-Ausgabe". Seuffert, der in den achtziger Jahren des 19. Jahrhunderts eine Wielandbiografie plante, erhielt zu diesem Zweck ein Stipendium des bayerischen Staates und wurde vor allem im Nachlass Carl August Böttigers fündig. Auch die Weidmannsche Buchhandlung in Berlin, das Gleimhaus Halberstadt sowie die Sammlungen in Schaffhausen und Zürich waren hilfreich. Ein entscheidender Erfolg gelang Seuffert durch die Bekanntschaft mit Marie Emminghaus, der Tochter von Wielands Enkelin Amalie, die seit 1792 im Hause des Dichters wohnte und nach dem Tode von Maria Louisa Charlotte deren Witwer Gustav Emminghaus geheiratet hatte. Marie Emminghaus hütete den umfangreichen Nachlass ihrer Tante, der heute im Goethe- und Schiller-Archiv eingelagert ist.

Seuffert erkannte, dass Wieland auf die Verwahrung der Briefe wenig Sorgfalt legte. Ein Grund dafür lag in der Brieflast, für deren sorgsame Beantwortung der Dichter mehrere Sekretäre benötigt hätte. Auch bei den Umzügen ging viel Material verloren, vor allem bei der Übersiedlung nach Erfurt. Die Streitigkeiten um die Werkausgabe zwischen Göschen und Weidmann erhöhten Wielands Sensibilität für die Verlegerbriefe. Im März 1793 lagen die Briefkonvolute ungeordnet in Kästen und Schubfächern der Bücherzimmer und Dachkammern von Wielands Weimarer Haus. Schließlich nahmen zunächst der Schwiegersohn Reinhold, dann Wielands Sekretär Lütkemüller eine erste Sichtung vor. Die Prüfung endete mit einem Autodafé von zirka der Hälfte aller Briefe, die anderen wurden nach Wielands Angaben in Mappen geordnet. Bei den Umzügen nach und von Oßmannstedt ging erneut Material verloren. Der Sohn Ludwig nahm zahlreiche Papiere nach Wien mit.

Bernhard Seuffert veranlasste die Stiftung des Emminghaus-Nachlasses an das Goethe- und Schiller-Archiv. Andere Wielandiana kamen hinzu: ein Teil von Göschens Sammlung, die Nachlässe von Reinhold, Sophie von La Roche und Friedrich Justin Bertuch. Die umfangreiche Böttiger-Sammlung gelangte zu unterschiedlichen Teilen an die Sächsische Landes- und Universitätsbibliothek Dresden, das Germanische Nationalmuseum Nürnberg, das Biberacher Wieland-Museum, das Marbacher Schiller-Nationalmuseum und die Staatsbibliothek zu Berlin. Um 1900 war ein Gesamtüberblick der aus zirka 5000 Briefen bestehenden Korrespondenz (zuzüglich etwa 1000 an Wieland adressierte Schreiben) möglich, so dass die Preußische Akademie der Wissenschaften Seuffert beauftragte, Pläne zu einer Wieland-Ausgabe zu erarbeiten. Dessen umfangreichen literaturwissenschaftliche Tätigkeiten sowie das Akademie-Projekt ließen jedoch die Abfassung einer Wielandbiografie in weite Ferne rücken.

Der erste Band der „Gesammelten Schriften“, herausgegeben von der Königlich Preußischen Akademie der Wissenschaften, erschien 1909. Im Vorwort wurde der editorische Gesamtplan auf fünfzig Bände in drei Abteilungen (Werke, Übersetzungen, Briefe) angekündigt, jedem Textband sollte ein gesonderter Anmerkungsteil folgen, der allerdings zumeist fehlt. Mehrmals kam die Arbeit an dem Projekt für längere Zeit zum Erliegen, vor allem nach dem Ersten Weltkrieg. In den fünfziger Jahren übernahm Hans Werner Seiffert die Edition und begann, neben der Fortführung der Abteilungen 1 und 2, mit der Bearbeitung von Reihe 3 (Briefwechsel). Bedingt durch die Teilung Deutschlands und damit verbundene Verlagsprobleme erschien „Wielands Briefwechsel" als eigenständiges Unternehmen; 1963 kam der erste Band heraus. Nach dem krankheitsbedingten Ausscheiden Seifferts als Herausgeber der Edition setzte ab 1982 Siegfried Scheibe das Projekt fort. Man konzentrierte sich zunächst auf die zügige Erarbeitung der Korrespondenz, für die neue editorische Grundlagen erstellt und erstmals vollständige Sammlungen des Materials angelegt wurden. Ab 1990 begann der Druck neuer Bände. Von der historisch-kritischen Ausgabe „Wielands Briefwechsel" lagen im Jahre 2006 18 Text- und Apparatbände vor. Vorgesehen ist eine Neuedition des Gesamtwerkes nach modernen editorischen Grundsätzen.

Ein wichtiger Ort der Verehrung und Erforschung des schwäbischen Dichters ist das Biberacher Wieland-Museum, dessen Entstehungsgeschichte das Ergebnis passionierten Bürgersinns ist: Im November 1901 konstituierte sich der „Kunst- und Altertumsverein", dessen Vorstandsmitglied, der Fabrikant Reinhold Schelle, das Projekt eines Wieland-Museums vorantrieb. Schelle kooperierte mit einem Urenkel des Dichters, der Kontakte zu den verstreut lebenden Nachkommen Wielands ermöglichte, um Material aus deren Nachlass zu erwerben. Im Vereins-Jahresbericht 1904/5 wird erstmals ein – zunächst provisorisch im Biberacher Spital eingerichtetes – „Wieland-Museum" genannt, wo unter anderem allegorische Theatertafeln, Einschreibbücher der evangelischen Theatergesellschaft sowie die Totenmaske des Dichters ausgestellt waren. Weitere Spenden trafen ein. Im Jahre 1905 konnte das Grundstück Saudengasse 6 (heute: 10/1) und Wielands Gartenhaus erworben werden. Renovierungen waren notwendig.

Im Rahmen einer Feier im September 1907 konnte das Obergeschoss als Wieland-Museum eröffnet werden. Die Bibliothek wurde erweitert, eigenhändige Briefe des Dichters, Dokumente sowie Bilder angekauft; der „Kunst- und Altertumsverein" subskribierte die Akademie-Ausgabe.

Im September 1907 trafen Forscher, Sammler und Verwandte zur festlichen Eröffnung des Gartenhauses zusammen, auch die mediale Präsenz war beachtlich. Bernhard Seuffert, Nestor der Wielandforschung, hielt den Festvortrag, eine abendliche Theateraufführung mit Figuren aus Wielands bekanntesten Werken krönte die Veranstaltung. Das Museum verstand sich hinfort selbstbewusst als biografisch legitimierte Gedenk- und Forschungsstätte, denn Wielands Leben und Werk sind eng mit seinem Geburtsort verbunden. Reinhold Schelle und Bernhard Seuffert förderten als kongeniale Partner das Anliegen des Museums.

Die nach dem Ende des Ersten Weltkrieges notwendig gewordene Instandsetzung des Gartenhauses und seine Neueröffnung im Mai 1919 zogen weitere auswärtige Vereinsmitglieder an. Schließlich gelang es, die so genannte „Fürstenausgabe" von Wielands Werken zurückzuerwerben, welche im Jahre 1816 von der Stadt Biberach aus feierlichem Anlass verschenkt worden war. Ein Wieland-Roman (1922), ein Film über die „sterbende Romantik" Biberachs (1926) sowie zahlreiche überregionale Zeitungsberichte trugen in den zwanziger Jahren die Kunde vom Museum weit ins Land hinaus. Durch Wieland-Abende hielt der Biberacher „Kunst- und Altertums-Verein" die heimatkundliche Erinnerung an den Verehrten aufrecht.

Ein Kuriosum zu Wielands 200. Geburtstag war eine großformatige chinesisch-deutschsprachige Festschriftbeilage in der Zeitung „Deutsch-Chinesische Nachrichten" mit dem Titel: „Dem Andenken Wielands" (Goethe- und Schiller-Archiv Signatur 149/951). Der Herausgeber war das deutsche Seminar der Pekinger Reichsuniversität unter Mitwirkung des Pekinger Deutschland-Instituts. Wielands Jubiläum fiel in die Zeit der frühen nationalsozialistischen Herrschaft. Die Staatspartei war argwöhnisch präsent, denn der Dichter galt aufgrund seiner kosmopolitischen Gesinnung und der teilweise unverblümt erotischen Ausgestaltung seiner literarischen Sujets als ideologisch verdächtig. Gleichwohl milderte die Anwesenheit einer Nachfahrin Sophie von La Roches den gepressten Eindruck der Biberacher Veranstaltung, zumal einem missliebigen Züricher Literaturkritiker von staatlicher Seite die Einreise nach Deutschland verwehrt worden war. Die Festschrift mit literaturgeschichtlichen Beiträgen und einer Ahnentafel Wielands blieb frei von ideologischen Einflüssen.

Im Jahre 1949 erschien die Wielandbiografie des Literaturforschers Friedrich Sengle, eines Irritierten, ja Beschämten angesichts des erlebten Debakels deutscher Kultur. Der Germanist verstand Wielands Leben und Werk als geeigneten Anknüpfungspunkt für eine aufgeklärte Identitätsfindung der Deutschen. Das Buch, in Tübingen verfasst, weist eindringlich auf Wielands geistige Wurzeln im antiken, englischen und französischen Bildungsgut hin. Nach Ende des Zweiten Weltkrieges waren Hans Wolffheims Studie über „Wielands Begriff der Humanität" (1949), Fritz Martinis Forschungsbericht (1950), die Ausstellung „Goethe und Wieland" (1951), Aufführungen des Dramatischen Vereins Biberach, Erwerbungen neuer Memorabilien, die Neustrukturierung des Museums (1952) sowie die von Hansjörg Schelle vorbereiteten „Biberacher Wieland-Tage" weitere Etappen der Entwicklung. Finanzielle Unterstützung erfuhr das Museum durch das Regierungspräsidium Tübingen, den Landkreis, die Stadt Biberach sowie ortsansässige Firmen. Obwohl nicht unmittelbar zur Wielandforschung gehörend, sollte für die 1950er Jahre Arno Schmidts Studie „Wieland oder die Prosaformen" in der Aufsatzsammlung „Dya Na Sore. Gespräche in einer Bibliothek" (1958) nicht unerwähnt bleiben.

Die Finanzierung des Wieland-Museums verlegte sich schrittweise vom Mäzenatentum zu staatlicher Förderung; eine Entwicklung, die im Schenkungsvertrag von 1972 ihren Höhepunkt fand, als die Gedenkstätte in das Eigentum der Stadt Biberach überging und der Dienst- und Fachaufsicht des städtischen Kulturdezernats unterstellt wurde. Reinhold Schelles Sohn Eugen sowie dessen Sohn Hansjörg verstärkten die wissenschaftliche Kompetenz des Museums: Ein wissenschaftlicher Beirat wurde gegründet, der Buchbestand erweitert und katalogisiert, die Sammlungen systematisch ausgebaut. Besonderen Wert legte man auf die Rekonstruktion von Wielands Privatbibliothek, deren Bestand aus dem Versteigerungskatalog von 1814 bekannt ist. Den Grundstock bildeten 62 Bände aus Wielands eigener Bibliothek, die aus dem Nachlass seines Urenkels stammen.

Zu Wielands 250. Geburtstag im Jahre 1983 beteiligte sich das Museum unter Federführung von Hans Radspieler an der Ausstellung „Christoph Martin Wieland. Leben und Wirken in Oberschwaben", zu der ein vorzüglicher Katalog erschien. Das im selben Jahr stattfindende

Wieland-Symposium vereinte nationale und internationale Literaturwissenschaftler; die ein Jahr darauf veröffentlichten Sonderbände „Modern Language Notes“ und „Nordamerikanische Forschungsbeiträge“ boten innovative interpretatorische Ansätze und erschlossen teilweise neue Primärquellen.

Das Biberacher Wieland-Archiv umfasst 1112 Briefe und Autografen sowie 15185 Bücher, Zeitschriften und Sonderdrucke, darunter Wielands Werke in sämtlichen Editionen, wertvolle bibliophile zeitgenössische Ausgaben und Sekundärliteratur, 367 eigenhändige Briefe, 119 Handschriften des Dichters sowie eine Sondersammlung zu Sophie von La Roche und zur Geschichte des Theaters im 18. Jahrhundert (Bestand am 31. Dezember 2004; vgl. WS Bd. 5, S. 229f.). Das Gartenhaus, seit der Renovierung im Jahre 1985 wieder nutzbar, erhielt eine von Heinrich Bock und Hans Radspieler konzipierte Dauerausstellung „Gärten in Wielands Welt“. Der im ältesten Haus Biberachs (Zeughausgasse 4) eingerichtete Wieland-Schauraum bietet mit seiner pädagogischen Ausrichtung mehr als bloße Dichter-Folklore. Weitere Biberacher Wieland-Gedenkstätten sind das Stammhaus der Familie (Marktplatz 2), das Wohnhaus der Eltern (Waaghausstraße 3), die Lateinschule (Zwingergasse 5) sowie die Alte Kanzlei (Hindenburgstraße 3). Besonders sehenswert ist das Komödienhaus (Viehmarktstraße 8) – die Kleinkunstbühne und der Vereinsraum des (einst von Wieland geleiteten) „Dramatischen Vereins“.

Eine beschauliche Stätte der Erinnerung ist der Geburtsort Oberholzheim. Das Dorf gehörte zu Wielands Zeiten zur Freien Reichsstadt, heute zum Landkreis Biberach. Im Geburtszimmer hat die Kirchengemeinde einen Gedenkraum eingerichtet. Das Pfarrhaus ist mit einer Erinnerungstafel geschmückt, im Hof befindet sich eine „Wieland-Linde“ sowie der wiederaufgebaute Pfarr- oder „Wieland“-Brunnen“.

Schloss Warthausen mit dem „Wieland-Zimmer“ und dem „Stadion-Salon“ gehört ebenfalls zu den Gedächtnisorten. Das Biberacher Wieland-Denkmal neben der Stadthalle (1881), zahlreiche Schulen und Straßen, die seinen Namen tragen, die „abderitische“ Esel-Skulptur (2000) auf dem Marktplatz sowie andere Gedenkstätten erinnern an den prominenten Sohn der Stadt. Seit 2004 trägt der ehemalige Garten des Dichters die amtliche Bezeichnung „Wielandpark“, die öffentliche Umbenennung ließ lange auf sich warten. Zu begrüßen wäre die Ergänzung des Stadtnamens Biberach durch den Zusatz „Wielandstadt".

Auch durch musikalische Einspielungen und Symposien wurde Wieland geehrt: Im Jahre 2002 erfolgte – nach einer Coburger Teilaufführung 1985 – die Ersteinspielung der Oper „Alceste" auf Doppel-CD; ein Jahr darauf wurde die dritte Büste nach dem Tod des Dichters im Weimarer Kulturforum ACC aufgestellt. Im Frühjahr 2001 fand in Palermo ein italienisch-deutsches Kolloquium zum Thema „Wieland und die Fremde", September 2003 im Weimarer Wittums-Palais eine Tagung mit den Titel „Wielands Aktualität heute" statt. Im Sommer 2004 organisierten das Biberacher Kulturamt und das Wieland-Archiv ein Literaturwochenende mit Symposium, Lesungen und musikalischen Darbietungen zum Thema „Wieland – ein Mensch des Rokoko". November 2005 wurden in Biberach die Bände 4 und 5 der Wieland-Studien vorgestellt und die seit 1984 amtierende Leiterin des Wieland-Museums, Viia Ottenbacher, aus dem Dienst verabschiedet. Frau Ottenbacher besorgte die Fortschreibung der Bibliographie in den seit 1991 erscheinenden Wieland-Studien. Der alle zwei Jahre vom Freundeskreis zur internationalen Förderung literarischer und wissenschaftlicher Übersetzungen e. V. vergebene Wieland-Übersetzerpreis trägt ebenfalls zur Erinnerung an den Dichter bei. Im Jahre 2006 wurde die Wieland Gesellschaft Biberach e. V. gegründet.

Von dem wissenschaftlichen und belletristischen Schrifttum über Wieland kann an dieser Stelle nur eine Auswahl genannt werden: Nachdem der inzwischen in mehreren Auflagen publizierte Wieland-Roman aus der Feder der thüringischen Autorin Jutta Hecker erschienen war und Wolfgang Paulsen den Versuch einer psychologischen Deutung von Persönlichkeit und Werk des Dichters vorgelegt hatte (beide 1975), brachten die 1980er Jahre zahlreiche weitere Publikationen und Veranstaltungen zum 250. Geburtstag Wielands: ein Kolloquium in Halberstadt und ein Internationales Wieland-Symposion in Biberach (1983), die Wieland-Bibliographie (Gottfried, Zeilinger, 1983; fortgesetzt in den Wieland-Studien), eine Gedenkbriefmarke der Deutschen Bundespost (1983), eine chronologische Dokumentation (Starnes, 1987), „Politische Schriften, insbesondere zur Französischen Revolution" (Radspieler, Reemtsma, 1988). Für das Publikum, dem es weniger um Forschung als um Lektüre-Genuss geht, wurden Editionen publiziert, von denen hier ebenfalls nur eine Auswahl genannt werden kann: das „Wieland-Lesebuch“ (Bock, 1983), die dreibändige Wieland-Reihe in der „Bibliothek Deutscher Klassiker“ (1986ff.), die „Hamburger Reprintausgabe“ und die vierbändige „Klassiker“-Ausgabe des Aufbau-Verlages (Reemtsma, Böhm, beide 1984).

In den 1990er Jahren erschienen eine rororo-Monographie und ein Brief-Auswahlband (Brender; Bock, 1990), ein Sammelband aus der Reihe „Arbeitsbücher zur Literaturgeschichte“ (Jørgensen u. a., 1994), Sonderausgaben einzelner Romane (Reemtsma, 1993ff.), das „Alphabetische Verzeichnis der Wieland-Bibliothek“ (Bauch, Schröder, 1993), „Das Buch vom Ich“ (Reemtsma, 1993), das Repertorium des „Teutschen Merkur“ (Starnes, 1994), ein Metzler-Realienband (Schaefer, 1996), eine Sammlung ausgewählter publizistischer und kritischer Schriften (Albrecht, 1997), „Der Liebe Maskentanz“ (Reemtsma 1999), Audio-CDs und weitere Roman-Sonderausgaben (Reemtsma, 2001ff.), ein Anekdoten-Band (Freitag, 2001), Dirk von Petersdorfs Wieland-Essay in „Verlorene Kämpfe“ (2001), eine „Agathon“-Ausgabe (Vollmann, 2001), der „Index deutschsprachiger Zeitschriften 1750–1815“ (Akademie der Wissenschaften zu Göttingen; mit sämtlichen digitalisierten „Merkur“-Jahrgängen im Internet, 2002ff.), eine Aufsatz-Sammlung zur kulturhistorischen Einordnung des „Teutschen Merkur“ (Heinz, 2003), der Katalog zur Neueröffnung des Wielandgutes (Manger, Reemtsma, 2005), Peter Brauns Wieland-Studie in dem Essayband „Dichterleben – Dichterhäuser“ (2005), Wielands Schriften zur deutschen Sprache und Literatur (Reemtsma, Radspieler 2005), eine Sammlung Biberacher Wieland-Vorträge (Bock, 2006), die Oßmannstedter Blätter (Bände 1 und 2; Manger, Reemtsma, 2006) und die Oßmannstedt-Studien (Evangelisch-Lutherische Kirchengemeinde Oßmannstedt, Band 1, 2007).

Ein weiterer zentraler Gedenk- und Forschungsort ist das zwischen Weimar und Apolda gelegene „Wielanddorf“ Oßmannstedt. Wieland, dem das Gut einige Jahre gehörte, fand an der Ilm seine letzte Ruhestätte, flankiert von den Gräbern seiner Frau Anna Dorothea und der musischen Freundin Sophie Brentano. Im Jahre 2002 wurden das vom Weimarer Hofbildhauer Carl Gottlob Weißer ausgeführte Grabdenkmal, die vom Weimarer Oberbaudirektor Clemens Wenzeslaus Coudray konzipierte gusseiserne Umzäunung sowie die Zugangswege zum Friedhof restauriert.

Die Geschichte des Wielandgrabes kann hier nur skizziert werden: Im August 1804 veräußerte der neue Gutseigentümer und Hamburger Kaufmann Christian Kühne den Begräbnisplatz an einen Mittelsmann der Frankfurter Kaufmannsfamilie Brentano, welche das Gelände 1835 „zum alleinigen und ausschließlichen Eigentum" an die Evangelische Kirchengemeinde von Oßmannstedt verschenkte. Die Brentanos gründeten eine von der Kirchengemeinde verwaltete Stiftung zur Instandhaltung der Grabstätte. Es erfolgten weitere Spenden. Infolge der Inflation von 1923 geriet die Kirchengemeinde in finanzielle Not. Der damalige Pfarrer bat durch öffentliche Aufrufe um Hilfe zur Sanierung und Pflege der Grabstelle. In den 1920er Jahren übernahmen die Weimarer Goethe-Gesellschaft, das Biberacher Wieland-Museum sowie andere Sponsoren die Sanierungskosten, aber die Kirchengemeinde blieb Eigentümer der Stätte. Ende der 1960er Jahre planten die „Nationalen Forschungs- und Gedenkstätten der klassischen deutschen Literatur in Weimar" (NFG) die Umwandlung des Wielandgutes in einen Barockpark. Eine Schenkung durch die Kirchengemeinde wurde jedoch seitens der staatlichen Behörden wegen juristischer Bedenken abgelehnt; man einigte sich auf einen Überlassungsvertrag mit Zahlung eines Kaufpreises. April 1969 ging das 92 Quadratmeter große Flurstück in das Eigentum der Nationalen Forschungs- und Gedenkstätten über. Der Preis betrug 0,50 Mark der DDR pro Quadratmeter. Seit 1991 gehört das Wielandgut der Klassik Stiftung Weimar (vgl. Michael Zaremba: Zur Geschichte des Wielandgrabes, Oßmannstedt-Studien, Band 1, siehe Auswahlbibliografie).

Seit 1948 wurde das Gastgebäude des Gutes als Schule genutzt und 1956 im Erdgeschoss des Haupthauses ein mehrfach umgestaltetes Wieland-Museum eingerichtet. Es folgten Rekonstruktions- und Restaurierungsarbeiten im Park und an der Grabstätte. Ab dem Jahre 1963 diente das Weimarer Wittumspalais als Hort zahlreicher Wielandiana. 1991 wurde die Klassik Stiftung Weimar und Kunstsammlungen Rechtsnachfolger der NFG, in deren Besitz das Gut Oßmannstedt übergegangen war. Nach langwieriger Planung und mehr als zweijähriger grundlegender Sanierung konnte im Juli 2005 das Wielandgut mit einem multimedial gestalteten Museum und einer Bildungsstätte neu eröffnet werden. Finanziert wurde das Projekt durch Bundesmittel aus dem Programm „Kultur in den neuen Ländern", ein Förderprojekt der Europäischen

Union, den Freundeskreis des Goethe-Nationalmuseum e. V. sowie die Hamburger Stiftung zur Förderung von Wissenschaft und Kultur (Jan Philipp Reemtsma). Die Leitung liegt in den Händen der Weimarer und Hamburger Stiftungen in Kooperation mit den Universitäten Erfurt und Jena, wo am Institut für Germanistische Literaturwissenschaft eine „Wieland-Forschungsstätte Oßmannstedt" mit dem Plan zu einer neuen historisch-kritischen Wielandausgabe gegründet wurde. Im September 2005 fand im neu eröffneten Museum eine Tagung zum Thema „Wieland und Schiller – Zwei schwäbische Dichter in Thüringen" statt. In Weimar und Umgebung ehren Gedenkstätten, wie das Denkmal am Wieland-Platz von 1857 (östlich und südlich des Platzes befanden sich Häuser, in denen der Dichter gewohnt hat), die Marmor- und Bronzebüsten in der Parklandschaft von Tiefurt sowie auf dem Vorplatz der Orangerie des Wielandgutes, den Poeten. Die von der Evangelisch-Lutherischen Kirchengemeinde von Oßmannstedt organisierten „Konzerte und Lesungen in der Peterskirche" erinnern ebenfalls an den Dichter.

Mit einem zentralen Vorwurf war Wielands Schaffen nahezu lebenslang konfrontiert: Man warf ihm vor, ein Plagiator zu sein, der lediglich fremde Ideen adaptiert und epigonenhaft neu ausschmückt. So untersuchte Gotthold Ephraim Lessing in den „Briefen, die Neueste Litteratur betreffend" maliziös den *„Schöpfergeist* des *Herrn Wielands*", dessen Trauerspiel „Lady Johanna Gray" in Wahrheit einem Sujet des englischen Dramatikers Nicholas Rowe entlehnt sei. Der „rüstige Klopffechter" und „critische Kleinmeister" Lessing, wie Wieland den Hamburger Kritiker nannte (Brief vom 30. Januar und 2. Februar 1760), monierte jedoch weniger die Übernahme fremden Stoffes, sondern „das Stillschweigen, welches er [Wieland] wegen dieser seiner Nachahmung beobachtet". Das lateinische Wort *plagiarius* – zugleich „Seelenverkäufer" wie „geistiger Dieb" bedeutend – gehörte hinfort zu dem häufigsten Vorwurf gegen Wieland, dessen Stichhaltigkeit der Gescholtene indes nicht bestritt. Bereits der achtzehnjährige Autor bekannte, „nicht so streng gegen den sogenanten Plagiat zu sein … [denn] keiner darf sich über einen gewissen Gedanken ein Recht des Eigentums anmaßen"; auch räumte er ein, „gar wenig Erfindungs-Kraft" zu besitzen (vgl. Briefe vom 14. Juli 1752 und Anfang August 1752). Der betagte Autor erinnerte sich belustigt, „dass der gute Alte [Bodmer, sein Züricher Mentor] als Dichter wie ein Nachtrabe stahl. Mein eignes Talent zum Stehlen entwickelte sich denn auch bei ihm, und wenn ich es ihm nicht zuvorthat, hab ich's ihm wenigstens gleich gethan." (vgl. die humorvolle Anspielung in „Der neue Amadis", C^{1r}, Bd. 5, S. 84).

Den bekanntesten öffentlichen Vorwurf des Plagiats äußerten Friedrich und August Wilhelm Schlegel im zweiten Jahrgang der Zeitschrift „Athenaeum" (1799): „Wieland wird Supplementen seiner sämmtlichen Werke herausgeben, unter dem Titel: Werke, die ich sogar für die Supplemente zu schlecht halte, und völlig verwerfe. Diese Bände werden aber unbedruckte Blätter enthalten, welches sich besonders bey dem geglätteten Velin [glattes, pergamentartiges Papier] schön ausnehmen wird." Der Band schließt mit einem *Citatio edictalis*: „Nachdem über die Poesie des Hofrath … Wieland in Weimar, auf Ansuchen der Herren Lucian, Fielding, Sterne, Bayle, Voltaire, Crebillon, Hamilton und vieler andern Autoren *Concursus Creditorum* eröffnet, auch in der Masse mehreres verdächtige und dem Anschein nach dem Horatius, Ariosto, Cervantes und Shakespeare zustehendes Eigenthum sich vorgefunden; also wird jeder, der ähnliche Ansprüche *titulo legitimo* machen kann, hierdurch vorgeladen, sich binnen Sächsischer Frist [dreimal vierzehn Tage nach der damaligen sächsischen Prozessordnung] zu melden, hernachmals aber zu schweigen." August Wilhelm Schlegel wiederholte den ironischen Angriff, leicht modifiziert, in den „Vorlesungen über schöne Litteratur und Kunst" (1803/04).

Johann Gottfried Herder, ein Freund Wielands, formulierte in den „Humanitätsbriefen" kluge Gedanken zum Thema Plagiat: „Mithin halte ichs nicht nur für keine Schande, wenn man uns Nachahmung vorwirft; vielmehr vermehrt es den Reichthum unsrer Gedanken und Wendungen, unsrer Vorstellung- und Sprachweisen, wenn wir, wie keine andre Nation thun kann, die Gestalt fremder Idiome mit überlegendem Verstande und weiser Hand nachbilden … Einem reichen Dichter unsrer Sprache hat man nachgerechnet, dass er in *Homers, Pindars, Xenophons, Lucians, Ariosts, Cervantes, Pope, Fieldings, Sterne,* sogar des Königes *Davids* und der Sultanin *Scheherazade* Art und Manier … gedichtet und gesungen habe. Desto beßer! Um so reicher sind wir durch ihn worden. Die Ananas, die tausend feine Gewürze in ihrem Geschmack vereint, trägt nicht umsonst eine Krone" (Briefe zu Beförderung der Humanität, Achte

Sammlung; 101, 1796). Herders Diktum über die Eigenart des exotischen Staudengewächses trifft den Kern von Wielands Schöpfertum; es war jedoch bezeichnend für die angeschlagene Reputation des Dichters, dass sich der Weimarer Geistliche zur Verteidigung des Freundes genötigt sah.

Wieland fühlte sich durch die Angriffe der Schlegel-Brüder in seiner Autoren-Ehre getroffen und fragte sich, wie es möglich sei, dass „so feine Herren wie die besagten Gebrüder sind, gerade gegen mich so *grob* werden" (Brief vom 15. August 1799; WB 15.2, S. 41f., 54–58, 114, 155). Seine Erregung betraf vermutlich mehr die öffentliche Form des Angriffs als dessen Inhalt, denn ihm war durchaus bewusst, dass die Kritik Lessings und der Schlegel-Brüder berechtigt war. Aber er glaubte seine literarische Eigenart missverstanden, die – vor allem in den Versepen – mehr auf das Ornamentale, auf die flächige Ausmalung vorgegebener Motive als auf Originalität fokussierte, einem Begriff der folgenden Dichtergeneration.

Bei den Angriffen insbesondere der Romantiker sollte auch ein soziokultureller Aspekt beachtet werden: Die Invektiven gegen einen der meistgelesenen Autoren deutscher Sprache zeugten von der Verunsicherung durch die literarische Vormachtstellung Wielands beim Publikum. Der Generationskonflikt bestand in der Abneigung junger Autoren gegen den vermeintlich zersetzenden Immoralismus und die Laszivität des literarischen Übervaters. Aber die Kritik an Wieland hielt weit über seinen Tod hinaus an. So polemisierte der Biograf Gruber noch 1827 gegen den Vorwurf, „*Wieland* habe seine Nazion an den Abgrund des ungeheuersten sittlichen Verderbens geführt … *Wieland* hat noch immer eine ansehnliche Partei gegen sich … [Personen, die] vor *Wieland* warnen … wie vor dem leidigen Satan." (vgl. Grubers Vorrede zur Wielandbiografie, S. VIII).

Wegen dieser Vorbehalte wurde der schwäbische Dichter im Ausland mehr beachtet als in der Heimat. Vor allem in den Vereinigten Staaten hatte sich eine Wieland-Rezeption etabliert, die mit der Übersetzung der Verserzählung „Oberon" durch den späteren US-Präsidenten John Quincy Adams begann. Später haben Forscher wie der amerikanische Germanist und Mitarbeiter an der Akademie-Ausgabe, William Kurrelmeyer, Wieland zur Ehrenrettung verholfen; auch französische und schweizerische Beiträge bereicherten die Interpretation. Für national gesinnte Kreise der deutschen Literaturwissenschaft galt Wieland jedoch weiterhin als verdächtig, dessen Schriften niemals zum Kanon der Schulliteratur gehörten. Seine Werke waren (und sind) nicht im allgemeinen Bewusstsein verankert, allenfalls der Name der Erzählung „Oberon“ ist bekannt – jedoch weniger durch eigenständige Lektüre als vielmehr aufgrund der Vertonung durch Carl Maria von Weber oder als korrekte Antwort auf die Kreuzworträtsel-Frage nach einem deutschen Versepos mit sechs Buchstaben.

Die mehrheitlich deutschtümelnden Literaturwissenschaftler des 19. Jahrhunderts befassten sich lieber mit dem (vermeintlich) ideologisch bequemer kompatiblen Triumvirat Goethe, Schiller und Herder als mit dem filigranen Sprachvirtuosen Wieland. Der Dichter und Zeichner Wilhelm Busch ließ hingegen seine Bildgeschichte „Schnurrdiburr oder Die Bienen“ (1869) mit einer Anspielung auf den „Oberon“ beginnen. Es musste viel Zeit (und schlimme Erfahrungen) in Deutschland vergehen, bis der kluge Ketzer Arno Schmidt das (freilich zugespitzt heiter-elitäre) Diktum notieren konnte: „In Deutschland haben wir ja ein ganz einfaches Mittel, einen intelligenten Menschen zu erkennen.“ – „:?“. „Wenn er Wieland liebt.“ – Aber er war doch auch stark; er sagte würdig: „Ich kenne ihn nicht“ („Aus dem Leben eines Fauns“, 1953).

Nur wenige deutsche Autoren wurden in ihrer charakterlichen Integrität so geschmäht, wie der schwäbische Autor. Wielands Mitarbeiter Friedrich Justin Bertuch bemerkte: „Wieland ist ein schwacher, kindisch stolzer und inkonsequenter Mann, der nicht einen Gran Festigkeit von Charakter hat, morgen nicht mehr will, was er heute wünschte, heute in die Hölle schmeißt, was er gestern in den Himmel erhob, kurz ein Poet, und der uns noch tausend Noth und Ärger machen wird“ (Brief vom 9. Dezember 1784; Starnes II, 27). Solche Bemerkungen von Zeitzeugen und Vertrauten ließen sich reihenweise auflisten. Auch der Germanist Friedrich Sengle stellte die skeptische Frage nach der moralischen Integrität von Wielands Persönlichkeit (Sengle ebenda, S. 10). Dem Dichter waren die Vorwürfe nicht fremd: „Man hat mich in den Himmel gehoben, man hat mich in den Koth getreten; beides verdiente ich nicht“ (vgl. Starnes III, 256).

Forschen wir auf den folgenden Seiten nach einer Erklärung für Wielands Charakter und den Paradigmen seiner Sozialisation. Spüren wir dem Aufklärer und Poeten nach, der zugleich Übersetzer, Humorist, Mitbegründer des politischen Journalismus und ein Weber leuchtender Wortteppiche war.

1. Kapitel

JUGEND IN BIBERACH

Die Ahnengalerie Wielands versammelt ein honoriges Personal mit den Berufen Apotheker, Büchsenmacher, Offizier, Tuchmacher und Verwaltungsangestellter. Ein Vorfahre des frühen 17. Jahrhunderts war Wirt der „Gutten Herberg Zum schwartzen Bähren", des ältesten nachweisbaren Stammhauses von Biberach. Mehrheitlich sind unter seinen Vorfahren Verwalter städtischer Ämter zu verzeichnen, wie Stadtschreiber, Notare, Geistliche und Ratsmitglieder der Reichsstadt. Nicht ohne Stolz vermerkte Wieland, dass seine Familie „seit ein paar Jahrhunderten den Ruhm der ehrlichsten und edelmüthigsten Leute in meiner kleinen Vaterstadt behauptet" (Brief vom 15. Februar 1759).

Christoph Martin, allzeit ein Freund des ländlichen Lebens, gedachte besonders gern seiner bäuerlichen Altvordern, deren Namen auf spätmittelalterlichen Ahnentafeln mit den lokalen Schwerpunkten Biberach, Lindau, Memmingen und Ravensburg belegt sind. Das Familienwappen zeigt auf dem Petschaft einen Löwen, welcher drei Erdschollen entsteigt und in den Pranken eine Pflugschar hält; die Farben des Abzeichens, Blau und Gold, gelten bis heute als städtische Bikolore (vgl. WB 14.2, S. 350). Mütterlicherseits fällt der Apotheker und Geheime Rat Georg Ludwig Rauh (Großvater von Wielands Mutter) auf, welcher den Titel „Kayserlich Gekrönter Poet" führte – eine Würde, die zunächst vom obersten Regenten des Heiligen Römischen Reiches, später von den Reichshofgrafen verliehen wurde. Väterlicherseits ist ebenfalls ein fürstlich promovierter Dichter belegt: Johann Henisius, ein überregional geschätzter Arzt, verfasste Verse, die ihm die Anerkennung als *poeta laureatus caesarius* eintrug.

Bekanntlich stammen viele Vertreter der deutschen Literatur aus dem Milieu evangelischer Pfarrhäuser, so auch Wieland. Die Anekdoten und Geschichten seiner Vorfahren sind Zeugnisse konfessioneller Konflikte, die – angesiedelt zwischen Orthodoxie und Pietismus, Lebenslust und Entsagung – eine bittere Szenerie individueller Leiden an der Religionszugehörigkeit bieten: So war Christoph Martins prominentester Vorfahre des 17. Jahrhunderts, Martinus Justinus Wieland, eine kinderreicher, sanguinischer Charakter lutherischer Prägung, dessen Dissertation „De Dignitate Christianorum" [Von der Würde des Christentums] mit Auszeichnung bewertet wurde. Der geachtete Bürger Biberachs, welcher, wie der Leichenprediger bezeugte, „Staats=kluge Schlüß gebahr", fand eine ehrenvolle Ruhestätte nebst Epitaph und Familienporträt in der Biberacher evangelischen Friedhofkirche zum Heiligen Geist. Dessen Enkel, der ebenfalls mit dem für Protestanten beziehungsreichen Vornamen Martin bedacht war, trug eine Doktorarbeit gleichen Titels jedoch weniger Anerkennung ein als seinem Großvater, denn die Schrift wurde des Pietismus verdächtigt, einer von der evangelischen Staatskirche und Orthodoxie sich separierenden Erweckungsbewegung. Die Dissertation Martin Wielands wurde abgelehnt; der Relegierte verbrachte den Lebensrest als Pfarrer in einem kleinen Ort am Neckar. Wielands Vater unterzeichnete noch einige Jahrzehnte später, im Dezember 1763, gehorsam eine Protestschrift, den „herrnhutischen Unfug etlicher Bürger betreffend".

Von den Vatersvätern Christoph Martin Wielands hatte keiner weniger als sieben Nachkommen; die meisten seiner Vorfahren lebten in wohlhabenden Verhältnissen. So stiftetete Matthäus Brigel, Ururgroßvater aus mütterlicher Linie, ein nach ihm benanntes Stipendium für studierende Familienangehörige. Brigels Sohn Matthäus war der kinderreiche Vater von Wielands Großmutter Anna Maria. Die Familientafel Martin Wielands zeigt den Großvater des Dichters, Thomas Adam, der seit 1693 in Wielands Geburtsort Oberholzheim als Pfarrer amtierte.

Das schlichte Dorf, „an Einem schönen Erhobenen Orth … da nehmlich die Lufft … durchstreichen kann" gelegen, hatte damals die Schrecken des Dreißigjährigen Krieges kaum überwunden. Aus 29 Gehöften bestehend, besaß der kleine Ort „ein hiepscheß wol auß gereinichtes Kirchlein oder Gottes hauß, Mit Einem Ziemlich hohen auß gespitzten Thurm, Mit Ziegel belegt …", wie ein zeitgenössischer Chronist vermerkte. Noch heute existieren die Scheune und das viereckige Untergeschoss des Turmes. Das Dorf gehörte zu zwei Dritteln dem Biberacher Spital, der restliche Teil sowie die Kirche waren Eigentum des oberschwäbischen Klosters Gutenzell. In dieser pastoralen Idylle verrichtete der Großvater sein Amt „immer lustig und froh“ sowie weitgehend ungestört von den Intrigen und Ränken der zirka 25 Kilometer südwestlich gelegenen Reichsstadt Biberach.

Thomas Adam Wieland hatte reich geerbt, er lebte ein ländliches Eheglück mit Anna Maria Brigel, die ihm zehn Kinder schenkte. Eines davon war Wielands Vater Thomas Adam – ein Pfarrer wider Willen: Mutter Wieland hatte „einen ihrer Söhne zum geistlichen Stande“ erkoren, aber von höherer Macht war der Theologiestudent von der irdischen auf die himmlische Akademie abberufen worden: Nachdem der ältere Bruder gestorben war musste Thomas, der „einen herrlichen Cursus der Jurisprudenz“ absolvierte, sein Studium jäh abbrechen, um anstelle seines Bruders die geistliche Ausbildung fortzusetzen. Thomas befasste sich an der pietistisch geprägten Universität Halle eher widerwillig mit Dogmatik und erklomm *nolens volens* die niederen Stufen der klerikalen Karriereleiter vom Oberholzheimer Pfarrer zum Biberacher Siechen-, Hospital-, Abend- und Frühprediger.

Wieland schilderte seinen Vater als einen unglücklichen, von Komplexen geplagten „äußerst formelle[n], ängstlich fromme[n] Mann, der oft seufzte, oft ergrimmte, seinen Sohn auf so seelenverderblichen Wegen mit Voltaire'schem Spottgeiste erfüllt zu sehen“ (Böttiger, LZ, S. 246). In späteren Jahren hatte der Sohn jedoch „dem lieben Manne … in der conversation so viel beygebracht dass er sich meine poetische Bemühungen gefallen läst“ (vgl. Brief vom 6. September 1752). Thomas Wieland – durch das fatale mütterliche Gelöbnis vielleicht um sein Lebensglück betrogen – schien im Sohn eine religiös gefährdete Kopie seiner selbst zu sehen. Denn ohne den Zwang zur konfessionellen Karriere durfte Christoph Martin jene freigeistigen Denkräume ungehindert ausloten, die dem Vater versagt blieben. Vermutlich leitet sich aus dieser frühen Erfahrung Wielands Vorbehalt gegenüber der institutionalisierten Religion her.

Wielands Mutter, geborene Regina Catharina Kick (auch: Kückin oder Kück), zeichnet die Überlieferung weniger deutlich als den *Pastor loci.* Nach Bekunden des Sohnes war sie – im Gegensatz zum Vater – die „lebendigste, geistvollste Frau“; das Ängstliche, Ungeduldige, Trippelnde, Imaginative“ des Sohnes war ein Erbteil von ihr (vgl Böttiger, LZ, S. 376). Catharina pflegte eine innige Frömmigkeit, las die Bibel und abonnierte – als „wahrhafte Seelen speiße“ – die Predigten des Vorstandes der

Hamburger Mennonitengemeinde; als ihre Lieblingstexte galten später Klopstocks „Messias“ und die Übersetzung der sentimental-somnambulen Blankversdichtung „The Complaint; or Night Thoughts on Life, Death and Immortality“ des englischen Dichters Edward Young.

In einer Stube des Oberholzheimer Pfarrhauses brachte die achtzehnjährige Catharina laut Pfarrmatrikel-Eintrag „1733 d. 5. Septembr. Morgens gegen 8 Uhr. die Sabbathi“ [Samstags; eingetragen ist, entgegen dem üblichen Verfahren, das Geburts- nicht das Taufdatum] einen Knaben namens Christoph Martin zur Welt. Als „Gevather“ dienten zwei Biberacher Ratsmitglieder, als weibliche Zeugen fungierten die Ehefrau des evangelischen Predigers in Biberach sowie Regina Margaretha Rauh, die Tochter des Bürgermeisters Martin Wieland.

Gänseblümchen und Löwenzahn sind zumeist die ersten floralen Eindrücke eines Kindes, und auch Christoph Martin erinnerte sich, dass der „Vicar mich im Käppchen auf die Wiese geführt hat und in den gelben Blumen spielen ließ ...“ (Böttiger, HT, 375). Das Versepos „Oberon“ enthält eine Anspielung auf seinen Geburtsort:

> „Du kleiner Ort, wo ich das erste Licht gesogen,
> Den ersten Schmerz, die erste Lust empfand,
> Sey immerhin unscheinbar, unbekannt,
> Mein Herz bleibt ewig doch vor allen dir gewogen ...“
> (C^{1r}, Bd. 22, S. 155).

Die idyllische Szenerie änderte sich, als der Vater durch die „Oberherrliche Verordnung Eines Hoch-Edlen und Hochweisen Evangl. Magistrats“ an die Biberacher Sankt Maria-Magdalena-Kirche versetzt wurde. Thomas Adam amtierte nun als „Siechenprediger“, was den rangmäßig niedrigsten Stadtpfarrer bedeutete. Bei dem Sohn dürfte der Kanzelauftritt des predigenden Vaters einen bleibenden Eindruck hinterlassen haben.

Wielands jüngerer Bruder Thomas Adam, handwerklich und künstlerisch begabt, fertigte im Jahre 1764 einen Kupferstich der Gemeinde an: Beachtlich ist die Stadtmauer mit vier Türmen, beherrschend in der Ortsmitte die dreischiffige gotische Pfeilerbasilika „Sanct Martin, Hauptkirch“ – seit 1548 eine paritätisch von evangelischen und katholischen Christen genutzte Simultankirche. Gleichberechtigte Bikonfessionalität ist dort auch in der heutigen Zeit (trotz oder wegen konfessionell getrennter Putzeimer, Scheuerlappen, Stromzähler etc.) eine alltäglich gelebte Toleranz, worauf die Biberacher mit berechtigtem Stolz hinweisen.

Die Stadtmauer umgrenzte ein urbanes Ensemble mit probaten Einrichtungen für einen gedeihlichen Handel und Wandel: Es gab mehrere Kirchen, ein „Cappuciner Closter", „Krancken-, Siechen- und Schaaf-Häuser", ein „Enthauptungs-Gericht" sowie ein „Comoedien- und Schlacht-Haus", ja sogar eine „Glocken-Gießerey" gehörte dazu. Umgeben war die Stadt von Forsten und landwirtschaftlich genutzten Flächen.

Familie Wieland bezog ein Gebäude in der Waaghausstraße 9 (später: 3) nahe dem Gericht. Alphabetisiert wurde Christoph Martin seit dem vierten Lebensjahr in der Lateinschule; seine ersten literarischen Eindrücke waren die Bibel und das evangelische Gesangbuch. Seit Oktober 1739 wurde sein Name im „Catalogus Classis superioris Scholae Latinae Biberac" genannt – als einziger Achtjähriger unter zehn- bis vierzehnjährigen Schülern. Nach dem religiösen Einfluss des Elternhauses begegnete der Lernbegierige nun den Mythen und dem Sprachschatz der griechisch-römischen Antike: Die Lehrbücher umfassten eine grammatische „Kinderlehr" des pädagogischen Schriftstellers Christoph Keller (Cellarius), ein „Vocabularium Germanico-Latinum" sowie die Helden-Epen des römischen Historikers Cornelius Nepos, für dessen kriegerische Heroen der Knabe besonders schwärmte (vgl. Brief vom 8. November 1758 sowie die scherzhafte Bemerkung in C^{1r}, Bd. 5, S, 61).

Wielands Bemerkung, dass er den Rektor der Lateinschule, Johann Jacob Doll, bei dem der frühreife Knabe „lateinischen Unterricht … privatissime" genoss, häufig durch seine (alt-)klugen Fragen in Verlegenheit gebracht habe, dürfte ins Reich der Legenden gehören, denn die Quellen belegen die überragenden Sprachkenntnisse des Lehrers. Hingegen könnte Wielands schalkhafte Anmerkung über die kleinwüchsige Gattin Dolls der Wahrheit entsprechen: Der Knabe verfasste ein „grosses Gedicht in distichis [zweizeilige Verse] von den pygmeen, welches eine Satyre auf meines Rectors Frau war". Zu dieser Zeit entstand auch ein „Gedicht von 600 Versen in genere Anacreontis von der Echo" (Brief vom 6. März 1752). Das erste gedruckte Poem Wielands war ein „Danck- und Freudenzeugnuß" [sic!] zum 50. Amtsjubiläum des Prediger-Seniors

Johann Jacob Gutermann am 31. Januar 1746, das der Zwölfjährige in Alexandrinern [sechsfüßiges jambisches Versmaß mit einer Zäsur nach der dritten Hebung] verfasste (vgl. WS Bd. 1, S. 104–110). Der nächstälteste handschriftlich erhaltene Text ist ein Namenstagsgedicht auf seine Großmutter Maria Christine Kick vom 24. Juli desselben Jahres. Die grazile Schreibtechnik des Manuskripts bestätigt Wielands Behauptung, dass er bereits im fünften Lebensjahr seine kalligrafischen Fähigkeiten übte.

Über seine frühe Jugend resümierte Christoph Martin: „Mann [sic!] hat in meiner ersten Kindheit eine besondere Ernsthaftigkeit und Zärtlichkeit an mir bemerkt, die sich auch im Spielen äusserte. Meine Eltern denen die Vorsehung sehr wenig Glücksgüther und desto mehr Redlichkeit und Liebe zu mir gegeben, zogen mich sorgfältig auf. Bis in mein 14tes Jahr legte ich theils unter meinem Vater theils unter andern Lehrern Gründe im Latein, Griechischen, Hebräischen, u: d. Mathematik, Logik und Historie" (Brief vom 6. März 1752). Klavierunterricht und Lehrstunden in Musiktheorie gehörten ebenfalls zum Pensum. Als Mangel empfand er, „weder zeichnen, noch mahlen, noch radiren" zu können (Brief vom 20. Juni 1778).

Frühzeitig galt sein Augenmerk der Dichtung: „Ich liebte die Poesie von meinem 11. Jahre an ungemein." Mit beginnender Pubertät las Christoph Martin Texte von Horaz und Vergil, es folgten am Lateinischen orientierte Schreibversuche. Von der Lektüre Nepos` stimuliert, entstand ein Heldengedicht über die Zerstörung Jerusalems: „Ich schrieb eine unendliche Menge von Versen, sonderlich kleine Opern, Cantaten, Ballette u: Schildereyen nach Art des Herrn Brokes [Barthold Hinrich Brockes]. Ich pflegte deswegen mit der ersten Morgenröthe schon aufzustehen, weil ich des Tags über keine Verse machen durfte" (vgl. Briefe vom 6. März 1752; vom 28. Dezember 1787; zu Brockes vgl. den Brief vom 26. Mai 1777 und WB 14.2, S. 368).

Weitere Lieblingsautoren Wielands waren Friedrich von Hagedorn und Ludwig Gleim (vgl. Brief vom 26. oder 28. März 1752). Insbesondere der Leipziger Literaturprofessor Johann Christoph Gottsched galt für ihn als „magnus Apollo", dessen 1730 publizierte Schrift „Versuch einer critischen Dichtkunst vor die Deutschen" zu seinem bevorzugten Lesestoff gehörte [vermutlich die dritte Auflage von 1742]. Ein von ihm geschätzter Schriftsteller war der Pädagoge und Dichter Johannes Hübner, der zu

Brockes` 1715 in Hamburg gestifteter „Teutschübenden Gesellschaft" zählte und weltliche Dichtungen heiterer Art sowie geistliche Lyrik und „Biblische Historien" verfasste (vgl. Gruber, Erstes Buch, S. 16). Die Werke des Epikers Zachariä las Wieland ebenso wie die „Neuen Beyträge des Verstandes und des Witzes", die auch „Bremische Beiträge" genannt wurden. Schon bald war der frühreife Knabe dem Biberacher Bildungsmilieu entwachsen.

Thomas Adam, stets um eine gute Erziehung des Sohnes bemüht, bewarb sich (allerdings vergeblich) um ein Stipendium der Brigelschen Familienstiftung, die von Christoph Martins Ururgroßvater, Matthäus Brigel, gegründet worden war (vgl. Brief vom 15. Februar 1759). Ab Spätsommer 1747 fand sich ein geeignetes Internat „am Ufer der fürstlichen Elbe ... in Kloster Berga [sic!], ohnweit Magdeburg", wo Christoph Martin in den Jahren 1747/48 als Schüler des dortigen Pädagogiums die „ernste Weisheit" suchte (C^{1r}, Supplementband [im Folgenden: Supl.] Bd. 3, S. 318). Man spürt in den Schriften jener Jahre die sakrale Emphase eines Knaben, der – zur Demonstration weiser Würde eine „stattliche Perücke" tragend – nach solenner Bildung strebte.

Nach glaubwürdiger Angabe seines ersten Biografen Gruber entwickelte Christoph Martin eine Schmutz-Phobie; er wollte lieber hungern als sich verunreinigen (vgl. Gruber, Erstes Buch, S. 6). Solche Neigungen machen einsam, und so lebte Wieland vor allem für seine Studien. Zu den wenigen Freunden gehörten zwei adelige Mitschüler, „die ersten Individua dieses Standes ... die ich kennen lernte" (Brief vom 12. August 1808).

Bei dem Stift Klosterbergen am Ufer der Elbe handelte es sich um ein berühmtes Benediktinerkloster nahe Magdeburg, welches seit dem 16. Jahrhundert als eine der besten Schulen Deutschlands galt [heute befindet sich dort der „Klosterberge Garten", ein städtisches Naherholungsgebiet]. Geleitet wurde die Lehranstalt vom dem pietistischen Abt Johann Adam Steinmetz. Christoph Martin, ein frühreifer, pedantischbildungsbeflissener Knabe, legte auf dem Internat „Gründe in allen philologischen, Mathematischen u[nd]: philosophischen Wissenschaften, wie auch in der Theologie ..." (vgl. Brief vom 6. März 1752). Verschiedene lateinische Aufsätze aus jener Zeit bekunden seine naturwissenschaftlichen Interessen. Erhalten ist das so genannte „Klosterbergische

Schulheft" von 1748, welches unter anderem spekulative Texte wie „Contemplationes et Meditationes de Magnitudine et Excellentia Dei", „Meditationes Specaliores de Naturae operibus" sowie eine Übersetzung der Dichtkunst des Horaz und von Titus Livius` Schrift „De Natura Deorum" enthält (AA, Abt. 1, Bd. 4, S. 659–685). Christoph Martin lernte dort nur wenig Griechisch, weil ihm der Lehrer zu pedantisch war; seine Französischkenntnisse stammten aus der Romanlektüre, denn auch der Meister der gallischen Sprache war ihm persönlich zuwider. Hebräisch gehörte ebenfalls zum Lehrstoff.

Konsequent erweiterte Wieland sein Wissen: Unter anderem las er das von Gottsched aus dem Französischen übersetzte „Historische und Critische Wörterbuch" nach der neuesten Auflage von 1740, den Vorläufer der „Encyclopédie". Außer dem Halleschen Philosophen der Hochaufklärung, Johann Christian Wolff, war für seine Leibniz-Rezeption insbesondere das seit 1744 vorliegende, ebenfalls von Gottsched übersetzte Wörterbuch von Pierrre Bayle wichtig. Zudem las der Schüler Fontenelle und Voltaire, Johann Jacob Breitingers „Critische Dichtkunst", Friedrich Gottlieb Klopstocks Versepos „Der Meßias" sowie Lyrik Albrecht von Hallers, dessen „Versuch Schweizerischer Gedichte" ihn besonders begeisterte. Von den klassischen lateinischen Autoren bevorzugte er Horaz, Livius, Terenz, Vergil, vor allem jedoch Cicero (vgl. Briefe vom 6. März 1752 und 26. Juli 1759).

Jugendliche testen gern die Extreme, um ihre eigenen Grenzen und diejenigen, welche ihnen die Welt setzt, auszuloten. So bleibt das intensivste Bildungsmarathon eine Trockenübung, wenn sich nicht rechtzeitig ein geeigneter Mentor einstellt, bei dem man seine Kenntnisse und Fähigkeiten bewähren kann. „Einen andern Vater" fand Christoph Martin in „Hr. Raether, einem meiner Lehrer". Der pädagogische Pastor überwachte und leitete sorgsam die Lesewut des kritischen Schülers, der „nichts ohne Prüfung" glaubte und folglich „in Zweifel wegen der Würklichkeit Gottes" geriet (Brief vom 6. März 1752). Ein Aufsatz über die Geburt der Venus, trug Wieland das Prädikat „Materialist" ein, zumal er darin erläuterte, „wie die Venus gar wohl hätte, ohne Zuthun eines Gottes, durch die innerlichen Gesetze der Bewegung d.[er] Atomen aus Meerschaum entstehen können und daraus den schluß machte, die Welt hätte ohne Zuthun Gottes entstanden seyn" [nach mythologischer

Quellenlage wurde die Göttin der Schönheit aus dem Blutstropfen des kupierten Gliedes von Uranos gezeugt].

Der gedankliche Spagat zwischen dem naturphilosophischen Materialisten Demokrit und dem Idealisten Leibniz brachte Wieland endgültig in den Verdacht der Freigeisterei, ja selbst der Vorwurf, er sei ein Atheist, stand im Raum. Bei den Lehrern „passierte [Christoph Martin] für einen Freydenker", den man der „Irrelegion und Hypocrisie" bezichtigte (Brief vom 15. Februar 1759). Der ketzerische Schüler verließ das Pädagogium mit materialistischem Gedankengut, aber ohne Abschluss.

Seine philosophische Ausbildung ergänzte der junge Freigeist durch einen einjährigen Aufenthalt an der Universität Erfurt, die Immatrikulation erfolgte am 19. Mai 1749 (vgl. WB 2, S. 91). Begeistert las der Student den sentimentalen Roman „Clarissa" des englischen Autors Samuel Richardson. Prägend für ihn war das mehrbändige Werk „Historia critica philosophieae ..." des ersten deutschen Philosophiehistorikers und protestantischen Theologen Johann Jacob Brucker, den Wieland für einen der bedeutendsten Gelehrten seiner Zeit hielt (vgl. WB 2, S. 91f.). Vom „Brucker" lernte er die Schriften der antiken Philosophen kennen (vgl. WB 2, S. 90; Briefe vom 8. und 16. Juni, 12. und 16. August 1752; C^{1r}, Bd. 13, S. 17).

Christoph Martin wohnte in Erfurt bei einem weitläufigen Verwandten, dem Arzt, Privatdozenten und Mitgründer der „Churfürstlich Mayntzischen Academie nützlicher Wissenschaften" sowie Mitherausgeber der „Erfurtischen gelehrten Nachrichten", Johann Wilhelm Baumer. Der universell interessierte Gelehrte war Mitgründer eines Sanitätskollegiums sowie der ersten Klinik in Erfurt. Baumer beschäftigte sich mit geologischen Themen und führte erstmals mineralogische Exkursionen in den Wissenschaftsbetrieb ein. Seit 1748 praktizierte er in Erfurt als Arzt und hielt Vorlesungen über Weisheitslehre und lateinische Stilkunde. Seine philosophischen Gedanken hatten bei Wieland indes eine „abscheuliche Menge von Seelenblähungen" zur Folge (vgl. Brief vom 10. August 1768).

Besondere Inspiration erfuhr der Lernbegierige durch einen oft unterschätzten geistigen Nährstoff: den Humor. Baumer trug „ein sogenanntes Privatissimum ... über – den Don Quichote" vor (Brief vom 28. Dezember 1787). Da eine vollständige Übersetzung des Romans ins

Deutsche noch nicht vorlag, bezog sich der Lehrer vermutlich auf den spanischen Originaltext oder eine französische Fassung. Das heiter-melancholiche Epos über den weisen Junker von La Mancha stimulierte Wielands Seelen- und Geistesleben wie kein anderes Werk zuvor. Der parodistische Abgesang auf das Rittertum prägte nicht nur Teile seines Werkes, sondern war ein Medium der Selbstreflexion, denn in dem traurigen Fahrensmann und „Chevalier de la triste figure“ erkannte Christoph Martin Elemente der eigenen Persönlichkeit wieder (vgl. Briefe vom 6. Oktober 1758 und 12. Oktober 1762; Wielands Werk enthält passim zahlreiche Anspielungen auf Don Quijote, zum Beispiel C^{1r}, Bd. 5, S. 82f., 94, 126). Wie eine Befreiung schien der Student erstmals eine heitere Leichtigkeit zu genießen, welche nur jenseits der Schulphilosophie zu erlangen ist. In dem spanischen Epos fand er ein Vorbild, das seine Imagination und Sprachkraft reifen ließ: die heitere Poesie.

Im Frühling 1750 kehrte Wieland in das elterliche Haus zurück, nicht ahnend, dass dieses Jahr eines der wichtigsten seines Lebens werden sollte. Das Vorspiel zu den folgenreichen Ereignissen bildete ein am 1. Juni in französischer Sprache verfasster Brief Christoph Martins an Maria Sophie Gutermann. Die Neunzehnjährige, geboren in Kaufbeuren, lebte in Augsburg, wo ihr Vater, Georg Friedrich Gutermann, als Dekan des medizinischen Kollegiums und „Physicus Ordinarius“ amtierte. Christoph Martin und Sophie hatten einen gemeinsamen Vorfahren in dem zum Katholizismus konvertierten Biberacher Apotheker und *poeta laureatus* Georg Ludwig Rauh, weshalb er sie vertraulich als „ma Charmante Cousine“ bezeichnete (Brief vom 5. Juni 1750).

Die erste große Liebe Sophies hatte gezeigt, welches Unglück konfessionelle Engstirnigkeit über die Menschen bringen kann: Ihr protestantisch-orthodoxer Vater versagte dem ebenfalls in Augsburg lebenden Leibarzt des Fürstbischofs, Giovanni Ludovico Bianconi, aus konfessionellen Gründen die Hand seiner Tochter. Der italienische Graf, katholisch und hochgebildet (späterer Leibarzt und Minister des sächsischen Kurfürsten in Rom), war die große Liebe der kapriziösen, intellektuell veranlagten Sophie; durch ihn ermuntert, pflegte sie nicht nur ihre Französischkenntnisse, sondern auch die Musik. Ein Ehevertrag scheiterte jedoch an der Uneinigkeit über die bekenntnismäßige Zugehörigkeit der Kinder aus dieser Verbindung. Der Eklat war heftig: Vor den Augen ihres

Vaters musste Sophie nicht nur die Verlobung mit dem Grafen abschwören, sondern auch die Erinnerungsstücke an ihre Liebe zerstören. Als Akt trotziger Selbstbestrafung gelobte sie, fürderhin niemals mehr ihr Klavierspiel, ihre Kontra-Altstimme oder die italienische Sprache vernehmen zu lassen.

Es darf nicht verwundern, dass die gebürtige Allgäuerin Sophie und der Oberschwabe Christoph Martin sich in ihrer Korrespondenz der damaligen Kultur- und Modesprache Französisch bedienten, denn das Mädchen war damals des Schriftdeutschen nur bedingt mächtig – ein Mangel, den sie fast zwanzig Jahre später vertraulich einräumte (vgl. Briefe vom 5. und 17. November 1767; erst ab 1770 wurde der Briefwechsel teilweise auf Deutsch geführt).

Die Zeit drängte für einen Besuch von Sophie in Biberach, denn Thomas Adam wollte dem Sohn mit Hilfe des Brigelschen Stipendiums die Fortsetzung der juristischen Ausbildung ermöglichen. Durch einen zweiten Brief versuchte Wieland, Sophie nach Biberach zu locken: Mit lehrerhaftem Ton, den Christoph Martin ihr gegenüber oft anschlug, wies er auf sein aktuelles Studium der „Psychologie de Mr. Wolf" [Christian Wolffs „Psychologia empirica" von 1732] hin, und „chère Cousine" antwortete umgehend mit einem französischsprachigen Schreiben (Brief vom 5. Juni 1750). Vermutlich hoffte sie in der Konversation mit dem wenige Jahre jüngeren Studenten einen seelischen Ausgleich für ihre unglückliche Liebe zu finden.

Am 20. August 1750 traf Sophie in Biberach ein: Christoph Martin entdeckte in ihr seine Muse, sie in ihm einen musisch entflammten Jüngling. Beide vereinte die Lust an einer platonisierenden Moral, die sich bei ihm in Schüchternheit, bei ihr in einem trotzigen Verzicht auf erotische Erfüllung äußerte. Sophie war dem neuen Freund an Lebenserfahrung und seelischer Reife durch die gescheiterte Verlobung mit dem dreizehn Jahre älteren Grafen um viele Jahre voraus. Wieland spürte: „Mein Charakter gefiel ihr, ehe sie mich gesehen hatte, sie fand ihn mit dem ihrigen übereinstimmig … Ich bemühte mich nur Ihre Seele zu unterhalten" (Brief vom 11. April 1752).

In der Sankt Maria-Magdalena-Kirche hörten Sophie und Christoph Martin eine kalte Predigt seines Vaters über den Text: „*Gott ist die Liebe*" (C^{1r}, Supl., Bd. 1, S. 5). Von den engherzigen Verkündigungworten abgestoßen, erstieg das Paar einen nahe gelegenen Hügel und setzte sich unter das „Lindele“ (die „Wieland-Linde“ befindet sich heute am Rande eines Feldes im Biberacher Stadtteil „Lindele“; eine Anspielung auf diese Episode enthält das Gedicht „Die erste Liebe. An Psyche“, vgl. C^{1r}, Bd. 9, S. 163–185; Brief vom 10. August 1806). Es war gewiss ein sonderbarer Anblick, die zwei jungen Leute, „an einem sehr heißen Sommertag“ peripatetische Philosophie treibend, nach dem kleinen Berg wandern zu sehen: Sophie anmutig seinen hehren Worten lauschend, Christoph Martin schmalbrüstig (kein Wieland der Schmied), sondern ein Hänfling mit großer Nase, blassblauen Augen und hinreißender Eloquenz.

Der entflammte junge Mann trug seiner Muse ein Lehrgebäude der platonischen Liebe vor, deklamierte frei aus dem Kopf in glutvollen Worten das Glück eines tugendhaften Lebens. Erhabene Gedanken erklangen in sommerlichen Gefilden. Sophie, die lyrische und philosophische Qualität des Vortrages erkennend, ermahnte ihn, die Verse niederzuschreiben. Die beiden verlobten sich. Christoph Martin fühlte sein poetisches Dasein durch die Freundin veredelt, welche er als seelenreinigendes Geschenk Gottes verstand:

„Dich, Sophie, Dich gab der Himmel mir
Mich der Tugend liebreich zuzuführen;
Ja, ich war bereit mich zu verliehren,
Gott! Du sahest es, und gabst Sie mir!“
(Brief zwischen Januar und März 1751)

Der moralische Kampfbegriff „Tugend“ – in der Hochaufklärung als „Freude aus dem Fortschritt zu immer größeren Vollkommenheiten“ (Christian Wolff) verstanden – zeitigte seit der Mitte des 18. Jahrhunderts einen Kult, der auf dem Glauben an die natürliche Güte des Menschen beruhte: Platonisierende Moral, Verskunst und Gottesgewissheit galten als eine heilige Trias, deren Anpreisung dem Dichter ein gleichsam sakrales Charisma verlieh. Der junge Wieland glaubte an seine Berufung als Priester-Poet:

„Er singt die Gottheit selbst, den Quell der schönsten Welt,
Und wie durch ihre Kraft das Ganze sich erhält,

O möchte den Gesang, der mit der Engel Kören
Um seinen Thron sich mischt, die ganze Schöpfung hören.!“
(C^{1r}, Supl., Bd. 1, S. 19)

Der lyrische Schamane postulierte den Vorrang der Poesie vor den anderen Künsten: „Die Dichtkunst ist unter den schönen Wissenschaften die schönste und edelste ... und verdiene den Beynahmen *göttlich* ... [denn] Sie ahmet der Natur nach; Sie besizt die Schönheiten der Mahlerkunst und Musik vereinet“ (Brief zwischen Januar und März 1751). Die Ironisierung dieser Art von poetischer Begeisterungsfähigkeit sollte später eines von Wielands wichtigen Themen werden, auch das rigorose Moralisieren stand für ihn auf den Prüfstand: Viele Jahrzehnte Lebenserfahrung trennten Wielands platonisierende Jugend- und Tugendphilosophie von der Altersweisheit des Romans „Menander und Glycerion“, in dem sich der Titelheld resignierend fragt, ob „überhaupt alle Verhältnisse zwischen Mann und Weib, Kraft eines nothwendigen Naturgesetzes, auf wechselseitiger Täuschung beruhen?“ (C^{1r}, Bd. 39, S. 117).

Sophie reiste nach Augsburg zurück. Es folgte ein intensiver Briefwechsel zwischen den Verlobten, in welchem Wieland ansatzweise eine Theorie der Dichtkunst oder eine „Poetische Perspective“ entwickelte, die er am Beispiel des Schweizer Lyrikers Albrecht von Haller erläuterte (vgl. Brief zwischen Januar/März 1751). Christoph Martin glaubte seine Bestimmung gefunden zu haben: Sophies „Freundschaft und endlich auch ihr obwohl kurtzer Umgang machte mich plötzlich zu einem gantz andern Menschen ... Aus einem flüchtigen und zerstreuten Kopfe ward ich gesezt, zärtl.[ich] edel, ein Freund der Tugend und Religion“ (Brief vom 6. März 1752). Seine Mission galt hinfort der seelenreinigenden Kraft heiliger Poesie – eine Gesinnung, die freilich kaum mit dem weltlichen Anliegen des Vaters vereinbar war, der ihn zum Studium der Rechtswissenschaft drängte.

Ähnliche „Erweckungen“ jugendlicher Poeten durch Geliebte gab es häufig in der damaligen Literatur, als Beispiele seien Albrecht von Hallers Gedicht „Doris“ (1730) sowie Klopstocks Oden „An Fanny“ (1748) genannt. Sophie erhielt von ihrem Verlobten den Modenamen „Doris“ zugesprochen, der allerdings nicht ihr Vorrecht blieb (vgl. Brief vom 11. April 1752; WB 2, S. 93). Ausgehend von einem authentisch gesteigerten Gefühlsreichtum suchten die Dichter nicht nur nach neuen sprachlichen Ausdrucksformen, sondern nach einer Transzendierung des Profanen. Wieland, aufgewachsen in dem Milieu des evangelischen Pfarrhauses, verlieh der Sehnsucht nach einem poetischen Dasein gleichsam existentielle Dimensionen. Seine Dichtung sollte missionieren, mittels lyrischer Kraft die Welt verbessern: „Die lauterste und echteste Wollust durchströmte damals mein gantzes Wesen." Sein Stimulans war die platonische Liebe zu seiner Muse Sophie, durch welche er sich sittlich geläutert, zum Rhapsoden berufen fühlte, um eine gleichsam sakrale Aufgabe zu erfüllen. Die Poesie diente mithin nicht als Ersatz der Religion, sondern sie war deren Apotheose.

Der Student fühlte sich weniger der beruflichen Zukunft, als seiner eminenten Bestimmung verpflichtet: „Ich folgte in meinen Studien bloß meinem Geschmacke und einem gewißen Triebe meines bösen oder guten Dämons" (Brief vom 20. Februar 1759). Seine Aufmerksamkeit fokussierte sich weniger auf die Bearbeitung juristischer Fachprobleme, als auf die Erweiterung seiner literarischen Kenntnisse und Fertigkeiten. Die Abneigung gegenüber „Brodberufen" war ihm in die poetische Wiege gelegt – sein latent vorhandener Geschäftssinn sollte erst Jahrzehnte später aufleben.

An diesem Konflikt litt naturgemäß sein Studium, das er unter Vermeidung jener Pensen betrieb, die für eine erfolgreiche berufliche Zukunft als Jurist unerlässlich gewesen wären. Das altkluge Wunderkind – weitgehend isoliert als unverstandener Kopfmensch in Bücherwelten lebend und durch eine Mischung aus Lebensernst und kritischer Wissenslust zur Freigeistigkeit geneigt – war lediglich bereit, jene Kenntnisse zu erlernen und zu üben, die dem prospektiven Dichterberuf nutzen würden. Das poetische Sendungsbewusstsein galt ihm mehr als profane Rücksichten. Sein bürgerliches Dasein war einer ungewissen Zukunft ausgesetzt.

2. Kapitel

STUDIENZEIT

„A[nno] 1750 30. Octobris. Christophorus Martinum Wieland. Biberaco Suevus", lautete die Matrikel-Notiz seiner Aufnahme in die Tübinger Universität. Als „Pensionär" eines im 17. Jahrhundert von einem gebürtigen Biberacher Rechtsprofessor gestifteten Stipendiums bewohnte der Jurastudent das so genannte „Hochmannianum", dessen Direktor als Professor der Beredsamkeit, Geschichte und Poesie amtierte: Johann Gottlieb Faber, eine Art schwäbischer Gottsched, „der die Gabe hat von Sachen die er gar nicht versteht en dictateur zu urtheilen" (Brief vom 18. April 1752; vgl. WB 2, S. 166; WB 18.2, S. 184ff.). Der Gelehrte pflegte im studentischen Zirkel die deutsche Sprache, aber Wieland bemerkte, „daß ich ganz und gar nichts damit [mit dem studentischen Kreis der „Faberianer"] zu thun habe" (vgl. Briefe vom 4. Februar und 18. April 1752). Die von Klosterberge und Erfurt gewohnte Neigung zur Zurückgezogenheit und die laxe Art des Lernens setzte er auch in Tübingen fort: Nach flüchtiger Anhörung der Pandekten (einer Zusammenstellung aus den Werken römischer Rechtsgelehrter) mied der *studiosus juris* hinfort rechtswissenschaftliche Seminare und lebte, wie bisher, in einer „schwermüthigen Einsamkeit" (C^{1r}, Supl., Bd. 1, S. 6). Ausgenommen war der enge Kontakt zu dem seinerzeit bekannten Kanzler der Tübinger Universität, Professor Christoph Matthäus Pfaff, der die reichsstädtischen Schüler beaufsichtigte.

Von schulischer Strenge keine Spur, fand Christoph Martin hinreichend Zeit, sich auf sein eigentliches Anliegen, die Ausbildung zum *homme de lettres*, vorzubereiten. Konsequent scheute er die Mühen des Jurastudiums und lehnte die Ausbildung zu einem Brotberuf ab. Stattdessen dienten ihm eine ausgewählte Lektüre, die Erweiterung der Fremdsprachenkenntnisse, Übungen in Metrik und das fein gesponnene postalische Netzwerk zur Vervollkommung seiner literarischen Fähigkeiten. Besonders dringlich wollte er die englische Sprache lernen, um Miltons – des „*Homer*[s] *der Britten*" (C^{1r}, Supl., Bd. 2, S. 176) – Versepos „Paradise

Lost" im Original lesen zu können. Aber noch im Sommer 1752 waren nur wenige Englisch-Kenntnisse vorhanden, denn: „Ich lerne gar nicht gerne Sprachen" (vgl. Briefe vom 26., 28. März und 14. Juli 1752). Zu dieser Zeit verstand Wieland Französisch und Latein, aber Griechisch und Hebräisch waren ihm weitgehend fremd (vgl. Brief vom 18. Juli 1752). Noch als Mittdreißigjähriger konnte Wieland „griechisch, römisch, welsch oder englisch" nur schreiben, aber nicht sprechen (Brief vom 2. Dezember 1771).

Philosophische Lehrgedichte waren ein wichtiger Bestandteil der Hochaufklärung. Vor allem Alexander Popes „An Essay on Man" (1733f.), die Lyrik Friedrich von Hagedorns und Albrecht von Hallers Verskunstwerk „Ueber den Ursprung des Uebels" (1734) sind als Vorläufer einer Gedichtart zu nennen, „die sich von allen andern Gattungen dadurch unterscheidet, dass ein ganzes System von Lehren und Wahrheiten, nicht beyläufig, sondern als die Hauptmaterie im Zusammenhang vorgetragen, und mit Gründen unterstützt und ausgeführt wird" (Johann Georg Sulzer: „Allgemeine Theorie der schönen Künste. Neue vermehrte zweyte Auflage"; zitiert wird im Folgenden : ATK, Bandangabe, Seitenzahl; hier: Bd. III, S. 172).

Von Februar bis April 1751 entwarf Christoph Martin das Lehrgedicht „Die Natur der Dinge in sechs Büchern" – ein „Systema meiner Philosophie", welches er auch als „Cosmologie" oder „philosophische[n] Roman" bezeichnete (vgl. Briefe vom 25. Juli 1751; 26. und 28. März 1752). Es handelte sich um ein Auftragsgedicht von Sophie, die ihm – vermutlich zur Beruhigung seiner poetischen Emphase – beim Spaziergang zum „Lindele" aufgetragen hatte, seine metaphysischen Deklamationen in Verse umzuformen. Das „Lehrgedicht in sechs Büchern" enthält eine umfassende Auseinandersetzung mit antiken und modernen philosophischen Denkern. Als Hauptgegner seiner Überzeugungen erkannte Wieland den römischen Dichter und Philosophen Lucretius Carus (genannt Lukrez) und dessen atomistisch-epikureische Schrift „De rerum natura". Seit Frühjahr 1751 besaß Wieland ein eigenes Exemplar des Buches, welches kritische Anmerkungen aus seiner Feder enthält (vgl. WB 2, S. 84).

Wieland, der Leibniz' Philosophie eine poetische Gestalt geben wollte, beschrieb in seinem Lehrgedicht eine Theodizee, die Rechtfertigung Gottes vor dem Übel der Welt (vgl. WB 2, S. 91):

„Dieß alles ist das Werk vom ewigen Verstand,
Der für den reichsten Stoff die schönste Form erfand.
Der Mängel kleine Zahl schwindt in des Guten Größe …
Die Welt ist ja nicht Gott; genug, daß ihre Pracht
Sie, nach dem Schöpfer selbst, zum höchsten Wesen macht."
(C^{1r}, Supl., Bd. 1, S. 61)

Der junge Dichter legte sich nicht nur mit maßgeblichen Denkern der Antike – wie Aristoteles, Epikur, Demokrit und Lukrez – an, sondern er verschonte auch moderne Philosophen wie Bayle nicht. Das aufmerksame Publikum nahm die virtuose Versifikation einer platonisch geprägten Weltsicht zur Kenntnis, welche formal und inhaltlich eine Verherrlichung der Schöpfung zelebrierte: Streng geordnet, wissenspotent und lyrisch enflammt, entwarf der Begeisterte ein polyphones Weltgebäude der prästabilen Harmonie. Bildungskompetenz wurde dokumentiert. Mit diesem *opus primum* wollte sich Wieland in den Chor der Dichter einreihen, als anerkannter Poet ein Teil des musischen Reigens werden. In jugendlicher Überheblichkeit kritisierten die gereimten Alexandriner philosophische und poetische Vorgänger, aber bereits wenige Monate später galt für ihn das Lehrgedicht als „unreiffe Geburt", empfand er die Verse „als wachende Träume eines filosofierenden Dichters, oder Visionen eines poetisirenden Platonikers" (Brief vom 29. Februar 1752; vgl. C^{1r}, Supl., Bd. 1, S. 8). Auch in reiferen Jahren urteilte Wieland zwiespältig über sein Erstlingswerk, das „ein so seltsamer Zwitter von metaphysischem Schulgewäsche und von der besten Poesie" sei (Brief vom 10. August 1768; der Text wurde mehrfach bearbeitet, vgl. Brief vom 24. August 1759, auch C^{1r}, Supl., Bd. 1, S. 1–12).

Mit juvenilem Übermut hatte Wieland an der Pforte zur deutschen Hochliteratur geklopft – und wurde eingelassen. Georg Friedrich Meier, Professor für Logik, Mathematik und Metaphysik an der Universität Halle sowie Mitglied der Königlich-Preußischen Akademie der Wissenschaften zu Berlin, erhielt das Poem zugesandt. Meier, Nachfolger des bekannten Philosophen Baumgarten, galt als Begründer der modernen philosophischen Ästhetik, Theoretiker der halleschen Anakreontik und Mitstreiter des Laublinger Dichterkreises, eines der damals führenden literarischen Zentren des Deutschen Reiches. Professor Meier förderte –

gegen den Widerstand des Literaturpapstes Gottsched – die Verbreitung von Klopstocks Versepos „Der Messias“ und unterstützte dessen Publikation durch den renommierten Hallenser Verlag Hemmerde. Im Juni 1751 sandte Wieland sein Lehrgedicht anonym (wie bei Jungautoren damals üblich) an Meier, der sich beeindruckt zeigte. Ein Jahr darauf erschien „Die Natur der Dinge“ im Verlag Hemmerde, geziert mit einer Titelvignette, welche eine arkadische Landschaft mit Baum und Harfe zeigt, gekrönt von dem Motto *laborum dulce lenimen* [süßer Trost meiner Arbeiten]. Eingeleitet wird das Werk von einer Vorrede Meiers: Mehr Anerkennung konnte sich der literarische Debütant zunächst nicht wünschen, obgleich das Manuskript von Druckfehlern wimmelte (vgl. Brief vom 15. Juli 1752). Im März folgenden Jahres lüftete Wieland sein Inkognito bei Meier, aber diese Post hat vermutlich den Adressaten nicht erreicht (vgl. Brief vom 6. März 1752).

Während Christoph Martin das Nicht-Jurastudium unbeirrt fortsetzte, äußerte sein Vater Bedenken wegen der „Unbeständigkeit“ des Sohnes (vgl. Brief vom 7. März 1751). Man misstraute seiner Bereitschaft zur Verlobung mit Sophie; der Verdächtigte beteuerte indes, eine Trennung „partout nicht [zu] überleben“. Auch finanzielle Probleme bedrückten den Studenten, vor allem die Kosten für Schneider und Buchbinder, „sonderlich für die Paquete, die ich Hrn. Meier geschickt“ (Brief vom 25. Juli 1751). In dieser Zeit wurde das erwähnte Tugendgedicht an die Geliebte verfasst, wofür ihm Sophie ein Porträtgemälde sowie eine von ihr verfasste Fabel sandte. Sophie und Christoph Martin führten weiterhin eine umfangreiche französischsprachige Korrespondenz, in deren Zentrum keineswegs Liebesschwüre oder Bekenntnisse ihrer wechselseitigen Zuneigung, sondern (vor allem seinerseits) ausführliche poetologische Reflexionen standen. Ihr Interesse fokussierte sich auf ein literarisches Opus, dessen erste drei Gesänge 1748 in der Zeitschrift „Bremer Beiträge“ anonym erschienen waren: Friedrich Gottlieb Klopstocks Versepos „Der Meßias“. In der religiösen Hexameterdichtung harmonierten Pathos, Tugendliebe und eine formschöne deutsche Sprache auf eine bis dahin unbekannte Weise. Der „Gesang des göttlichen Klopstock“ stimulierte eine durch die irdische und himmlische Liebe gesteigerte emotionale Emphase, die gleichwohl durch eine strenge sprachliche Form gebändigt wurde (vgl. Brief von Ende Juli 1751).

Zweifellos galt für den jungen Wieland Klopstock als wichtigstes dichterisches Vorbild: Der „Lobgesang auf die Liebe" – ein Lehrhymnus vom Frühjahr 1751 – ist ebenso unmittelbar von der gefühlsreichen Sprache des gebürtigen Quedlinburgers inspiriert wie die „Zwölf Moralischen Briefe in Versen". Die aus gereimten Alexandrinern bestehenden Episteln, in den Monaten um den Jahreswechsel 1751/52 verfasst, beschwörten die seelenreinigende Kraft der Tugendliebe. Außer Klopstock war es vor allem die englische Autorin empfindsamer Dichtung, „*Elizabeth Singer-Rowe*, die … damahls stark auf die Fantasie des beynahe ganz einsam lebenden Dichters arbeitete" (C^{1r}, Supl., Bd. 3, S. 315; vgl. Supl., Bd. 2, S. 124; WB 2, S. 96). Der gereifte Wieland gestand allerdings, dass „der jugendliche Verfasser … die Menschen nur aus Gemählden" gekannt [habe]", mithin die rigorose gereimte Sittenlehre „oft allzu idealisch" ausfiel (vgl. C^{1r}, Supl., Bd. 1, S. 278f.).

Die „Moralischen Briefe" vermitteln denn auch ein Bild gelungener Triebzähmung:

> „Der Weise herrscht allein, ein König der Begierden;
> Um seine Scheitel glänzt die Würde aller Würden,
> Die Triebe dienen ihm, gebunden vom Verstand
> In deren Fesseln sich manch Weltbezwinger wand"
> (C^{1r}, Supl., Bd. 1, S. 389).

Christoph Martin, „ein junger filosofischer Einsiedler", maskiert sich als Sokrates und führt der lauschenden Muse ein garstiges „epikurisch Schwein" vor, welches nicht willens ist, sich der gebotenen Sittenlehre zu unterwerfen (vgl. C^{1r}, Supl., Bd. 1, S. 279, S. 309; die ironische Wortfügung vom Borstenvieh bezieht Wieland einige Jahre später auf sich selbst; vgl. Brief vom 12. April 1764). Eindringlich prüft der Dichter die griechisch-römische Mythenwelt auf ihren Beitrag für die Tugendphilosophie. Fantasiegemälde entstehen, welche, um den wissenschaftlichen Anspruch zu untermauern, mit Anmerkungen und Digressionen garniert sind. In stets neuen Wendungen wird die Liebe als Medium der Tugend und Sitte postuliert – freilich räumt Wieland in vertraulichen Briefen ein, die „platonische Liebe, die uns blos intellectualisch haben will, vor eine chimere aller chimeren" zu halten (Brief vom 25. Mai 1752).

Es ist leicht vorstellbar, wie der junge Dichter, just dem Knabenalter entwachsen, in seiner kargen Stube sitzt, die Schreibfeder übers Papier führt und, Raum und Zeit vergessend, sich in eine antike Traumwelt versenkt, um die triste Gegenwart zu vergessen. Der einsame Poet lernte das Lebensglück frühzeitig am Schreibpult kennen, mit der Feder hehre Gedankenströme auf dem Papier entwerfend. Irreales gerann zu Wirklichkeit, Realität konstituierte sich aus Fantasie. Selbstfindung in der Bücherstube. Der junge Wieland durchlebte als Prototyp des bürgerlichen Dichters seine Sozialisation mittels Wort-Erotik Emotionale Bedürfnisse wurden in bunten Bilderkosmen ausgestaltet. Im Roman „Geschichte des Agathon" spiegelt sich Christoph Martin denn auch als ein „Mann, der von seinen frühesten Jahren an mehr in sich selbst, in seiner eigenen *Ideenwelt, als ausser sich* zu leben gewohnt war…" (C^{1r}, Bd. 1, S. 128).

Beständig wird die Schreibtechnik verfeinert, das Stilempfinden kultiviert, der Reimvers als bevorzugte Strophenform entdeckt. Auch der „Anti-Ovid, oder die Kunst zu lieben" – „im Jahr 1752 in wenig Tagen ejakuliert" – ist ein metrisch gereimtes Gedicht in zwei Gesängen (C^{1r}, Supl., Bd. 2, S. 5). Als neuen Gegner hat der überspannte Jung-Platoniker den sinnenfrohen römischen Dichter Publius Ovidius Naso, Ovid genannt, entdeckt, dessen zutiefst humanistische Schrift „Ars amatoria" eine der ersten europäischen Liebeslehren in Gedichtform ist. Obwohl Ovid – ein „Meister loser Künste" – zu Lebzeiten durch seine Verbannung hinreichend gestraft wurde, führt der junge Wieland erneut einen Feldzug gegen ihn, welcher an Prüderie kaum zu überbieten ist:

> „Auch dann ist der ein Thor, und mitten im Bestreben
> Nach steter Lust, kennt er den Werth des Daseyns nicht,
> Der nur den Sinnen lebt, und jeder edlern Pflicht
> Verhaßtes Joch mit kühner Faust zerbricht"
> (C^{1r}, Supl., Bd. 2, S. 17).

Als Verteidiger sinnlicher Begierden (miss-)versteht Christoph Martin außer Ovid auch Anakreon, Aristipp, Properz sowie, als zeitgenössischen Autor, den französischen Romancier Crébillon. Wie bereits in dem Gedicht „Lobgesang auf die Liebe" wird des Autors sinnenfeindliche

Weltsicht entschieden von einer (vermeintlich) ausschließlich lustbetonten Dichtungs- und Lebensweise abgegrenzt:

> „Die Wollust, die er [Ahriman, persischer Gott der Finsternis] Liebe nennet
> Ein reitzendes Gespenst, von dessen Anhauch bald
> Manch unbesorgtes Herz entbrennet“
> (C^{1r}, Supl., Bd. 2, S. 12).

Liebe wird als Medium zur Seelenreinigung verstanden, als läuterndes Geschenk Gottes, welches die Triebe zu zähmen vermag. Mit leidenschaftlichen Worten schildert der begeisterte Dichter die kathartische Wirkung der „göttlichen“ Doris-Sophie, um deren

> „ … Mund ein leiser Zefyr schwebt:
> Nicht üppig, gleich den weichen Tönen
> Des schlauen Lehrers schnöder Lust,
> Die, an Korinnens glüh’nder Brust
> Gegirret, uns zugleich Geschmack und Herz verwöhnen“
> (C^{1r}, Supl., Bd. 2, S. 9f.; zur Apotheose von „Doris“ vgl. Supl., Bd. 3, S. 305)

Verschmäht wird die bacchantische Form der Liebe zugunsten eines veredelten Menschentums. Poesie, Religiosität und Tugendliebe gelten als moralische Triade sakraler Sinnerfahrung. Die Empfindungen sind nicht konfessionell gebunden, sondern beziehen sich auf ein emphatisch erlebtes Weltganzes; auch wird die sinnliche Liebe nicht gänzlich verworfen, sondern nur deren tugendlose Variante:

> „O Tugend, Göttin, ohne die
> Wir keine Wollust lauter schmeken,
> Du giebst den Trieben Maß, du stimmst und adelst sie …“
> (C^{1r}, Supl., Bd. 2, S. 26).

In den Mai 1752 entstandenen „Erzählungen” (später: „Moralische Erzählungen“) tauchen erstmals jene Motive auf, die ein wichtiger Bestandteil von Wielands Prosa wurden: Angelehnt an das Vorbild des englischen Autors James Thomson wird der Leser in zeitlose orientalische Märchenwelten entführt, die angefüllt sind mit Schutzgeistern und zärtlich Liebenden, welche an die arabischen Erzählungen „Tausendundeine Nacht“ erinnern. So handelt die Geschichte „Der Unzufriedene“ „in einer Gegend, die der Tigris wässert“ (C^{1r}, Supl., Bd. 2, S. 127). Die Titelfigur ist ein von rastloser Befriedigung seiner Sinnesreize und daraus resultierender Langeweile bestimmter Mann, der plötzlich überrascht einem Geist „in göttlicher Gestalt, mit sanftem Anblick“ gegenübersteht. Der Unglückliche bekennt:

> „Verhaßt ist mir mein Zustand, weil er immer
> Derselbe bleibt, so gleich ist jeder Tag
> Dem Tag, der vorging und dem Tag der folgt“
> (C^{1r}, Supl., Bd. 2, S. 130f.).

Der tüchtige Dschinn erfüllt bereitwillig sämtliche Wünsche des Melancholikers, bis dieser schließlich zu der individualistischen Erkenntnis gelangt:

> „Nur Einen Wunsch, den einzigen von allen
> Der meiner würdig ist, gewähre mir,
> O Weisheit! Lehre mich, anstatt
> Sie außer mir zu suchen, meine Welt
> Und mehr als eine Welt, *in mir* zu finden“
> (C^{1r}, Supl., Bd. 2, S. 149).

Die „Moralischen Erzählungen” enthalten zahlreiche unverhüllte autobiografische Anspielungen: „Serena“ (ein weiterer Spitzname von Sophie; vgl. Brief vom 5. Juli 1755), die Titelheldin einer Geschichte, ist „kaum achtzehn Jahr“. Serena flüchtet „aus dieser schalen Welt … in die Dichterwelten der Tugend und der Freyheit“, denn sie wird von einem „entmenschten“ Vater zur Heirat mit einem ihr widerlichen Mann gezwungen (C^{1r}, Supl., Bd. 2, S. 105). Der Gegenspieler Arist, „ein Jüngling edlen Stammes“, teilhaftig der Wissenschaften, der „nie geliebt“ hat, ist unschwer als Selbstporträt Wielands zu entschlüsseln. Serena und Arist lieben sich, dürfen aber, wegen des väterlichen Einspruchs, nicht zueinander finden. In einem sommerlichen Hain belauscht der junge

Held die klagende Geliebte, welche schließlich vor seinen Augen stirbt – eine eindringliche Paraphrase des befürchteten Verlusts seiner Verlobten Sophie an einen anderen Mann. Mit den „Erzählungen" hatte der achtzehnjährige Christoph Martin zweifellos einen ersten Höhepunkt seiner narrativen Begabung erreicht, und es ist verständlich, dass der reife Autor diese Sammlung „vor andern Produkten seiner Jugend … mit einer gewissen Vorliebe" ansah (vgl. C[1r], Supl., Bd. 2, S. 54).

Ab Sommer 1751 bezog Wieland „ein Häuschen" außerhalb Tübingens, „ungefähr eine halbe Stunde von der Stadt auf einem sehr schön angepflanzten Weinberge … der sich sogleich vor dem Thore der Stadt, wo der Weg nach Stuttgart hinausführt, diesseits des Neckars, erhebt" (Gruber, Erstes Buch, S. 88). Dort konnte der junge Poet in ländlicher Zurückgezogenheit unbehelligt seine literarische Neigung pflegen. Das eremitenhafte Leben in rustikaler Umgebung diente gleichsam als Treibhaus für seine sich entwickelnde Dichter-Identität: Versteckt hinter der Fassade eines *studiosus juris* kultivierte Christoph Martin mittels Lektüre, Übungen in Versmaß und Reimkunst sowie Anfertigung poetologischer Episteln die erforderlichen Fertigkeiten, die seiner Bestimmung nutzen würden. In schneller Zeitfolge entstanden Oden, Verserzählungen und eine aufführliche Korrespondenz. Der junge Dichter besaß allerdings nur eine geringe Anzahl Bücher und kannte nur wenige Schriftsteller durch eigene Lektüre (vgl. Briefe vom 18. April und 18. Juli 1752).

Die solitäre Lebensführung begünstigte einen ausgeprägten Narzissmus sowie die Neigung zu selbstisolierender Misanthropie. Lediglich „ausserlesene Leute", die seinem gehobenen Moral- und Bildungskodex genügten, wurden von ihm akzeptiert. Solche Ansprüche machen einsam, und sein persönlicher Umgang blieb „auf meine geliebte Eltern und meine Bücher eingeschrenkt" (vgl. Brief vom 30. Juni 1752). Vermutlich bedauerte Christoph Martin im Stillen keineswegs die physische Abwesenheit der Verlobten, denn die Absenz des geliebten Partners stimuliert oft mehr zu lyrischen Gedankenströmen als dessen ablenkende Gegenwart.

Wieland fühlte sich als „einer der Zärtlichsten Menschen die je ein Dichter phantasiert hat. Darunter aber ist eine solche dose Kaltsinn, daß ich mir oft selbst ein Räthsel bin" (Brief vom 14. Juli 1752). Sein Charakter zeigte jene bei kreativen Menschen häufige Distanz, ja Gleichgültigkeit gegenüber der Wirklichkeit, welche die Objektivierung von Gefühlen und Gedanken begünstigt. Glücklich fühlte sich Christoph Martin vor allem am Schreibpult inmitten eines virtuellen Kosmos von Mythen und Bildungshieroglyphen. In den Figuren und Situationen der Erzählungen bearbeitete der Autor traumhaft seine psychischen Belastungen: „Wenn ich im heil'gen Schatten der Betrachtung mich selbst genieße … allein, doch von Ideen und Schöpfungen der Fantasie umgeben" (C[1r], Supl., Bd. 2, S. 177, 184).

Eine innere Unruhe konnte er nie überwinden; seine „Flüchtigkeit" machte ihn zu einem schlechten „Corrector von profession". Der Jähzorn – auch in fortgeschrittenem Alter eines seiner Charaktermerkmale – zeigte sich bereits in Tübingen durch plötzliche Wutanfälle, die er als „étourderie, Heftigkeit" bezeichnete; dazu gehörte „eine gewiße Empfindung meiner selbst die mich zuweilen anwandelt, und mich etwas eigensinnig macht" (Brief vom 12. August 1752).

Im Spätsommer 1751 besuchte der Student die Eltern in Biberach. Vor allem der Vater zeigte sich skeptisch hinsichtlich der Zukunft der beiden Verlobten und beklagte die „Unbeständigkeit" des Sohnes sowie dessen Erstlingswerk „Die Natur der Dinge" (vgl. Briefe vom 7. März und 30. Juni 1751, 15. Juli 1752). Nach einem gemeinsamen Besuch mit der Mutter und einer Tante in Augsburg weilte Wieland im späten Oktober erneut in Tübingen. Mit dem Hexameter-Epos „Hermann", an dem er nun arbeitete, wollte sich der junge Poet endgültig in die Ränge der Hochliteratur einreihen und zugleich Partei in dem damals seit vielen Jahren schwelenden Literaturstreit beziehen. Das Sujet des siegreichen germanischen Helden Arminius war aktuell, denn es gab in der deutschen Literatur den inoffiziellen Wettstreit, eine moderne Iliade zu schaffen, um als deutscher Homer gekürt zu werden. Wielands Verserzählung kündet denn auch in martialischen Tönen von den Meriten des cheruskischen Heerführers:

> „Singe mir, Muse, den Helden des göttlichen Hermanns
> Der sein Blut dem Vaterland weyhte, und Teutschlands Freyheit,
> Nicht ohne Gott, aus den Klauen der Römischen Barbarn herausriß"
> (AA, Abt. 1, Bd.1, S. 137).

Das Gedicht war eine Replik auf Christoph Otto Freiherr von Schönaichs Epos „Hermann oder das befreyte Deutschland, ein Heldengedicht. Mit einer Vorrede ans Licht gestellet von Johann Christoph Gottscheden", das im Jahre 1752 publiziert wurde. Gottsched bemühte sich vergeblich, Schönaichs „Hermann" zu einem nationalen Epos zu stilisieren; vor allem schien es ihm wichtig, Klopstocks „Messias" als Opus minderer Güte zu desavouieren. Der Literaturpapst überarbeitete persönlich den Text seines Protegés und fügte eine Einleitung hinzu. Schließlich wurde der ausgediente kursächsische Offizier von Schönaich an der Leipziger Universität sogar zum *poeta laureatus* gekrönt; Gottsched hielt die Lobrede. Diesen offenen Affront gegen Klopstock und seine Mitstreiter nutzte Wieland geschickt aus, indem er am 4. August 1751 das Gedicht „Hermann" anonym „zu Dero Beurtheilung" an Bodmer sandte. Der Schriftwechsel wurde, um sein Inkognito zu wahren, über einen Verwandten in Rotenburg am Neckar abgewickelt.

Johann Jacob Bodmer war das umtriebige Haupt einer Literaturrichtung, die sich – im Gegensatz zu Gottscheds an der französischen Klassik orientierten Ästhetik – dem Fantastischen, Gefühlvollen, Wunderbaren verschrieben hatte. Bodmer, nahe Zürich geboren, war Gymnasialprofessor, Historiker, Kritiker, Kunsttheoretiker, Schriftsteller und Übersetzer, der unter anderem das Versepos „Paradise Lost" des englischen Dichters John Milton in die deutsche Sprache übertrug. Mit der 1748 in Zürich publizierten Schrift „Proben der alten schwäbischen Poesie des Dreyzehnten Jahrhunderts. Aus der Maneßischen Sammlung" erwies sich der Schweizer als ein Kenner der mittelalterlichen Dichtung. Bodmer hatte die moralische Wochenschrift „Die Discourse der Mahlern" (1721/23) gegründet und war Miteigentümer einer Buchhandlung und einer Druckerei.

Insbesondere die „Critische Abhandlung von dem Wunderbaren in der Poesie und dessen Verbindung mit dem Wahrscheinlichen", 1740 in Zürich erschienen, hatte die Fronten der ästhetischen Auseinandersetzung verschärft: Bodmer verteidigte Miltons Epos und betonte die Autonomie der Fantasie in der Literatur. Gottscheds Rezension der Übersetzung in seiner Zeitschrift „Beyträge zur Critischen Historie der Deutschen Sprache, Poesie und Beredsamkeit" betonte hingegen den Primat des Verstandes über die Einbildungskraft und galt als öffentliche

Kriegserklärung an die Schweizer. Ein langatmiger, polemisch zugespitzter Literaturstreit folgte.

Keine Verhaltensweise war für die poetische Karriere des ambitionierten Autors nützlicher, als in diesem Disput durch ein eigenes Werk Stellung zu beziehen. Rückblickend notierte Wieland jedoch ernüchtert: „Der junge Dichter arbeitete damahls an einem Heldengedichte, wovon Arminius der Held war, und wovon er, zu gutem Glücke, bald darauf die Hand wieder abzog" (C^{1r}, Sup. Bd. 3, S. 308). Das Gedicht blieb Fragment, aber die Aufmerksamkeit der Schweizer war geweckt.

Am 14. September 1751 schrieb Bodmer, der nach seiner Emeritierung als Professor für vaterländische Geschichte am Carolinum Zürich über hinreichend Zeit für einen ausgedehnten Briefwechsel verfügte, an den „Unbekannten, der den *Hermann* gedichtet". Er lobte die Hexameterverse, deren Verfasser von ihm sogar als Nebenbuhler Klopstocks eingeschätzt wurde (vgl. WB 2, 41). Der junge Autor war beflügelt. Dennoch stellte Christoph Martin, taktisch geschickt, sein Licht unter den Scheffel, bewertete er gegenüber Bodmer den „Hermann" selbstkritisch als „Frucht einer gewissen Jugendhizze, ein übereiltes Werck" (Brief vom 29. Oktober 1751). Zwei Jahre später sandte Wieland, mit Bodmers Zustimmung, ein Schreiben an Gottsched, welches zwischen den verfeindeten Lagern vermitteln sollte und sogar für Schönaichs „Hermann" lobende Worte fand. Der Literaturpapst zeigte sich konziliant (vgl. Brief vom 14. September 1753; WB 2, 189f.).

Am Schluss des ersten ausführlichen Briefes an Bodmer, in dem sich Wieland abschlägig über Gottsched, aber überschwänglich lobend zu Klopstock äußerte, lüftete er sein Inkognito. Zur Freude des Studenten entwickelte sich eine regelmäßige Korrespondenz mit dem Züricher Patriarchen. Der Schriftwechsel weist Wieland als geschickten Taktierer aus, denn er legte jene zurückhaltende Aufdringlichkeit an den Tag, die hochmotivierten Personen oft eigen ist. Der junge Poet gab sich bescheiden, aber ein kluger Leser wie Bodmer konnte anhand der Briefe unterschwellig ein ausgeprägtes literarisches Selbstbewusstsein und einen starken Ehrgeiz herauslesen.

Die subtile Empfehlung der eigenen Person bezog Christoph Martin auch auf seine Trinkgewohnheiten, denn er bekannte sich gegenüber dem asketischen Bodmer als „großer Wassertrinker, und ein geborener

Feind des Bachus"; Tabakgenuss sowie „große Gesellschaften und Gastmahle" lehnte er ebenfalls entschieden ab. Aufgrund seines puritanischen Verhaltens glaubte man, dass Wieland den Quäkern beitreten wolle (vgl. Briefe vom 4. Februar; 25. Mai; 8. Juni).

Die Bemühungen um Anerkennung durch die Schweizer hatten schließlich Erfolg: In der seit Juni 1751 (allerdings nur kurzzeitig) erscheinenden, nach einem Freund des Sokrates benannten Monatsschrift „Crito" wurde die erste Rezension einer Dichtung Wielands publiziert. Der Pfarrer und Literat Johann Heinrich Schinz behandelte in der Ausgabe des „Christmonats" [Dezember] 1751 ausführlich und positiv den „Lobgesang auf die Liebe", ein Gedicht, das „in etlichen enthusiastischen Stunden des Maymonats 1750 aufgesezt" worden war (vgl. den „Vorbericht" zur zweiten verbesserten Ausgabe vom 12. Juni 1753; AA, Abt. 1, Bd.1, S. 137). Wieland antwortete auf die Besprechung mit galanter Bescheidenheit, indem er Sophie als eigentlichen Anlass der Verse nannte (Brief vom 19. Januar 1752).

Pastor Schinz, ein wichtiger Briefpartner Wielands, gehörte zum so genannten Züricher „Klopstockkreis", der auch als „Critonen", „Crito-Gesellschaft" oder „Dienstags-Compagnie" bezeichnet wurde, da die Gruppe im Winter an diesem Wochentag zusammentraf. Die Gesellschaft war im Jahre 1750 aus einer studentischen Vereinigung hervorgegangen und rekrutierte sich aus jungen Männern gehobenen Standes. Man nannte sich vertraulich „Gesellschaftsrodel". Auch Klopstock nahm häufig an den zuweilen bacchantischen Sitzungen teil und zeigte sein tänzerisches Können: „Er legte bey ihren Lustbahrkeiten die ernsthafte Miene des Epischen Dichters ab, und sang in fröhlichen Reihen, das Kelchglas in der Hand, Hagedorns muntere Lieder vom Amor, und Freundschaft und Bachus, oder Hallers zärtliche Doris; Zuweilen übten Sie die hurtige Füße in Tänzen und schnellen Bewegungen auf der Ebene anmuthiger Gefielden" (WB 2, S. 170). Über diese (vermeintlich unwürdigen) Eskapaden Klopstocks in feuchtfröhlicher Runde zeigte sich der asketische Bodmer enttäuscht und ersehnte einen Ersatzkandidaten, der seinem abstinenten Lebensstil mehr entspräche. Der Tübinger Student hatte mithin Grund, seine Enthaltsamkeit zu betonen.

Christoph Martin schrieb an Bodmer, dass er sich „zu Ihnen nach Zürich" wünsche, aber zunächst blieb der Kontakt auf den Austausch von Briefen beschränkt (Brief vom 29. Februar 1752). Man wollte seine Meinung zur zeitgenössischen Literatur kennen lernen. Wieland äußerte sich lobend zu Gellert, Hagedorn, Klopstock und Bodmer, welchen er – den schmalen Grat zwischen Anbiederung und Bewunderung beschreitend – als „unser Homer“ bezeichnete (Brief vom 20. Dezember 1751). Schönaichs „Hermann“ sowie die Neuauflage von Gottscheds „Critische Dichtkunst“ galten für ihn hingegen als überholt. Bodmer, von Wielands Gedanken und Servilität beeindruckt, schlug Januar 1752 der „Crito-Gesellschaft“ vor, den Studenten nach Zürich kommen zu lassen, denn „Hr. Wieland … [steht] in der Poesie wenige Grade unter Klopstok, er hat weit mehr Lectür, einen logicalischen Kopf, mehr Sitten, mehr Bescheidenheit, und doch mehr Jugend … Wenn ich nicht durch Klopstocks Aufführung schüchtern gemacht wäre, so ließ ich diesen jungen Menschen nach Zürich kommen“ (Brief Bodmers vom 20. Januar 1752; vgl. Starnes I, 19ff.).

Der Patriarch aus Zürich sandte Wieland als Zeichen besonderer Wertschätzung die ersten zwei Gesänge seines Heldengedichts „Der Noah“ zur Begutachtung. Später erhielt Christoph Martin weitere Texte Bodmers zum Gegenlesen, so die Erzählungen „Joseph und Zulika“ sowie „Jacob und Rachel“. Besonders faszinierte ihn das Epos „Der Noah“, das „unter die seltenen Schriften [gehört] welche desto beßer gefallen je öfter mann sie liest.“ Gleichwohl konstatierte die ausführliche, lobende Rezension Wielands einige Unstimmigkeiten des Textes (vgl. Briefe vom 11. April und 6. September 1752).

Christoph Martin schien zu spüren, dass der einschmeichelnde Ton seiner Briefe keinesfalls in schiere Lobhudelei ausarten dürfe, deshalb nahm er den wegen seines hedonistischen Lebensstils und literarischer Extravaganzen missliebig gewordenen Klopstock vor Angriffen der Schweizer in Schutz. Der junge Autor wies auch selbstkritisch auf den ihm eigentümlichen übermäßigen „Empfindungsreichtum“ hin, denn „der Schönste Theil meiner Philosophie besteht aus süssen Träumen“ (Brief vom 6. März 1752).

Seit dem Frühjahr 1752 deutete sich eine religiöse Vertiefung seines Denkens und Fühlens an, welche gewiss auf Bodmers und Schinz’ Einfluss zurückzuführen war. So erschien von Wieland Anfang März 1752 anonym die Schrift „Zwölf Moralische Briefe in Versen“ mit einer vorangestellten „Ode an Bodmer". Unverzüglich sandte er die Publikation in die Schweiz. Immer zutraulicher wurden seine Bekenntnisse: Eindringlich schilderte Christoph Martin seine frühe Jugend, die Liebe zu Sophie, seine abstinente Lebensführung und einsame Existenz, aber auch die vormalige freigeistige Neigung blieb nicht unerwähnt. Ersehnt wurde von ihm eine baldige Änderung der Tübinger Situation: „Ich wünsche schon lange von hier erlöset zu seyn" (Brief vom 18. April 1752).

Mitte Mai 1752 erschien eine dreiköpfige Delegation aus Zürich, um Wielands Eignung als Ersatzkandidat für Klopstock zu prüfen. Bodmer wusste allerdings nichts von der Visite; die Mitglieder der „Dienstags-Compagnie" besuchten den Aspiranten aus eigenem Antrieb. Man ließ den Studenten jedoch im Glauben, es handele sich um Abgesandte des Züricher Doyen (vgl. WB 2, S. 108f., 170f.). Christoph Martin gab den Besuchern einen Brief an Bodmer mit, welcher den Empfindungs- und Erkenntnisreichtum von dessen letztem Versepos lobte und eine Rezension des Werkes ankündigte (vgl. Brief vom 14. Mai 1752; die Besprechung mit dem programmatischen Titel „Die Abhandlung von den Schönheiten des Epischen Gedichts Der Noah" erschien am 8. April folgenden Jahres in Zürich; im „Vorbericht" räumte Wieland Parteilichkeit für den Autor ein; vgl. AA, Abt. 1, Bd. 3, S. 299).

Derweil hatten sich Wielands persönliche Beziehungen zu den Schweizern vertieft: Die Braut von Pastor Schinz, Anna Barbara Meyer, wollte mit Sophie Gutermann korrespondieren und fragte deshalb bei Wieland an. Sie wünschte den Briefwechsel in deutscher Sprache und schlug als eigenen Spitznamen denjenigen der griechischen Lorbeer-Nymphe „Daphne" vor (Brief vom 18. April 1752; *Doris* und *Daphne* sind Figuren in der neunten Epistel der „Moralischen Briefe"). Schinz vermittelte für Wieland den Kontakt zu seinem Freund Isaak Iselin, einem Baseler Philosophen, der den Geschichtsverlauf als linearen Fortschritt zur Humanität interpretierte. Pastor Schinz hatte gegenüber Iselin brieflich mehrfach auf Wieland hingewiesen und dessen Schriften an den prominenten Schriftsteller gesandt. Wieland antwortete zeitlich verzögert auf ein Schreiben aus Basel, aber schließlich entwickelte sich ein Briefwechsel (vgl. WB, S. 2, 352). Ein Freund Iselins übersetzte auszugsweise „Die Natur der Dinge" ins Französische (vgl. WB 2, S. 156; Briefe vom 24. Februar und 8. Oktober 1758).

Der junge Dichter fühlte sich zu weiteren lyrischen Projekten angeregt. So war die Anfertigung einer Ode an den Frühling beabsichtigt, aber das bis Ende Mai 1752 andauernde schlechte Wetter verhinderte das Aufkommen authentischer Gefühle. Zudem überlegte der anspruchsvolle Poet, ob das Gedicht auf die erste Jahreszeit „in Hexametern oder in Hendecasyllabis [Elfsilber] ohne Reimen" verfasst werden sollte (Brief vom 25. Mai 1752). Nachdem sich die Wetterlage gebessert und eine entsprechende Stimmung eingestellt hatte, fiel die Entscheidung zugunsten des auftakt- und reimlosen Sechshebers. Das Gedicht „Der Fryhling" wurde von einem Tübinger Verleger gedruckt – auf besonderen Wunsch Wielands, typografisch innovativ, mit lateinischen Lettern (vgl. Brief vom 5. Juni 1752). Umgehend versandte er das Poem an Freunde, unter anderem an den Professor der Mathematik und Dichtkunst am Stuttgarter Gymnasium, Johann Christian Volz, der mit Bodmer korrespondierte und ebenfalls Wielands Briefpartner wurde. Der schwäbische Pädagoge antwortete mit einer feinsinnigen Kritik der von ihm geschätzten „Moralischen Erzählungen" (Briefe vom 2. Juni und Anfang August 1752; WB, S. 2, 142).

Für Wielands Leben zeichnete sich eine wichtige Entscheidung ab: Wenn die Züricher, von seiner Bewerbung nicht überzeugt, auf eine Einladung verzichten würden, stünde ihm eine verhasste juristische Laufbahn bevor. Christoph Martin lag mithin der überzeugende Nachweis seiner poetischen Kompetenz und der Ausbau eines möglichst weitreichenden literarischen Netzwerkes am Herzen: Im Frühjahr 1752 lief die literarische Produktion auf Hochtouren. Bodmer, Schinz und Sophie erhielten die neuen Werke zugesandt, aber auch Wieland empfing aus der Schweiz Dichtungen zur Beurteilung. Der Briefwechsel bezeugte nicht nur sein poetologisches Fachwissen und seine Kreativität, sondern wies Christoph Martin auch als Kenner der Philosophie aus. Vor allem Platon beschäftigte ihn, der „ohnstreitig ein übertriebner Philosoph [ist] den es zuweilen zu verdriessen scheint, daß wir Menschen sind" (vgl. Brief vom 25. Mai 1752).

Der ambitionierte Jungdichter wusste, dass seine Zukunft vom eigenen psychologischen Einfühlungsvermögen abhängig war, und er glich seine Briefe sorgsam den Empfindlichkeiten und Interessen der Empfänger an. Zuweilen äußerte er (freilich wohltemperierte) Kritik an den Texten der

Freunde, ja seine Verteidigung von Klopstocks „tibullischer Elegie", welche dem Küssen den Vorzug vor dem Streben nach „Unsterblichkeit unsers Namens" einräumte, brachte ihn bei Bodmer sogar in den Verdacht, ein Anakreontiker zu sein (vgl. Briefe vom 19. Januar, 4. Februar 1752; WB 2, S. 52f.). Ein weiterer häufiger Streitgrund mit seinem Mentor waren noch Jahre später die sinnesfrohen Oden des „deutschen Horaz" Carl Wilhelm Ramler (vgl. Brief vom 8. März 1770). Insgesamt betrachtet, bezeugen Wielands Briefe aus jener Zeit ein gereifteres Verständnis für eine wirklichkeitsnahe Moral als die meisten der zeitlich parallel entstandenen Schriften. Dieser Konflikt war ihm bekannt: „Je beßer eine Erfindung oder Dichtung in die algemeine Ideen von der Welt paßet, je mit mehrern würklichen Dingen sie zusammen hängt, desto mehr hat sie von dieser realität" (Brief vom 6. September 1752).

Am 8. Juni 1752 traf die ersehnte Einladung zu einem mehrwöchigen Besuch in Zürich ein; außer Bodmer hatte vor allem der damalige Buchhändlerlehrling Salomon Geßner die Berufung unterstützt (vgl. WB 2, S. 170). Wieland teilte Schinz vertraulich mit, „gern länger bey Ihnen zu seyn als sie denken" (Brief vom 15. Juli 1752). Einige Wochen später sandte ihm der Züricher Pastor ein Porträt Bodmers zu, wofür sich Christoph Martin mit servilem Ton bedankte: „Meine Eltern und ich lieben dieses werthe Bild ungemein und betrachteten es immer ..." (Brief vom 7. August 1752). Um die finanziellen Belastungen eines längeren Aufenthaltes in der Schweiz zu mildern, empfahl sich Wieland als Hauslehrer, der „einen jungen Herrn aus einer distinguierten Familie in Zürich unterrichten könnte". Einschränkend wurde hinzugefügt: „Die grammatic kan ich keinen lehren, weil ich selbst nicht viel davon verstehe." Sein pädagogisches Ideal war die zentrale Identifikationsfigur der Aufklärung, Sokrates, dessen „dispositionen zur Weisheit u: Tugend" er an seine Schüler vermitteln wollte.

Einige Wochen später verließ Christoph Martin Tübingen in Richtung Biberach, wo die Eltern mit ihm über seine Zukunft sprachen. Dem skeptischen Vater wurden die Briefe aus Zürich, die Schriften Bodmers und Klopstocks sowie eigene Dichtungen vorgelesen, bis dieser „sich meine poetischen Bemühungen gefallen läst", aber die „gute und liebe Mama ist die einzige Person deren Herzensgesinnungen recht mit den meinigen coincidieren". Entschlossen, „seine Kraft zu dichten noch weiter zu treiben als bisher geschehen“, wurde auch von Biberach aus die Korrespondenz mit den Schweizern fortgesetzt. Die Zeilen an Bodmer zeugten von Ehrfurcht, während er sich gegenüber Schinz vertraulicher gab (Briefe vom 6. und 8. September).

Nach der Einladung plagten ihn Skrupel, gestand er eigene psychische Auffälligkeiten ein: „Sie werden Schwachheiten an mir finden, Eigenliebe, Flüchtigkeit und dergl[eichen].“ Er bekannte, einen unausgeglichenen Charakter zu haben, der „zu gewissen Stunden … [sich] selbst sehr ungleich“ ist, denn: „Es ist in der That ein seltsames Gemisch von Hochschätzung u: Verachtungen meiner selbst in mir“ (Briefe vom 30. Juni, 18. Juli, 12. August 1752). Häufig betonte er gegenüber Bodmer die ihm eigentümliche Tugend der Keuschheit, welche sich jeder Völlerei enthält und das Lebensglück ausschließlich in der Vervollkommnung der literarischen Fähigkeiten sieht. Sein hehres Lebensziel war, „der Weisheit ihre *wahre* Gestalt zu geben“ (Brief von Anfang August 1752). Auf jeden Fall wollte er Biberach verlassen, denn seine Heimatstadt empfand er als einen Ort, „der unmöglich barbarischer, in Absicht des Politischen Zustands verwirrter, und an Tugend und Sittlichkeit leerer seyn könnte“. Seine Aufmerksamkeit beschränkte sich auf die Eltern und die Bücher. Mit der Rezension des „Noah“, deren Umfang unter der Schreibfeder stetig zunahm, übte er seine ästhetische Urteilskraft.

Vor der Abreise Christoph Martins besuchte Sophie ihren Freund in Biberach. Er schätzte auch deren jüngere „Schwester, die ungemein Liebenswürdig ist … [und] zu einer ansehnlichen Länge gewachsen“: Catharina Christine Gutermann, „Cateau“ genannt, die ein Jahr später den Biberacher Kanzleiverwalter und Amtsvorgänger Wielands, Johannes von Hillern, heiratete (Brief vom 30. Juni 1752). Sophie, „nicht so lang … die Glieder zierlich gebauet“, traf am 11. Oktober in der Reichsstadt ein. Ihre Mutter war nach längerer Krankheit gestorben, und der Vater wollte seine Töchter möglichst bald verheiratet wissen (vgl. Brief vom 8. September 1752). Da Sophies Ankunft sich um eine Woche verzögerte, hatte Wieland die Abreise verschoben. Man verlebte vier glückliche Tage mit der Ahnung, dass die beiden Verlobten „durch eine ausserordentliche Fügung bestimt [sind] in dieser Welt getrennt zu seyn und zu leiden“. Am 15. Oktober schieden sie voneinander; der Briefwechsel sollte sie verbinden.

Resümierend kann zu Wielands Tübinger Ausbildung festgestellt werden, dass er das Studium arm an juristischen Fachkenntnissen, aber reich an literarischen Fertigkeiten beendete. Einen schulischen Abschluss konnte er nicht vorweisen. Das Sendungsbewusstsein als Dichter galt ihm mehr als die Vorbereitung auf einen Brotberuf. Christoph Martin wünschte, dass ihn das Publikum und die Fachwelt als säkularen Priester und belehrenden Rhapsoden achten würden. Die gelehrte Öffentlichkeit rezipierte seine Werke vor allem als philosophische Lehrdichtung, deren platonisierende Moral ausgiebig mit Bildungsgut angereichert war. Wielands frühe Dichtung erbrachte den Nachweis von poetischer Kompetenz und enzyklopädischer Kenntnis des Autors, aber der emotionale Reichtum, wie ihn etwa die Lyrik Klopstocks entfaltete, blieb ihr weitgehend fremd. Der junge Literat inszenierte sich als poetischer Prophet, als *vates*, der sich in typisch jugendlicher Übertreibung mit den geistigen Gegnern anlegte, die er oft pauschal als Hedonisten abqualifizierte. Mittels einer hypertrophen *amour platonique* und asketischen Tugendliebe baute Christoph Martin in seinen frühen Schriften eine sexuelle Barriere zum anderen Geschlecht auf, die in den folgenden Jahren noch verstärkt wurde.

Sophie suchte auf Druck ihres Vaters einen finanziell abgesicherten Ehepartner, aber der *studiosus litteratus*, welcher die höheren Weihen künstlerischer Anerkennung dem verpönten Gelderwerb vorzog, schien als Lebenspartner kaum in Frage zu kommmen. Ungekehrt galt Sophie für ihn in dieser Phase nie als prospektive Ehefrau, sondern als Muse, die ihn zu Gesängen inspirierte. Sie fügte sich trefflich seiner oberlehrerhaft-poetischen Diktion und zollte ihm jene Bewunderung, die seinem ungefestigten Ego schmeichelte.

Christoph Martin war die eigene charakterliche Unausgeglichenheit bewusst, die sich vor allem in seiner ausgeprägten Neigung zu Eitelkeit und Jähzorn ausdrückte. Der einsame Dichter hatte kaum Freunde unter den Kommilitonen. Außer der fernen Sophie und den Eltern galten für ihn nur literarisch arrivierte Herren als Bezugspersonen, die seiner prospektiven dichterischen Karriere förderlich waren. Das Weinberg-Haus nahe Tübingen diente ihm als idealer Zufluchtsort, um wie in einer Bildungszelle das autodidaktische Studium zu pflegen. Glück stellte sich für ihn am Schreibpult ein, wo er wie an einem poetischen Fließband metrische Verse schuf. Die Aussicht auf finanziellen Erfolg reizte ihn kaum, vielmehr galt sein Streben einer Dichterexistenz mit der vagen beruflichen Aussicht auf einen akademischen Posten und der Anerkennung durch die literarische Avantgarde.

Sein Verhalten gegenüber Bodmer und Schinz, das bestimmt war von Taktiererei und einer (teilweise) penetranten Selbstverleugnung, könnte aus oberflächlicher Sicht als schiere Anbiederung gedeutet werden. In Wahrheit handelte es sich jedoch um eine bei intelligenten und hochmotivierten, aber von fremden Faktoren abhängigen Personen typische Art des Auftretens. Bereitwillig unterwarf sich Wieland der asketischen Prüderie Bodmers, zumal dessen platonische Tugendlehre, wenigstens teilweise, dem eigenen Denken und Empfinden entsprach. Unbedingt wollte der Jungdichter von den führenden Vertretern der damaligen Hochliteratur anerkannt sein, sich als kompetenter, anpassungsfähiger Zögling mit der Bereitschaft zur Unterordnung empfehlen: Denn Wieland verfeinerte ja nicht nur seine literarischen Fähigkeiten, sondern der *homme de lettres* passte seinen Lebensstil den Erwartungen Bodmers an.

Vor allem die Frage nach der ethischen Tüchtigkeit strukturierte seine Schriften: Tugend, dieser heute in der deutschen Sprache als nostalgisches Relikt oder medial trivialisierte Gaukelei gehandelte Begriff mit antiken Wurzeln, war im 18. Jahrhundert zu einem ethischen Modewort avanciert. Adlige wie bürgerliche Autoren pflegten einen ausgeprägten ethischen Kult, der die Veredelung des Menschen als Folge einer gediegenen Lebenspraxis verstand. Die Tugend wurde, ob religiös oder profan fundiert, als Quelle eines bisher nie erlebten emotionalen Reichtums entdeckt, gleichsam als Seelenweide erschlossen. Das sittlich handelnde Individuum entdeckte sich als sinnerfüllter Bestandteil einer religiösen oder politischen Ordnung mit einer damals unbekannten emphatischen Erlebnistiefe, die nach einem angemessenen sprachlichen Ausdruck suchte. Dieser vitale Gefühlsreichtum drückte sich in der deutschen Literatur erstmals in Klopstocks Dichtung aus, deren Verse eine authentisch erlebte Transzendenz mit einem intensiven Natur- und Liebeserlebnis vereinen. Klopstocks Lyrik bewirkte vor allem bei Jugendlichen ein seelisches Abenteuer mit hohem emotionalem Aufwand.

Wielands frühe Werke predigten einen emphatischen Tugendkult, in dessen Zentrum die ethisch fundierte Liebe zur Muse Sophie stand, aber seine Verse enthalten – im Gegensatz zu Klopstocks Lyrik – eine rigoristische, oft lebensfremde Moral, deren „puerile Extravaganzen“ der Dichter später zutiefst bereute (vgl. Briefe vom 12. April und 4. Mai 1764).

3. Kapitel

SCHWEIZER JAHRE

Am 17. Oktober 1752 traf Christoph Martin in Wespersbühl an der Thur nahe Schaffhausen ein, wo der Landschreiber, Stadtrichter und Sekretär der Bücherzensur, Johann Christoph Billeter, einen Gutshof besaß. Der Hausherr war bekannt und teilweise verwandt mit Wielands Schweizer Brieffreunden: Seine Frau hatte Familienangehörige in Zürich und korrespondierte durch Wielands Vermittlung mit Sophie Guterman (vgl. WB 2, S. 154). Endlich konnte Christoph Martin seinen bisherigen Brieffreund Schinz, der von Altstetten angereist war, begrüßen. Die wechselseitige Zuneigung verzögerte die Abreise um eine Woche. Am 25. Oktober traf Wieland schließlich am Hange des Zürichberges im „Landhaus zum obern Schönberg" ein (wo sich heute das Thomas-Mann-Archiv befindet).

Johann Jacob Bodmer, damals Mitte fünzig Jahre alt, lebte dort zurückgezogen von geschäftlichen und wissenschaftlichen Ämtern, um sich vollständig der Musenpflege zu widmen. Bodmer und seine Frau trauerten um den frühen Tod des einzigen Sohnes. Als Ersatz hatte der Literat den jungen, durch den „Messias" bekannt gewordenen Friedrich Gottlieb Klopstock bei sich aufgenommen. Ab Juli 1750 weilte der Dichter aus Quedlinburg im Hause des Patriarchen, der sich in dem jungen Mann einen asketischen Novizen erhoffte. Bodmers Absicht, einen puritanischen Poeten zu erziehen, scheiterte indes an der sinnenfrohen Lebensführung des Schülers, die den Erwartungen des Pflegevaters zutiefst widersprach. Nach beiderseitiger Enttäuschung verließ der widerspenstige Zögling den Mentor im Frühjahr 1751.

Klopstock war ein maßgeblicher Grund für Bodmers Entfremdung von der „Crito-Gesellschaft", denn die Bootsfahrt auf dem Züricher See, deren amouröse Wonnen der Dichter in der „tibullschen Elegie" beschrieben hatte, stieß bei dem prüden Altmeister auf Widerwillen. Bodmer reagierte distanziert auf den nach seiner Meinung lasziven Text, während die meist jüngeren Mitglieder der „Dienstags-Compagnie" die neuartige, sinnenfrohe Ausdrucksweise begrüßten. Wielands moralisierende Schriften, vor allem aber sein serviles Verhalten, passten hingegen zu dem Weltbild des Züricher Grandseigneurs. Skeptisch beobachtete Bodmer, ob bei dem neuen Aspiranten der poetische Anspruch und das sittliche Betragen übereinstimmten. Der neue Zögling enttäuschte indes die hohen Erwartungen nicht; erfreut bemerkte Bodmer, dass Wieland ein Feind der sinnenfrohen Anakreontik sei, ein regelrechter „Anacreontomastix. Er trinkt so wenig Wein als ich, raucht nicht Tabak und brauset und tanzt nicht ..." (Brief Bodmers vom 29. Oktober 1752; Starnes I, 33). Dieses Verhalten überrascht nicht, denn bereits in einem Brief im Vorfeld des Besuches hatte Wieland mit übertriebener Selbstverleugnung bekundet: „Ich werde bemüht seyn die Gegenwart meines Körpers so wenig als möglich ist, merklich zu machen" (Brief vom 6. September 1752).

Der Pfarrerssohn Bodmer, ursprünglich für den geistlichen Beruf bestimmt, zeigte sich jedoch weniger an Theologie als an klassischer Kunst und Literatur interessiert. Gleichwohl war sein Weltbild maßgeblich von den religiösen Vorstellungen Ulrich Zwinglis und Johann Calvins geprägt: Vertrauen auf die Autorität der Heiligen Schrift (*sola scriptura*), Jesus Christus als Messias (*solus Christus*), die Gnade Gottes (*sola gratia*) und die alleinige Rechtfertigung durch den Glauben (*sola fide*) galten für die Reformierten als tragende Säulen der Weisheit. Insbesondere die Prädestinationslehre, welche die Erwähltheit der von Gott berufenen Personen betont, bot eine geeignete Grundlage, um dem religiös inspirierten Dichter den Nimbus des Begnadeten zu verleihen, dessen Texte eine quasi heilsgeschichtliche Qualität besitzen. Die *sacra poesis* war, ähnlich wie die mittelalterliche Bibeldichtung, gleichsam ein „drittes Testament": Kirchliche Institutionen und konfessionelle Gebundenheit galten als heilsgeschichtlich nachrangig vor der emphatischen Bestimmung des Dichterpriesters als Nachfolger des Messias. Christliche Epik wurde somit keineswegs lediglich als Paraphrase der biblischen Vorlage, sondern als deren Fortschreibung verstanden – der Erscheinung des göttlichen Wortes in der Poesie.

Als notorischer Querulant nahm der Schweizer Literaturpapst eine isolierte Stellung innerhalb des Züricher Kreises ein. Bodmer galt zwar als Oberhaupt der dortigen Intellektuellen, aber die veränderten Lebensstile und der damit einhergehende Generationskonflikt ließen ihn zunehmend mit den jüngeren Leuten zusammenstoßen. Christoph Martin bezeugte gegenüber seinem Erzieher einen erheblichen emotionalen Aufwand und eine hohe Leistungsbereitschaft; er fühlte sich „verbunden, der Welt Rechenschaft zu geben, wie ich meine Zeit bey einem Bodmer zubringe“ (Brief vom 11. April 1753). Der Anblick der beiden Pastorensöhne, die am selben Tische religiöse Verskunst verfassten, muss rührend anzusehen gewesen sein: Bodmer, der just das Epos „Colombana“ beendet hatte, und sein Zögling, welcher an der umfangreichen Rezension des „Noah“ arbeitete, um seinen Gönner als bedeutenden Epiker zu würdigen. Man lebte fern „von den schlimmen Jüngern Anakreons“. Frau Bodmer sorgte für frugale Kost, die Tage vergingen in konzentrierter und meditativer Atmosphäre.

Auf Anregung seines Hausvaters fertigte Wieland eine biblische Hexameter-Dichtung in drei Gesängen: „Der gepryfte Abraham“, eine Paraphrase der verhinderten Opferung Isaaks (vgl. 1. Buch Mose, 22; das Werk erschien im Jahre 1753 beim Züricher Verlag Orell; Carl Philipp Emanuel Bach vertonte 1760 eine Textpassage daraus für Singstimme und Cembalo). Im Vorbericht zur Werkausgabe beschrieb Wieland, wie er das Gedicht „in eben dem Zimmer und an eben dem Tische verfertiget, woran Bodmer wechselweise an seiner Übersetzung Homers oder an kleinen Epopöen arbeitete“ (C^{1r}, Supl., Bd. 3, S. 3). Das Lobgedicht auf Gottes prüfende Menschlichkeit enthält als „Denkmahl der Freundschaft“ auch einige Verse Bodmers (C^{1r}, Supl., Bd. 3, S. 29). Wielands Parteinahme für seinen Mentor kam öffentlich in einer von ihm verfassten Schmähschrift zum Ausdruck, die ihn unmissverständlich als „Bodmerianer“ auswies: „Schreiben an HERRn *** von der Würde und der Bestimmung eines schönen Geistes“ (AA, Abt. 1, Bd. 1, S. 457ff.;). Aufgrund der persönlichen Erfahrung und der überragenden literarischen Wirkung seines Mentors war Wielands Kennzeichnung des 18. Säkulums als *„Bodmers Jahrhundert“* gewiss nicht ironisch gemeint (C^{1r}, Supl., Bd. 6, S. 258).

Christoph Martins Selbstwertgefühl hatte durch den vertraulichen Umgang mit Bodmer erheblich zugenommen, gegenüber Besuchern stellte er ein betont prätentiöses Verhalten zur Schau. Salomon Geßner, um dessen Freundschaft Wieland besonders geworben und der sich entscheidend für seine Berufung nach Zürich eingesetzt hatte, beschreibt den fatalen Eindruck der ersten Begegnung: „Wieland sitzt bei Bodmern bei einem Schreibe Pult, sitzt da mit stolzer Zufriedenheit und überdenkt seine Hoheit und Tugend, sitzt da und wartet auf Anbetter und Bewunderer, sie mit gnedig segnendem Blick anzulecheln … Mit einem Wort, Wieland ist ein Mensch, der in seinem ganzen Leben nichts als sein Dintenfaß und eine Wand voll Bücher gesehen. Er ist stolz …" (vgl. Brief Geßners vom 28. Oktober 1752; WB 2, S. 171f.).

Nachdem man sich näher kennen gelernt hatte, gehörte Salomon Geßner zu Wielands treuesten Freunden. Der Schweizer war in Berlin zum Buchhändler ausgebildet worden und arbeitete nun im Züricher Verlag seines Vaters, schrieb Gedichte und wurde ein bedeutender Maler und Kupferstecher, dessen Bilder Wieland schätzte (vgl. Brief vom 17./20. April 1767). Geßner war ebenfalls mit dem Dichter und preußischen Werbe-Offizier Ewald von Kleist befreundet, der zu jener Zeit zur Anwerbung von Rekruten in Zürich weilte und wegen dieser illegalen Tätigkeit fluchtartig die Schweiz verlassen musste. Bodmer schätzte Kleists dichterische Fähigkeiten als mäßig ein, würdigte ihn jedoch als beachtlichen „Kunstverständigen". Vor allem wurde anerkennend vermerkt, dass Kleist „mitten unter den petillanten [weinseligen] Jünglingen sobre [nüchtern] und gesetzt" sei (WB 2, S. 173; WB 18.2, S. 380).

Der preußische Offizier mit poetischer Neigung wohnte im Hause von Johann Caspar Hirzel, der Kleist seit dem Berliner Studium kannte. Hirzel gehörte dem „Gesellschafts-Rodel" an, dessen Mehrheit sich für Klopstocks „tibullische Elegie" ausgesprochen und mit dieser toleranten Haltung Bodmers Zorn hervorgerufen hatte. Wegen der Beurteilung Klopstocks kam es schließlich in der Züricher Geisteselite zur Fraktionsbildung: Den konservativen Herren Bodmer, Breitinger und Schinz stand die liberale „Dienstags-Compagnie" um Hirzel gegenüber, der „in seinen Gelagen … närrische Einfälle über Wielands Anwesenheit bei Bodmer" äußerte (WB 2, S. 173; Brief vom 11. April 1753). Der verbitterte Patriarch besuchte Kleist nur einmal bei Hirzel. Ein Generationskonflikt wurde ausgetragen, in dem Christoph Martin seine Rolle erst finden musste. Seine Emanzipation von Bodmer begann zögernd; zunächst bevorzugte er demonstrativ die konservative Gruppierung. Kleist, dem Hirzel beim ersten Besuch die Identität Wielands verschwiegen hatte, bemerkte: „[Wieland] arbeitet ein wenig zu viel und wird sich ohnfehlbar bald erschöpfen oder sich ungesund studiren; denn er denkt gar an kein relanchement [Erholung] … Wieland, ein Pinsel, der die Welt reformiren will und noch keinen Bart hat … Der schmeichelt Bodmern auf die niederträchtigste Art" (Briefe Kleists vom 22. November und 6. Dezember 1752; WB 2, S. 163f.). Aufgrund ihrer (vermeintlichen) „Finsterniß und Menschenfeindschaft" und weil sie „nicht sauffen und nicht kindern" wurden Bodmer und sein Schützling vom Hirzel-Kreis verspottet (vgl. WB 2, S. 171, 173).

Wielands frühe Züricher Schriften entstanden jedoch nicht nur im Austausch mit Bodmer, sondern ebenso in Auseinandersetzung mit anderen Kennern der Literatur. So betreute insbesondere der Altstettener Pfarrer Johann Caspar Heß die Manuskripte und machte Verbesserungsvorschläge. Der wichtigste Berater war der enge Freund Bodmers und Züricher Pastor Johann Jacob Breitinger, der die Theorie vom Dichter als Manifestation einer schöpferischen, über die bloße Nachahmung der Wirklichkeit hinausführenden Kraft mitentwickelt hatte. Breitinger wirkte als Ästhetiker, Philologe, Gymnasialprofessor und Kanonikus. Der Pfarrer war eng mit Bodmers Schaffen verbunden, unter anderem hatte er an dessen Schrift „Critische Dichtkunst" sowie an der Veröffentlichung der Minnesänger-Sammlung mitgearbeitet. Der Chorherr gehörte zu den radikalsten Vertretern der konservativen Fraktion; Christoph Martin verehrte ihn ebenso wie seinen Gastgeber und nannte ihn vertraulich „Socrates" (vgl. WB WB 1, S. 204; 2, S. 174).

Zu Wielands aufkeimender Leidenschaft für religiöse Themen gehören die „Briefe von Verstorbenen an hinterlassene Freunde", welche erstaunlich intime Kenntnisse eines Lebenden vom himmlischen Jenseits bekunden (C^{1r}, Supl., Bd. 2, S. 201–471; vgl. den ausführlichen Dialog mit Johann Caspar Heß über „Die Briefe von Verstorbenen"; WB 1, S. 130–153). In den hymnischen Versen geleiten majestätische Engel den Leser durch kosmische Welten, glutvolle Predigten von Verstorbenen rufen zu einer ethischen Lebensführung auf. Der Autor zeichnet in seinen Visionen so grandiose Gemälde von dem Glückszustand, der den Menschen nach dem Ableben erwartet, dass der geneigte Leser schließlich bedauert, noch nicht zu den Toten zu gehören.

Der ingeniöse Schwung Wielands setzte sich in den „Sympathien" fort; einer hymnischen Prosa für angehende Edelmenschen:

„Die Begierde, sich dem Unsterblichen, jenem heiligen Lande, wo sie entsprungen sind, immer mehr zu nähern; diese erhabne Begierde, man mag sie nun *Tugend* oder *Religion* nennen, vereinigt sie in allem was sie denken oder thun" (C^{1r}, Supl., Bd. 3, S. 131).

Als Vorbild für ein geläutertes Leben galt die Botschaft von Jesus:

„Nennet mir, ihr Sofisten, einen größern und glücklichern Menschen als den Christen, wenn ihr könnt" (C^{1r}, Supl., Bd. 3, S. 170; die ursprünglich wertneutrale Bezeichnung *Sophisten* für eine didaktisch orientierte griechische Philosophenschule wurde damals von Wieland polemisch als Schimpfwort für rhetorische Verführungskunst verwendet).

Trotz der mystischen Religiosität blieben die Bilder und Gedanken der Aufklärung verbunden, denn die Vernunft ist

„ein Strahl von der Sonne der Geister, den Menschen eingegossen, der Strahl, den Engel an ihnen verehren …
Nichts ist so sehr unser eigen, als unsre Gedanken …
Die Seele ist da, wo sie *denkt* …
(C^{1r}, Supl., Bd. 2, S. 356f.; Bd. 3, S. 175).

Johann Caspar Hirzel, Anführer der feuchtfröhlichen *bande joyeuse*, zeigte sich von den „Totenbriefen" positiv beeindruckt und änderte seine Meinung über Wieland; auch Salomon Geßner war aufgeschlossen (vgl. WB 2, S. 174).

Während Wieland wortreich virtuelle Welten schuf, trübte sich das Verhältnis zu seiner Verlobten, die von ihm – obwohl sie darum bat – nicht nach Zürich eingeladen wurde. Christoph Martin befürchtete vermutlich die Störung seines Einsiedlerlebens. Sophie, die seit dem Tode ihrer Mutter den Augsburger Haushalt führte, verließ ihr Domizil nur aufgrund väterlicher Reisen, um mit den Geschwistern bei den Großeltern in Biberach zu wohnen, wohin Georg Friedrich Gutermann mit seinen Kindern Ende 1752 umsiedelte. Gutermann amtierte vermutlich als Leibarzt des Grafen Stadion auf dem nahe gelegenen Schloss Warthausen. Am 4. Januar 1753 heiratete Sophies Vater erneut, diesmal eine

Witwe, deren charakterliche Integrität die Tochter anzweifelte und von der sie einen schädlichen Einfluss auf ihre Geschwister befürchtete.

Sophie entfremdete sich zunehmend von der Familie, zumal sie vom Vater zur baldigen Heirat aufgefordert wurde. Ihr Briefwechsel mit der Braut des Altstettener Pfarrers Johann Heinrich Schinz, Barbara Meyer, bezeugt die Seelennot. Wieland, der die Korrespondenz zwischen den beiden Frauen vermittelt hatte, erfuhr nicht von den Problemen seiner Verlobten. Der Haushalt der Gutermanns in Biberach wurde schließlich aufgelöst, die jüngeren Geschwister kehrten nach Augsburg zurück. Sophies Schwester Catharine heiratete den Biberacher Kanzleiverwalter Johannes von Hillern, während Wielands Verlobte ungebunden blieb. Christoph Martin, ohne feste Einkünfte und seit dem Aufenthalt in Zürich unter dem Einfluss des spröden Tugend-Athleten Bodmer mehr auf seine schriftstellerische Karriere als auf eine Heirat bedacht, kam als Gatte weniger in Frage als je zuvor. Zudem war Georg Friedrich Gutermann skeptisch gegenüber dem verträumten, finanziell von den Eltern und von Bodmer abhängigen Jurastudenten, der weder seine Berufslehre beendet noch eine feste Lebensstellung in Aussicht hatte (vgl. WB 2, S. 92).

Sophie wohnte zunächst bei ihren Biberacher Großeltern, dann im Hause von Familie Wieland, aber aufgrund ihres eigenwilligen Charakters kam es ständig zu Missverständnissen und Spannungen. In verzweifelten Briefen an Bodmer warf Wielands glaubensstrenge Mutter der lebenslustigen, weltklugen Sophie vor, eine „arglistige Coquette", „Delila" und „liederliche Dirn" mit einem „lügenhafften Hertzen" zu sein: „Vergangene wochen war sie immer in warthaußen, und hat sich unter anderem auch mit verkleiden verlustirt, dieße wochen wird sie mit der Jungen Herrschaft Comödien spielen, sie taugt auff alle Sätel, das ist wahr, kein so durchtrieben Mädle wird man nicht finden, die sich weißt in allen gattungen leuth zu schicken, und sich ihnen gefällig zu machen, bis man Sie lernt kennen, muß man sie lieben ... ich wollte, ich häte sie mein lebtag nie gesehen, muß es mir auch immer von meinem Herrn [Wielands Vater] vorwerffen lassen, das ich das Mädle in das Hauß gebracht ... Ich bite doch meinen Hoch Zuehrenden Herren Profeser, um gottes willen, sich meines Sohnes an zu nehmen, es ist die gröste beschimpfung vor ihn, daß er soll ein solches Mädle lieben, die es nicht werth ist ...". Sogar der Vorwurf, eine „Säuferin" zu sein, blieb Sophie nicht erspart (vgl. WB 2, S. 199–203).

Schließlich verließ sie das Pfarrhaus und bezog vorübergehend Quartier bei ihrem Schwager von Hillern. Zu dieser Zeit versiegte durch Einwirkung der Mutter der Briefwechsel mit Wieland, von dem die junge Frau keine Unterstützung erwarten konnte (vgl. Brief vom 30. Januar 1754). Zudem wies Christoph Martin in Briefen unnötigerweise darauf hin, „mit einer Dame von sonderbarem Charakter bekannt" geworden zu sein. Vermutlich handelte es sich um Anna Margaretha Schultheß, eine etwa gleichaltrige Züricher Bankierstochter, die in seinen Schriften mit den Namen „Agnes", „Melissa" oder „Sacharissa" auftaucht (vgl. Brief vom 3./6. Juni 1753; WB 2, S. 233).

Sophie lernte auf Schloss Warthausen nahe Biberach den 33-jährigen, unehelichen Sohn des Grafen kennen: Georg Michael Anton La Roche, der auf dem Herrenhaus als Geheimsekretär, Gutsverwalter und Amtmann fungierte und eine Ausbildung als Diplomat genoss. Bei der Beziehung zwischen Sophie und La Roche handelte es sich jedoch um eine Mesalliance, denn der illegitime Sohn Graf Stadions, der auf Warthausen eine untergeordnete Position einnahm (zudem war er Katholik), galt gegenüber einer Arzttochter als gesellschaftlich unterlegen. Sophie, beherzt und vorurteilsfrei, ließ sich jedoch nicht beirren und heiratete La Roche am 27. Dezember 1753.

Diese Nachricht war für Wieland ein Schock, aber er wollte den Kontakt zu seiner früheren Verlobten nicht abbrechen: „Was hat Ihre Vermählung wider unsere Freundschaft, daß eine die andere aufheben sollte?" (Brief vom 22. Dezember 1753). Christoph Martin bat um Vergebung für den rüden Ton von einigen seiner Briefe und trug dem Ehemann von Sophie die Freundschaft an. Eine ausführliche Korrespondenz folgte. Zufrieden bekundete die Frischvermählte, dass das „zerstörte Wohnhauß meines Glüks … von den letzten monaten meines mit so vielen widerwärtigkeiten durchflochtenen Lebens durch den Ehemann wieder aufgebaut" worden sei (vgl. Sophies Brief vom 17. Februar 1754; WB 2, S. 193f.). Sophie fand auf Schloss Warthausen eine angemessene Sphäre, in der sie Freiheiten ausleben konnte, die ihr von Wielands frömmelnden Eltern verweht worden waren (vgl. Sophies Brief vom 17. Februar 1754; WB 1, S. 192f.).

Christoph Martin, nunmehr befreit von aktuellen Heiratserwartungen, bemühte sich um eine vorsichtige Distanzierung von Bodmer und versuchte zwischen den beiden gegnerischen Lagern zu vermitteln. Ab Frühjahr 1754 gehörten viele der bisher ihm gegenüber skeptisch eingestellten Züricher zu seinen Freunden, auch der vormalige Gegner Hirzel. Schließlich fand Bodmer erneut den Weg zum „Gesellschaftsrodel", er besuchte spätestens seit Anfang 1755 die Zusammenkünfte der Klopstock-Anhänger. Gemeinsam las man eine deutschsprachige Übersetzung von Montesquieus Schrift „De l'esprit des lois". Während Bodmers Anwesenheit wurde höflicherweise der ihm verhasste Tabakgenuss eingestellt. Wieland, stets auf der Suche nach „Seelenverwandten", fügte sich allerdings nur schwierig in die Gemeinschaft ein: „Unter vielen andern Sonderlichkeiten habe ich auch diese, daß mir eine gewisse Sympathie die ich *aus einer andern Welt mitgebracht* habe, die Seelen gleichsam zeigt, die mit der meinen in einer besondern *Verwandtschaft* stehen" (Brief von September 1753; viele Jahre später, im „Neuen Amadis", hatte Wieland eine weltlichere Auffassung von „Sympathie"; vgl. C^{1r}, Bd. 4, 26).

Anna Barbara Meyer, die Braut von Schinz, war ebenso eine seiner „Seelenverwandten" und poetischen Partnerinnen jener Zeit wie Anna Margaretha Schultheß, die Witwe Elisabeth Grebel sowie deren Tochter Verena und Regula Künzli. Wielands ausgeprägte Zuneigung zu Frauen reiferen Alters beschränkte sich indes auf den Austausch literarischer Ergüsse. So inspirierten ihn Elisabeth und Verena Grebel zu den „Sympathien" und „Empfindungen eines Christen", welche ihnen gewidmet waren. Der illustre Damenreigen erhielt, einer Zeitmode folgend, Spitznamen, welche der griechischen Mythologie entlehnt waren: Elisabeth hieß *Diotima*, Verena *Eulalia*, Barbara Meyer *Daphne*, ihre Tochter *Cyane* und Anna Margaretha hörte auf den Fantasienamen *Melissa*. Die Beziehung zur Letztgenannten galt als einzige, „die man an einigen Symptomen nicht für platonisch hielte"; wenige Jahre später wurde sogar die Möglichkeit einer Heirat diskutiert (vgl. WB 2, S. 236; Briefe vom 24. Juli sowie vom 12. und 24. August 1759).

Das Streben nach Tugend entwickelte sich zu einem koketten Gesellschaftsspiel, das man durch betonte Höflichkeit, Tändelei und amouröse Anspielungen praktizierte. Zelebriert wurden die galanten Umgangsformen des Rokoko. „Seelenverwandte" suchte der philogyne Wieland mit Vorliebe unter den Damen; er forschte bei ihnen nach „echoing Souls" und dem *„geistig Schöne[n],* die Ordnung, die Güte, die Unschuld, die stille Tugend, die unaufgemuntert, unerkannt und unnachgeahmt, mitten in dem Getümmel einer ausgearteten Welt, der Stimme des Himmels getreu bleibt" (Brief vom 29. Mai 1754; C^{1r}, Supl., Bd 3, S. 130). Seine Besuche bei den Züricher Patrizierfrauen entwickelten sich zu sakrosankten Begegnungen, insbesondere die Treffen mit Elisabeth Grebel, seiner „Diotima" [Liebeslehrerin des Sokrates; vgl. WB 18.2, S. 240]. Gerüchte, welche seiner engen Beziehung zu der Witwe eine sexuelle Intimität unterstellten, nahm er billigend in Kauf, denn sie korrigierten sein zölibatäres Image. Christoph Martin verhielt sich ähnlich wie ein Minnesänger, der, sich in hoffnungsloser Liebe verbrennend, seine Verskunst vorträgt, um das Lob der Damen zu erhalten. Harmloses Techtelmechtel wurde als Kunst der Verführung maskiert, um seine Eitelkeit zu befriedigen.

Spazierte Christoph Martin anfangs gemeinsam mit den Herren Bodmer und Breitinger durch Zürich, so lockten den Einundzwanzigjährigen nun die Damen. Der strenge Mentor bewertete die amourösen Tete-atetes des Zöglings denn auch als schiere Zeitvergeudung: „Wieland sei dem weiblichen Geschlecht gar zu sichtbar geneigt, um allemal nur einer von den Damen die erhabensten Wahrheiten der Metaphysik vorzuschwatzen und sich zu kitzeln, wenn sie ihm dafür einige artige Schmeicheleien geben" (vgl. WB 2, S. 235). Der Gescholtene lenkte zwar ein, aber er wechselte sein Quartier zunächst zu Bodmers Schwester, schließlich zum Amtmann und Steuereinzieher Hans Georg Grebel.

Im Sommer 1754 verliebte sich Bodmers Magd Babet in den jungen Autor. Die Frau warb aufdringlich um ihn, sprach sogar von Heirat, bis der Hausherr schließlich die unbotmäßige Dienerin entließ. Babet schrieb jedoch weiterhin von Altstetten, wohin sie umgesiedelt war, eindringliche Liebesbriefe. Der öffentliche Rumor wegen dieser Angelegenheit stieß bei Wieland auf heftigen Unwillen. Er betonte, „daß die platonische Liebe bey mir keine Schimäre ist. Dergleichen sind für mich Ambrosia" (Brief vom 2. Juni 1754; WB 2, S. 213f.). Der keusche Poet legte entschieden Wert darauf, „ein Liebling der artigen Mädchen" zu sein (Brief vom 4. Februar 1768) – ein Umstand, welcher den von Geßner maliziös verbreiteten Verdacht nährte, „W[ieland] sei von Natur verschnitten“ (vgl. Starnes I, 75). Auch bei dem Lindauer „Operateur und Medicinae Practicus“ Jacob Hermann Obereit bekannte sich der Jungdichter zu „Mässigkeit“, um den Geschlechtstrieb „allezeit unterdrücken zu können“ (Brief vom 18. August 1756). Erotik verstand Christoph Martin als Galanterie, schiere Sinnlichkeit widersprach seinem damaligen Tugendverständnis. Vermutlich bot die „dralle“ Magd Babet jene sexuelle Verführung, die der gehemmte Jüngling zielstrebig zu vermeiden suchte. Zwar genoss Wieland „als Großtürk“ seinen „Serail“, um vor den amüsierten Damen die „natürl[iche] Superiorité [s]eines Genii“ zu verbreiten, aber direkte sexuelle Kontakte wurden tunlichst vermieden. Vielmehr galt es, das eigene Image des platonischen Plauderers zu pflegen, denn „Junge Mädchen sind mir meistens verächtlich, oder höchstens so hoch geachtet als Papillons. Affectation, Pruderie, Coquetterie u. dergl. kann ich nicht leiden …“ (Brief vom 11. Januar 1757).

Ein Grund für Christoph Martins Zurückhaltung in sinnlichen Dingen dürfte seine körperliche Unattraktivität gewesen sein, welche er durch eloquenten Charme und ein betont anmaßendes Verhalten auszugleichen versuchte: „Hr. Wieland ist sehr *decisio* [überheblich] vor sein Alter. Er ist groß [andere Zeitzeugen schätzten ihn realistischer als mittelgroß ein] u. hager v. Person hat ein pockennarbiges Gesicht, eine spize Nase u. grosen Mund, aber eine feine Sprache u. ungemeine Gaben zum Conversiren“ lautet ein zeitgenössischer Bericht (vgl. Starnes I, 53). Wieland räumte ein, „nicht schön [zu sein], der Figur nach, ein ächter papefiguier“. Selbstironisch heißt es, dass „die dummen Mädchen nie haben begreifen können, was die Witzigen und Gefühlvollern an mir fänden, daß sie mich so lieb hätten“ (vgl. Briefe vom 10. und 24. August 1768 und 19. Januar 1769). Aus gesundheitlichen Gründen durfte der unsportliche Wieland (im Gegensatz zu Goethe, Herder, Schiller) nicht reiten und vermied zeitlebens körperliche Anstrengungen.

Sein Gesicht war von Narben der Pockenerkrankung verunstaltet; vor allem störte ihn eine „Hitzblatter“ auf der Nase, die von ihm eigenhändig entfernt wurde. Der Schnitt hinterließ einen schwarzen Wundfleck, den einige Jahrzehnte später Herders Sohn und Arzt Gottfried chirurgisch entfernte (vgl. Starnes II, 577). Noch viele Jahre darauf hieß es: „Die kleinen Blätterchen existieren noch passim“ (Brief vom 11. Mai 1764).

Während eines Gespräches äußerte sich Wieland mit der für ihn typischen Neigung, seine poetische Fantasie pathologisch zu begründen, über die Auswirkung der Pocken auf sein dichterisches Talent. Böttiger notierte: „Er [Wieland] habe die natürlichen Blattern im stärksten Maße gehabt; ein sehr reizbares Nervensystem und eine Schwäche im linken Auge rühren gewiß davon her; *vielleicht* – setzte er hinzu – *hat sich aus dem Blatterngifte bei mir auch die leidige* materia peccans [lateinische Bezeichung für falsche Qualität, Verdauung und Mischungen] *entwickelt, die mich zum Dichter gemacht hat*" (Starnes II, 246f.).

Bei den früher auch Blattern genannten Pocken handelt es sich um eine im 18. Jahrhundert stark verbreitete Viruskrankheit mit hoher Sterblichkeitsrate. Als Indikationen galten Fieber, Kopf- und Rückenschmerzen sowie Hautausschlag mit Bläschen- und Pustelbildung, der zumeist unter Narbenbildung abheilte. Ein zeitgenössisches Sprichwort lautete: „Von der Liebe und den Pocken wird keiner verschont." Mit diesem Spruch versuchte man sich darüber hinwegzutrösten, dass es gegen die gefürchtete Infektionskrankheit keinen zuverlässigen Schutz gab. Ab dem 18. Jahrhundert wurde in Europa eine immunisierende Impfung eingesetzt, zunächst mit „Menschenblattern", später mit Kuhpockenlymphe (Vakzination). Seit 1749 erfolgten – von Genf ausgehend – Pockenimpfungen auf dem europäischen Kontinent. Wieland ließ einige seiner Kinder „inoculiren" (vgl. Briefe vom 22. September und 26. Oktober 1777; WB 8.2, S. 29f.; WB 11.2, S. 666f.).

Einige Jahre später wurde Wielands schmächtiger Körper von der „Krätze" befallen: Nach einem heißen Wannenbad, das vermutlich sein Immunsystem überlastet hatte, entstand an den Armen und Beinen ein kleiner „Ausschlag, ohne juckende Empfindung", der sich an dem Handgelenk zu einem „kleinen pruritum [Juckreiz], und einen rothen Streiff an der Haut" entwickelte. Unterblieb das Kratzen, dann entstanden „kleine weisse Schuppen. Sobald diese abgerieben waren, war die Stelle wieder roth" (Brief vom 11. Mai 1764). Noch Jahre darauf gab es „unter seite der linken Hand an einem kleinen plaz, und um den Ellenbogen einige Röthe und Rauhigkeit aber ohne pruritum". Vermutlich handelte es sich nicht um Krätze als Hauterkrankung durch Milbenbefall, sondern um eine Schuppenflechte, die jedoch erst zu Beginn des 19. Jahrhundert von einem englischen Arzt wissenschaftlich beschrieben wurde. Für die damals vorherrschende Humoralpathologie, welche bei Erkrankungen von einem gestörten Verhältnis der Körpersäfte ausging, galten Hautveränderungen wie Ekzeme und Krätze als Hinweis auf eine Selbstreinigung des Körpers. In den meisten Fällen musste man jedoch lernen, mit seinen Leiden zurecht zu kommen, da die zeitgenössischen Methoden, wie die Behandlung mit Gänseblümchenextrakt, oft nur Misserfolge zeitigten. Als therapeutische Mittel galten entleerende und ableitende Verfahren wie Brechmittel, Klistiere und die freie Blutentnahme aus der Vene. Auch Wieland wurde mehrfach zur Ader gelassen. Aufgrund des Blatternbefalls können sämtliche Porträts des Dichters als geschönt vermutet werden.

Im November 1753 empfing Bodmer einen Abschiedsbrief Wielands, in dem dieser nach einjährigem Aufenthalt seine Entscheidung zum Umzug begründete. Ein Jahr unter der spröden Kuratel des Patriarchen hatte ihm Einblick in die Mentalität und das poetische Handwerk Bodmers vermittelt, aber nun strebte er nach finanzieller und geistiger Unabhängigkeit. Durch Korrespondenz entstanden neue Kontakte: Der Berliner Oberhofprediger Friedrich Wilhelm Sack erhielt die „Briefe von Verstorbenen", und der Naturforscher und Dichter Albrecht von Haller, damals als Amtmann und Hochschullehrer in Bern lebend, empfing den Plan einer „Privat-Information" mit der Bitte, das Akademie-Projekt bekannt zu machen (Brief vom 12. Februar 1754). Haller reagierte indes aufgrund von verfänglichen Textstellen des Erziehungsplanes verärgert, erkundigte sich gleichwohl nach dem ökonomischen Hintergrund des Vorhabens. Wieland betonte, selbst über keine Mittel zur Einrichtung einer Erziehungsanstalt zu verfügen, er bot sich jedoch als konzeptioneller Berater und Lehrer an (vgl. Briefe vom 18. April und 3. Mai 1754). Andere einflussreiche Personen erhielten ebenfalls den Plan zugesandt, zum Beispiel der Abt und Direktor des Braunschweiger Collegium Carolinum, Johann Friedrich Wilhelm Jerusalem. Bodmer unterstützte ebenfalls das Projekt; auch einige von Wielands Züricher Freunden diskutierten den „Plan einer Academie zur Bildung des Verstandes und Herzens junger Leute".

Seit 1753 kamen Überlegungen auf, wie man Wieland einen geeigneten Beruf verschaffen könnte: Das Rektorat einer Stiftsschule im anhaltinischen Zerbst stand ebenso zur Debatte wie eine von Bodmer empfohlene Anstellung in Göttingen. Über Wielands mögliche Zukunft als Lehrer in Basel, Berlin, Hannover und Sankt Petersburg wurde ebenso diskutiert wie über den Antrag von Abt Steinmetz, der frühere Schüler möge Propst von Stift Klosterbergen werden. Auch eine Berufung nach Basel und Kursachsen wurden erwogen. Seit 1754 bewarb sich Wieland um ein städtisches Amt in seiner Geburtstadt, schlug aber die Berufung (zunächst) aus, denn sie war mit der Auflage verbunden war, die Nichte des künftigen Bürgermeisters zu heiraten (vgl. WB 2, S. 209f., 213, 215, 230f., 235, 241; Briefe vom 23. und 29. Mai 1754; 4. Januar 1759). Sämtliche Projekte scheiterten aus finanziellen oder (vorgeschobenen) gesundheitlichen Gründen, die sein Desinteresse kaschieren sollten. Auch der Kontakt zum Markgrafen von Baden-Durlach, der zur Erneuerung seiner Erziehungsanstalten Wieland als Lehrer anwerben wollte, verlief im Sande. Zwar erschien ein Abgesandter des Fürsten in Zürich, und im Juli 1756 sandte Wieland ein akademisches Memorandum nach Karlsruhe, aber diese Vokation kam nicht zustande (vgl. Briefe vom 28. November 1755 und 14. Juli 1756; WB 6.1, S. 240).

In dieser Zeit unternahm Wieland einige Ausflüge in das Schweizer Umland; im Mai 1754 war Winterthur das Ziel. Christoph Martin reiste gemeinsam mit Bodmer; man wohnte bei dessen Schwester. Der junge Autor gastierte besonders gern im Kreis der Winterthurer; vor allem der mit zahlreichen Gelehrten persönlich bekannte Mittagsprediger und Provisor an der Stadtschule, Martin Künzli, ermöglichte für den jungen Dichter weitere Kontakte. Der Geistliche war eng befreundet (vielleicht sogar verwandt) mit dem gebürtigen Winterthurer Johann Georg Sulzer, der als Mitglied der „Königlichen Academie der Wissenschaften zu Berlin“ Direktor der philosophischen Disziplin wurde. Bodmer regte Sulzer an, Wieland als Mitarbeiter an dem „ästhetischen Wörterbuch“ zu beteiligen, aus dem ab 1771 dessen Hauptwerk „Allgemeine Theorie der schönen Künste“ hervorging – ein kunsttheoretisches Kompendium der Hochaufklärung. Wieland, der Sulzer persönlich nicht mochte, rezensierte die erste Auflage (vgl. Briefe vom 9. und 21. Januar und 4. Mai 1772).

Eine besonders enge Freundschaft entwickelte Wieland zu Martin Künzlis Schwester Regula, die für ihn im Frühjahr 1758 ein mondänes „Sommerkleid“ aus „Camelot“ anfertigte, einem leichten, leinwandartig gewebten Stoff aus Kamelhaar oder Angorawolle, der zum Teil mit Seide gemischt war. Über die Farbgebung entschied Regula, aber als Innenfutter wünschte der Modebewusste „einen halbseidenen Englischen Zeug von gleicher Farbe wie der Rock" (vgl. Brief von März oder April 1758). In Winterthur befand sich Christoph Martin in bester literarischer Gesellschaft: Johann Heinrich Waser, ein Diakon sowie Freund Bodmers und Sulzers, arbeitete als Übersetzer aus dem Englischen und Lateinischen sowie als satirischer Dichter; auch Martin Künzli war durch schriftstellerische Arbeiten bekannt. Die neuen Freundschaften und das erweiterte Beziehungsgeflecht stärkten Wielands Selbstbewusstsein und begünstigten seinen Entschluss, Bodmer endgültig zu verlassen. Nach zwanzigmonatigem Aufenthalt verließ der Schüler „mit vieler Bewegung" das Haus seines Gönners und bedankte sich schriftlich in einem schwülstig-servilen Ton (den Bodmer besonders schätzte) für die Anteilnahme und Bewirtung und wies auf seine neue *„Bestimmung"* hin (vgl. Brief vom 24. Juni 1754).

Diese neue Bestimmung als Lehrer trug Wieland das erste selbst verdiente Geld ein. Der „Informator" wohnte zunächst bei Bodmers Schwager, Johann Jacob Geßner, dann in der Kirchgasse in der Nähe von Breitinger (vgl. WB 2, S. 222). Als Elementarerzieher von vier Schülern erhielt Christoph Martin jährlich das beachtliche Gehalt von 500 Gulden. Diese Einkünfte reichten jedoch für seinen Lebensstil nicht aus. Ständig kam es zu finanziellen Engpässen, so dass er von Bodmer Geld geliehen bekam und sein Vater beim Biberacher Rat erneut um die Gewährung eines Stipendiums nachsuchen musste (vgl. WB 2, S. 224).

Das wirtschaftlich orientierte Züricher Patriziat befürchtete, dass Wieland seinen Nachwuchs zu weltfremden Schöngeistern erziehen und „ihnen die Geschäfte in ihren Comtoirs, oder auf der Zunft und dem Rathaus *verleiden* würde" (vgl. Brief Bodmers vom 7. April 1754; Starnes I, 66). Tatsächlich hielten sich Wielands erzieherische Meriten in Grenzen, denn irrigerweise setzte er den eigenen Wissenstrieb auch bei den trägen Schülern voraus. Der täglich vierstündige Unterricht bot vor allem sprachliche Übungen und die Vermittlung von historischen Kenntnissen: „Universalhist[orie], die GelehrtenHistorie u. Charakteres" gehörten ebenso zum Lehrplan wie Übersetzungen von lateinischen Autoren. Christoph Martin schlief bis morgens sieben Uhr: „Nach einer ganz besonderen Beschaffenheit meiner seltsamen Maschine habe ich wenn ich aus dem Bett komme, beynahe eine Stunde nöthig biß ich munter bin und mir selbst recht bewußt bin." Ab acht Uhr wird „dejeuniert", eine Stunde darauf unterrichtet. Einer Ruhepause folgt ab 14 Uhr die zweite Lehreinheit. Nachmittags empfing oder absolvierte Wieland Besuche und fühlte sich „so frey wie ein König und meine blossen Winke werden sorgfältig ausgespähet, um sogleich vollzogen zu werden". Für seine persönlichen „NebenArbeiten" wurden ruhige abendliche oder nächtliche Stunden genutzt, aber Christoph Martin liebte „das Haus so sehr als eine Schnecke" – eine eremitenhafte Neigung, die ihm zeitlebens eigentümlich war (vgl. Brief vom 13. Dezember 1756).

Der Jungpädagoge bot einen gehobenen Sprach-, Literatur- und Geschichtsunterricht, abgestimmt auf die Altersbedürfnisse der Zöglinge und gewürzt mit metaphysischen Plaudereien sowie Lesungen aus dem „Messias". Ähnlich wie ein attischer Akademie-Präzeptor konnte Christoph Martin in der Manier eines neuen Sokrates ein Bildungsgut vermitteln, von dem angenommen wurde (und wird), dass es den Menschen moralisch verbessert. Sein Selbstverständnis als philosophierender Poet wurde durch die pädagogische Berufung trefflich ergänzt; Wieland avancierte gleichsam zum Urbild aller Deutsch-, Sprach- und Geschichtslehrer. Die Schattenseiten der Pädagogik lernte der ambitionierte Erzieher jedoch kennen, als er angesichts von zwei raufenden Schülern die Flucht ergriff. Die Eleven leisteten reumütig Abbitte. Der Lehrer lenkte ein, entfernte aber einen unbotmäßigen „Diszipel" aus dem Auditiorium (vgl. WB 2, S. 241).

Die Lehrtätigkeit bot hinreichend zeitliche Gelegenheit für „eine gewiße Nachlässigkeit und zerstreute Lebensart: „[So] amusiere ich mich bald mit Zeichnen, bald mit musicieren, ich mache Besuche und habe Besuche, ich lese den Ariosto, ich spiele, bald würden Sie mich in Gesellschaft etlicher veralteter Weiber, bald unter Knaben und Mädchen, bald bey Philosophen und bald bey den Kaufleuten und Idioten finden" (Brief vom 1. Februar 1759). Konsequent bildete sich Wieland zum Wortkünstler aus, der um Anerkennung rang. Seine Schriften erfreuten jedoch nicht nur die Kenner und das Publikum, sondern sie riefen auch prominente Gegner auf den Plan. Zunächst handelte es sich um Angriffe gegen das literarische Vorbild des Bodmer-Kreises: John Milton, den englisch-puritanischen Epiker, Publizisten und Politiker, dessen im Jahre 1667 veröffentlichtes Blankversepos „Paradise Lost“ als Plagiat lateinischer Autoren denunziert wurde. Der Kritiker, „welcher den Milton mit so alberner Kühnheit angebelfert hat, ist bereits in Engelland widerlegt, beschämt und zur revocation gebracht worden“, vermerkte Wieland erzürnt (Brief vom 11. April 1753; vgl. WB 2, S. 165f.).

Hinter der Invektive verbarg sich ein (zunächst) anonymer Hauptgegner Bodmers: der Berliner Verlagsbuchhändler Christoph Friedrich Nicolai, dessen Kritik an der religiösen Schwärmerei und der Funktionalisierung des schwäbischen Jungautors durch den Züricher Patriarchen gewiss nicht unberechtigt war: „Die Muse des Herrn Wieland's ist ein junges Mädchen, das auch die Betschwester spielen will ...“. Vor allem Gottsched, der „Patriarch der Dummheit“, galt als literarisches Enfant terrible und direkter Gegenspieler des streitlustigen Bodmer, der sich um eine „Verschwörung“ gegen den verhassten Literaturpapst aus Halle bemühte. Bodmer wollte den Halberstädter Domstiftssekretär und Kanonikus Johann Wilhelm Ludwig Gleim – einen prominenten Autor mit weitreichenden literarischen Beziehungen – als Mitstreiter gewinnen, den Wieland jedoch in der Noah-Abhandlung angegriffen hatte. Der milde Gleim zeigte sich gleichwohl konziliant und lud den jungen Dichter nach Halberstadt ein (vgl. WB 2, S. 242).

Nicht nur die Militär-, sondern auch die Literaturgeschichte lehrt, dass die Bildung einer schlagkräftigen Allianz häufig schwieriger ist als die Bataille selbst. Bodmers Schlachtordnung gelehrter Kämpen gegen den verhassten berlin-sächsischen Klüngel zielte auf eine Koalition zwischen den „Zürichern“, den „Klopstockianern“ sowie dem Halberstädter Kanonikus. Gleim, auf dem Territorium des kurbrandenburgischen Fürstentums (also unter preußischem Einfluss) lebend, antwortete lavierend auf das Koalitionsangebot aus der Schweiz. Zwar schätzte Gleim die Werke der Züricher und sprach sich abschätzig über Gottsched aus, aber er wollte keinesfalls öffentlich kompromittiert werden, zumal ihm insbesondere der Berliner Journalist Lessing als angenehme Person bekannt war. Entschieden lehnte Gleim auch Wielands rüde Angriffe gegen den anakreontischen Dichter und bayerischen Justizsekretär Johann Peter Uz ab, die den Gipfel der poetologischen Schlammschlacht bildeten: In der „Zuschrift“ zu den „Empfindungen eines Christen“ hatte der junge

Schwabe die Anakreontiker als „schwärmende Anbeter des Bachus und der Venus“ sowie als „Bande epikurischer Helden“ denunziert. Uz wurde – nachdem dieser in der neuesten Ausgabe seiner „Lyrischen Gedichte“ Bodmer und dessen Mitstreiter angegriffen hatte – als „leichtsinniger Witzling und Ungeziefer“ apostrophiert (vgl. AA, Abt. 1, Bd.2, S. 340f.; vgl. WB 2, S. 316f.). Später bereute Wieland zutiefst sein voreiliges Feldgeschrei, welches „dem Utz das gröste Unrecht gethan [dessen] Lyrische Gedichte meistens vortrefliche Stücke sind. Ich habe mir selbst damals durch einen übertriebnen und unbesonnenen Eyfer einen wahren Tort gethan ...“ (Brief vom 29. August 1764). Uz zeigte sich jedoch unversöhnlich (vgl. Briefe vom 24. August 1768 und 19. Januar 1769).

Zu den schärfsten Kritikern Wielands gehörte Gotthold Ephraim Lessing, der maliziöse Rezensionen von dessen frühen Werke verfasste und sich über die bigotte Poesie des jungen Schwaben mokierte. Die Besprechungen erschienen in der von 1759 bis 1765 durch Lessing, Moses Mendelssohn und Nicolai herausgegebenen Sammlung „Briefe die Neueste Litteratur betreffend“. Es war indes keine geringe Ehre, von Lessing kritisch gewürdigt zu werden, denn der Berliner Journalist hielt (anerkennend, aber mit einem feinen Hauch Ironie) Wieland „ohne Widerrede [für] einen der schönsten Geister unter uns“. Lessing, der durch Sulzer über nähere Informationen zu Wielands privater Situation verfügte, empfahl dem Publikum ausdrücklich dessen „Sammlung einiger Prosaischen Schriften“: „Sie müssen sie alle lesen; denn wenn man einen Wieland nicht lesen sollte, weil man dieses und jenes an ihm auszusetzen findet; welchen von unsern Schriftstellern würde man dann lesen wollen.“ (vgl. Literaturbriefe, Erster Teil, Siebenter Brief. Ueber den Herrn Wieland und dessen Sammlung prosaischer Schriften, 1759).

Lessing verurteilte insbesondere die „Empfindungen eines Christen“ als „das Anstößigste“ seiner Werke“, weil es „allzu reich [ist] an Blümchen, an poetischem Geschwätz“ (Achter Brief. Ueber die Wielandischen Empfindungen der Christen, 1759; vgl. auch Lessings Rezension in der Bibliothek der schönen Wissenschaften und der freyen Künste, 1757, 1. Bd., 2. St.; Wieland hat diese Schrift wohlweislich nicht in die repräsentative Werkausgabe aufgenommen). Der Berliner Rezensent, analytisch und lebensklug, erkannte den wahren Grund für den frömmelnd-platonischen Ton Wielands in dessen Funktionalisierung durch

Bodmer. Kenntnisreich bemerkte der Berliner Kritiker: „Die christliche Religion ist bei dem Herr Wieland immer das dritte Wort. – Man prahlt of mit dem, was man gar nicht hat, damit man es wenigstens zu haben scheine". Wielands „Plan einer Akademie" wurde ebenfalls von Lessing untersucht und sachlicher Fehler überführt; auch die Neigung zu französischen und schweizerischen Idiomen in seiner Prosa blieb nicht ungerügt (vgl. Literaturbriefe, Erster Teil, Neunter bis Vierzehnter Brief).

Bei Wieland, damals Mitte zwanzig, stellten sich zunehmend körperliche Beschwerden ein, unter denen er zeitlebens litt. Besonders empfindlich reagierte der sensible Autor und Lehrer auf „Einflüsse der Witterung … [die seine] immer mehr wankende Gesundheit zu menagieren hat", auch eine „gewisse Trägheit, die zwar vornehmlich in meiner *Maschine* [seinem Körper] ihren Grund zu haben scheint", belastete ihn (vgl. Briefe vom 18. April und 18. August 1756). Die physische Trägheit könnte, ebenso wie seine Neigung zu Jähzorn, Ruhelosigkeit und „Dörrsucht" [Magersucht], in einer Überfunktion der Schilddrüse begründet gewesen sein. Diese Stoffwechselstörung führt zu einigen Indikationen, die bei Wieland zu beobachten waren, wie Gewichtsabnahme trotz Appetitsteigerung (erhöhter Grundumsatz), Haarausfall, Nervosität und Wetterfühligkeit. Auch eine „Flüchtigkeit" und Sprunghaftigkeit, die Wieland zeitlebens an sich bemerkte, ist eine typisches Anzeichen dieses Leidens (vgl. Brief vom 3. Mai 1764).

Am wohlsten fühlte sich Christoph Martin am Schreibpult, um Vers- und Prosakunstwerke zu schmieden. Als journalistische Meisterstücke der frühen Jahren gelten die „Briefe über die Einführung des Chemos" sowie die streitlustige, gegen Gottsched gerichtete „Ankündigung einer Dunciade für die Deutschen". Der Titel „Dunciade" ist eine Anspielung auf „The Dunciad", in welcher der englische Autor Alexander Pope 1728 die *dunce* [Dummköpfe] seiner Zeit angeprangert hatte. Allerdings war Wieland mit den propagandistischen Schriften, die sich für die Verwendung biblischer Stoffe in der Literatur einsetzen, endgültig zum öffentlichen Sprachrohr Bodmers avanciert.

Der ambitionierte Jungdichter erweiterte sein künstlerisches Repertoire durch metrisch anspruchsvolle Texte, wie durch die Schrift „Erinnerungen an eine Freundin", die Anna Margaretha Schultheß gewidmet war (C^{1r}, Supl., Bd. 4, S. 3–18). In dieser Phase entstand die allegorische

Erzählung „Das Gesicht des Mirza“, der „erste *Versuch* des Verfassers in der dialogistischen Kunst“, sowie „Timoklea. Ein Gespräch über scheinbare und wahre Schönheit“ (C^{1r}, Supl., Bd. 4, S. 19–34 bzw. 35–64). Das Hauptthema dieser Werke, welche von den Züricher Patrizierdamen inspiriert oder ihnen gewidmet waren, ist eine Philosophie der Tugend, die „kein so eingeschränktes und mangelhaftes Ding [ist], wie sich die meisten einbilden: sie ist die Gesundheit der ganzen Seele; eine standhafte Neigung zu allem was gut und vortrefflich ist; eine inwendige Güte, die sich immer mitzutheilen trachtet; eine aus Einsicht fließende Liebe der Ordnung und der göttlichen Gesetze, von deren Beobachtung die Glückseligkeit der Wesen so sehr abhängt, daß der Schöpfer selbst mit seiner ganzen Allmacht keinen Menschen glücklich machen könnte, der sich diesen Gesetzen nicht unterwerfen wollte“ (C^{1r}, Supl., Bd. 4, S. 62f.).

Zu diesen idealistisch-ernsten Gedanken gesellten sich gelegentlich auch humoristische Noten: „Die Überlegung hatte eine *Brille* in der Hand welche sie der *Seele* aufsetzte“ (C^{1r}, Supl., Bd. 4, S. 29). Gleichwohl lehnte Wieland in dieser Phase mit trauriger Verbissenheit den „Witz … als … ein Kammermädchen der Wahrheit“ ab. Seine Selbsteinschätzung, „daß ich ein Humorist bin“, wird von den meisten seiner frühen Schriften nicht bestätigt (vgl. Briefe vom 22. September 1756 und 17. Oktober 1758; eine Ausnahme bilden teilweise die „Erzählungen“).

Wielands Meditation „Platonische Betrachtungen über den Menschen“ vermittelt ein von antik-philosophischen und biblisch-christlichen Vorstellungen geprägtes Menschenbild als eines Mittelwesens zwischen dem Tier- und dem Geisterreich: Durch den kulturellen Akt bestimmt sich der Mensch als „*vernünftiges* Geschöpf“ in der göttlichen Ordnung. Der philosophierende Poet empfiehlt als Therapeutikum für das von schlechten Neigungen beherrschte Einzelwesen die Tugend, welche der Autor – in freier Übernahme aristotelischer Gedanken – als „wohlabgemessene Wirksamkeit der Seelenkräfte“ definiert (C^{1r}, Supl., Bd. 4, S. 76). Im Geiste der Hochaufklärung wird der Fortschrittsglauben und das Vertrauen auf die seelenreinigende Kraft der Kultur beschworen.

An dem Dialogfragment „Theages. Über Schönheit und Liebe“ arbeitete er besonders intensiv; seine Prosa war nun stilistisch und inhaltlich gemäßigter als zuvor (C^{1r}, Supl., Bd. 4, S. 141–192; vgl. Brief vom 6. Oktober 1758). Der Einfluss des englischen Philosophen Shaftesbury machte sich geltend, dessen moralischer Sensualismus auf Wieland ebenso einwirkte wie der ursprünglich platonische Begriff *kalokagathie*, der den allseits gebildeten, ethisch hochwertig handelnden Menschen bezeichnet, den Shaftesbury *Virtuoso* nannte (vgl. WB 13.2, S. 257).

Der Dialogroman „Araspes und Panthea“, für den die „Cyropädie“ des griechischen Geschichtsschreibers Xenophon als Vorlage diente, enthält ebenfalls einen, verglichen mit Wielands frühesten Schriften, moderaten Ton. Die „Geschichte in Dialogen“ entstand – mit zweijähriger Vorplanung – in „den schönsten Stunden seines Aufenthalts in Bern im Jahre 1758“ und bildete eine Keimzelle des Romans „Agathon“, für den die Vorarbeiten bis in das Jahr 1756 zurückreichten (vgl. C^{1r}, Bd. 16, S. 184). Wieland spürte, dass die von ihm emphatisch vorgetragene Tugendliebe der Ergänzung durch das Sinnliche bedurfte, damit das Einzelwesen zur seelischen Harmonie gelangen könnte. Der Titelheld Araspes durchlebt diese Aporie, denn „zwey ganz verschiedene Seelen“ schlagen in seiner Brust (C^{1r}, Bd. 16, S. 397).

Von Xenophon inspiriert war ebenfalls das „*menschliche* Heldengedicht“ „Cyrus“, welches seit dem Winter 1757 entstand. Christoph Martin hielt das umfangreiche Poem für sein erstes Hauptwerk – nach dem „Hermann“ ging es ihm darum, im literarischen Wettstreit als neuer Homer gekürt zu werden. Das Sujet war die poetische Überhöhung des Siebenjährigen Krieges: Heldenmut, Blutverlust und Feldgeschrei sollten – nach bewährtem antiken Muster – als Vorlage für ein gelungenes Hexameter-Epos dienen. Cyrus war nach dem biblischen Buch Esra, erstes Kapitel, jener persische Herrscher, der das jüdische Volk aus der babylonischen Gefangenschaft entließ und ihm die Heimkehr sowie die Erlaubnis zum Tempelbau in Jerusalem erteilte. Das Vorbild war indes kein persischer, sondern ein preußischer Fürst, denn es handelte sich um das einzige, unmittelbar von aktuellem Kriegsgeschehen inspirierte Gedicht Wielands. Das historische Leitbild des Hexameter-Epos war „un certain Roi“, „der Cyrus unserer Zeit“, Friedrich II. von Preußen, der im Kreise Bodmers als Streiter gegen den römischen Katholizismus gefeiert wurde (vgl. Brief vom 24. Februar 1758; WB 2, S. 293). Über die Probleme bei der Anfertigung des „Cyrus“ machte Wieland Bemerkungen, die seinen Schaffensprozess auch später kennzeichneten: „Sie können sich nicht vorstellen wie viel Mühe mir die Stile und die Versification bey meinem Cyrus machen. Die Kinder des Geistes werden schnell und mit Vergnügen gezeuget; aber dann folget viel Mühe und Arbeit, sie zu bilden, zu polieren und zur Reiffe zu bringen. Von dieser Mühe habe ich auf meine ehmaligen Werke sehr wenig verwandt. Aber Cyrus soll so vollkommen werden, als ich ihn machen kann" (Brief von April 1758).

Sogar eine Übersetzung des Gedichtes ins Französische war geplant, damit es der frankophone Monarch zur Kenntnis nähme; auch eine Eloge „Auf das Bildniß des Königs von Preußen" entstand damals (AA, Abt. 1, Bd. 3, S. 223). Zweifellos beabsichtige Wieland, mit dem „Cyrus" in den Rang eines preußischen Homer aufzusteigen. Als Sänger der friderizianischen Kriegskünste war „sein Vorhaben, wir wollen es nur gestehen, … den Größten seiner Vorgänger nachzueifern, und sie wenigstens in dem einzigen Stücke zu übertreffen, worin er es möglich fand, in der Größe des Helden und in der Handlung" (AA, Abt. 1, Bd. 3, S. 89). Allerdings musste Wieland feststellen, dass zeitgenössischer Kriegslärm nur bedingt kompatibel mit rhapsodischer Poesie war. Der „Zusatz zum Vorbericht" der Ausgabe von 1762 zeugte denn auch von seiner Desillusionierung über den literarischen Rang des unvollendeten Werkes (vgl. AA, Abt. 1, Bd. 3, S. 146f.).

Obwohl Wieland wusste, dass „die Gelehrtesten … selten die zuverlässigsten Beurtheiler der Werke des Geistes sind" (AA, Abt. 1, Bd. 3, S. 89), entstanden seine Schriften in Dialog mit literarisch gebildeten Freunden. Johann Georg Zimmermann war einer seiner wichtigsten Berater: Zimmermann, von Albrecht von Haller in Göttingen promoviert, amtierte seit 1752 als Arzt in Bern, ab 1754 als Stadtphysikus in seiner Aargauer Geburtsstadt Brugg und avancierte später zum königlichen Leibarzt in Hannover. Wielands und Zimmermanns brieflicher und persönlicher Kontakt war so vertraulich, dass der schwäbische Pfarrerssohn schließlich sogar den Scherznamen „Meister Zimmermann" erhielt (vgl. Brief vom 27. August 1758). Mit keinem anderen Adressaten wechselte Wieland derart launige Episteln wie mit dem poetischen Arzt aus Brugg: Man tauschte nicht nur literarische Erfahrungen aus, sondern Wieland erbat von dem einige Jahre älteren Arzt auch medizinische Ratschläge. Hauptsächlich bestand der teilweise in französischer Sprache geführte Briefwechsel aus persönlichen Bekenntnissen und poetologischen Reflexionen.

Der erste thematische Schwerpunkt der Korrespondenz war die Zerstörung Lissabons am 1. November 1755 durch ein Erdbeben. Das fatale Naturereignis bedeutete für die naiv-optimistische Rechtfertigung Gottes einen erheblichen Erklärungsnotstand und bewirkte das Ende der Hochaufklärung. In der Gelehrtenwelt folgte ein umfassender Katastrophendiskurs. Zimmermann hatte sein „Gedicht über Lisbons Verwüstung" an Breitinger gesandt, von dem es Wieland erhielt, um die Korrektur zu übernehmen (vgl. Brief vom 19. Mai 1756). Die Redaktion und Drucküberwachung des Gedichtes nahm ihn stark in Anspruch, zumal der Setzers sehr träge arbeitete. Im Mai 1759 sandte Wieland als Gegenleistung einige Textpassagen des „Cyrus" an Zimmermann, damit er mit „Reißbley [Graphitstift] oder Röthel" auffällige Textstellen markieren möge.

Zimmermanns Frau Catharina gehörte ebenfalls zu Wielands Briefpartnern. Der junge Mediziner hatte die Witwe bei seinem Doktorvater Albrecht von Haller kennen gelernt; man heiratete und bezog gemeinsam mit der Schwiegermutter ein Haus. Catharina und Hans Georg Zimmermann wurden für Jahrzehnte Wielands wichtigste Vertrauten. Es gab kaum ein Schweizer Manuskript Wielands, welches das Pärchen in Brugg vor der Publikation nicht zum Lesen erhielt. *Vice versa* sandte Zimmermann seine Texte zur Begutachtung an den Freund, der unter anderem durch Recherchen an der Entstehung von Zimmermanns populärphilosophischem Werk „Ueber die Einsamkeit" sowie an der Schrift „Von dem Nationalstolze" beteiligt war (vgl. WB 2, S. 354). Ähnlich wie Albrecht von Haller, dessen umfassende botanische, historische, poetische und staatsrechtliche Interessen starke Wirkung auf Zimmermann hatten, war dieser gleichrangig an den Naturwissenschaften und der Literatur interessiert. Der Schweizer Arzt bot Wieland jenes weitgeistige Interessenspektrum, das ihm bei Bodmer, der auf die Antike und das Mittelalter bezogene Studien betrieb, versagt blieb. Johann Georg Zimmermanns Wirkung auf Wielands Seelenleben, seine Studien und Werke ist kaum hoch genug einzuschätzen.

Im Frühjahr 1757 gönnten sich Bodmer, Breitinger, Salomon Geßner und Wieland eine Molkenkur in dem Appenzeller Ort Trogen. Auf Wanderungen fand man erneut Vertrauen zueinander. Aufenthalte in Sankt Gallen und Winterthur standen auf dem Programm, später besuchte

Wieland auch Regensberg nahe Zürich. Sein Streben galt indes der Verfeinerung seiner dichterischen Fertigkeiten: Er übersetzte Platon aus dem Originaltext und richtete sein Augenmerk erstmals auf die Werke William Shakespeares, vermutlich in der Edition von Alexander Pope von 1725, die Bodmer besaß. Außerdem las er religiöse Klassiker, vor allem Augustinus; die Schwärmereien von Obereit stießen ihn jedoch ab (vgl. Briefe vom 5. und 6. Dezember 1758). Zeitlich parallel entstand Wielands vermeintliches Hauptwerk, der „Cyrus", aber sein Interesse an dem überlangen Epos verringerte sich ständig. Der junge Autor, anspruchsvoll und begierig, die eigenen schöpferischen Grenzen und Möglichkeiten auszuloten, versuchte sich nunmehr an bisher von ihm unbearbeiteten Gattungen und Formen: Nach der Lektüre des Euripides lockte ihn die dramatische Kunst, um die eigenen Fähigkeiten in diesem Metier zu erproben.

Die englische Kirchengeschichte bietet eine geeignete Heldin zur theatralischen Inszenierung ethischer Würde: Lady Johanna Gray, jene englische Prinzessin, welche statt der rechtmäßigen katholischen Thron-Anwärterin die Königswürde zugesprochen erhielt. Ihre Gegenspielerin Maria Stuart tritt in dem Trauerspiel „Lady Johanna Gray" allerdings nie persönlich auf, sondern agiert im Hintergrund als finstere, staatspolitisch aktive Herrin. Lady Gray musste im Jahre 1554 auf Geheiß der „grausamen Maria" der Hinrichtung ihres Gatten zusehen und ihre eigene Exekution erdulden. Seitdem gilt die geschundene Protestantin als Inkarnation tugendhafter Frömmigkeit. Der Untertitel des Trauerspiels, mit dessen Niederschrift Wieland im Sommer 1757 begann, trägt denn auch den vielsagenden Titel „Der Triumf der Religion". Das erste deutschsprachige Stück im jambischen Versmaß entfaltet eine düstere, an Shakespeares Königsdramen erinnernde Szenerie. Die Charaktere sind jedoch – im Vergleich mit dem englischen Autor – eindimensionaler gezeichnet: Vor den sinistren Machenschaften der Staatspolitik erstrahlt die unbeirrbare Frömmigkeit der tugendhaften Lady wie der erste Sonnenstrahl nach sternenloser Nacht. Angesichts des Leichnams ihres gemeuchelten Gatten verkündet die Todgeweihte:

„ … Es ist
Die Hülse nur des tugendhaften Geistes,
Den jetzt der Himmel hat! – Sie wird einst auferstehen!

> Ja diese Augen werden einst verklärt
> Mir wieder lächeln! Himmlische Begeistrung
> Wird diesen blassen starren Mund eröffnen!"
> (C^{1r}, Supl., Bd. 5, S. 312).

Die protestantische Märtyrerin – pathetisch, gefühlsbetont und handlungsgehemmt – erfüllt zwar das Idealbild einer tugendhaften Heldin, aber ihre quietistische Neigung verhindert die dramatische Entwicklung des Charakters, denn Lady Johanna Gray fügt sich ebenso gleichmütig in die Annahme der Königswürde wie in den gewaltsamen Tod ihres Mannes oder des eigenen. Im Stile des (damals längst veralteten) barocken Märtyrerdramas fungiert die gefühlsselige Protagonistin als Mitleid erregendes Vorbild, das kathartisch, also seelenreinigend, auf die Zuschauer wirken soll. Lessing befasste sich ausführlich mit dem Drama und sparte nicht mit süffisanter Polemik. So monierte er die Eindimensionalität der Figuren, die keine Charaktere, sondern lediglich Typen darstellen. Vor allem die Tatsache des Plagiats blieb nicht unerwähnt, denn der Stoff war der letzten Tragödie des englischen Dichters Nicholas Rowe, „The Tragedy of Lady Jane Grey" (1715), entlehnt. Der Berliner Kritiker entschuldigte jedoch maliziös diese Schwächen mit der Weltfremdheit des Autors, dessen Verse und Prosatexte ihn als bigotten Anachoreten auswiesen: „Er hat die Tugend gemalt, aber nicht in Handlungen, nicht nach dem Leben" (vgl. Literaturbriefe: Vierter Teil, 63. und 64. Brief; WB 6.1, S. 389). Gleichwohl prophezeite der Rezensent dem Autor eine literarisch erfolgreiche Zukunft, falls dieser sich der Wirklichkeit mehr öffnete. Lessing versagte dem ersten deutschen Blankversdrama keinesfalls seine Anerkennung, sondern stellte ihm das Prädikat „vortreffliches Stück" aus. Besonders beeindruckte ihn, dass es sich um ein Trauerspiel handelte, welches Wieland „in allem Ernste für die Bühne gemacht hat, und das auch wirklich bereits aufgeführet worden; in der Schweiz nämlich, und wie man sagt, mit großem Beifalle."

Tatsächlich hatte Wieland das Stück im Sommer 1758 in nur fünf Wochen verfasst, um es von der „Ackermannschen troupe", die zu dieser Zeit in Zürich weilte, aufführen zu lassen. Das 18. Jahrhunderts kannte noch keine festen Ensembles an deutschen Theatern, sondern die Dramen wurden im Rahmen von Tourneen dargeboten. Schauspieler galten, ebenso wie alle anderen an der Aufführung Beteiligten, als reisendes Volk. Der Direktor, *Prinzipal* genannt, organisierte die Spielstätten, versammelte die „Truppe", wählte und bearbeitete die Textvorlagen. Gespielt wurde in kleinen und großen Städten sowie in Schlössern. Die schlichte Unterhaltung stand so lange im Vordergrund, bis ein kunstverständigeres Publikum anspruchsvollere Stücke nachfragte. Die mimischen Aufführungen fanden meist auf Plätzen mit Holzbühnen oder in Wirtshäusern, selten in steinernen Bühnengebäuden statt, wie in der reichen Messestadt Leipzig. Die Schauspieltruppen standen untereinander in harter Konkurrenz, man warb sich bekannte und beliebte Akteure gegenseitig ab. Nur wenige Gruppen erhielten das landesherrliche Privileg; wer keine Erlaubnis besaß, musste ausweichen. Die Itinerare [Verzeichnisse der Reiserouten] deutscher Schauspielgruppen reichen bis weit in das Baltikum und bis nach Russland. Um durch neue Programme Publikum anzuziehen, mussten entweder das von Gottsched bekämpfte Stegreif-Theater aufgeführt, vorhandene ausländische Stücke bearbeitet oder neue Dramen verfasst und einstudiert werden.

Die Truppe unter der Leitung des Schauspielers Conrad Ernst Ackermann war eine der bekanntesten ihrer Zeit. Ackermanns Frau Sophie hatte in zweiter Ehe den Akteur geheiratet und Oktober 1753 in Königsberg mit ihm eine Schauspielgemeinschaft gegründet, die seitdem das gesamte deutschsprachige Gebiet bereiste. Später wurde die Gesellschaft in Hamburg ansässig, wo man sich, gemeinsam mit Lessing, um die Gründung eines deutschen Nationaltheaters bemühte. Wieland traf mit dem Prinzipal während der fünfwöchigen Tourneestation in Zürich zusammen und akzeptierte das Angebot, für die Truppe ein Stück zu verfassen. Er schrieb Sophie Charlotte Ackermann die Rolle der Titelheldin auf den Leib: „Ich habe ihr meine Achtung nicht besser zeigen können, als dadurch daß ich ihr die Role der Johanna Gray zu spielen gegeben" (Brief vom 8. Oktober 1758). Christoph Martin besuchte die Aufführungen der Gruppe und arbeitete parallel an dem Trauerspiel. Der Zeitdruck, unter dem das Stück entstand, erklärt teilweise dessen Mängel.

Im Vorbericht zu dem Drama bezeichnet Wieland die (vermeintliche) „Simplicität" des griechischen Tragödiendichters Euripides als sein literarisches Vorbild und erhofft eine Wirkung auf das Publikum im Sinne des Horazischen Gebots *prodesse et delectare* [nützen und erfreuen]: „Man würde nicht übel thun, wenn man sich die Poeten und die Acteurs als Leute vorstellte, deren Bestimmung ist, das Publicum auf die vernünftigste Art zu ergötzen und auf die ergötzlichste Art zu bessern“ (AA, Abt. 1, Bd. 3, S. 148). Am 14. Juli 1758 schrieb Wieland an Zimmermann, der von dem Trauerspiel „bis zum fanatisme bezaubert“ war: „Künftigen Donnerstag, den 20sten Juli, wird dieses Stück zu Winterthur zum erstenmal aufgeführt werden [anschließend in Schaffhausen; vgl. Brief vom 1. August 1758]. Ich werde deßwegen auch dahin gehen … Madme. Ackermann, welche die Johanna machen wird, ist eine ungemeine Actrice.“ Einen plastischen Eindruck von der übertriebenen Weinerlichkeit damaliger Schauspielkunst vermittelt folgende dramaturgische Anweisung Wielands:

> „Johanna wird mit jedem Zuge, den Sie in ihrem Enthusiasmus zum Bilde ihres geliebten Edwards hinzu setzt, immer weicher; ihre immer steigende Rührung muß auch in ihrer Stimme immer merklicher werden, bis endlich die letzten Worte von einer Bewegung, welche sie nicht mehr zurückhalten kann, beinahe erstickt werden. Dieß muß im Deklamieren dieser Stelle mit aller dem eigenen Karakter dieser jungen Prinzessin gemäßen Wahrheit ausgedruckt werden, oder die Ausrufung – O mein zu weiches Herz! Hätte keinen Sinn. – Der Verf. erinnert sich noch immer und rechnet es unter die süßesten Erinnerungen aus seiner Jugend, mit welchem Gefühl, welcher Innigkeit, welcher ganz Natur scheinenden Kunst Madame Ackermann … auch *diese* Stelle, so wie überhaupt die ganze Rolle der Johanna, und besonders die letzte Scene des ganzen Stücks durch ihre zuletzt bis zur täuschendsten Begeisterung steigende Deklamazion und Akzion darstellte“ (C^{1r}, Supl., Bd. 4, S. 314).

Auf das heutige Publikum mögen diese pathetisch-larmoyanten dramaturgischen Anweisungen unerträglich wirken, aber die damaligen Zuschauer schätzten die mentale und körperliche Hingabe des Schauspielers an seine Rolle als eine theatralische Innovation. Bodmer verfasste zur selben Zeit ein Trauerspiel gleichen Namens, das allerdings erst 1761 veröffentlicht wurde. Wieland gestand zwar dem Prosadrama seines Lehrers poetische Qualität zu, aber allgemein zeigte man sich irritiert über den Züricher Querulanten, der anscheinend mit seinem Schüler konkurrieren wollte (vgl. Brief vom 8. November 1758).

Als ob es darum ginge, den konfessionellen Proporz zu wahren, bemühte Wieland in seinem zweiten Drama anstelle einer protestantischen Titelheldin eine Protagonistin katholischen Glaubens: Clementina von Porretta. Das Sujet des bürgerlichen Trauerspiels in Prosa ist dem 1753/54 publizierten Roman „History of Sir Charles Grandison" des englischen Romanciers Samuel Richardson entlehnt, worauf Wieland – eingedenk der prospektiven Plagiat-Vorwürfe – auf dem Titelblatt vorsorglich hinwies. Abermals handeln jedoch Tugend-Symbole auf der Bühne, aber keine lebensnahen Personen: Der englisch-protestantische Edelmensch und Gentleman Sir Carl Grandison – ein überzeichneter *Virtuoso* im Sinne Shaftesburys – verzichtet aus Treue zum eigenen Glauben auf die Ehe mit der Italienerin Clementina, welche ihrerseits, dem weltlichen Dasein entsagend, das Leben in einer Klosterzelle beschließt. Pietistische Einflüsse auf das Drama sind unübersehbar: puritanische Gottesfurcht und Patriotismus galten mehr als individuelle Glücksfindung. Die Dramatik erschöpfte sich in der Zurschaustellung einer hypertrophen Moral, wenn der Tugend-Athlet Grandison am Schluss des Stücks lamentiert:

> „Aber! o meine Religion! o mein Vaterland! ich kann euch nicht entsagen! Was kann dieses kurze Leben versprechen, was kann es geben, das genug wäre, solch ein Opfer zu ersetzen?"
> (C^{1r}, Supl., Bd. 5, S. 55).

Friedrich Sengle hat das Trauerspiel als „moralisches Rührstück" bezeichnet und Wieland bei der Charakterisierung der Titelheldin psychologischen Realismus konzediert, weil Clementina nicht nur aus religiösen, sondern auch aus gesundheitlichen Gründen der Ehe entsagt. Aber beide Dramen, die man füglich als protestantische Propagandaschriften lesen kann, sind ein früher Hinweis darauf, dass der Autor „weder Sinn, noch Talent für dramatische Composition habe" (vgl. Brief vom 26. Mai 1777). Tatsächlich erreichten Wielands Theaterspiele nie die bei einem Autor seines Ranges zu erwartende dramaturgische Gestalt; sie wurden deshalb, auch von gutmeinenden Kollegen, scharf kritisiert. Moses Mendelssohn schrieb über Wielands bühnenwirksam inszeniertes Ensemble von Moral-Aposteln: „Ein vollkommener Charakter ist das größte Ungeheuer; und unter allen poetischen Erdichtungen nicht nur am wenigsten einnehmend, sondern auch am wenigsten moralisch und am wenigsten bequem, die Sitten zu verbessern" (123. und 124. Literaturbrief; 1760). Für das zweite Trauerspiel kann nicht – wie bei „Johanna Gray" – als Entschuldigung für die dramaturgischen Schwächen der zeitliche Druck angeführt werden, unter dem das Stück entstand, denn „Clementine" reifte in einer Phase des Müßigganges in „der dicken Berner-Luft" (Briefe vom 30. Januar und 2. Februar 1760).

Spätestens seit dem Herbst 1758 war bei Wieland der Wunsch gereift, Zürich zu verlassen. Ein Grund könnte seine Verärgerung über den streitsüchtigen Nörgler Bodmer gewesen sein, der seit Frühjahr diesen Jahres von seiner Arbeit an einem Stück „Lady Johanna Gray" wusste und dennoch (oder deshalb) ein Drama gleichen Namens verfasste. Mit zunehmendem Renommee als Dichter nahm Wielands Distanz zum Züricher Doyen zu, dessen bibeltreue Religiosität und rigide Tugendlehre gleichwohl unterschwellig weiterhin seine Schriften inspirierten. Christoph Martin war allgemein über die Züricher verärgert, die sein Wirken merklich „sparsamer" lobten als die Leute in Winterthur. Die im Spätsommer 1758 publizierte, mit Titelvignetten geschmückte „Sammlung einiger Prosaischen Schriften" stärkte zusätzlich das Selbstbewusstsein des jungen Autors.

Der gelangweilte Pädagoge, des Lehrens überdrüssig, hatte „keine Lust mehr … *Zürcher* zu informieren": er beabsichtigte stattdessen, bei seinen Eltern in Biberach ungestört den „Cyrus" zu beenden, zumal ihn Zimmermann bei diesem Vorhaben unterstützte (vgl. Brief vom 5. Dezember 1758). Er konnte sich aber auch „eine Art von Asyle" in Basel vorstellen, vermittelt durch Iselin. Dieser Plan wurde jedoch aufgegeben, denn Wieland weigerte sich, die Züricher Kaufleute um Empfehlungsschreiben zu bitten. In Wahrheit begehrte der Mittzwanziger nach dem vorgezogenen Ruhestand, welcher ihm erlauben würde, sein künftiges Leben „in einer freyen und philosophischen retraite [Zurückgezogenheit] zuzubringen" (Brief vom 4. Januar und 2. März 1759). Er träumte von einem Leben als Bohemien – als Alternative war jedoch auch die Heirat einer Frau „mit einem artigen Vermögen" denkbar (Brief vom 20. Februar 1759). Das erwünschte Leben als Künstler ohne Geldsorgen blieb ihm jedoch versagt. Stattdessen übernahm er in Bern eine „Servilische Arbeit", die ihn „verdrieslich und unwillig zu anstrengenden Studien“ machte (Brief vom 7. Juli). Erneut verdingte sich Wieland als Lehrer.

Die Vorgeschichte der Übersiedlung in die vornehme, aristokratisch regierte, von französischen Umgangsformen geprägte Kantonshauptstadt Bern begann mit dem Verdruss über seinen Status als „Pedagogue“ in Zürich; auch waren die Schüler verreist, so dass sein Lehramt überflüssig war. Hinzu kam der immer häufiger geäußerte Vorwurf, Wieland sei lediglich ein Instrument seines Übervaters Bodmer. Spätestens seit Frühjahr 1759 wurde von ihm deshalb verstärkt der Gedanke einer Übersiedlung nach Bern ventiliert: Zunächst bemühte sich Zimmermann um die nötigen Kontakte; aber es gab auch warnende Stimmen, vor allem jene von Martin Künzli, der bei Wieland die für Bern erforderlichen Umgangsformen vermisste. Christoph Martin war unschlüssig hinsichtlich der Übersiedlung und entschied sich zunächst für ein Verbleiben in Zürich. Er fragte das Ehepaar Zimmermann um Rat. Ein weiteres Thema, welches mit Vertrauten diskutiert wurde, war sein Lieblingsprojekt „Cyrus“, dessen erste Druckexemplare Anfang Mai vorlagen, allerdings noch ohne Titelvignette und Vorrede. Zu seinem Ärger war der Text durch zahlreiche Druckfehler entstellt, und allgemein hüllte man sich über das Werk, dem der Autor „Musicalische Vollkommenheit“ bescheinigte, in Schweigen. Wieland reagierte säuerlich, denn von den Freunden äußerte sich lediglich Breitinger lobend, und Zimmermanns kritische Anmerkungen schienen die Freundschaft ernsthaft zu gefährden (vgl. Briefe vom 24. und 26. Mai, 2. Juni 1759).

In Brugg diskutierte man erneut über die Möglichkeit einer Anstellung in Bern. Unentschlossen reiste Wieland am 22. April mit der Postkutsche vom Aargau nach Zürich zurück. Es folgte ein ausführlicher Briefwechsel. Der Pfarrer und Theologieprofessor Johannes Stapfer lockte mit einer Hauslehrerstelle bei einem Berner Landvogt. Mitte Mai 1759 fiel die Entscheidung zugunsten der Übersiedlung nach der damals größten Schweizer Kantonsstadt, worauf der „Informator“ seinen Schülern eine Abschiedsrede in französischer Sprache hielt (vgl. AA, Abt. 1, Bd. 4, S. 645–654). Er trennte sich von Bodmer, dem der Ortswechsel des Zöglings jedoch weniger zusetzte, als der vormalige Auszug aus seinem Hause. Man hatte sich ohnehin nur noch selten gesehen und schied freundlich voneinander. Die beiden langjährigen Vertrauten spürten vermutlich die Notwendigkeit der Trennung von Bodmer, der für Wieland gleichsam zu einem zweiten Vater geworden war (vgl. Brief vom 4. Juni 1759).

Die Anreise führte über die Aargauer Stadt Baden; am 13. Juni 1759 traf Wieland in Bern ein, wo er erstmals eine mondäne Gesellschaft mit betont kultivierten Umgangsformen kennen lernte. Sein Haus- und Brotherr, der Senator und Landvogt Friedrich von Sinner, war Mitglied eines literarischen Zirkels, den auch Wieland besuchte. Sinner bekannte sich als Anhänger der Physiognomik, der „Wissenschaft, den Charakter (nicht die zufälligen Schicksale) des Menschen im weitläuftigsten Verstande aus seinem Aeußerlichen zu erkennen" (Lavater). Der Aufenthalt in Bern begann mit einem Besuchsreigen: Bei Sinners wurde Tee getrunken, es folgten Promenaden mit den Honoratioren der Stadt. Wielands anfängliche Sorge um seine Reputation stellte sich bei diesen Begegnungen als unbegründet heraus, denn die Berner Führungsschicht anerkannte ihn als Poet und Pädagoge. Zunächst gehörten Ratsherr Fellenberg, Pfarrer und Theologie-Professor Johannes Stapfer und der Kaufmann Hans Caspar Schultheß – den Wieland „für einen Judaizanten [Juden], so *ziemlich* kultiviert hielt (vgl. Brief vom 4. Juli 1759) – zu seinen Freunden.

In beruflicher Hinsicht war Christoph Martin allerdings vom Züricher Regen in die Berner Traufe geraten. Bereits drei Wochen nach Beginn der Lehrtätigkeit verlautete freimütig gegenüber Zimmermann: „Bißher bin ich ungeachtet mir Bern und das Haus wo ich bin, und die Leute die ich kenne und die Freunde die ich gefunden, samt und sonders sehr wohl gefallen, ganz und gar verlegen, schwehrmüthig und nicht recht bey mir selbst gewesen. Wenn das Amt die Büblein Sinner alle Tage vier Stunden in den Elementen der Grammatik zu unterweisen lange fortdaurte, so würde der Geist der den Cyrus denken und mit Shaftesbury und Diderot und Rousseau wetteifern soll, gänzlich verlöschen oder wenigsten zum Pygmeen werden … Sie [Sinners Kinder] scheinen mich gerne zu haben und würden es also um mehr als einer Ursache willen, nicht wohl aufnehmen wenn ich das Haus verließe, welches zu thun ich verschiedne vorteilhafte Gelegenheiten hätte" (Brief vom 4. Juli 1759).

Der „unterdrückende Beruf" des Lehrers war ihm abermals zuwider, doch Stapfer schlug eine Lösung vor: „Ich will also bleiben; aber die Knaben Sinner sollen im latein und frantzösischen andre Lehrer bekommen" (ebenda). Wieland, der nur ungern die untergeordnete und zeitraubende Position eines Elementarlehrers ausübte, verfügte nach der Entlastung durch andere Pädagogen über hinreichend Zeit zur Fertigstellung des Stücks „Clementina von Porretta“; auch entstand ein gereimtes „Gedicht über *Agricultur*“, das nicht überliefert ist (vgl. Briefe vom 25. und 28. Juni 1753; WB 2, S. 405). Die Honoratioren respektierten seine Sonderstellung als Dichterphilosoph, vor allem erlebte Christoph Martin durch den täglichen Umgang mit der – im Vergleich mit Zürich – „kalten Politesse der *Berner*“ eine noble Gesellschaft und deren Umgangsformen (vgl. Brief vom 16. Dezember 1769). Vor allem bei Vincenz Bernhard von Tscharner, der seine Berufung nach Bern wesentlich unterstützt hatte, lernte Wieland eine mondäne Welt kennen, die ihm bisher fremd war. Mitte Juli besuchte er Tscharners gediegenen Wohnsitz „Bellevue“ am südlichen Ende der Stadt. Am Fuße des Berner Hausberges „Gurten“ (heute ein Naherholungsgebiet) bot sich ihm eine erhabene Aussicht auf die Alpen. Insbesondere die kapriziöse Ehefrau des Adligen – „Die Fr. Tscharner ist *sehr* schön“ – war bemüht, dem jungen Mann die nötigen galanten Umgangsformen zu vermitteln.

Die Berner Damen verhielten sich gegenüber dem Dichterjüngling ähnlich wie die Züricher Frauen: Man schätzte in ihm den angenehmen Unterhalter und äußerte „allenthalben grosse Eloges [Lobsprüche]“. Wielands Talent, sich als Außenseiter in fremde Szenerien geschickt einzufügen, bewährte sich trefflich, zumal er den Plauderton der Salons ebenso beherrschte wie die peripatetische Philosophie auf Promenaden an der Aare oder in der Berner Altstadt. Anders als in dem kaufmännisch-puritanischen Ambiente von Zürich herrschte in Bern eine vornehme Geldaristokratie mit betont gallisch-galantem Benehmen. Der Aufenthalt in Bern bildete im Vergleich mit Zürich einen Kontrapunkt in der seelischen und sozialen Entwicklung Wielands, denn seine Umgangsformen mussten sich erstmals in vornehmer Gesellschaft bewähren. In der (Traum-)Rolle des philosophierenden, den finanziellen Sorgen entrückten Bohemiens erfüllte sich sein ureigenstes Bedürfnis nach Anerkennung. Seine eigentliche Leistung war mithin weniger sein Dasein als Lehrer, als die Inszenierung der eigenen interessanten Persönlichkeit. Die Ware, welche er dem gelangweilten Berner Patriziertum feilbot, war die gehobene Unterhaltung, eine Mixtur aus künstlerischem

Schöpfertum und charmanter Noblesse, die er zur Schau stellte. Als Gegenleistung gewährte man ihm die gewünschten Freiräume: „Besuche, Promenaden und Lustreisen … Alle Tage parties de plaisier“ war sein müßiges Los in Bern (Brief vom 7. August 1759). Das Lob von inkompetenten Lesern (und Leserinnen) seiner Schriften sog er auf wie das Berner Wappentier den Honig. In einem seiner Versepen heißt es:

> „Kein Weiser, sey er noch so klug,
> Dem nicht sein Lob behagt, selbst aus dem Munde der Thoren“
> (C^{1r}, Bd. 4, S. 112).

Christoph Martin kompensierte sein äußerliche Unscheinbarkeit durch mitreißende Eloquenz, von der sich vor allem die Frauen angezogen fühlten. Er wollte auf dem gesellschaftlichem Parkett glänzen, sein Publikum durch Wissen, Witz und geistreiche Anmut bezaubern – zugleich spürte er sein Außenseitertum als Einzelgänger und Sonderling in einer fremden Welt mit nebulösen beruflichen Aussichten. „Schwermuth“ und „Müßiggänger“ waren häufige Vokabeln in seiner Korrespondenz (vgl. Briefe vom 28. Juni und 7. August 1759).

„Es sind einige Damen die mich sehen wollen. Die merkwürdigste ist Mselle. Bondeli …“, lautete eine Bemerkung Wielands (Brief vom 25. Juni 1759). Die erste, durch Stapfer vermittelte, Begegnung mit der illustren Frau erwies sich jedoch als ebenso irritierend wie folgenreich: Susanne Julie von Bondeli, zwei Jahre älter als Wieland, war die Tochter eines hohen Ratsmitglieds. In der Bernerin lernte Christoph Martin eine Frau kennen, die, körperlich unattraktiv und häufig kränkelnd, ihre Mängel durch Kenntnisreichtum und galante Beredsamkeit auszugleichen versuchte (vgl. Brief vom 4. Juli 1759; WB 6.1, S. 227). „Sie ist nicht schön, und hat wenig Gesundheit“ notierte Christoph Martin über Julie, die damals ein briefliches Netzwerk mit Intellektuellen aufbaute (Brief vom 24. August 1759). Wieland, der gewohnt war, die gesellige Aufmerksamkeit zu beanspruchen, zeigte sich von den überspannten Wissensbekundungen der redseligen jungen Frau (zunächst) abgestoßen. Im 18. Gesang des Versepos „Der neue Amadis“ hat ihr Wieland ein literarisches Denkmal gesetzt:

„So können wir doch getrost uns auf die Erfahrung beziehen,
Daß, wenn ein häßliches Mädchen es einmahl so weit gebracht
Und sich durch geistige Schönheit, geheime Sympathien,
Durch Witz und reitzenden Umgang und unverwandtes Bemühen
Gefällig zu seyn, zur Dame von einem Herzen gemacht …
Daß dann die Leidenschaft, worin wir für sie glühen
Das Stärkste ist, was man sich denken kann."
(C^{1r}, Bd. 5, S. 129).

Christoph Martin vermerkte: „Die Jgfr. Bondely ist eine prude par principes, und will nichts von Liebe hören" (Brief vom 24. Juli 1759). Aber man traf sich täglich, und bereits nach wenigen Wochen war Julie seine neue große Liebe (vgl. Brief vom 8. September 1759). Die Verlobung folgte, auch die Heirat wurde erwogen.

Zunächst galt es für Wieland, seine prekäre Situation bei Familie Sinner zu beenden, die sich während der Abwesenheit des Hausherrn unerträglich entwickelt hatte, denn Sinners Knaben erwiesen sich als geistig träge. Wieland, der sich als Lehrer unterfordert fühlte, hoffte auf „arrangements, die mir anständiger seyen". Ab August wohnte Christoph Martin bei dem Griechisch- und Ethikprofessor Samuel Wilhelmi, wo er fünf Schüler „täglich zwey Stunden in der Philosophie" unterwies, wofür ihm „ungefehr 200 Cronen" Lohn gezahlt wurden. Dieses Einkommen, etwa 200 Reichstaler pro Jahr, vermochte ihn einigermaßen finanziell abzusichern: „Ich gewinne mehr *Freyheit*, mehr *Zeit*, und mehr *Einkünfte*. Dieses sind drey wichtige Artikel" (Brief vom 24. August 1759).

Der entlastete Informator verfügte nun über hinreichend Gelegenheit, um Tscharners feudalen Landsitz zu besuchen und „die verschiednen Modificationen eines geschäftigen Müssiggangs, lesen, Schwatzen, Besuche machen, empfangen, Spatzierengehen, Spatzierenfahrten zu benachbarten Freunden, essen, trinken und schlafen" bis zur Langeweile auszukosten (Brief vom 6. September 1759). Den Schlendrian lockerte er durch die – allerdings immer unwilliger ausgeführte – Arbeit am „Cyrus" sowie durch den Plan zu einer Neuausgabe seiner „Poetischen Werke" auf, die beim Züricher Verlag Orell & Cie. [Schweizer Bezeichnung für Kompagnon] erschienen. Allerdings enthielt der Druck zahlreiche Setzfehler, auch war die Vorrede entfallen. Wegen der Subskription nahm

Wieland deshalb auch Kontakt mit anderen Unternehmen auf; Jahrzehnte später kam es zum Bruch mit dem Verlag Orell (vgl. Brief vom 21. Juni 1776; zur Verlagsgeschichte: WB 13.2, S. 121f.).

Zu dieser Zeit bewarb sich Wieland, um sein Renommee zu steigern, um die Mitgliedschaft in der Preußischen Akademie der Wissenschaften – „nehmlich als Titularmitglied, ohne Pension" – wie er bescheiden einschränkend hinzufügte (vgl. WB 6.1, S. 346). Das Gesuch wurde jedoch, trotz Sulzers Befürwortung, aufgrund der mangelnden Bekanntheit des Antragstellers abschlägig beschieden. Erst im Jahre 1787 erhielt Wieland die auswärtige Mitgliedschaft angeboten. Mitte September 1759 begann Christoph Martin den Unterricht vor einer kleinen Akademie mit fünf Schülern; zeitlich parallel entstand „Clementina von Porretta". Der Autor erwartete von dem Drama jedoch weniger die Zustimmung „critischer Bidermänner", wie Lessing und Nicolai, als vielmehr den „Beyfall des Publici [und] Thränen der Leserinnen" (Brief vom 9. März 1760). Auf Tscharners Rat revidierte Wieland den Roman „Araspes und Panthea" und widmete ihn dem Berner Gönner.

Häufig trafen sich Julie von Bondeli und Christoph Martin mit zunehmender Freundschaft: „Ich liebe Julie und mich dünkt die äusserliche Schönheit ausgenommen, vereinige sie alle schönen und guten Qualitäten in sich, die ich an meinen übrigen Freundinnen vertheilt bewundert habe. Sie ist nicht so schön als Mad. la Roche, sie ist, wenn man will, gar nicht schön; aber sie ist alles was man seyn muß um zu gefallen. In einem Cirkel von FrauenZimmern, wo sie unter allen am wenigsten schön ist, zieht sie dennoch alle Mannspersonen an sich, und das ohne im mindesten Cokette zu seyn. Aber dagegen ist sie eine Meisterin in der Rolle der Petite maitresse … Niemals habe ich ein FrauenZimmer gesehn, das bey einer ausserordentlichen Gleichheit der Gemüthsart, bey dem heitersten Humor, und der größten moralischen Simplicität, die nur in ihrem Alter möglich scheint, mehr Lebhaftigkeit, mehr Mannichfaltigkeit und unerschöpfliche ressourçes im Umgang gehabt hätte als sie. In diesen Stücken ist Mad. la Roche noch weit hinter ihr, als Julie in Absicht der Schönheit hinter la Roche ist. Der Aufgeklärteste Geist den ich je an einem Frauenzimer gesehen habe … Julie ist eine Philosophin, und was noch mehr ist, elle est Femme de Genie." Erstaunt wurde hinzugefügt: „Julie scheint in vollem Ernst weder Idee noch Empfindung von *der Liebe* zu haben die in den Romanen und Tragödien herrscht" (Brief vom 8. September 1759).

Trotz (oder wegen) der Beziehung zu Julie fühlte sich Wieland in Bern zunehmend am unrechten Ort. Vermutlich war es eine trübe Mischung aus Unzufriedenheit über seine soziale Stellung und den Müßiggang an der Seite des stets gleich bleibenden Personals, die ihn verdrießlich stimmte. Die Berner Klatsch-Gesellschaft kolportierte seine baldige Heirat mit Julie, und Christoph Martin notierte nachdenklich: „Sie würde mich unaussprechlich glüklich machen. Aber ich sehe keine Möglichkeit. Ich müste auf eine sehr anständige und vorteilhafte Art etabliert seyn, wenn ich berechtigt seyn sollte, eine solche praetension zu machen, und bißher ist kein Anschein zu einem solchen etablissement" (Brief vom 8. September 1759).

Seit Herbst 1759 hielt ihn nichts mehr in Bern. Er suchte nach einer neuen beruflichen Position; unter anderem war eine Göttinger Professur in Aussicht (vgl. Brief vom 30. April 1760; WB 6.1, S. 297). Aus dieser ungewissen Situation erlöste ihn ein Brief der Mutter mit der Nachricht, dass in seiner Geburtsstadt die vakante Position des verstorbenen Gerichtsvorsitzenden neu zu besetzen sei (Brief vom 14. Mai 1760). Dieses Amt erhielt jedoch Justin Heinrich von Hillern zugesprochen, während Wieland zum Kanzleiverwalter gewählt werden sollte. Nur zu gern verließ er Bern, wo ihn sein zuweilen ungestümes Verhalten gesellschaftlich unmöglich gemacht hatte. Über diese Vorgänge liegen allerdings nur Andeutungen vor. Vielleicht waren die Verstöße gegen die Etikette in seiner Neigung zum Jähzorn begründet; jedenfalls stand der Vorwurf im Raum, der Lehrer-Poet zeige rüde Umgangsformen und sei zudem unfähig, anderen Gesprächsteilnehmern zuzuhören (vgl. Brief Tscharners vom 22. 12. 1759; WB 2, S. 444f.). Ende Mai 1760 reiste Wieland über Winterthur nach der Heimatstadt.

Im Rückblick verstand Christoph Martin seine Schweizer Jahre als eine „große Revolution", in der er sich von einer überhitzten Religiosität zu befreien vermochte. Insbesondere den Einfluss Bodmers hatte Wieland schon bald als bedrückend empfunden, zumal ihn sogar gutmeinende Kritiker maliziös als „Bodmerianer" bezeichneten (vgl. Brief vom 10. August 1768). Er musste die Desillusionierung seines Lebenstraums verkraften, der darin bestand, in finanzieller Unabhängigkeit als Dichter zu leben. Sein erster Brotberuf war derjenige eines Sprachen- und Philosophielehrers, und die von ihm verfassten Curricula für Akademie und Schule sowie weitere Zeugnisse der Lehrtätigkeit belegen sein pädagogisches Selbstverständnis als neuer Sokrates, für den die Vermittlung von Lebensweisheiten wichtiger war als der Unterricht in grammatischer Elementarlehre. Wieland betätigte sich nur unwillig als „Informator" von zumeist indolenten Schülern, denen der Lehrstoff gleichgültig war und deren Patrizier-Eltern den seltsamen, in verstiegenen Träumen lebenden Poeten insgeheim verdächtigten, ihren Nachwuchs der merkantilen Instinkte des Kaufmannsstandes zu berauben.

Der junge Autor war bemüht, in möglichst unterschiedlichen literarischen Gattungen zu reüssieren: Ob Drama oder Pamphlet, Dialogroman oder Hexameter-Epos – Wieland versuchte in jedem Metier die Grenzen seines Talents auszuloten. Seine Züricher Texte enthielten zumeist die weltanschaulichen und poetischen Hieroglyphen des Sprachmeisters Bodmer, wie bigotte Religiosität, rigoristische Tugendlehre oder tragisches Pathos. *Sentimentalité* war ein Modewort jener Zeit, aber die zuweilen überspannte Larmoyanz vieler von Wielands frühen Werken empfanden auch Zeitgenossen, wie Lessing und Mendelssohn, als unerträglich.

In Fachkreisen wurde Wieland als talentierter, durch Bodmer in seinen Fähigkeiten eingeschränkter Autor eingeschätzt. Der wichtigste Bestandteil seiner späteren Kreativität, der Humor, war seinen frühen Schriften weitgehend fremd, ja Witz und Sinnenfreude galten für ihn als abstoßend. Ein Beispiel für die Fehleinschätzung des eigenen Talents war das Heldenepos „Cyrus": Als Vorlage des historischen Gedichts diente ihm nicht ein mythisch verklärter antiker Kriegszug, sondern die aktuellen mitteleuropäischen Verwüstungen, von welchen er sich – wie zahlreiche andere Autoren seiner Zeit – poetisch stimuliert wähnte. Mit seinem Schweizer Lieblingsprojekt „Cyrus", inspiriert vom Schlachtenlärm des Siebenjährigen Krieges, hegte Christoph Martin die (vergebliche) Hoffnung, sich als preußischer Hofpoet anzudienen; ein bezeichnender Hinweis dafür ist die Zueignung des Stücks „Clementina von Porretta" an eine preußische Prinzessin (vgl. AA, Abt. 1, Bd. 3, S. 224). Der Dichter hoffte, dass die Zeitläufte in ihm ein Sprachrohr gefunden hätten, aber das 1759 veröffentlichte fragmentarische Gedicht „Cyrus" verhalf ihm nie zu der erhofften Reputation. Wenige Jahre darauf notierte Wieland über „dieses Fragment eines Helden-Gedichtes“ resigniert, dass dem Publikum diese Geschichte vermutlich gleichgültig sei (vgl. AA, Abt. 1, Bd. 3, S. 146f.; ein Nachdruck erschien in Leipzig 1760; C^{1r}, Bd. 16, S. 3–180).

Für den schwäbischen Pastorensohn ging es sowohl beim Schreiben wie bei seinen gesellschaftlichen Kontakten um die Anerkennung als philosophischer Poet. Ein intellektueller Außenseiter wollte respektiert werden. Der äußerlich unscheinbare junge Mann – bequem, schwächlich, unsportlich – versuchte diesen (vermeintlichen) Mangel durch gute Kleidung und eine mitreißende Beredsamkeit vor allem gegenüber den Frauen auszugleichen, zumal er keineswegs zur „Sekte der Misogynen“ [Frauenfeinde] oder „Gynäkofagen“ gehörte [Frauenfresser; vgl. „Der neue Amadis“: C^{1r}, Bd. 4, S. 601; Bd. 5, S. 53, 66). Christoph Martin schätzte die Damen, ja für ihn galten die – literarisch eher durchschnittlich gebildeten – Patrizierfrauen als maßgebliche Kritiker, um deren Lob er ähnlich buhlte wie ein Minnesänger um die Anerkennung der Herrin. Wieland sang das Hohelied der Tugend und baute somit eine subtile Barriere gegenüber sexuellen Annäherungen auf, zumal die meisten Freundinnen wesentlich älter waren als der schwärmerische Tugend-Priester.

Christoph Martin bevorzugte die Rolle des galanten Causeurs inmitten eines erlauchten Damenkränzchens oder anlässlich eines lauschigen Rendezvous. Deshalb war die Begegnung mit Julie von Bondeli für ihn besonders reizvoll, denn sie ähnelte ihm charakterlich – im Gegensatz zu Sophie. Die körperlich unattraktive Bernerin verstand die Männerwelt durch Wissen und Witz zu bezaubern, sie bildete somit das feminine Gegenstück zu Wieland, der ebenfalls seine körperliche Unscheinbarkeit durch charmante Eloquenz zu kompensieren versuchte. Die anfängliche Irritation zwischen den beiden ähnlichen Charakteren mündete in Respekt und Zuneigung. Nach dem Tod von Julies Vater im Herbst 1761 bemühte sich Wieland erneut um eine Annäherung, aber schließlich kühlte ihre Beziehung ab (vgl. WB 6.1, S. 254).

Er hatte die Erfahrung gemacht, dass seine poetische Traumtänzerei ihm zwar Anerkennung als genialischer Sonderling, aber keinesfalls die für ein selbständiges Leben und eine Heirat nötige finanzielle Sicherheit eintrug. Denn ein Außenseiter blieb Wieland allemal in der Schweiz:

Zwar gab es eine Vielzahl von Bestrebungen, ihn mit einem Lehramt zu versehen, aber letztlich schwebte dem Mittzwanziger jene Rolle vor, die er in späteren Romanen so plastisch zu beschreiben wusste: Er träumte davon, als neuer Sokrates inmitten einer idyllischen Landschaft und vor einem andächtig lauschenden Publikum lebenskluge Gedanken aus dem Füllhorn seiner Weisheit zu spenden. Das Problem bestand allerdings darin, dass für diese menschenfreundliche Betätigung für absehbare Zeit kein Sponsor zu finden war.

Vorübergehend hatte sich jedoch in Bern die erwünschte Situation wenigstens ansatzweise erfüllt, denn Christoph Martin, formal als Pädagoge angestellt, verfügte über jene zeitlichen Freiräume, die ihm erlaubten seine schriftstellerischen Pläne voranzutreiben und der Kunst des gesellschaftlich anerkannten Müßigganges zu frönen. Keineswegs strebte er jedoch das Leben eines parasitären Nichtsnutzes an, sondern es ging ihm um die Anerkennung als „Berufsdichter". Seine poetischen Meriten galten für ihn als gesellschaftlich wertvoll, denn ihr Ziel war mindestens gleichen Ranges wie dasjenige der Priester: Sein hehres Ziel war die Humanisierung des Menschen, die kathartische Erhebung des Individuums durch das Medium Kunst. Vom lesenden Publikum wurde jene menschliche Veredelung erhofft, welche die Religion bisher nicht geleistet hatte. Dichtung *und* Religiosität bildeten in Wielands emphatischer Tugendlehre eine sakrosankte Einheit; Lektüre avancierte zu heiligem Tun.

Seine Sehnsucht nach allgemeiner Anerkennung als charismatischer Poet ging so weit, dass er auf das Lob inkompetenter Patrizierfrauen mindestens ebenso empfindlich reagierte wie auf fachliche Kritik. Am wohlsten fühlte sich der junge Dichter inmitten eines Kreises von Zuhörerinnen oder beim Tete-a-tete mit einzelnen geneigten „FrauenZimmern", wo er sich als gehobener Entertainer profilieren konnte. Mit Bravour inszenierte sich Wieland vor dem gesellschaftlichen Forum als genialischer Autor. Die Züricher und Berner Damen dienten als amüsierte Claqueure seiner metaphysischen Plaudereien, deren philosophisches Credo sich aus einer (f)rigiden Tugendlehre und der Hoffnung auf Humanisierung des Menschen durch die Wortkunst zusammensetzte. Die Schattenseite von charmanten Plauderern besteht jedoch zumeist in einer ausgeprägten Eigenliebe, welche zudem bei Wieland durch mangelnde Umgangsformen besonders negativ auffiel. Obereit beurteilte die Manieren Wielands noch Jahre danach despektierlich: „Er ist der alte, ein gedoppelter mensch, groß und klein, ein Halbgott und ein Affe. Uns wird er wenig Freude mehr machen. Möge er seiner Vaterstadt nützlicher werden“ (Brief vom 14. Oktober 1760; WB 6.1, S. 200f.). Auch Bodmer bemerkte scharfblickend: „Wir kennen seine Talente, aber das Herz auch, und das kömmt bey weitem nicht an die Talente. Es ist eins von den selbstensten Egoisten“ (Brief vom 31. Januar 1755; zitiert nach Starnes, I, S. 89).

Denn in seinem Innern blieb es kalt; die Exerzitien gesellschaftlicher Fröhlichkeit berührten ihn nur oberflächlich: Wieland fühlte sich – insbesondere in Bern – als Außenseiter, als Sonderling in einer fremden Welt, die ihn für die Gegenleistung gehobener Unterhaltung finanziell aushielt. Seinem Intimfreund Zimmermann vertraute er an: „Ich bin nicht für das was man Welt heißt gemacht. Alle ihre Ergötzungen sind innerliche Plagen für mich, ob ich gleich aus Gefälligkeit daran Antheil nehme und vergnügt dabey scheine. Ich rede von den besten und unschuldigsten Ergötzungen, die ich in der hiesigen grossen Welt haben kann. Freyheit, Muße, Einsamkeit, Ein Freund und Eine Freundin nahe bey mir, und die Natur vor mir, – das ist die Situation nach der mich dürstet, und zu der ich nie gelangen werde. Ist auch ein glüklicher auf diesem Erdboden?“ (Brief vom 24. August 1759).

4. Kapitel

AMTSZEIT IN BIBERACH

Biberachs Bevölkerung hatte sich seit dem Dreißigjährigen Krieg um mehr als 30 Prozent auf zirka 4000 Personen verringert. Die Hauptberufe waren Handwerker, Kaufmann und Krämer; Vertreter des Adels gab es nur wenige. Zwei Drittel der Population gehörte der evangelischen, der übrige Teil der katholischen Kirche an, deren Mitglieder meist die Dörfer und Weiler der Stadt bewohnten. Die Verfassung der Reichsstadt orientierte sich an Rechtsbestimmungen des 16. Jahrhunderts sowie an den Westfälischen Friedensverträgen von 1648, welche den Zwist zwischen den katholischen und protestantischen Ständen befriedeten. Beide Glaubensrichtungen galten als gleichberechtigt, die Reformierten waren ebenfalls anerkannt. Für konfessionell gemischte süddeutsche Reichsstädte wie Biberach galt ein paritätisches Regierungs- und Verwaltungssystem, welches den Konfessionen die gleiche Anzahl von Ratsstellen sowie dieselben öffentlichen Befugnisse garantierte. Ämter, die es nur einmal gab – darunter dasjenige des Kanzleiverwalters – sollten nach dem Tod des Inhabers alternierend besetzt werden.

Das rechtliche Problem, dass der Amtsträger nicht gestorben, sondern zum evangelischen Bürgermeister gewählt wurde – wie im Fall von Wielands Vorgänger Johannes von Hillern – gehörte zu den ungeregelten Vorfällen. Nun rächte sich für Christoph Martin das laxe Studium ohne schulischen Abschluss, denn der von der katholischen Fraktion geforderte Doktorgrad konnte von ihm nicht vorgewiesen werden. Trotzdem wurde Wieland von der evangelischen Gruppierung des Magistrats in den Rat der Stadt berufen. Am 24. Juli 1760 erfolgte die Wahl zum Kanzleiverwalter zwar nicht einstimmig, aber mit ausreichender Mehrheit (vgl. WB 2, S. 453; Brief vom 6. Juni 1760). Der katholische Magistrat bezweifelte weiterhin die Qualifikation des Aspiranten und widersetzte sich der Vereidigung. Darauf wandten sich die Protestanten an die nächsthöhere Instanz, das Stuttgarter „Hochfürstliche Creisausschreibamt", welches die Einwände zurückwies. Dieser Beschluss wurde am

17. Oktober 1760 dem Katholischen Magistrat mitgeteilt, eine Gegenerklärung jedoch nicht angenommen (vgl. WB 6.1, S. 198–200).

Der unvereidigte Kanzleiverwalter bezog „eines der bequemsten Häuser“ Biberachs, die „Statt Cantzeley“ mit Dienstwohnung und Amtsräumen sowie einer Verbindungstür zum Rathaus [das historische Gebäude wurde in den fünfziger Jahren durch einen Neubau ersetzt]. Christoph Martin gehörte nun zur führenden Besatzung eines kommunalen Narrenschiffs, angefüllt mit politischen, religiösen sowie persönlichen Intrigen und Rankünen. Sophies Schwester Catharina galt als Förderin Wielands, der sich an der Klüngelei aus Dankbarkeit beteiligte: Als Gegenleistung für die für ihn erfolgreiche Abstimmung über den Kanzleiverwalterposten votierte Wieland bei der Bürgermeisterwahl für seinen Amtsvorgänger und „Cateau“-Ehemann, den überschuldeten, des Atheismus bezichtigten Johannes von Hillern (vgl. Brief Obereits vom 15. September 1761; WB 6.1, S. 455). Zu Wielands Enttäuschung setzte sich der evangelische Bürgermeister jedoch nicht eindeutig für die Beendigung des Kanzleiverwalterstreits ein (vgl. WB 6.1, S. 356).

Diese Details vermitteln ein authentisches Bild der kommunalen Entscheidungsprozesse in einer Freien Reichsstadt zur Mitte des 18. Jahrhunderts: Ein Säkulum vor der Gründung der ersten deutschen Parteien dienten konfessionelle Zugehörigkeit und Vetternwirtschaft als vorrangige politische Faktoren. Auch der neu gewählte Kanzleiverwalter blieb nicht unbefleckt von dem Nepotismus, zumal von ihm – als Gegenleistung für seine gehobene berufliche Position – das umstrittene evangelische Stadtoberhaupt mitgewählt wurde, dessen Eignung für das Amt sogar die eigene Fraktion bezweifelte. Hinter den Kulissen der Reichsstadt spielte sich mithin eine undurchsichtige Personalpolitik ab, fachliche Kompetenz galt auch damals häufig als nachrangige politische Tugend.

Das „Amt-Büchle“ von Biberach regelte die Sitzordnung des „Geheimen und Inneren Raths“ der Stadt: An der Spitze rangierten die „zween Herren Bürgermeister“, vier „Geheime Räthe“ sowie vierzehn „zugeordnete Innere Räthe“. Es folgten der katholische „StadtSyndicus und Raths-Consulent“ sowie der evangelische „CanzleyVerwalter“, der die Ratsprotokolle und Verhandlungen des evangelischen Konsistoriums, der geistlichen Aufsichtsbehörde, verfasste. Die Regierung der „Aristocratisch-Demokratischen Republik“ bestand aus dem Magistrat, dem Justiz- oder Stadtgericht sowie dem großen Rath- oder Bürgerausschuss; jedes Kollegium war konfessionell paritätisch besetzt. Zur Regierung gehörten ebenfalls die Vorstände der sieben Zünfte und die „Beschauer“, eine Art Fachausschuss, der sich aus Botengängern, Hebammen, Nachtwächtern, Sackträgern und Torschließern zusammensetzte. Die Amtstracht des Kanzleiverwalters bestand aus einem langen schwarzen Mantel aus *Gros de Tours*, einem starken, gerippten Seidenstoff. Mit diesem Habit war Wieland Zeuge von kommunalen Entscheidungen, die ihn mit der kruden Lebenswirklichkeit konfrontierten: So beschloss der Magistrat im Januar 1769 zur Verbesserung des Hebammen-Unterrichtes „in anatomicis“ die Anschaffung „eines cadaveris feminini“ [toter weiblicher Körper]. Beschlüsse zur Verfolgung von Wilddieben waren ebenfalls erforderlich.

In frühen Briefen seiner Amtsjahre unterzeichnete Wieland zuweilen scherzhaft als „Directeur de la Chancellerie de la ville Imperiale de Biberac en Soüabe“ (vgl. Brief vom 10. August 1760). Der neue Kanzleiverwalter nahm sein Amt jedoch ernst und reformierte das kommunale Steuerwesen, indem erstmals sämtliche städtischen Einnahmen und Ausgaben – getrennt nach Posten wie Steuern, Gebühren für Bürgeraufnahmen, Schutz- und Schirmgeld für Fremde sowie Torschließgelder – einheitlich und übersichtlich saldiert wurden. Sein Gehalt – stattliche 1000 Gulden im Jahr – setzte sich aus regelmäßigen Einkünften, Vergütungen für Amtshandlungen sowie Naturalleistungen zusammen. Die „Recordanz über Alles Einnehmen und Ausgaben an Geld, Früchten, Holtz und andern Naturalien bey löblicher Stadt Rechnerey-Ambtung“ von 1768 enthält Details über sein Salär: Wöchentlich erhielt der Kanzleiverwalter 3 fl. [Gulden] 50 kr., dazu pro Quartal je 25fl. sowie diverse Gebühreneinnahmen. Eine weitere Bezahlung bestand aus „Reitgroschen“, einer Kostenerstattung für externe Amtshandlungen wie „Holzabzählung“ oder Besichtigung von Straßenbauten, Sand- oder Kiesgruben; zu den Sachleistungen gehörte auch Brennholz.

Ein Verzeichnis vermittelt Einblick in den Verlauf einer Dienstreise am 2. Juni 1764 nach Donauwerth, welche Wieland gemeinsam mit Johannes von Hillern unternahm: Sorgfältig werden Aufwendungen wie Zehrungs- und Trinkgelder für „Keller- und Haußknechte“, einen „Wegweißer durch den Wald“, „dem Barbirer allda“, diverse „Bettel- und Weg-

Gelder" sowie der Geldwertverlust durch einen schlechten Umtauschkurs aufgelistet. Der Beruf brachte Wieland jedoch nicht nur mit dem gesamten Spektrum gesellschaftlichen Lebens in Berührung, sondern bedeutete für ihn eine sprachliche Herausforderung, denn das Amt verlangte ein neues, für ihn unbekanntes Idiom: den Kanzleistil. Diese in mittelalterlichen Schreibstuben entstandene wortreiche Formulierungskunst war bestimmt von einer komplexen Syntax und juristischen Floskeln, deren trockenen „Kanzleyton" der neue Amtsschreiber ebenso souverän beherrschte wie er ihn ablehnte (vgl. C^{1r}, Bd. 7, S. 278).

In einem wehmütigen Brief an Bodmer erinnert sich Wieland schon bald nach seiner Ankunft in Biberach an die „dreymal glükliche Zeit" in der Schweiz, sieht sich in der „Verbannung zu Barbaren und eben so boßhaften als kleinen Seelen" (Brief vom 1. Oktober 1760). Ausführlich werden die kommunalpolitischen Kabalen geschildert. Insbesondere die Wahl des Bürgermeisters erschütterte den zerstrittenen evangelischen Rat und erregte die Bürgerschaft. Ein Teil der protestantischen Gruppierung, die in Wieland einen Gegner Johannes von Hillerns erhofft hatte, sah sich enttäuscht. Die Vereidigung als Kanzleiverwalter wurde von Teilen des evangelischen und katholischen Magistrats weiterhin verweigert, wodurch auch die Besoldungsfrage ungeklärt blieb. Schließlich beschloss die evangelische Fraktion mittels eines „Recursus ad Augustissimum" – der Berufung an den Wiener Reichshofrat – die Angelegenheit endgültig zu entscheiden. Nun war Geduld erforderlich.

Wielands ungeliebtes Dasein als städtischer Angestellter vermochte nur vorübergehend seine literarische Neigung zu unterdrücken: Im Juni 1760 wurde von ihm eine Neuausgabe seiner sämtlichen Gedichte angeregt. Den Auftrag erhielt der Züricher Verlag Orell, Geßner & Cie., welcher sich jedoch abermals als unzuverlässig erwies: „Mit äusserstem Mißvergnügen" erwartete der Autor noch im Oktober des folgenden Jahres die Druckausgabe. Die Ausstattung der im Jahre 1762 bei Orell und Geßner publizierten dreibändigen Edition „Poetische Schriften des Herrn Wieland" fiel allerdings zu seiner Zufriedenheit aus (Brief vom 22. November 1762; eine erweiterte Neuauflage erschien 1770).

Durch Korrespondenz vermochte Wieland seine tumbe Lebenssituation zu erleichtern: Sophie La Roche im Schloss Warthausen und Julie von Bondeli waren häufige Briefpartnerinnen, beide schrieben sich auch gegenseitig. Im Jahre 1799 veröffentlichte Sophie Auszüge des Briefwechsels mit der Schweizer Freundin in der autobiografischen Kollage „Mein Schreibetisch“. Nach Christoph Martins Ankunft in Biberach kühlte sich sein Verhältnis zur Berner Verlobten ab. Der Grund für die „veritables causes de notre rupture“ ist ungewiss, da große Teile der Korrespondenz nicht überliefert sind. Julie, die gegenüber Wieland vage auf „alte Vorfälle vom Jahre 1760“ hinweist, vermeidet die Erwähnung dieser „unangenehmen Erinnerungen“. Möglicherweise irritierte sie seine Zuneigung zu Catharina „Cateau“ von Hillern (vgl. WB 6.1, S. 218f.; WB 3, S. 103f.). Der Briefwechsel zwischen Christoph Martin und Julie lebte im Herbst 1762 noch einmal auf, um schließlich zu verstummen (vgl. ihren Brief vom 19. Februar 1772; WB 4, S. 465).

Ein wichtiger Briefpartner Wielands war weiterhin Johann Georg Zimmermann in Brugg, der häufig zu medizinischen Fragen konsultiert wurde. Im Februar 1759 hatte sich Christoph Martin wegen der Gesundheit seiner Mutter gesorgt, die über „fliegende Schmertzen“ an vielen Körperstellen klagte. Nun wurde der Arzt in eigener Angelegenheit befragt, da Wielands „Gesundheits Umstände“ aufgrund der „unendlichen Desagremens“ gelitten hatten, denn die „Rathstäge, Consistorial-Seßionen, Untersuchungs-deputationen, Promemoria, Protocolle, Factums, Berichtschreiben“ beeinträchtigten sein Wohlbefinden. Die Krankheitsanzeichen schienen psychosomatischer Natur zu sein: „… ob ich gleich nicht krank bin, und nicht sagen kan was mir eigentl. fehlt, so habe ich doch nöthig einen übel verdauenden Magen soviel als möglich wiederherstellen zu lassen, und einem mich über kurz oder lang bedrohenden Gallen- und Magenfieber zuvor zu kommen, und ersuche Sie hierüber um Dero Aesculapischen Beystand …“ (Brief vom 5. Februar 1762). Zimmermann verordnete *elixirium vitrioli*, ein magenstärkendes und gegen Gallenerkrankung wirkendes Präparat. Außerdem empfahl er *tinctura rhabarbari aquoso*, denn Rhabarbersaft galt als Therapeutikum gegen Darmerkrankungen (Wieland verabscheute das Knöterichgewächs, wendete es aber häufig an, vgl. Brief vom 16. April 1776). Der Kanzleiverwalter misstraute jedoch der pharmazeutischen Zuverlässigkeit der Biberacher Apotheken und erbat von Zimmermann alternative Adressen zum Ankauf des Heilmittels.

Nach wenigen Monaten Tätigkeit für die Freie Reichsstadt war Wielands körperliches und mentales Befinden auf einem Tiefpunkt angelangt. Missmutig wurde von ihm der „beständige Anblik unsrer Zerrüttung, unsrer schlimmen Oeconomie, unsrer verfallnen Policey, der gäntzlichen Unachtsamkeit womit man den Verfall der Stadt ansieht … einen Abgrund von moralischem und politischem Verderben … und … der gäntzliche Mangel an Freunden“ beklagt (vgl. Briefe vom 1. März 1761 und 5. Januar 1762). Fantasiebegabte Personen verfügen jedoch über ein probates Mittel, um sich einer als unerträglich empfundenen Wirklichkeit wenigstens zeitweilig zu entziehen, ohne dafür Alkoholika, Opiate oder andere Genussmittel zu benötigen: Das Schreiben versetzte Wieland in einen Zustand, den die moderne Psychologie als *flow* bezeichnet, ein angenehm empfundenes Ausweichen in „erdichtete Welten“, um Zeit und Raum zu vergessen (vgl. C^{1r}, Bd. 6, S. 296f.; Bd. 17, 6f.). Das kreative Hochgefühl darf jedoch keinesfalls vorschnell als Flucht gedeutet werden, denn die Erfahrungen der Außenwelt wirken unterschwellig auf den schöpferischen Vorgang ein. Der Autor empfand die – meist zu nächtlicher Stunde am Schreibtisch der Dienstwohnung absolvierte – Geistreise in eine Parallelwelt als wohltuende Absenz. Ein Ergebnis dieser „Lukubrationen“ [gelehrte Nachtarbeiten] war die „Lebensgeschichte des Philosophen Chärephon“; eine Prosa-Erzählung, die allerdings nicht überliefert ist (vgl. Brief vom 1. März 1761). Vermutlich handelt es sich um eine Vorstufe zum Roman „Die Geschichte des Agathon“ (vgl. WB 6.1, S. 204, 207, 230).

Außer dem Anfertigen eigener Texte dienten für Wieland Übersetzungen als Sprachübung und meditative Unterhaltung. Seit 1759 plante Christoph Martin – vermutlich angeregt durch einen Brief Johann Georg Sulzers – die Übertragung der Dramen William Shakespeares ins Deutsche (vgl. WB 6.1, S. 207). Aufgrund der zahlreichen erotisch-deftigen Textpassagen des Originals äußerte er jedoch bereits im Vorfeld des Projekts Bedenken: „So weit ich gekommen bin ist kein Drama da man ganz übersezen *dörffte*“ (WB, Bd.1, S. 395f.). Im März 1761 vergewisserte sich Wieland – um nicht auf dem Buchmarkt mit anderen Editionen konkurrieren zu müssen – bei dem langjährigen Brieffreund Johann Christian Volz nach den Übersetzungsplänen des Braunschweiger Professors für englische und griechische Sprache, Johann Arnold Ebert. Bis zu diesem Zeitpunkt gab es nämlich nur wenige Versuche, Shakespeare ins Deutsche zu übertragen: Neben einigen entstellenden Bearbeitungen von englischen Schauspielern lagen nur „Julius Cäsar“ in Alexandrinern sowie „Romeo und Julia“ in Blankversen vor.

Verhältnismäßg schnell war ein geeigneter Verlag gefunden: Obwohl Wieland ständig „über Ihre Compagnie [Orell, Geßner und Comp.] … [Klagen] zu führen gezwungen“ war, erhielt das Unternehmen den Zuschlag für das aufwändige Projekt einer Edition von Shakespeares gesammelten Dramen (WB 3, S. 41; WB 6.1, S. 250). Als Textvorlage diente die Sammlung des englischen Literaturhistorikers William Warburton: „The Works of Shakespear in Eight Volumes”, Dublin 1747. Anstelle einer eigenen Vorrede setzte Wieland jene von Alexander Pope ein, welche bereits Warburton übernommen hatte.

Das Shakespeare-Projekt, anfangs ein „Delassement und Zerstreuungsmittel“, erwies sich schwieriger als erwartet. Bald schon wegen des erheblichen zeitlichen Aufwands und philologischen Anspruchs bedenklich geworden, teilte Wieland den Verlegern vorsorglich mit, wegen der „unendlichen Schwierigkeiten dieses Autors [des] ursprünglichsten und vortrefflichsten aller Dichter … nichts vollkommenes“ versprechen zu können. Er nutzte jede Pause von den „verhassten Geschäften … die der bey uns herrschende Prozess-Teufel mir gemacht“, um das anspruchsvolle Werk voranzutreiben (vgl. WB 3, S. 79f.). Im Sommer 1762 vermerkte Wieland mit resignativem Unterton: „Ich glaube nicht daß irgend eine Art von gelehrter Arbeit der GaleerenSklaven-Arbeit ähnlicher sey als diese, und obgleich das Vergnügen womit sie von Zeit zu Zeit begleitet ist, die Mühe versüßt, so ist doch immer richtig dass ich eine Menge Zeit mit diesem Autor verschleudre, die ich nützlicher anwenden könnte“ (Brief vom 24. Juni 1762). Allerdings spekulierte diese Bemerkung gegenüber dem Verleger gewiss auf ein gutes Honorar für die entsagungsvolle Arbeit. Gemäß der vertraglichen Vereinbarung waren ab 1763 jährlich zwei Bände mit jeweils drei Dramen abzuliefern, als stattliches Entgelt lockten pro Tranche zwölf „Louisd'or neufs“ oder „Neunhundert und Sechzig Gulden“ sowie fünfzehn Freiexemplare (vgl. Brief vom 4. September 1766). Insgesamt hatte Wieland am Schluss der Edition als Vergütung zirka ein Jahresgehalt seiner beruflichen Tätigkeit erhalten. Das Unternehmen war für Autor und Verlag ein finanzieller Erfolg – nicht zuletzt der in der Gelehrtenwelt prominente Name des Übersetzers begünstigte den Verkauf.

Als philologische Hilfsmittel diente ihm (außer der heute als philologisch unzuverlässig geltenden Warburton-Edition) lediglich ein „Dictionnaire Royal, Francois-Anglois et Anglois-Francois“ sowie ein kleines Wörterbuch zur Idiomatik Shakespeares. Diese unzulängliche Ausstattung nötigte den Übersetzer zu zahlreichen neuen Wortschöpfungen: Wielands „kreative Intelligenz“ (Egon Freitag) führte 34 Fremdwörter und mannigfache Lehnbedeutungen in die deutsche Sprache ein, unter anderem: *Abschiednehmen* (leave-taking), *Clown* (Hanswurst), *Milchmädchen* (milk-maid), *Steckenpferd* (hobby-horse). Auch Begriffe wie „Weltlitteratur“ und das „politische Barometer“ gehörte zu Wielands Wortschöpfungen (C^{1r} Bd. 7, S. 86).

Der erste Band der Shakespeare-Übersetzung erschien zur Herbstmesse 1762, der zweite folgte ein Jahr darauf. Im Jahre 1766 lag das *opus magnum* vor: „Shakespear/Theatralische Werke. Aus dem Englischen übersezt von Herrn Wieland. Mit Königl. Poln. u. Chur. Fürstl. Sächs. allergn. Privileg. Zürich, bey Orell Geßner, und Comp. 1762 [bis: 1766], mit einer Vorrede Popes und Titel- sowie Textvignetten von Salomon Geßner. Der achte Band enthielt zudem eine Übersetzung der biografischen Shakespeare-Studie von Nicholas Rowe. Mit dem letzten Band lagen 22 Stücke Shakespeares in deutscher Übertragung vor: „Ein St. Johannis Nachts-Traum“ war in Versen ausgeführt, die übrigen Stücke in Prosa. 15 Dramen blieben unübersetzt. Abermals war Wieland jedoch unzufrieden mit dem Verlag Orell, denn erneut entstellten Druckfehler den Text, so dass dem zweiten Teil der Edition eine Errata-Liste beigefügt wurde (vgl. WB 6.1, S. 261).

Kritik an der Übersetzung ließ nicht lange auf sich warten: Nach heftigen Angriffen durch Friedrich Nicolai und den Publizisten Christian Felix Weiße zitierte der Dramatiker und Literaturtheoretiker Heinrich Wilhelm von Gerstenberg maliziös einen „Kunstrichter“, welcher die „wielandsche … Mishandlung der Werke Shakespeares“ beklagte (vgl. WB 6.1, S. 507f.; Brief vom 14. Mai 1767; WS Bd. 5, S. 19–30). Gerstenberg bemerkte, dass „sich kein bequemerer Zeitpunkt“ für eine Shakespeare-Übersetzung hätte „finden können, als itzt, da sein Name in allen Zeitungsläden, wie der Mondschein in einem Dickigt figuriert“ (WB 6.1, S. 508). Tatsächlich traf Wielands Shakespeare-Kompilation auf ein empfängliches Publikum, denn die drastischen Dramen des englischen

Autors reflektierten den neuen Zeitgeist an der Schwelle zur „Sturm- und Drang"-Ästhetik. Allerdings waren die Stücke um jene groben, zotigen Zitate beschnitten, welche der verbreitet deftigen zeitgenössischen Ausdrucksweise entsprochen hätten.

Auch Lessing meldete sich zu Wort. Im 15. Stück der „Hamburger Dramaturgie" von 1767 heißt es in moderatem Ton zur Shakespeare-Übersetzung: „Das Unternehmen war schwer; ein jeder anderer, als Herr Wieland, würde in der Eil' noch öftrer verstoßen und aus Unwissenheit oder Bequemlichkeit noch mehr überhüpft haben; aber was er gut gemacht hat, wird schwerlich jemand besser machen ... Wir haben an den Schönheiten, die es uns liefert, noch lange zu lernen, ehe uns die Flecken, mit welchen es sie liefert, so beleidigen, daß wir notwendig eine bessere Übersetzung haben müßten". Eine verbesserte Ausgabe ließ nicht lange auf sich warten: Johann Joachim Eschenburg, Literaturhistoriker und Übersetzer, legte zwischen 1775 und 1782 bei Orell, Geßner, Füßli und Co. eine dreizehnbändige deutschsprachige Prosa-Fassung von „Shakespeare's Theatralischen Werken" vor; es handelte sich ausdrücklich um eine Bearbeitung der vorherigen Ausgabe. Wieland reagierte positiv auf die „Verbesserung und Vollendung meiner Übersetzung" (vgl. Brief vom 15. Mai 1774 und die „Merkur"-Rezension von 1775, 2.Vierteljahr; WS Bd. 1, S. 58–76). Eschenburgs Edition erlebte 1798 bis 1806 eine zweite Auflage, die schließlich durch August Wilhelm Schlegels und Johann Ludwig Tiecks Ausgabe verdrängt wurde.

Wielands Shakespeare-Übersetzung war eine Pioniertat mit reichhaltiger Fruchtlese für die deutsche Sprache. Zudem war die Ausgabe marktstrategisch gut platziert, denn das Publikum verlangte nach modern übersetzten deutschsprachigen Schauspielen, deren Stil nicht mehr den klassizistischen Konventionen Gottscheds entsprachen. Diesem Zeitgeschmack versuchte Wieland zu entsprechen, der sich zum Vorsatz genommen hatte, Shakespeare „*mit allen seinen Fehlern* zu übersetzen" („Merkur" 1773, Bd. 3; AA, Abt. 1, Bd. 21, S. 66f.; vgl. zum folgenden: WS Bd. 5, S. 24f.). Leider fehlen der Übertragung jedoch zahlreiche Textpassagen des Originals, was sowohl editionswissenschaftlich bedenklich wie hinsichtlich des Lektüre-Genusses (die Edition war als Lesedramensammlung konzipiert) unverzeihlich ist. Es ist beispielsweise schade um die kupierte Schlussszene von „Hamlet". Auch gegenüber dem Verlag räumte Wieland Schwächen seiner Translation ein (vgl. Brief vom 8. Mai 1766). Die Tilgung burlesk-zotiger Elemente dürfte jedoch nicht nur in pietistischer Prüderie, sondern – wie Lessing treffend bemerkte – in Nachlässigkeit begründet gewesen sein: Wieland, der das Shakespeare-Projekt als entspannenden Ausgleich seines beruflichen Alltags betrieben hatte, konnte für die mühselige Arbeit nur wenig Zeit aufbringen, zumal er von anderen literarischen Projekten beansprucht wurde.

Nach der Zusammenarbeit mit der Ackermannschen Schauspieltruppe in Zürich vertiefte Wieland in Biberach seine praktischen Erfahrungen mit der Schaubühne: Seit 1686 existierte in der Heimatstadt ein bikonfessioneller Theaterverein, dessen erster Direktor, der Apotheker Georg Ludwig Rauh, ein Urgroßvater Wielands gewesen war. Später teilte sich die Gruppe in einen evangelischen und katholischen Verein, das komödiantisch-religiöse Schisma währte fast achtzig Jahre lang. Vermutlich sind die ersten Theatererfahrungen Christoph Martins auf Darbietungen der „Bürgerlichen Komödiengesellschaft Biberach" zurückzuführen. Noch bis ins Jahr 1969 befand sich die Bühne im Obergeschoss des Gebäudes am Viehmarkt; im Erdgeschoss absolvierte die Metzgerzunft ihr blutiges Handwerk. Anwohner von Biberach erinnern sich, dass, während im Obergeschoss die Schauspieler probten, zuweilen auf dem Vorplatz schlachtreife Schweine lautstark quiekend um ihr Leben rannten. Anstelle der „Schlachtmezg" (vorübergehend amtierte dort auch die Stadtrechnerei) befindet sich dort heute das hübsch ausgestattete Komödienhaus, ein vom Kulturamt genutztes Kleintheater mit etwa 100 Sitzplätzen. Ein „Dramatischer Verein" führt weiterhin Stücke auf.

Am 7. Januar 1761 erhielt Wieland „per Decretum Magistratus Evangelici" das „Directorium der Evangel. Comödianten Gesellschaft" in der Annahme übertragen, dass der prominente Autor das Institut zu neuer Blüte führen würde. Für die erste Aufführung übersetzte Wieland das Stück „The Tempest", welches reißerisch als „Der Sturm oder der erstaunliche Schiffbruch" angekündigt wurde; im zweiten Teil der Shakespeare-Edition ist das Drama seriöser betitelt: „Der Sturm; oder: Die bezauberte Insel". In Wahrheit handelte es sich um die Kompilation zweier Dramen (vgl. Brief vom 28. Dezember 1799). Leider sind weder Text noch Regiebuch erhalten. Die Aufführung mit Laienschauspielern und ein mehrheitlich künstlerisch wenig anspruchsvolles Publikum nötigten den Autor vermutlich zu einer volksnahen, schwankhaften Diktion – insgesamt dürfte es sich um eine ziemlich derbe Klamotte gehandelt haben (vgl. Brief vom 24. April 1796).

Gleichwohl wurde Theatergeschichte geschrieben: Bei der Inszenierung von September 1761 handelte es sich um die erste bekannte Aufführung eines Shakespeare-Stückes auf einer deutschen Bühne. Ein Spruchband am Komödienhaus in Form eines zierlichen Sgraffito, garniert mit dem burlesken Personal des Dramas, erinnert heute an das Ereignis. Zwei Akteure schrieben Biberacher Skandal- und deutsche Schauspielgeschichte, denn ein an der Aufführung beteiligtes Liebespaar entfloh heimlich aus der Stadt. Man heiratete und avancierte zu beliebten deutschen Akteuren: Felicitas (die später den ersten weiblichen Hamlet gab) und Carl Friedrich Abt, mit dem Wieland lange Briefkontakt pflegte, gehörten später unter anderem der Ackermannschen Schauspieltruppe an (vgl. Brief vom 26. Oktober 1768). Die „Sturm"-Inszenierung war finanziell erfolgreich, wie aus den Einträgen im „Einschreib-Buch der Comoedien" hervorgeht. Trotzdem blieb das Theater defizitär, so dass Wieland das Direktorium noch im Winter desselben Jahres aufgab. Sein dramaturgischer Rat stand allerdings auch dem Nachfolger zu Verfügung.

Außer beim Schreiben, Übersetzen und Inszenieren konnte Wieland ab Sommer 1761 seine künstlerische Kreativität als häufiger Gast von Friedrich Reichsgraf von Stadion entfalten, der einen nahe Biberach gelegenen, musischen Herrensitz bewohnte: Schloss Warthausen. Das Anwesen war im Jahre 1529 vom Hause Österreich an einen Reichsritter und Diplomaten des Innsbrucker Hofes überlassen worden. Nach dem Aussterben dieses Geschlechts zogen 1696 die späteren Reichsgrafen von Stadion in Warthausen ein, die beim Fürstbischof von Mainz hohe Ämter bekleideten. Friedrich Graf von Stadion galt als einer der wichtigsten habsburgischen Politiker, der unter anderem im Österreichischen Erbfolgekrieg die Wahl des deutschen Kaisers beeinflusst hatte. Mit Voltaire in persönlichem Kontakt stehend, war der Graf von dem Gedankengut der französischen Enzyklopädisten und den Schriften Shaftesburys geprägt. Der katholische Freigeist versuchte den Einfluss der Jesuiten zu mindern und strebte die Unabhängigkeit der deutschen Kirche von Rom an. Diese Politik hatte im Jahre 1761 seine Demission zur Folge. Der Graf zog sich resigniert nach Schloss Warthausen zurück, um dort gemeinsam mit seinem vorehelichen Sohn Georg Michael Anton La Roche, dessen Ehefrau Sophie sowie zwei Töchtern zu leben. Der Einundsiebzigjährige gründete einen „Musenhof", an dem häufig mit der Aufklärung verbundene Künstler und hochrangige Geistliche weilten.

Mitte Juli 1761 sahen sich Sophie und Christoph Martin nach neunjähriger Trennung wieder. Er lernte in seinem Elternhaus auch den Ehemann seiner früheren Verlobten sowie deren Kleinkinder Maximiliane und Fritz kennen. Den umgänglichen Georg Michael La Roche kennzeichnete Wieland als „einen der würdigsten Sterblichen, die dießeits des Mondes leben"; auch seine Eltern fühlten sich von dessen Persönlichkeit angezogen (vgl. Briefe vom 15. Juli 1761 und 7. Juni 1773). Bevor der Dichter das Schloss besuchte, ließ der altersschwache Graf seine Bibliothek ordnen, von der Wieland ebenso beeindruckt war wie von den Gastgebern und der reizvollen landschaftlichen Umgebung (vgl. Brief vom 22. Juni 1762).

Die Warthausener Anlage, durch eine sanft ansteigende Promenade von der tiefer gelegenen Ortschaft erreichbar, gilt als erstes Beispiel des englischen Gartenstils in Südwestdeutschland. Noch heute vermitteln die Lindenallee, die anschließenden Wirtschaftshöfe, der weitläufige, idyllische Park mit dem großen Herrenhaus den Eindruck rustikaler Noblesse. Ein weites Panorama lässt in der Ferne Ulm erkennen. Im 18. Jahrhundert zogen sich die umhegten Anlagen weit über die angrenzenden Hochflächen hin, welche heute landwirtschaftlich genutzt werden. In der frühsommerlichen Pracht von Wielands erstem Besuch dürfte das botanische und landschaftliche Bild besonders eindrucksvoll gewesen sein.

Kein realer Ort spiegelt sich in Wielands Poesie so häufig wie der Schlosspark von Warthausen, dessen reizvolles Ambiente seine Fantasie stimulierte: Belustigt zeigte sich der Autor von kuriosen Details wie dem Tempel der *dea cloacina* [römische Göttin der rituellen Reinigung und des Abwassers], einem hübsch ausgestatteten Kabinett, dessen buchgeschmückter Stuhldeckel, sobald man ihn anhob, seine Funktion als Toilette zu erkennen gab. Skulpturen, Tempel, buschige Wege luden zur Promenade ein. Lesungen und Konzerte, aber vor allem mokante Konversationen über philosophische Themen dürften Wielands überzogenen religiösen Enthusiasmus gemäßigt haben. In Warthausen erlebte Christoph Martin erstmals seit Bern den Geist aufgeklärter Toleranz, angereichert mit katholischer Weltoffenheit und jenem Zynismus, der dem aufgeklärten Adel häufig eigentümlich war.

In dieser real existierenden Traumkulisse fand der Dichter ein landschaftliches und personales Ensemble, welches – bevölkert mit Faunen, Feen und Naturgeistern – seine Einbildungskraft beschäftigte. Der Einfluss der Warthausener Atmosphäre ist für sein Werk nicht hoch genug einzuschätzen: Die rokokohafte Szenerie stimulierte seine Vorstellungskraft zu literarischen Schöpfungen, in denen eine ihrer Schrecken entledigte antike Mythenwelt poetische Gestalt annahm. Seelische Spannungen, die bisher seine stilistische Entfaltung behindert hatten, wichen einer anregenden Vermischung von Realität und Traum, die nach einer eigenständigen poetischen Gestalt- und Formgebung verlangte: „Unvermerkt verwebt sich die *Einbildung* mit dem *Gefühl*, das *Wunderbare* mit dem *Natürlichen*, und das *Falsche* mit dem *Wahren*" (C^{1r}, Bd. 11, S. 14).

Ob Wieland den so genannten „Wasserturm" im Schlosspark bewohnte, ist zweifelhaft; vermutlich nutzte er den zweiten Stock des nördlichen Seitenflügels. Häufig las der Dichter im so genannten „Stadion-Salon", der heute mit Johann Heinrich Tischbeins Replik des Grafen-Porträts sowie Rokoko-Mobiliar ausgestattet ist, aus seinen Manuskripten,. Sophie zeigte sich besonders interessiert an der „traduction de Schaquespear" (WB 3, S. 33). Den Zweifel des frankophilen Grafen an der Tauglichkeit der deutschen Sprache für gediegene poetische Produktionen hoffte Wieland durch eigene Werke zu entkräften.

Die Warthausener Erfahrungen inspirierten den Roman „Geschichte des Agathon" [im Folgenden „Agathon" genannt], der nicht zufällig die 1794 begonnene Ausgabe „Sämmtliche Werke" anführt. Bei der Erzählung handelt es sich um eine fiktive philosophische Autobiografie: „Ich schildere darinn mich selbst, wie ich in den Umständen Agathons gewesen zu seyn mir einbilde, und mache ihn am Ende so glücklich als ich zu seyn wünschte" (vgl. Briefe vom 5. Januar 1762 und 14. September 1772). In einem Brief heißt es: „Obgleich Agathon ein *sonderbarer* Mensch ist, so ist er doch ein Mensch; und diese Tugendhelden, die keine Schwachheiten, keine Begierden und kein Fleisch und Blut haben, sind bloß abstracte Wesen." Eingedenk der Moral-Athleten in den Stücken „Lady Johanna Gray" und „Clementina von Porretta" ist dieser Hinweis als eine literarische Selbstkritik zu verstehen (zum Vorbehalt gegen übertriebene Moralisierung vgl. C^{1r}, Bd. 13, S. 62).

Der „Agathon", dessen Anfertigung „alle seine Nebenstunden und einen Theil der Nächte in Anspruch nahm", ist formal eine im hellenistischen Zeitalter spielende Piraten- und Entführungsgeschichte im Stile des griechischen Romanciers Heliodor, in welcher der idealistische Titelheld zahlreiche sinnliche und geistige Anfechtungen sowie politische Enttäuschungen durchlebt. Mit einem luzid-gelassenem erzählerischen Ton wird der Leser auf mediterrane Schauplätze wie Athen, Delphi, Smyrna, Syrakus und Tarent entführt. In Wielands erzählerischer Prosa spielen konkrete geografische Bezüge jedoch eine untergeordnete Rolle, auch die Bedeutung der Handlung tritt hinter dem geistigen Austausch der Protagonisten zurück.

Nach wenigen Textseiten entpuppt sich die verhinderte Seeräuber-Geschichte als ein philosophischer Dialogroman mit genüsslichen Schilderungen mondäner griechisch-antiker Raum- und Lebenswelten: Das Mittelmeer und sein angrenzendes Habitat dienen als Kulisse für geistreiche Diskurse und opulente Reize, die Agathon nicht unbeeinflusst lassen. In scharfzüngig geführten Wortgefechten verteidigt der Titelheld, ein verwaister delphischer Novize, seine idealistischen Überzeugungen gegen den Sophisten Hippias – ein Dialog, der in jedes gute Lehrbuch der Philosophiegeschichte gehört (C^{1r}, Bd.2, S. 83–163). Im Zentrum der Unterhaltung steht die Frage nach dem von Platon formulierten Bildungsideal der *Kalokagathie* [edle Sittlichkeit] und der Annäherung an ein harmonisches, von ethischen Werten bestimmtes Leben jenseits von krudem Materialismus und Schwärmerei.

Die erste Fassung des „Agathon" blieb Fragment; die Spannung zwischen dem hypertrophen Idealismus und der ernüchternden Wirklichkeitserfahrung des Titelhelden blieb unaufgelöst. Mit ironischem Unterton findet der Konflikt seine (vorläufige) Klärung durch Agathons Verzicht auf die Geliebte namens „Psyche" (die sich als seine entführte Schwester entpuppt) sowie in der Versetzung des Titelhelden an einen utopischen Ort, der den Namen der apulischen Hafenstadt Tarent trägt. Der zweiten, um die Einführung „Über das Historische im Agathon" und die „Geheime Geschichte der Danae" erweiterten Fassung von 1773 folgte neunzehn Jahre später die Lesart letzter Hand, die eine durch

Skepsis gedämpfte Tugendphilosophie entfaltet. Der pythagoreische Philosoph und väterliche Freund Agathons, Archytas von Tarent, glaubt, dass „die Künste … die Menschheit verschönern" (C^{1r}, Bd. 3, S. 422). Dieses allerdings kühne Grundvertrauen in das pädagogische Potenzial der Kunst bezeugt die letzte Romanfassung als Genrevertreter der Klassik.

Heutige Leser dürften sich von der skeptischen Weltsicht der *editio princeps* von 1767 mehr angesprochen fühlen als von der Ausgabe letzter Hand, denn die erste Fassung hinterfragt ein idealistisch-naives Verständnis von Tugend, deren „sehr oft *geheime Triebfedern*" in Wahrheit häufig verborgen bleiben. Der tiefblickende Autor erkennt ein „zweifelhaftes Licht …, worin die Grenzen der Tugend und der Untugend schwimmen." Es ist sogar die Rede von einem „süße(n) Vergessen unsrer selbst und unsrer Pflichten"; auch Verständnis für die Prostitution, den „Stand der Frynen und Laiden [spätantike Hetären]", wird geäußert (vgl. C^{1r}, Bd. 9, S. 220f., 234f.).

Die erste „Agathon"-Fassung machte Wieland denn auch der Zensur verdächtig: Die religiöse Maske war abgestreift, und übrig blieb eine theistische Camouflage. Zu überzeugend hatte der Autor das freigeistige Bekenntnis formuliert, als dass bigotte Kritiker nicht erzürnt aufmerken würden. Insbesondere die ebenso plausible wie verführerische hedonistische Erfolgsethik des Sophisten Hippias war darauf angelegt, Werte-Konservative und Geistliche zu brüskieren.

Im Juni 1762 sandte Wieland „sub rosa" [diskret] den ersten Teil „von diesem *Griechischen Roman*" an Salomon Geßner, Johann Georg Zimmermann, Vincenz Bernhard von Tscharner und Julie von Bondeli. Man urteilte positiv (vgl. Brief vom 30. September 1762). Tscharner lehnte den Druck jedoch ab, weil dessen „Typographische Gesellschaft" nur französischsprachige Bücher veröffentliche (vgl. WB 6.1, S. 249, 290). Am 20. Mai 1763 wurde der (nicht überlieferte) Vertrag mit Orell, Geßner und Cie. unterzeichnet. Der zur Ostermesse 1766 publizierte erste Teil enthielt allerdings etliche Druckfehler, so dass dem ein Jahr später veröffentlichten zweiten Band eine Errata-Liste beigefügt wurde. Weil die Züricher Zensur ein Verbot des Romans erlassen hatte, erschien das Buch anonym; die auf der Titelseite genannten Druckorte, Frankfurt und Leipzig, waren fingiert.

Lessing, ein scharfer Beobachter von Wielands literarischer Entwicklung, lobte im 69. Stück der Hamburgischen Dramaturgie den „Agathon": „Es ist der erste und einzige Roman für den denkenden Kopf, von klassischem Geschmacke. Roman? Wir wollen ihm diesen Titel nur geben, vielleicht, daß es einige Leser mehr dadurch bekömmt. Die wenigen, die es darüber verlieren möchte, an denen ist ohnedem nichts gelegen." Lessing, der dem schwäbischen Autor bessere Texte zugetraut hatte, als dieser unter der prüden Kuratel Bodmers zu Papier brachte, fühlte sich bestätigt. Der Kritiker aus Hamburg konstatierte jedoch ein „tiefe(s) Stillschweigen unserer Kunstrichter", denn die Fachwelt reagierte wie zu allen Zeiten, sobald ihrem Vorurteil nicht entsprochen wird: Man ignoriert, was irritiert und verstört. Immerhin konnte Wieland den Erfolg verzeichnen, dass der Roman bereits 1768 ins Französische übersetzt wurde.

Der einsame Kanzleiverwalter versüßte sein Leben nicht nur durch musische, sondern auch durch amouröse Vorlieben. Die tragisch verlaufende Liebesgeschichte von „Bibi" und Christoph Martin inspirierte die Biberacher Moritatensänger später zu melancholischen Gesängen: Im Sommer 1761 hatte der protestantische Pfarrerssohn die 20jährige Tochter einer katholischen Familie, Maria Christina Afra „Bibi" Hogel, kennen gelernt, deren Vater in Biberach als Messner amtierte. Die Feststellung, dass die beiden sich erstmals im November 1761 anlässlich eines Konzertes des Biberacher Cäcilienvereins begegneten, kann nicht bestätigt werden, denn der klatschsüchtige Obereit hatte Bodmer bereits Mitte September über die neue Beziehung informiert (vgl. Starnes I, 196f.; dagegen: Irmela Brender, a.a.O., S. 44). Christina Hogel trat als Chor-Solistin in einem Konzert auf, und Christoph Martin war entzückt. Ein intimes Verhältnis entstand vermutlich (zunächst) nicht. Stattdessen führten Wielands Eltern ihrem Sohn eine (nach ihrer Auffassung) passendere Braut zu. Über die Lebensumstände seiner – nach Sophie und Julie – dritten Verlobten konnten bisher allerdings nur wenige Lebensdaten ermittelt werden.

Die Affäre mit Bibi setzte sich fort, was die von den Eltern protegierte Beziehung empfindlich störte. Gerüchte begannen zu kursieren wegen einer möglichen Mesalliance mit „la pauvre petite". Sophie La Roche, Catharina von Hillern und Julie Bondeli wechselten Briefe in süffisantem Ton; auch Zimmermann war informiert. Schon bald war die prekäre

Liaison Gegenstand des städtischen Klatsches, denn Bibi, die als Zofe bei einer benachbarten Herrschaft diente, gehörte einer Schicht mit einem niedrigem sozialen Status an und war zudem Katholikin. Im Herbst 1762 stellte Christoph Martin seine umstrittene Freundin den Eltern vor und ersetzte eine von Warthausen empfohlene Haushälterin nach kurzzeitigem Dienst durch Bibi und deren Schwester. Die geschasste Wirtschafterin rächte sich an ihrem früheren Dienstherrn durch öffentliches Geschwätz.

In Bibis Gegenwart erlebte Christoph Martin einen Schaffensrausch. Gegenüber Zimmermann bemerkte er: „Es wundert Sie billig, daß ich in den unbegreiflich tollen und alle Geduld ermüdenden Umständen des 1761 u: 62 Jahrs den Agathon schreiben konnte. Verwundern Sie Sich weniger oder mehr, wenn ich Ihnen sage, daß es eine kleine Sängerin war, die dieses Wunder würkte? … Meine kleine Philomele [mythologische Bezeichnung für Nachtigall] ist das einzige Mädchen in der Welt das mir *nichts als Gutes* gethan hat“. Wieland fühlte, dass ihn keineswegs nur gebildete Frauen inspirierten: „Die Serenen, die *Sophie* die *Julie* kurz die Seraphischen und Cherubinischen Damen haben mich jeden Augenblick von *Seligkeit* den sie mir zu kosten gaben, mit zwanzig Jahrhunderten von Quaal und Verdammnis (Jahrhunderte der Imagination!) bezahlen lassen“ (Brief vom 20. Dezember 1762).

Im diesem Brief bestritt Christoph Martin entschieden seine Absicht, mit Bibi schlafen zu wollen, zumal es ihm um den Genuss eines rein platonischen Liebesglücks ging. Die zölibatären Beteuerungen erwiesen sich jedoch als nichtig, denn im August 1763 war die Nachtigall schwanger. Eine Heirat mit der Haushälterin war jedoch aus beruflichen, gesellschaftlichen und konfessionellen Gründen heikel, ein Ausweg musste gefunden werden. Nach mehreren Unterredungen mit Bibis Eltern erhielt Wieland am 29. Oktober einen geharnischten Brief von Frau Hogel mit dem Hinweis, dass die Eltern „von nun an unsre Tochter wieder zu uns … nehmen und uns dieser Bekanntschaft [Wielands] *gänzlich* … entschlagen, da wir unmöglich das Gewissen auf eine so gefährliche Art beschwehren können“. Die erzkatholische Familie wollte ihre Kinder im päpstlichen Sinne erzogen wissen.

Christoph Martin versuchte (erfolglos) durch Vermittlung des Prälaten vom oberschwäbischen Kloster Rot (wo Bibis Bruder als Mönch lebte) die restriktive Haltung der Kirche zu ändern Der Dekan von Biberach empfahl jedoch die endgültige Trennung der Liebenden, worauf Bibis Eltern ihrer Tochter den Umgang mit Wieland untersagten. Der Zurückgewiesene unterstützte die nahe Ulm bei Verwandten lebende Schwangere mit Geld; ihre gemeinsame Tochter starb im März 1764. Anlässlich einer Reise nach Donauwörth besuchte Wieland in der Nacht vom 2. Juni 1764 heimlich die Geliebte. Diese Begegnung verlief jedoch unglücklich, denn Bibi, inzwischen an Brustgeschwülsten leidend, reagierte verärgert auf den Vorschlag, als Gegenleistung für die Heirat den evangelischen Glauben anzunehmen. Nach Biberach zurückgekehrt, bemühte sie sich im Mai 1765 erneut um Kontakt zu Christoph Martin, der sich nun seinerseits verweigerte (vgl. WB 6.1, S. 374).

Insgesamt betrachtet, verhielt sich Wieland, eingedenk der schwierigen Situation, gegenüber Christina Hogel leidlich korrekt, aber moralisch unbedenklich war sein Handeln nicht. Die vorsichtige Distanzierung gegenüber der jungen Mutter hing gewiss mit seiner gefährdeten Reputation als evangelischer Kanzleiverwalter zusammen, dessen Vereidigung und endgültige Klärung der Besoldungsfrage durch die Ehe mit einer Katholikin in Frage gestellt worden wäre. Die Liebe zu Bibi hatte ihn jedoch nicht nur mental stimuliert, sondern auch sinnlich, denn die Leibesfrucht der erotischen Nachtigall entkräftete Geßners scherzhafte Behauptung, dass Wieland über keine Manneskraft verfüge: Christina Hogel war die erste Frau, die Wieland nachweisbar fleischlich geliebt hat, vermutlich seine erste Sexualpartnerin überhaupt. Diese Erfahrung wirkte befreiend auf seine Psyche. Der Humor fand Eingang in sein Werk.

Um die der Bibi-Affäre geschuldete akute Geldnot zu lindern, hatte Wieland Kanzleigelder für private Zwecke verwendet, die es nun zu erstatten galt (vgl. WB 6.1, S. 411). Ein populärer Roman mit einem heiter-umständlichen Titel sollte das Debet ausgleichen helfen: „Der Sieg der Natur über die Schwärmerey, oder die Abenteuer des Don Sylvio von Rosalva/Eine Geschichte worinn alles Wunderbare natürlich zugeht." Es handelte sich um das einzige Biberacher Werk, das Wieland vorrangig des Honorars wegen verfasste (vgl. Briefe vom 20. und 21. Oktober 1763; im Folgenden wird der Roman „Don Sylvio" genannt). Weil ihn das finanzielle Angebot von Orell nicht befriedigte, ging das

Manuskript an den strebsamen Ulmer Verleger Albrecht Friedrich Bartholomäi, den Wieland zur Besprechung des Druckes im Dezember 1763 besuchte.

„Don Sylvio“, Wielands erster komischer Roman, orientiert sich am Epos „Don Quijote“ sowie an englischen und französischen Feenmärchen. Ähnlich wie im „Agathon“ entwächst der Held seinem Schwärmertum und bändigt seine überschäumende Einbildungskraft. Die märchenhafte Handlung ist angereichert mit zahlreichen Reflexionen der Protagonisten über die Bedeutung von Schwärmerei und Fantastik. In der ersten deutschsprachigen Märchendichtung mit künstlerischem Anspruch persifliert der Autor die übertriebene Begeisterungsfähigkeit der Jugendzeit, wird die fiktive Erlebniswelt des traumtänzerischen Titelhelden durch einen tragikomischen Abgesang auf die Geisterwelt konterkariert: „Seit der Erfindung der Vergrößerungsgläser haben die *unsichtbaren Dinge* ein böses Spiel, und man braucht nur ein *Geist* zu seyn, um alle Mühe von der Welt zu haben, die Leute von seinem Daseyn zu überzeugen (C^{1r}, Bd. 11, S. 83).

Zur Lektüre empfohlen sei insbesondere die von einem hohen Maß an „scatological humour“ (Daniel Wilson) bestimmte „Geschichte des Biribinker“: Das bizarre Erlebnis mit dem kristallinen Nachttopf, dem man die Gebrauchsspuren deutlich ansieht und der sich durch Übergießung mit „Pomeranzenblüthenwasser“ in die „Fee Krystalline“ verwandelt, ist ebenso absonderlich wie die Begegnung mit dem priapischen Zwerg Grigri, der die erotische Qualifikation besitzt, jederzeit die Frauen beglücken zu können – weshalb er wohl passender *Eregiri* hieße (vgl. C^{1r}, Bd. 12, S. 168–181; „Don Sylvio“ erschien 1772 in überarbeiter Form sowie in Übersetzungen und als Singspiel, vgl. WB 5, S. 90, WB 6.1, S. 431).

Mit den komödiantischen Erzählungen vermochte sich Wieland jenen geistigen Freiraum zu verschaffen, der ihm das Leben in einer zerrissenen Wirklichkeit erleichterte. Denn außer der Bibi-Affäre und dem schwelenden Streit um seine Vereidigung als Kanzleiverwalter vergällte ein weiteres unerfreuliches Ereignis sein Leben: die Brechter-Affäre. Ende April 1761 war der Augsburger Theologiestudent Johann Jacob Brechter in Biberach aufgetaucht. Christoph Martin, sein Vater und Bürgermeister von Hillern fühlten sich von Brechter derart angezogen, dass sie ihn öffentlich für das vakante Amt des jüngsten Diakons empfahlen. Drei Monate später bestätigte ein evangelisches Ratsprotokoll den Vorgang. Die rechtmäßige Wahl des Predigers erwies sich jedoch als problematisch, denn der ortsfremde *studiosus theologiae* hatte prekäre Details sein Vorlebens verschwiegen: Seine Auftritte als Hanswurst bei einem marktschreierischen Wundarzt sowie andere „liederliche" Verhaltensweisen. Die dubiose Vergangenheit des designierten Diakons wurde allgemein bekannt; der Eklat war perfekt.

Es stellte sich mithin die Frage, ob ein vormaliger Spaßmacher und Gaukler Geistlicher werden darf? Verfügt ein Kandidat mit diesem ungewöhnlichen Vorleben eventuell sogar über eine besondere Kompetenz im Umgang mit Menschen? Obwohl die Konservativen beider konfessionellen Richtungen die Qualifikation eines theologisch geschulten früheren Clowns für das Pfarramt entschieden bestritten, erfolgte am 25. September 1761 die Wahl Brechters zum Diakon. Einschlägige Briefe aus Augsburg, die den Anwärter zusätzlich belasteten, stellten jedoch die Entscheidung abermals in Frage. Diplomatische Aktivitäten unter maßgeblicher Beteiligung Graf Stadions führten schließlich zu einem Kompromiss: Dem gewählten Prediger Brechter wurde eine Pfarre in einem abgelegenen Ort bei Heilbronn übertragen und für Biberach ein anderer Pfarrhelfer ernannt.

Nach dieser Posse war der Kanzleiverwalter um eine desillusionierende kommunalpolitische Erfahrung sowie eine Schreibgebühr (für die Bearbeitung des Falles) reicher. Der geschasste Pfarrer betätigte sich auf seiner einsamen Pfarre hinfort als Autor erziehungstheoretischer Schriften, die durch Wielands Vermittlung beim Verlag Orell erschienen (vgl. Brief vom 16. Dezember 1768; WB 6.1, S. 589; WB 6.2, S. 774). Brechter gehörte gleichwohl zu den schärfsten Kritikern seines Freundes in der Bibi-Affäre, wie aus einem erzürnten Brief nach Warthausen vom 12. Februar 1763 hervorgeht. Sophie, die hinsichtlich der charakterlichen Integrität ihres früheren Verlobten ebenfalls im Zweifel war, bestätigte die Vorwürfe (vgl. Starnes I, 233).

Die Verschärfung der beruflichen und persönlichen Probleme stimulierte Wielands Schaffenskraft: Außer dem heiteren Charme des „Don Sylvio" und den luziden Diskursen und galanten Schilderungen des „Agathon" entstand in der ersten Hälfte der sechziger Jahre unter seiner

Feder ein Genre, welches allgemein mit seinem Namen verbunden wird: die komische Verserzählung. Ein Vorbild für diese Gattung war der Epiker Friedrich Wilhelm Zachariä, der knapp zwanzig Jahre zuvor das erste heitere Heldengedicht veröffentlicht hatte; seit Dezember 1761 korrespondierten die beiden Autoren. Wieland, der einstige religiös-moralistische Rhapsode, hatte einen „famosen descensum [Abstieg] aus den Platonischen Sphären in diese körperliche Sublunarische Welt" absolviert und führte nun die die komische Epik zu einem literarischen Höhepunkt. Graf Stadions feinsinnige Provokation, dass die deutsche Sprache ungeeignet für subtile poetische Werke sei, konnte er glänzend widerlegen (vgl. Brief vom 29. August 1764).

Die „Comischen Erzählungen", 1765 anonym bei Orell, Geßner u. Cie. erschienen, galten als literarischer Skandal. Überschriften wie „Das Urtheil des Paris", „Endymion", „Juno und Ganymed", „Aurora und Cephalus" bezeichneten für die Kenner der antiken Mythen Wielands neuen erotischen Fantasiekosmos. Die inhaltliche und formale Gestaltung der epischen Kabinettstücke bestätigte spießige Befürchtungen, dass der vormals betont prüde Autor nunmehr sinnliche Freuden ausmale: So fühlt sich die Mondgöttin beim Anblick des schlafenden, körperlich attraktiven Hirten Endymion von einem lüsternen Waldgeist bedrängt:

> „Der *Satyr* preßt; es hilft kein ekles Sträuben;
> Nur gutes Muths, Frau Feen-Königin!
> Was schielt ihr so nach euerm Schäfer hin?
> Vergeßt ihn izt! wenn ich so glatt nicht bin,
> So soll mir doch ein andrer Vorzug bleiben."

In „Juno und Ganymed" wird über den geilen Göttervater Zeus spekuliert:

> „Vermuthlich wird er izt, wer weiß in welchen Heken
> Als Truthahn oder Schwan ein neues *Ledchen* deken"
> (zitiert nach dem Quartband der Hamburger Reprintausgabe mit der Erstfassung der „Comischen Erzählungen"; ebenda, S. 64, 92).

Auch Homoerotik bleibt nicht unerwähnt. Die (in späteren Ausgaben allerdings getilgte) Erzählung „Juno und Ganymed“ enthält unverblümte Anspielungen auf gleichgeschlechtliche Liebe zwischen dem bisexuell veranlagten Göttervater Zeus und seinem Mundschenk. Die Göttergattin Juno beklagt sich,

„Daß *Ganymed* und ihr geliebter Mann
Einander mehr als nöthig ist verstehen …
Damit dein lüstern Aug' an einem nakten Jungen
Sich täglich weiden kann …
Vor unser aller Angesicht
Ihn gar zu küssen und zu herzen.
Ihr nennt es ohne Zweifel scherzen …“
(ebenda, S. 78ff.; vgl. die homoerotischen Allusionen in „Musarion“: C^{1r}, Bd. 9, S. 35, 45).

Wielands Anspielungen waren heiter-frech, manchmal lasziv, aber niemals obszön. Sinnliche Details werden lediglich angedeutet, ausgeklammert bleibt, „*was weder so gemahlt noch besungen werden soll*“ (Brief vom 15. Dezember 1771). Auf epigonale Verse zotigen Inhalts reagierte Wieland empfindlich, ja abweisend. Poetologische Ratschläge Zimmermanns und die begründete Kritik im Rezensionsteil der „Allgemeinen Deutschen Bibliothek“ führten hingegen zur Tilgung etlicher Verse in der zweiten Ausgabe von 1768 (vgl. Briefe vom 14. Mai 1766 und 22. Dezember 1773; WB 6.1, S. 469, 476). Obwohl sich Wieland gegen den Vorwurf verwahrte, dass seine Gedichte unmoralisch seien, erweiterten sie den poetischen Geschmack um zahlreiche Nuancen. So wurde durch ihn der tändelnd-süßliche Ton der anakreontischen Liebeslyrik durch eine derbsinnliche Bildkraft ergänzt. Bewusst stellte sich der Poet dem Risiko, mit den sinnenfrohen Epen sein bisheriges Publikum zu brüskieren und die Rezensenten zu irritieren.

Die inhaltliche und stilistische Wandlung Wielands kam dem gesteigerten Bedarf nach erotischer Literatur auf dem deutschen Buchmarkt entgegen: Von den „Comischen Erzählungen“ erschienen bis 1800 drei Originalausgaben sowie mindestens sieben unerlaubte Nachdrucke. Seine öffentliche Wahrnehmung als Autor hatte eine grundlegende

Wandlung erfahren: Der einstige seraphische Schwärmer und Tugendbold reüssierte nun als erotisch-geistvoller Poet, der seine anspruchsvolle Wortkunst mit mythologischen Anspielungen kunstvoll garnierte. Vorausgesetzt wurden beim Leser allerdings götterkundliche und philosophische Kenntnisse, denn sowohl die Romane als auch die Verserzählungen sind ausgiebig mit den Handlungsstrang ironisch konterkarierenden Anmerkungen und Digressionen versetzt. In Warthausen wurden die Strophen, deren filigraner Silbenreigen „allezeit *laut* zu lesen sei", mündlich vorgetragen (vgl. Vorbericht zu C^{1r}, Bd. 4, S. XXIII). Ob an schattiger Stelle im Schlosspark oder im Salon – in der aristokratischen Gesellschaft fand der Dichter jene verständigen, vorgebildeten Zuhörer, die seine Verskunst zu schätzen wussten.

Wielands sprachartistisches Können fand in den sechziger Jahren zu höchster Reife: „Musarion, oder die Philosophie der Grazien. Ein Gedicht, in drey Büchern", als Erstdruck im Jahre 1768 beim Leipziger Verlag Weidmanns Erben u. Reich erschienen, sollte in keiner epischen Anthologie deutschsprachiger Literatur fehlen. In der ebenso klugen wie schönen und selbstbewussten Philosophin Musarion hat Wieland eine idealtypische Verschmelzung von Sophie La Roche, Julie Bondeli und Catharina von Hillern in eine burleske Handlung vor anmutig-antikisierender Szenerie versetzt: Der Athener Fanias, enttäuscht von Musarion, die seine Zudringlichkeiten zurückweist, kehrt zu seinem Landhaus zurück, wo sich just zwei Philosophen wegen unterschiedlicher Meinungen handgreiflich streiten. Musarion vermag jedoch den Disput gütlich beizulegen. Die kombatanten Denker werden zwar von ihr als bloße Theoretiker entlarvt, aber nicht denunziert, vielmehr wird an ihre Besonnenheit appeliert. Auch der zügellose Fanias wird von Musarion über den Vorteil des Maßhaltens belehrt und eine von der Weisheit der Grazien bestimmte Lebensführung empfohlen:

> „Die reitzende Filosofie,
> Die, was Natur und Schicksal uns gewährt,
> Vergnügt genießt, und gern den Rest entbehrt …"
> (C^{1r}, Bd. 9, S. 99).

Aufgrund der plastischen sprachlichen Animation oder „Verlebendigungstechnik" (Klaus Manger) wurde „Musarion" ein großer Erfolg, fühl(t)en sich Publikum wie Buchillustratoren von der heiteren Bilderwelt und maßvollen Botschaft inspiriert. Bereits ein Jahr nach der Erstausgabe erschien eine zweite Auflage, später folgten zahlreiche Doppeldrucke [ohne Wissen des Autors aufgelegte Nachdrucke von einem neuen Satz] sowie eine Übersetzung ins Französische. Eine Prachtausgabe kam noch vierzig Jahre später auf den Buchmarkt (vgl. WB 16.2, S. 171; WB 17.2, S. 497). Entgegen der Planung wurde die erste Edition jedoch nicht im Verlag von Salomon Geßner publiziert. Der Freund aus Zürich hatte den Druck abgelehnt, weil – wie bereits bei „Agathon" und „Comische Erzählungen" – Probleme mit der Zensur zu befürchten waren. Im Jahre 1768 erschien „Musarion" bei dem Leipziger Verlag Weidmanns Erben und Reich. Mit dessen Teilhaber, Philipp Erasmus Reich, führte Wieland bereits seit den Berner Tagen einen Briefwechsel.

Einen weiterer literarischer Höhepunkt der Biberacher Zeit war das Versepos „Idris. Ein heroisch-comisches Gedicht. Fünf Gesänge", für das Wieland seinen Anspruch steigerte, denn erstmals galt es, sich poetisch „in einer Art von Stanzen, die den *Ottave rime* der Italiäner ähnlich sind" zu bewähren. Die im 13. Jahrhundert in Italien entstandene Strophenform aus acht jambischen Elfsilbern mit weiblichem Ausgang (von denen die ersten sechs abwechselnd, die beiden letzten aufeinander reimen) gehört zu den schwierigsten Versarten überhaupt. Wieland, der eine freiere Form der Stanze bevorzugte, konnte seine Reimsucht ausleben (vgl. Briefe vom 27. September 1770 und 17. August 1806; spätere Ausgaben führten den Titel: „Idris und Zenide. Ein romantisches Gedicht in fünf Gesängen").

Das literarische Vorbild für den heiter-skurrilen Silben- und Stanzen-Reigen war der italienische Beschreiber eines Märchenlandes voller Feen, Geister und Dämonen: Ludovico Ariost, dessen Ritterepos „Orlando Furioso" (1516) Maßstäbe für das Genre gesetzt hatte. Auch die Versdichtung „La Gerusalemme liberata" von Torquato Tasso inspirierte Wieland, der zu einer Autorität auf dem Gebiet der deutschen *Ottave rime* wurde (vgl. WS Bd. 3, S. 194–215; Brief vom 17. August 1806; er verfasste jedoch keine Sonette, vgl. Brief vom 13. bis 22. August 1808).

Das 1768 als Einzeldruck im Leipziger Verlag Weidmanns Erben und Reich publizierte Epos blieb ein Fragment – möglicherweise hatte Wieland die schwierige Strophenform für seine Zwecke hinlänglich erprobt, aber auch persönliche Misshelligkeiten (wovon weiter unten die Rede sein wird) könnten ein Grund für die Nichtfertigstellung sein. In einer scherzhaft gemeinten Vorrede versprach Wieland, den „Idris“ zu vollenden, so bald „drey *Kunstrichter* und drey *Prüden* sich zu einer Bittschrift um Vollendung desselben unterzeichnen würden“ (C^{1r}, Bd. 17, S. 8). Friedrich Nicolai, Moses Mendelssohn und Carl Wilhelm Ramler erbaten die Abrundung des Gedichtes, aber Wieland – über boshafte Rezensionen verärgert – reagierte abweisend. Auch in späteren Jahren konnte er sich zur Fortsetzung von „Idris“ nicht durchringen (vgl. Briefe vom 6. Februar und 8. März 1770, 22. Dezember 1773; WB 4, S. 420–423, 610f.; WB 6.2, S. 698f.).

Für den beruflich und privat gestressten Kanzleiverwalter galt die poetische Kreativität als eine „angenehme Beschäftigung“: „Die Dichtkunst war damahls für den Verfasser eine Art von *Nepenthe* [mythische Droge], womit er, wie sein *Horaz*, von Zeit zu Zeit ein süßes Vergessen der Mühseligkeiten des geschäftigen Lebens einschlürfte“ (C^{1r}, Bd. 17, S. 6f.). Zu den Verdrießlichkeiten zählte der Tod des seit längerer Zeit erkrankten jüngeren Bruders und talentierten Kupferstechers Thomas Adam am 8. Mai 1764, der zu einem körperlichen Zusammenbruch Wielands führte.

Ein Brief an Zimmermann gibt Einblick in den Stand der medizinischen Diagnostik jener Zeit: „Vor einigen Tagen ist mein Bruder gestorben. Das nächstemal werd' ich Ihnen von seiner mehr als 14 jährigen ausserordentl. Engbrüstigkeit und von dem Zustand worinn man seine viscera [Eingeweide] nach seinem Tode gefunden, schreiben. Sein unvermutheter Hingang alterirte mich sehr. An dem Tag da er begraben werden sollte, erwachte ich an einem starken Kopfweh. Ich habe vorher in meinem Leben nie Kopfweh gehabt. Es daurte einige Stunden, und däuchte mich sehr stark. Die Alteration nahm zu, ich erwartete eine hitzige Krankheit und machte einige Dispositionen. Man bat mich, eine Ader öfnen zu lassen [Zimmermann hatte wegen Wielands schwacher Leibeskonstitution den Aderlass nur für den Notfall empfohlen] … Man jammerte um mich her; ich stehe auf, befühle alle Augenblicke meinen Puls und zähle an der Uhr ab daß er 76 bis 80 Schläge in einer Minute thut … Ich blieb also vom Leichenbegängnis dispensiert … Mein Blut wurde scharf *examinirt*. Man befand es in Absicht der rothen *Farbe, Con-*

sistenz und der Verhältniß der Lymphae [Flüssigkeit in den Lymphgefäßen des Körpers] zum cruore [geronnenes Blut] *sehr gut*: die Lympha hatte eine gute Farbe, war hell und flüssig wie sichs gehört, aber wie sie gekostet wurde, befand sich, daß sie etwas salzicht schmekte … daher die fliegenden Hitzen, daher der Mangel der gehörigen nutrition. Nun, mein Allerliebster Aesculap, ist es an Ihnen zu sagen, wie meine Lympha zu corrigiren sey … ich schwitze nie, natürlicher weise, und die transpiratio Sanctoriana [körperliche Ausdünstungen] däucht mich gehe bey mir nicht recht von Statten … Von Erschlappung ist gott sey lob, die Frage nicht bey mir" (Brief vom 11. Mai 1764; eine Antwort Zimmermanns ist nicht überliefert, vermutlich hätte er als Therapie eine Entschlackungskur empfohlen).

Wieland überwand schnell die Schwäche und besuchte „den folgenden Tag wieder lustig und guter Dinge" eine Ratssitzung. Ein anderer Schmerz plagte ihn jedoch zeitlebens: Rheumatismus – auch als „Rhume und Fluß" bezeichnet –, der seinen „Kopf und rechten Arm zu allem Guten untüchtig machte" (vgl. Briefe vom 5. Dezember 1766; 3. und 15. Dezember 1768; WB 6.1, S. 584). Eine „Bade-Cur" führte vorübergehend zur Linderung der Schmerzen, die ihn, insbesondere bei kalter Witterung, „in ein dickes Gewölck von phlegma" einhüllten. Die Niederschrift des „Agathon" und anderer Texte wurde durch heftige, langwierige rheumatische Schübe verzögert (vgl. Brief vom 5. Dezember 1766).

Irrig wäre die Vorstellung, dass Wieland seine Abende in Biberach stets einsam schreibend verbracht hätte, denn zu sehr war der Kanzleiverwalter gesellschaftlich verpflichtet, um sich des geselligen Beisammenseins ständig entziehen zu können. Bei gemütlichen Treffen mit den Ratsherren entwickelte sich seine lebenslang andauernde Spielleidenschaft, besonders faszinierte ihn *L'hombre*, ein schnelles, trickreiches, ursprünglich aus Spanien stammendes Kartenspiel zwischen drei oder vier Beteiligten (vgl. Brief vom 29. August 1766; WB 13.2, S. 284; WB 14, S. 134; vgl. die Studie „Über die ältesten Zeitkürzungsspiele", C^{1r}, Bd. 8, S. 24, 93–138).

Zuweilen fällt es dem Publikum und den Rezensenten besonders schwer, die unerwartete Entwicklung eines Autors nachzuvollziehen. Auch „Agathon" blieb von Kritik nicht verschont: So wurde Wielands Bitte um Unterstützung des Subskriptionplans für eine Neuauflage des

Romans von dem befreundeten, philisterhaften Baseler Professor Iselin mit dem Hinweis auf dessen „Zunder für verderbliche Gesinnungen und allzuheftige Leidenschaften" abgelehnt (WB 6.1, S. 507f.). Viele Geistliche befürchteten durch die laszive Stimmung der Erzählung „alle Stimulie des Teufels und des Fleisches" erregt (vgl. Brief Zimmermanns vom 26. August 1773, WB 5, S. 162). Die „Göttingische Anzeigen von gelehrten Sachen" – als Organ der Göttinger Akademie der Wissenschaften eine der angesehensten wissenschaftlichen Zeitschriften – rezensierte „Musarion" zurückhaltend, und zahlreiche konservativ-religiöse Literaten, wie Johann Heinrich Schinz, schlossen sich diesem Urteil an, welches ebenfalls für die „Comischen Erzählungen" galt (vgl. Brief von Ende Mai und 7. Juli 1770).

Wieland, der „pedantische Dummheit und tartüffische Boßheit mit einander wetteyfern" spürte, hatte jedoch ähnliche Kommentare von den „Herren Cantons" [den Schweizern] erwartet. (vgl. Briefe vom 19. und 22. März 1770). Gegenüber Zimmermann verlautete die zotige Bemerkung: „Ich zweifle nicht daran, daß man sich gewaltig daran ärgern wird; wie wird es erst gehen, wenn einmal irgend ein Sünder vor einem Chorgericht erscheinen und die Erectionen die ihm Aurora oder Endymion gemacht, als die Ursache seiner Vaterschaft von irgend einem Jungfern-Kind angeben wird!" (Brief vom 27. Juni 1765)

Im Juni 1764 wandte sich der überlastete Schuladjunkt, Organist, Prediger und Verfasser pietistischer Lyrik aus dem schwäbischen Ort Geislingen, Christian Friedrich Daniel Schubart, brieflich an sein literarisches Vorbild. Er pries Wielands „Tugend und Religion" als „wahre Quelle des Schönen" und betonte das „große Glück, ein *Christ* zu seyn" (vgl. WB 4, S. 278ff.). Damit lobte Schubart eine Phase in Wielands Leben, welche dieser längst überwunden hatte. Denn der Biberacher Dichter bekannte sich zwar weitherhin als evangelischer Christ, aber seine jüngsten literarischen Produktionen mit ihren vielfältigen mythologischen Anspielungen bezeugten ein – verglichen mit den Schweizer Jahren – säkularisiertes poetisches Selbstverständnis. Der Geislinger Autor feinsinniger Lyrik war gleichwohl auch von Wielands neuen Werken begeistert und bezeichnete sich emphatisch als „Wielandianer" (vgl. WB 3, S. 383f.). Schubarts Elogen auf den erfolgreichen Dichterkollegen waren jedoch vermutlich nicht zuletzt von der Hoffnung auf die eigene berufliche Verbesserung durch die Unterstützung seines Landsmanns bestimmt. Zwar las Wieland das Manuskript zu Schubarts im Jahre 1766 veröffentlichten Lyrikband „Zaubereien“ (dessen Widmungsgedicht an ihn gerichtet war), aber eine Einflussnahme zugunsten des Kollegen ist nicht bekannt.

Aufgrund der bürgerlichen Herkunft und des unabgeschlossenen Studiums verfügte Wieland weder über einen adels- noch einen akademischen Titel. Dieser doppelte Mangel schwächte seine berufliche Reputation insbesondere gegenüber dem katholischen Rat der Stadt und erschwerte den Erfolg des anhängigen Berufungsverfahrens beim Reichsgerichtshof. Zudem fühlte sich Wieland, der sich bereits vergeblich um die Mitgliedschaft in der Preußischen Akademie der Wissenschaften bemüht hatte, in seinem Selbstbewusstsein gekränkt. Häufig wird kolportiert, dass er eine Nobilitierung grundsätzlich ablehnte, aber diese Einschätzung gilt nicht für die sechziger Jahre, als sich der Dichter nur zu gern durch einen Titel öffentliche Anerkennung verschafft und seine Eitelkeit befriedigt hätte.

Friedrich Reichsgraf von Stadion sah eine geeignete Möglichkeit zur Lösung des Problems in der Erteilung des Pfalzgrafendiploms. Pfalz- oder Hofgrafen (*comes palatinus*) besaßen das Recht, bestimmte kaiserliche Reservatsrechte auszuüben. Graf Stadion besaß das so genannte „Große Palatinat“ (*comitiva major*) mit der Befugnis zur Adelsverleihung und zur Vergabe des „Kleinen Palatinats“ (*comitiva minor*). Am 28. September 1765 verlieh Graf Stadion an Wieland eine Bestallungsurkunde zum *comes palatinus.*

Diplome, die nicht von einer Universität verliehen wurden, trugen ein angehängtes Siegel in einer Kapsel [lateinisch: *bulla*], weshalb ihre Empfänger *doctores bullati* genannt wurden. Solche Wissenschaftler genossen jedoch ein geringeres Ansehen unter den Kollegen als diejenigen, welche von einer Hochschule promoviert worden waren. Zwar durfte der Kanzleiverwalter nun bürgerliche Wappenbriefe ausstellen, Notare ernennen, unehelich geborene Personen legitimieren und „der Freyen Künste Magistros, Baccalaureos, Poetas Laureaos“ ernennen, aber die Selbstbegünstigung durch einen akademischen Grad blieb ihm versagt. Verzweifelt beklagte er, „dass ich mich selbst nicht creiren kann!“ (vgl. WB 3, S. 602ff.; Brief vom 31. März 1769).

Wieland, der sich vorschnell im Besitz des Titels *comes palatinus* wähnte, trug sich unverzüglich und ohne Absprache mit Graf Stadion im „Hochlöbl. Schwäb. Crayses vollständige[m] Staats= und Adresse= Handbuch“ von 1766 als „Comes Palat.[inus] Caes.[areus] Canzley-Verwalter“ ein. Diese vorschnelle Maßnahme verärgerte jedoch den Grafen, der den Warthausener Oberamtmann Michael Georg La Roche zur sofortigen Annullierung des noch nicht rechtskräftigen Verwaltungsaktes anwies. Wieland reagierte auf diesen Brief mit „schmerzlichste[r] Bestürzung“ und lamentierte, dass er durch die Kassation des Titels „hiesigen Orts … auf die entsezlichste Art öffentlich und unwiederbringlich entehrt, und in Männiglichs Augen, sonderlich bey dem Volk, so verächtlich gemacht würde, daß ich den Verlust des Lebens für ein kleineres Übel ansehen müßte als eine mit solcher Schmach und einer Menge mir verderblicher Folgen begleitete öffentliche Zernichtung des Geschehenen“. Auch Sophie wurde um Hilfe angefleht (vgl. Brief vom 5. August 1766; WB 3, S. 402–406). Graf Stadion ließ die Angelegenheit bei der internen Demütigung bewenden und erlaubte Wieland hinfort die öffentliche Führung des Titels.

Der jahrelang andauernde Berufungsprozess beim Reichshofrat bezüglich der ordentlichen Bestallung Wielands als Kanzleiverwalter hatte nicht zur erwarteten Bildung einer „Hof-Commission“ geführt. Stattdessen handelte eine auf kaiserliche Anordnung installierte, konfessionell paritätisch besetzte Biberacher „Local-Commission“ verhältnismäßig schnell einen Vergleich aus, durch den der neue Amtsträger auch von katholischer Seite anerkannt und die rechtmäßige Auszahlung des bisher bezogenen Gehalts bestätigt wurde (vgl. Brief vom 25. Juli 1764; WB 6.1, S. 357, 385f., 385f.).

Diese Wendung war auf den Einfluss von Graf Stadion, den kurmainzischen Großhofmeister Baron Carl Friedrich Willibald von Groschlag und Georg Michael Anton La Roche zurückzuführen, die mit diplomatischem Geschick auf das „Kayserl. Conclusum“ zugunsten eines gütlichen Vergleichs eingewirkt hatten. Ohne diese Förderer wäre die Ernennung zum Kanzleiverwalter vermutlich niemals juristisch bestätigt worden, „da die Catholischen zu Wien sonst allezeit favorem judicis [Rechtsvorteil] haben“ (Brief vom 25. Juli 1764; WB 6.1, S. 361).

Im November 1764 erfolgte die Bestallung zum „würklichen Canzleydirector“ mit geregelter Besoldung. Die eidliche Verpflichtung auf das

Amt war eine Voraussetzung für ein reguläres finanzielles Auskommen, denn der evangelische Magistrat verzögerte häufig auf Anordnung Bürgermeisters von Hillern (der sich gegenüber Wieland widersprüchlich verhielt) die Gehaltsauszahlung. Bereits im März 1764 hatte der Kanzleiverwalter vor dem evangelischen Rat gegen die Sequestration [Zwangsverwaltung] einer Quartalsbesoldung aus dem Jahre 1762 protestiert; einen Monat darauf war die Vergütung jedoch ausgezahlt worden (vgl. WB 6.1, S. 359).

Der Anfang dreißigjährige vereidigte Amtsträger verfügte nun erstmals über ein geregeltes, stattliches Einkommen von 1000 Reichstalern und hoffte, „auf all mein Lebenlang ein zwar ziemlich mühseliges, aber doch einträgliches und honorables Amt" zu bekleiden (Brief vom 29. August 1764). „Nahrungs-Sorgen" hatte er nicht, aber: „Nun geht mir von den Bedürfnissen des menschl. Lebens nichts ab als ein Weib." Seit der Affäre mit Christina Hogel und dem Zerwürfnis mit der dritten Verlobten galt Wieland in Biberach als Filou, dessen dubiosen Liebschaften seine Integrität als prospektiver Ehemann in Frage stellten. Besonders verliebt oder wählerisch schien Christoph Martin nicht gewesen zu sein, vermutlich stand bei seinen Heiratsplänen die Aussicht auf Karriere im Vordergrund: Bereits im Dezember 1760 hatte er bei dem Ehepaar von Hillern förmlich um die Hand von „dero älteste Fräulein Tochter" angehalten und vorsorglich die Bereitschaft bekundet, alternativ auch deren jüngere Schwester zu heiraten. Sogar die „Annehmung der Nobilität" stellte er zu diesem Zweck in Aussicht (vgl. Brief vom 17. Dezember 1760; WB 6.1, S. 240). Wieland ehelichte indes keine der beiden Töchter des evangelischen Stadtoberhauptes, bot aber nach dessen Tod im Juli 1765 (allerdings vergeblich) der Witwe den Bund fürs Leben an.

Wielands Biberacher Liebesaffären böten hinreichend Stoff für eine eigenständige Studie. Gegenüber Geßner lamentierte er, dass sich in der schwäbischen Reichsstadt „keine vor mich [findet]; denn ich sollte eine hübsche, gescheidte, muntre und wo möglich eine reiche Frau haben ..." (Brief vom 29. August 1764). Die Eltern drängten den unschlüssigen Hagestolz, sich ein Gespons zu suchen. Sophie La Roche wurde konsultiert, die in ihrem früheren Wohnort Augsburg eine geeignete Kandidatin kannte. Im Oktober 1765 besuchte Wieland die Reichsstadt, um seine voraussichtliche Braut kennen zu lernen: die Tochter des Augsburger

Handelsmanns und Ratsherrn Johann David von Hillenbrand. Die neunzehnjährige Anna Dorothea (zwar nicht mit Geld, aber mit neun Geschwistern gesegnet) war zweifellos der größte Glücksfall seines Lebens, denn ihre bescheidenes, duldsames Wesen erwies sich als Regulativ seines schwierigen Charakters.

Wieland hatte instinktiv anstatt einer kongenialen femininen Geistesgröße mit ständigen intellektuellen Anforderungen eine Ehefrau gewählt, die ihn bewunderte und liebevoll umsorgte, aber keine seiner Schriften gelesen hatte oder jemals las (vgl. Brief vom 29. Juni 1768). Die Bibi-Affäre hatte gezeigt, dass ihn ein durchschnittlicher Frauentyp mehr zu beglücken vermochte als die oft kapriziösen Eskapaden betont eigenständiger Frauen: Dorothea „hat wenig oder nichts von den schimmernden Eigenschaften, auf welche ich (vermuthlich weil ich Anlässe gehabt habe, ihrer satt zu werden) bey der Wahl einer Ehegattin nicht gesehen habe. Sie ist … ein unschuldiges, von der Welt unangestecktes, sanftes, fröhliches, gefälliges Geschöpf; die bloße Natur … nicht ganz so hübsch, aber doch hübsch genug für einen ehrlichen Mann, der gerne eine Frau für sich selbst hat: eine Prätention, welche man bey den großen Schönheiten vergebens macht", wie er mokant betonte (vgl. Briefe vom 10. Juli und 21. November 1765). Einem Bekannten empfahl er jedoch eindringlich, sich „*keine* Frau zu nehmen … Ein Gelehrter, ein Freund und Günstling der Musen sollte frey sein" (ähnliche Gedanken äußert Diogenes, vgl. C^{1r}, 39, S. 264).

Am 21. Oktober 1765 fand die Heirat in der Biberacher Kanzlei statt, Wieland senior vollzog die Trauung (vgl. WB 6.1, S. 438). Man wünschte sich einen reichen Kindersegen, aber Dorotheas erste Schwangerschaft endete mit einer Fehlgeburt, was man auf den zu häufig durchgeführten Aderlass der ohnehin körperlich schwachen Frau zurückführte. Wieland, über dieses Unglück zutiefst bedrückt, stellte die Arbeit an dem heiteren Versepos „Idris" ein (vgl. WB 6.1, S. 473).

Zusätzlich trübte im Sommer 1766 ein Verwaltungsstreit zwischen der Grafschaft Warthausen und der Reichsstadt Biberach die Stimmung: Die Hauptkontrahenten waren Georg Michael La Roche als Vertreter des Grafen und Wieland aufgrund seiner amtlichen Position. Der Anlass zu dem Zwist war ein „strenger Befehl" des Magistrats, dass hinfort kein Biberacher Bürger seine Aufträge an auswärtige (also Warthausener)

Kleingewerbler vergeben dürfe. Mit dieser Verfügung hoffte man, die Einkünfte der kommunalen Handwerksgilden zu sichern. La Roche antwortete am 26. Juni 1766 mit dem Hinweis auf die Ungerechtigkeit eines Handelsboykotts, zumal die Biberacher Handwerker und Kaufleute aus den Warthausener Aufträgen beträchtlichen Gewinn zögen. Aus diesem Grund, so argumentierte La Roche, hatte er das Verlangen der Warthausener Bürger nach Handelsbeschränkungen stets abschlägig beschieden. Dieser Streit wurde zusätzlich durch Meinungsverschiedenheiten wegen umstrittener Gemarkungs-Rechte beim Holzeinschlag angeheizt (vgl. WB 6.1, S. 453f.).

Der Konflikt um die Vor- und Nachteile liberaler Wirtschaftspolitik spitzte sich zu, bis La Roche der Stadt ein Ultimatum stellte. Biberach reagierte empört, erbitterte Briefe wurden ausgetauscht (vgl. WB 6.1, S. 460–463, 466f. sowie passim). Während unter Wielands Feder im Sommer 1766 die epische Apotheose der *sophrosyne* [Tugend der weisen Mäßigung], „Musarion", entstand, erwies sich der Autor öffentlich als gänzlich unbesonnen: Er trug nicht wenig zur Verschärfung der Stimmung bei, denn seine geharnischten, mit dem Magistrat nicht abgesprochenen Briefe verärgerten schließlich sogar den Bürgermeister und die Stadtvertreter. In Warthausen beschuldigte man Wieland der Undankbarkeit und drohte mit der Einziehung des Pfalzgrafentitels. Auch Sophie reagierte verärgert, versuchte aber zu vermitteln. Die Stadtregierung lenkte schließlich ein, aber der Kanzleiverwalter galt für geraume Zeit als Sündenbock, der das nötige Augenmaß hatte vermissen lassen. Es wurde einsam um ihn: „Denn seit dem ich durch einen Anfall von Patriotismus für diese liebenswürdige Stadt Biberach mir die Ungnade des Grafen von Stadion zugezogen habe, erfahre ich nicht das mindeste mehr von allem was mich intereßirt, und lebe von der Gelehrten und politen Welt so abgeschieden als in irgend einer Clause im Tyrol" (Brief vom 19. März 1767).

Außer den beruflichen Irritationen bedrückte ihn die Fehlgeburt seiner Frau, und die mannigfachen hauswirtschaftlichen Aktivitäten hemmten den Strom seiner Gedanken. Eine Lösung war bald gefunden: Ich habe „ein artiges Gartenhaus gemiethet, wo ich die angenehmste Landaussicht von der Welt habe, und, so nahe es meinem Hause in der Stadt ist, doch völlig auf dem Lande bin. Hier bringe ich des Sommers meine meisten müssigen Stunden zu, solus cum sola [Einsamer mit einer Einsamen; dieses Terenz-Zitat verwendete Wieland auch scherzhaft im „Neuen Amadis", C^{1r}, Bd. 4, S. 160], aber ganz allein mit den Musen, Faunen und Grasnymphen, deren ich von Zeit zu Zeit einige im Gesicht habe, welche auch den enthaltsamsten Einsiedler unversucht lassen würden. Hier sehe ich die Knaben baden, keine Nymphen; ich rieche den lieblich erfrischenden Geruch des Heues; ich sehe schneiden und Flachs bereiten … Ich sehe Mühlen, Dörfer, einzelne Höfe; ein langes angenehmes Thal [das obere Rißtal], das sich mit einem zwischen den Bäumen hervorragenden Dorfe mit einem schönen, schneeweißen Kirchthurm endet, und über demselben eine Reihe ferner blauer Berge … Das alles macht meine Aussicht, über der ich Alles, was mir unangenehm seyn kann, vergesse, und, mit diesem Prospekt vor mir, sitze ich an einem kleinen Tische, und – reime" (Brief vom 24. August 1768; vgl. zu Wielands Reimsucht: C^{1r}, Bd. 9, S. 166f.).

Das Biberacher Gartenhaus, ursprünglich ein Gebäude zur Aufbewahrung von Gerätschaften und Vorräten, diente ihm als Ersatz für Besuche auf Schloss Warthausen, das der Dichter erst nach dem Tod Graf Stadions Oktober 1768 wieder besuchte. Im Sommer 1766, just auf dem Höhepunkt des Rechtsstreits, hatte Wieland das Obergeschoss des Gebäudes angemietet. Ein zirka 1500 Quadratmeter großer Garten in den „Saudenwiesen" diente zum Anbau von Gemüse und Zierpflanzen. In östlicher Richtung floss die Riß vorbei, südlich breiteten sich umhegte Landflächen und Wiesen mit dem beschriebenen Panorama aus.

In dieser Zufluchtsstätte entstanden große Teile des „Agathon" und des Feenmärchens „Idris", vermutlich auch Entwürfe zum „Neuen Amadis". Unausgeführt blieben die Pläne zu einem „heroisch-comischen Gedicht" über Alexander von Mazedonien, einem Versepos mit dem Titel „Das Land der Ideen" sowie einer Übersetzung des humoristischen Romans „Life and Opinions of Tristram Shandy, Gentleman" von Laurence Sterne, dessen „ächte socratische Weisheit" Wieland besonders schätzte (vgl. Briefe vom 13. November und 3. Dezember 1767; 10. August 1768; 1774 rezensierte Wieland eine deutschsprachige Übersetzung des „Tristram"; vgl. WB 6.2, S. 630, 638; seine Schriften enthalten passim zahlreiche Anspielungen auf den englischen Roman, vgl. C^{1r}, Bd. 10, S. 250).

In dem rustikalen Domizil, vergleichbar mit seinem studentischen Zufluchtsort im Tübinger Weinberghaus, konnte er Pegasus ungestört die Zügel schießen lassen. Wieland beschrieb die von der Psychologie als *Cocooning* bezeichnete bewusste Abschottung von äußeren Unbilden zur Steigerung der eigenen Vorstellungskraft und Kreativität folgendermaßen: „Es komt, um glücklich zu seyn, so viel auf den Schwung unsrer Einbildung an, daß ein Mensch, der einen mittelmäßigen Ansaz zur Schwärmerey hat, allenthalben und in allen Umständen, erträglich glückl. seyn kann" (Brief vom 19. März 1767).

Die mannigfachen privaten und beruflichen Widrigkeiten brachten in Wieland den Wunsch zur Veränderung seines Lebenszentrums hervor, um „aus diesem barbarischen Ergastulo [Zuchthaus]" Biberach zu entweichen (Brief vom 20. Januar 1769). Der Kanzleiverwalter fühlte sich einsam und unverstanden in der „Reichs=Bicoque" [Bruchbude], umgeben von Personen, die kein Verständnis für sein poetisches Anliegen hatten. Es galt, berufliche Alternativen zu erkunden. Durch eine ausgedehnte Korrespondenz erhoffte sich Wieland die Verbreiterung seines Bekanntenkreises in Deutschland, denn außer Salomon Geßner und dem inzwischen als königlicher Leibarzt in Hannover amtierenden Johann Georg Zimmermann hatte er kaum literarische Verbindungen. Eine Chance auf Veränderung bot der Kontakt zu dem Erfurter Philosophieprofessor Friedrich Justus Riedel, dessen 1767 veröffentlichte „Theorie der schönen Künste und Wissenschaften" Wieland besonders schätzte. Einen Brief Riedels beantwortete er mit Lamentationen über „den häßlichen Mist von Akten, Protokollen und nichtswürdigen Dokumenten", der seine musische Neigung zu ersticken drohte (vgl. Brief vom 4. Februar 1768).

Im Juni 1768 erhielt der Ästhetiker ein Exemplar von „Musarion" geschenkt – eine von Wielands Schriften, deren „attisches Salz, sokratische Ironie, und ächte Grazie" der Erfurter Professor „mit einer Art von Prädilektion" goutierte. Wieland warb ebenfalls um das Vertrauen von Riedels Freund, dem Literaturpapst Christian Adolph Klotz. Der klassische Philologe und Altertumswissenschaftler sowie Professor der Philosophie und Beredsamkeit in Halle galt jedoch allgemein als streitsüchtiger, anmaßender Rezensent mit besonderer Schärfe gegen die Berliner und Züricher Literaten. Vor allem Bodmer galt seine Polemik. Dass Klotz den „Agathon" in einer Rezension als schwülstig und ahistorisch sowie mit Fremdwörtern überladen gescholten hatte, nahm Wieland zähneknirschend in Kauf (vgl. Brief vom 2. Juni 1768; WB 6.1, S. 551; zur Enttäuschung über „Agathon"-Rezensionen vgl. Brief vom 24. August 1768). Christoph Martin bemühte sich jedoch weiterhin um ein betont herzliches Verhältnis zu Klotz und Riedel, der ihn überschwänglich – ohne ihm jemals persönlich begegnet zu sein – als „Pylades" [treuer Freund des Orest] bezeichnete (vgl. Brief vom 29. Januar 1769).

Seit Winter 1768 – also bereits *vor* dem Briefwechsel mit Riedel und nach der Geburt des ersten lebenden ehelichen Kindes, Sophie Catharine Susanne, – wurde die Möglichkeit eines Professorats von Wieland an der Universität Erfurt diskutiert. Georg Michael La Roche, mit den Verhältnissen im Kurfürstentum Mainz (zu dem Erfurt gehörte) gut vertraut, konsultierte in dieser Angelegenheit Großhofmeister von Groschlag, der bereits zum gütlichen Ausgleich des Kanzleiverwalter-Streits beigetragen hatte. La Roche erhoffte von Wieland als Gegenleistung für seinen Dienst die Vermittlung der Bekanntschaft mit Salomon Geßner anlässlich einer geplanten Schweizreise sowie die schulische Ausbildung seines zwölfjährigen Sohnes Fritz im künftigen Erfurter Haushalt. Wieland, der just seine „Poetischen Schriften" für eine Neuauflage bei Geßner revidierte, unterstützte La Roches Pläne und besuchte aus diesem Grunde im Frühjahr 1769 mehrfach Warthausen, zum letzten Mal am 20. Mai (WB 6.1, S. 596).

Zahlreiche Briefe kursierten zwischen Mainz und Erfurt. Am 11. März 1769 verfügte der Kurfürst und Erzbischof Emmerich Joseph von Mainz ein Dekret über „die Professuram Philosophiae primariam bey Dero Universität zu Erffurth" (WB 3, S. 567; WB 6.1, S. 592f.). Riedel, der sich ebenfalls für Wielands Übersiedlung nach der kurmainzischen Stadt eingesetzt hatte, reagierte erfreut; auch Bodmer begrüßte die Veränderung (vgl. Brief vom 16. Mai 1769; WB 6.1, S. 618f.).

Die Berufung des Poeten und Kanzleiverwalters auf einen Lehrstuhl war allerdings bei den Erfurter Professoren umstritten. Riedel berichtete vorsorglich von maßgeblichen Hochschullehrern, welche das akademische Avancement Wielands mit Argwohn betrachteten (vgl. Briefe vom 12. und 31. März 1769 WB 6.1, S. 605). Der durch die Mainzer Obrigkeit zum Philosophieprofessor Promovierte besaß nämlich keinerlei wissenschaftliche Reputation oder einen akademischen Grad, denn der Titel *comes palatinus* galt wenig beim Kollegium. Zur wissenschaftlichen Legitimation konnte Wieland lediglich sein schriftstellerisches Werk vorweisen, das in der universitären Fachwelt wenig Ansehen genoss. Entscheidend für die Berufung war mithin allein der landesherrliche Wille, dem sich der Lehrkörper *nolens volens* fügen musste.

Am 30. März 1769 nahm der evangelische Rat von Biberach Wielands Amtsrücktritt an, das Bürgerrecht blieb ihm erhalten. Vor der ersten Begegnung warnte der scheidende Kanzleiverwalter den Erfurter Bekannten vor seinem äußeren Erscheinungsbild, denn mancher sei „sehr erstaunt, nach und nach zu finden, daß mehr hinter mir steckt, als man mir a prima vista zutrauet" (Brief vom 31. März 1769). Riedel half bei der Umzugsplanung und Anmietung einer Wohnung mit sechs Stuben. Wielands Equipage, bestehend aus „Büchern, Betten, Leinengeräth und derg. unentbehrliches Gepäck", wurde von einer Spedition über Nürnberg nach Erfurt transportiert. Zu dem Umzugstross gehörten Anna Dorothea, Kleinkind Sophie, La Roches zwölfjähriger Sohn Fritz, eine „schwäbische Köchin" sowie sein Kanzleischreiber. Eine Haushälterin folgte später. Am 1. Juni 1769 traf man in Erfurt ein. Wieland sah seine Heimatstadt nie wieder.

Ein Resümee der Biberacher Zeit verdeutlicht den besonderen Stellenwert dieser Periode für die persönliche und literarische Entwicklung Wielands: In der Mitte des dritten Lebensjahrzehnts stehend, hatte er seinen Realitätssinn als Amtsträger in einer kommunalen Verwaltung bewährt und einige seiner wichtigsten Schriften geschaffen. Gleichwohl drohte seine Kreativität unter dem Druck der geschäftlichen Obliegenheiten zu erlahmen. Seine gesellschaftliche Stellung war (nach vergeblichen Bemühungen um die Töchter des Bürgermeisters) durch die Heirat mit der physisch unscheinbaren, intellektuell anspruchslosen, aber treuen und hauswirtschaftlich beflissenen Augsburger Kaufmannstochter gefestigt. Der Poet aus Leidenschaft hatte durchaus zwischen Alltag und Fantasie zu unterscheiden gewusst, denn Anna Dorothea war dafür disponiert, seinen cholerischen Charakter zu ertragen. Nicht kapriziöse Nobeldamen, wie Sophie La Roche, Julie Bondeli oder Catharina von Hillern, die mit ihrer intellektuellen Brillanz sein geistiges Licht möglicherweise hätten blässlich leuchten lassen, sondern Anna Dorothea Hildebrand erwies sich als ideale Ehefrau. Die Gattin war bescheiden genug, um hinter der eitlen Dichterpose zurückzutreten, die den ständig pochenden Selbstzweifel nur mühevoll zu kaschieren vermochte: „Sehr oft weiß ich selbst nicht ob ich ein guter oder ein elender Scribent bin". Ein Jahrzehnt später wird vermerkt: „Es ist ein trauriges Schicksal, Autor zu seyn" (Briefe vom 19. März 1767 und 24. Mai 1777).

Zweifellos schwebte Wieland die Rolle des Patriarchen inmitten eines wohlgeordneten familiären Hausstandes mit zahlreichen Kindern vor. Weniger gefällig formuliert, bedeuteten Anna Dorotheas zahlreiche Geburten nach dem Stand der damaligen Medizin eine potenzielle Gefährdung ihrer körperlichen Unversehrtheit und eine ständige Todesgefahr. Bei der Geburt des fünften Kindes befürchtete Wieland, das „ganz für mich geschafne Weibchen zu verliehren." Aber dank des „bewunderungswürdigen Gleichgewichts worinn ihre schöne Seele ihr Maschinchen erhält" überstand ihr „durch viele Wochenbetten und mancherley Zufälle geschwächtes Körperchen" in dreieinhalb Dekaden die Niederkunft von 14 Kindern (vgl. Briefe zum drohenden Tod Anna Dorotheas durch Schwangerschaft Briefe von 7. April 1775; Anfang Oktober 1775; 22. November 1776; WB 15.2, S. 117).

In den Biberacher Amtsjahren hatte Wieland durch Beruf und Ehe zu einem bürgerlichen Lebenszentrum gefunden und war zum prominenten Mundstück des literarischen Rokoko avanciert. Humor und Sinnlichkeit hatten Eingang in seine Schriften gefunden, in denen eine feine Musikalität schwingt. Augenzwinkernd vermochte der Dichter die antike Mythenwelt heraufzubeschwören und verminderte deren schauerlichen Elemente durch seine anspielungsreich-heiteren Erzählungen. Wieland schrieb zur psychischen Selbsterhaltung in einer Situation, die bestimmt war von Tristesse, Einsamkeit und intellektueller Unterforderung. Der seelische Stress beflügelte seine Fantasie zu sprachlichen Leistungen, die wie in Trance der Feder entströmten. Autoren imaginieren gern ein Publikum, um dessen Gunst sie buhlen – Wieland zielte nicht zuletzt auf die weiblichen Leser. Seine Schriften, schön gedruckt, mit Vignetten geschmückt und eingebunden, zierten manchen Toilettentisch der Damen, die seine kokett-geistreichen Anspielungen belustigt goutierten. Leicht vorstellbar, wie amüsierte Leserinnen die Erzählung „Idris" als *Baiserologie*, als „Wissenschaft" des Küssens, schätzen lernten. Nie überschritt der Dichter jedoch die Grenze zum Obszönen, sondern er überließ die Ausmalung pikanter Details der Vorstellungskraft des Lesers.

Nicht nur formal erweiterte Wieland die poetische Qualität der deutschen Sprache, sondern seine Schriften wirkten zugleich als Sprachrohr einer aufgeklärt-profanen Gesinnung: Die Werke der Biberacher Zeit bekunden eine lustvoll-diesseitige Weltsicht, während die religiösen Themen der Schweizer Jahre ausgeblendet bleiben. Insbesondere die „Hippias"-Rede im „Agathon" ist von jener säkularen Haltung geprägt, die ursprünglich vom adeligen Stand kultiviert wurde: einem gediegenen Hedonismus, dessen luzide Heiterkeit den Zynismus touchiert. Für den Warthausener Kreis galten Elfen- und Faunenmärchen mehr als die Apostelgeschichte, wurde die unterhaltsame Darstellung erotischer Szenen mit schmalbrüstiger Moral mehr geschätzt als ein sittenstrenges Pathos.

In Biberach fühlte sich Wieland keiner sozialen Gruppe wirklich zugehörig; weder die Funktion als Kommunalangestellter noch seine Rolle als Stadtbürger befriedigten ihn. Glücklich war er vielmehr beim Schreiben und Fantasieren. Durch seine Schreibfluchten verschuf sich Wieland wohltuende Traumwelten, angefüllt mit komödiantischen Schimären. Sein nur von Versmaß und Reimlust gezügelter Silbenreigen brachte literarische Kabinettstücke mit einer experimentellen sprachlichen Kreativität hervor, die ihresgleichen in der deutschen Literatur suchte. Sein poetisches Schöpfertum bewährte sich in geschickt zusammengefügten Wort-Mosaiken und filigranen Meisterstücken sprachlicher Versatilität. Wieland bediente sich – wie jeder gute Hakawati und Märchenerzähler – frei der antiken und orientalischen Mythen. Wie zuvor in den „Moralischen Erzählungen" wurden exotische Sujets in ein (jedoch nicht allzu fest geschnürtes) sprachliches Vers- und Reimkorsett eingefügt. Der nahe Blick zeigt jedoch, dass es der Dichter mit dem geregelten Silbenmaß nicht zu genau nahm. Wieland feilte unausgesetzt an den Texten, aber das Formale wurde nur als Anmutung, nicht als Zwang empfunden. Sprachliche Schönheit galt für ihn mehr als die Erfüllung poetischer Normen.

Die Biberacher Amtsjahre hatten ihm einen entlarvenden Einblick in die praktische Politik voller Klüngelei, Missgunst und geistiger Ödnis gewährt; gleichwohl stimulierten die beruflichen Probleme seine Fantasie. Im Schreiben fand er jene Technik der Stressbewältigung, die für ihn „von Zeit zu Zeit ein süßes Vergessen der Mühseligkeiten des geschäftigen Lebens“ bedeutete (C^{1r}, Bd. 17, S. 6). Die humoristische Grundstimmung der Biberacher Schriften ist auf seine befreite Sexualität zurückzuführen: Der tragische Ausgang der Bibi-Affäre verstellt den Blick auf etliche Monate genossener Wonnen mit einer Partnerin, die von ihm wider die öffentliche Vernunft geliebt wurde, denn angesichts der umstrittenen Vereidigung als Kanzleiverwalter konnte seiner Karriere nichts mehr schaden als eine *amour fou*. Seine moralisch bedenkliche Reaktion auf Bibis Schwangerschaft und die Maßlosigkeit, welche er anlässlich des Biberach-Warthausener Rechtsstreites an den Tag legte, ist ein deutlicher Hinweis auf seine seelische Unausgeglichenheit.

Ähnlich wie auf den vorherigen Lebensstationen fand der Dichter in seiner sozialen Umgebung keinen befriedigenden Kontakt, blieb sein Dasein, trotz der familiären Bindung, monologisch strukturiert. Dies hinderte ihn jedoch nicht, sich „trotz aller dieser albernen Umstände eine Art von Tragi-Comico-Farcialischer Glückseligkeit zu verschaffen, für die ich niemand als mir selbst … zu danken habe“ (Brief vom 24. August 1768). Es bleibt mithin ungeklärt, ob Wieland mehr Lust empfand bei der Hervorbringung seiner leiblichen Kinder oder seiner literarischen Schöpfungen. Glück empfand Christoph Martin jedenfalls als Gestalter von Parallelwelten voller bizarrer literarischer Scherzos, bevölkert mit Feen, Faunen und fröhlichen Fabeln.

Seine literarische Absicht galt in dieser Phase – anders als beim späten Cicero-Projekt – nicht einer möglichst wirklichkeitsnahen Beschreibung der Spätantike, denn auch der „Agathon“ handelt letztlich in einer pseudohistorischen Versatzwelt. Vielmehr sollte das Publikum in exotische virtuelle Kosmen entführt und Denkansätze zwischen idealistischen und materialistischen Anschauungen erprobt werden. Zudem galt es, die teilweise barbarischen Mythen der Antike zu zähmen, so dass der Leser insbesondere der Versepen zuweilen wähnt, bei deren Lektüre auf rosa Watte zu wandern.

Es ging Wieland nicht mehr darum – wie in den Schweizer Jahren – als prüder Prophet den moralischen Zeigefinger zu heben: Ein Pfarrersohn hatte sich von den religiösen Paradigmen des Elternhauses (weitgehend) befreit und versuchte das Publikum auf kultivierte Weise zu unterhalten. Der ethische Erkenntniswert des „Don Sylvio“, der „Comischen Erzählungen“ und „Idris“ ist, verglichen mit dem darin enthaltenen komödiantischen Potenzial, gering, und dem hedonistischen „Hippias“-Monolog im „Agathon“ weiß der naiv-idealistische Titelheld kaum triftige Argumente entgegenzusetzen. Bei der Rede des weltweisen Sophisten handelt es sich um die Entfaltung einer ebenso plausiblen wie (vermeintlich) moralisch verfänglichen materialistischen Philosophie, von deren Überzeugungskraft sich Wieland nur mühsam zu distanzieren vermochte (vgl. zur moralischen Kritik am „Agathon“ WB 6, S. 13–18).

Der Leser trifft in den Biberacher Werken auf prachtvoll ausgemalte, sinnenfreudige Bilder und Dialoge mit freigeistigen Einsichten, welche für die Zensur oft verdächtig wirkten. Wie auf einem Bildteppich reiht sich Szene an Szene, aber es droht kein göttlicher Verweis. Nichts liegt ferner als düstere Mahnungen an Höllenstrafen im Jenseits. Wielands Schriften aus jener Zeit könnten aufmerksame Leser zu der prekären Einsicht verführen, dass das Leben zu kurz für Hemmungen sei.

5. Kapitel

PHILOSOPHIEPROFESSOR IN ERFURT

Am 27. Mai 1769, einem Sonnabend, traf Wieland nach etwa einwöchiger Reise mit seiner Equipage in der kurmainzischen Stadt Erfurt ein. Die Anfahrt verlief in „unausstehlicher Hitze und allen andern Reise-Plagen" über Coburg, Frauenwald, Ilmenau und Arnstadt. Weil die von Riedel beschaffte Wohnung noch nicht zur Verfügung stand, lebte die Familie mit den Bediensteten für acht Tage im „Gasthofe zum Schlehendorn" nahe der „Langen Brücke" (vgl. Brief vom 25. Mai 1769; WB 6.2, S. 627). Erst Anfang November stand ein geräumiges Domizil im Wirtshaus „Zum Goldenen Schwan" zur Verfügung. Bereits unmittelbar nach der Ankunft besuchte Wieland Sitzungen einer Abendgesellschaft im Ratskeller, um die akademischen Kollegen persönlich kennen zu lernen. Aufgrund seiner Bekanntheit als Dichter wurde Christoph Martin als Oberhaupt der jüngeren, freigeistig orientierten Professoren um Friedrich Justus Riedel betrachtet. Zu dieser Gruppe gehörten die protestantischen Theologen Carl Friedrich Bahrdt und Johann Christian Lossius, der Historiker Johann Georg Meusel, der Rechtsgelehrte Christian Heinrich Schmidt und der Altphilologe Johann Friedrich Herel. Als Anführer der orthodoxen Fraktion und Hauptgegner von Wielands akademischer Berufung galt der Medizin- und Philosophieprofessor Andreas Nunn.

Die fünftälteste Universität Mitteleuropas in Erfurt übte mit ihrem größtenteils überalterten, betont konservativen Lehrkörper auf Studenten nur eine geringe Anziehungskraft aus (vgl. WS Bd. 3, S. 234–243). Die Berufung neuer Professoren lag nicht in der Verantwortung der Alma Mater, sondern sie war ein hoheitlicher Akt des Landesherrn. Um die Vorherrschaft insbesondere der katholisch-orthodoxen Fraktion zu beschränken, lancierte ein 1768 vom Mainzer Kurfürsten eingeleitetes Reformprogramm die Bestallung junger mitteldeutscher, meist protestantischer Akademiker. Die Berufung eines prominenten Autors komödiantisch-lasziver Dichtungen zum Professor entsprach dieser Reformpolitik, aber etablierte Teile des Kollegiums reagierten empört auf die dubiose Qualifikation des neuen Amtsgenossen. Man fühlte sich übergangen und äußerte offen oder verdeckt seine Vorbehalte.

Das Lehrfach Philosophie hatte im 18. Jahrhundert noch nicht die heutige Kontur, sondern umfasste allgemein die „schönen Künste". Wieland, der die Erfurter Universität bereits von seinem Aufenthalt bei Baumer zwanzig Jahre zuvor kannte, hatte freie Hand zur Gestaltung seines Lehrangebots als *studium generale*. Der neu ernannte Professor dozierte – wie für die damalige Zeit üblich – im eigenen Haus. Am 3. Juli 1769 begann er seine Lehrtätigkeit mit Vorträgen über Isaak Iselins „Philosophische Muthmaßungen über die Geschichte der Menschheit". Die Vorlesungsankündigung lautete: „Hr. R. R. [Regierungsrat] Wieland wird öffentlich um 9 Uhr die Geschichte der Menschheit fortsetzen und um 11 Uhr diejenige Periode der Gelehrten Geschichte erzählen, in welcher die griechischen Dichter, Redner und Geschichtsschreiber begriffen sind." Außerdem las er über die „Encyclopädie der schönen Künste, auf psychologische Gründe gebaut". Im Wintersemester 1770/71 wurde das Pensum auf die Auslegung des Werkes „De dignitate et augmentis scientiarum" (1623) des englischen Enzyklopädisten Francis Bacon sowie auf Montesquieus „Geist der Gesetze" erweitert. „Geschichtskunde" vom Mittelalter bis zum Westfälischen Frieden gehörte ebenfalls zum Stoff. In den Semestern von 1772 kam die „allgemeine Geschichte der Philosophie" in Anlehnung an den Berliner Wolffianer und Mitarbeiter der „Encyclopédie", Johann Heinrich Samuel Formey, hinzu. Vorträge über die Lustspiele des Aristophanes, Horazische Dichtungslehre, Cicero, allgemeine Theorie der schönen Künste sowie Cervantes standen ebenfalls auf dem Lehrplan.

An vier Tagen in der Woche fanden zweistündige Vorlesungen statt, die ab 1771 freiwillig um einen Tag verlängert wurden. Dem neuen Philosophieprofessor behagte seine Position in Erfurt so sehr, dass er im Dezember 1769 eine Berufung nach Halle ablehnte (vgl. WB 6.2, S. 675): „Ich habe alle ersinnliche Ursachen *gerne* hier zu seyn … Ich lebe in der vollkommensten Freyheit, und was ich für die Academie thue, wird mir mehr für ein *Verdienst* als für eine *Schuldigkeit* angerechnet. Ich geniesse einen Gehalt von 550 Rthl. [Reichstaler] und habe neuerlich die positivste Churfürstl. Versicherung erhalten, daß selbiger baldmöglichst ansehnlich vermehrt werden sollte" (Brief vom 8. Dezember 1769; später stieg das Honorar auf 700 Reichstaler, vgl. WB 6.2., S. 1065). Gleichwohl spürte der Professor bald, dass seine aufgeklärten Vorstellungen bei der vorherrschenden katholisch-orthodoxen Fraktion kaum durchsetzbar waren. Bereits wenige Monate nach dem Beginn der Lehrtätigkeit stellte er resigniert fest, „daß man leichter einen Mohren weiß waschen, als die *Erfurter Universität* empor bringen könnte" (vgl. Briefe vom 16. Dezember 1769 und 17. Februar 1770).

Über einen Mangel an Aufmerksamkeit hatte Wieland nicht zu klagen, der private Lehrraum war mit Zuhörern überfüllt. Man war neugierig auf den illustren Philosophieprofessor und prominenten Dichter. Im Auditorium befanden sich der 23-jährige, heißblütige Autor Johann Jacob Wilhelm Heinse sowie der unmittelbar nach Wielands Amtsantritt wegen Gotteslästerung anonym denunzierte und zu Kerkerhaft verurteilte Student Joseph Schwarz (zum Verhältnis Wieland/Heinse vgl. WB 16.2, S. 397). Der Verstoß gegen den noch heute in Deutschland, Österreich und der Schweiz geltenden (allerdings inhaltlich modifizierten) Blasphemie-Paragraphen galt im 18. Jahrhundert als schwerwiegendes Vergehen und probates Mittel zu willkürlicher Verunglimpfung und Disziplinierung. Wieland, der orthodox-katholischen Fraktion verdächtig, hatte mithin einen schwierigen Stand als Verteidiger des relegierten Studenten. Schwarz konnte von ihm jedoch aus der Haft befreit und für eine Hofmeisterstelle vermittelt werden. Schließlich gelang sogar die Rehabilitation. Weitere missliche Vorfälle trübten das universitäre Klima: Der renommierte Theologe Carl Friedrich Bahrdt musste aufgrund seiner als ketzerisch verleumdeten Schriften die Universität verlassen, und Wielands devianter Freund Riedel vermochte aus der Universitätskasse entnommene Gelder nicht zurückzuzahlen, was ihm Schuldhaft und Verweisung von der Hochschule eintrug (zu Bahrdt vgl. WB 10.2, S. 235f.).

Der Pfarrersohn Wieland war nicht grundlos mit dem Odium des Blasphemikers behaftet, denn seine literarischen Erotika, der Einsatz für den Studenten Schwarz und das gute Verhältnis zu dem ketzerischen Katholiken Georg Michael Anton La Roche wurden von interessierter Seite als Neigung zu Häresie und Freigeisterei gewertet. Zweifellos kokettierte Christoph Martin mit dem Materialismus, gleichwohl ahnend, dass eine endgültige Festlegung in der Gottesfrage seinem Denklaboratorium Langeweile bescheren würde.

Zudem stand der Vorwurf im Raum, dass der schwäbische Autor zu den regierungsamtlich eingesetzten Professoren ohne hinreichende fachliche Qualifikation gehörte. Nachdem auch anderen neu berufenen Hochschullehrern Verfehlungen und Gotteslästerung vorgeworfen wurde, fand im Juli 1769 ein Gespräch zwischen den Vertretern der Regierungs- und Universitätsbehörden statt, um die Situation zu entschärfen: Das „Steinheimer Dekret" verlieh den Jung-Professoren das Privileg, im Konzil gleichberechtigt mit den etablierten Hochschullehrern über universitäre Angelegenheiten abstimmen zu dürfen. Wieland und Riedel wurden durch diese Verfügung „zur extraord. Assessorat-Stelle bey dem Consilio Adacemico" der Universität Erfurt berufen (vgl. WB 4, S. 32f.). Wenige Tage nach Erhalt des Beschlusses nahm Wieland erstmals an einer Sitzung teil. Das neue Mitbestimmungsrecht verschärfte jedoch die internen Spannungen zusätzlich. Insbesondere der Augustiner-Pater Jordan Simon erwies sich als übler Verleumder, der schließlich gemeinsam mit Nunn und anderen Professoren von der Universität entlassen wurde (vgl. WB 6.2, S. 656, 1085f.).

Die Rache der Relegierten ließ nicht auf sich warten. Wem triftige Argumente fehlen, der greift gerne zum probaten Mittel der Denunziation: Der bigotte Pater Simon unterließ es denn auch nicht, sich mit einem „Mémoire" an den Deutschen Kaiser zu wenden, um die Professoren Bahrdt, Meusel, Riedel und Wieland als Gotteslästerer anzuschwärzen. Sie wurden beschuldigt, an der Universität die „zügelloseste Freigeisterei einzuführen und auf selbe einen viehischen Epicuräismus zu gründen". Riedel verfasste eine ausführliche Verteidigungsschrift, in der die kurmainzische Regierung als Kronzeuge für die Redlichkeit der Beschuldigten angeführt und insbesondere der schwäbische Freund in Schutz genommen wurde: „Mit Wieland habe ich täglich Umgang gehabt und sogar täglich als Pensionär an seinem Tische gesessen. Er ist, so munter er in seinen Schriften erscheint, ein sehr moroser [verdrießlicher], ernsthafter und enthaltsamer Mann ..." (WB 6.2, S. 1085; vgl. Brief vom 26. August 1772).

Die unhaltbaren, rechtlich wirkungslosen Anschuldigungen bildeten jedoch nur die Spitze der Verleumdungen, denen Wieland als Anführer des jungen Kollegiums ausgesetzt war. Aber nicht nur die Probleme mit dem konservativen Universitätsklüngel verdrossen ihn, sondern auch die charakterlichen Schwächen befreundeter Professoren, wie des Betrügers Riedel. Angesichts dieser Widerwärtigkeiten reagierte Wieland ähnlich wie in der Biberacher Zeit mit verstärkter literarischer Tätigkeit. Bereits im August 1769, also zeitlich parallel zum ersten Vorlesungssemester, entstand die heiter-philosophische Erzählung „Sokrates Mainomenos oder die Dialogen des Diogenes von Sinope" (im Folgenden „Diogenes" genannt; vgl. Brief vom 2. Oktober 1769). Die Niederschrift des Romans neben der professoralen Tätigkeit ist ein Hinweis, dass ihn das Lehramt weder geistig noch zeitlich überforderte; allerdings gab er das Projekt einer Übersetzung von Laurence Sternes „Tristram Shandy" endgültig auf – was ihn nicht hinderte, aus einer „philosophischen Laune" heraus, den spritzig-frechen Stil des humorvollen Iren zu imitieren.

Der historische Diogenes, Sohn eines Bankiers und Geldfälschers [sic!] aus der nordanatolischen Stadt Sinope, lebte im dritten vorchristlichen Jahrhundert in Korinth. Um seine Philosophie des freiwilligen Konsumverzichts *coram publico* zu demonstrieren, bewohnte der Weisheitslehrer eine Tonne. Aufgrund seiner absonderlichen Lebensweise erhielt Diogenes den Beinamen *Kyon* [griechisch: Hund], woher die philosophische Gruppenbezeichnung „Kyniker" stammt, deren Vertreter mit ihrem bedürfnislosen Lebensstil die urbanen Spießbürger provozierten. Wieland erwies sich lebenslang als Freund der Kyniker, denn nicht nur Diogenes, sondern auch andere Titelhelden seiner Schriften gehören zu den Weisheitslehrer(innen) dieser Schule, wie Peregrinus Proteus, Hipparchia, Krates und (im weiteren Sinne) Sokrates – sämtlich Philosophen, von denen keine Originalschriften überliefert sind.

Diogenes zählte zu jenen Humoristen, die wissen, dass auch Gelächter ein Argument sein kann. Zahlreiche Anekdoten ranken sich um seine Person: So wird berichtet, dass Alexander von Mazedonien vor die klägliche Wohnstätte des Philosophen mit der Zusage trat, ihm eine Bitte zu erfüllen. Diogenes wünschte jedoch lediglich, dass der König aus der Sonne treten möge. Eine andere Geschichte kolportiert, dass der Philosoph am hellichten Tage auf dem Marktplatz zum Zwecke sexueller Entspannung Hand an sich legte. Auf die Frage der verstörten Zuschauer, weshalb er sich so verhalte, erfolgte die lakonische Antwort: „Ich wünschte, ich könnte auch meinen Bauch so reiben, dass ihm der Hunger verginge."

Dass Wieland eine derart bizarre Person mit „rothmachenden Zügen“ (Sophie La Roche) zum Titelhelden einer Erzählung wählte, ist ein deutlicher Hinweis auf seine Vorliebe für die Kyniker (zu denen er sich möglicherweise im Stillen selbst zählte). Tatsächlich ist der Inhalt des „Diogenes“ nicht minder merkwürdig als die beiden erwähnten Anekdoten: Im Vorbericht des Romans gibt sich der Autor als (vermeintlicher) Herausgeber einer (fiktiv aus dem Griechischen ins Arabische und Lateinische übersetzten) Handschrift zu erkennen, welche das spärliche Wissen über den Tonnenphilosophen um neue (ebenfalls fiktive) Erkenntnisse bereichert. Dem Leser wird vom Autor (augenzwinkernd) suggeriert, nunmehr authentische Berichte zu erhalten. Die literarische Methode besteht mithin darin, vorgeblich einen älteren Text wiederzugeben, der in Wahrheit der eigenen Feder und Fantasie entstammt.

Mittels eines durchkomponierten Kompendiums von „zufälligen Träumereien, Selbstgesprächen, Anekdoten, dialogisierten Erzählungen und Aufsätzen“ zeichnet „Diogenes“ ein plastisches Bild von der komödiantischen Aura des Tonnenbewohners, der von den Bürgern als „vernünftiger Sonderling“ charakterisiert wird (vgl. C^{1r}, Bd. 13, S. 3–30). Zahlreiche Digressionen, Fußnoten, kommentierende Einschübe, Dia- und Monologe dienen als Stilmittel, um den aufmerksamen Leser auf ironische Weise in einen antiken Kosmos zu entführen, der ebenso fiktiv ist wie die gesamte Erzählung: Freiwilliger Konsumverzicht und gelebte Bescheidenheit sind die ethischen Leitsätze, denen Diogenes sich verpflichtet fühlt, zu deren praktischer Verwirklichung der Philosoph zum Holzfass-Bewohner wird, um den Mitmenschen heiteren Charme, Gelassenheit und Lebensklugheit zu demonstrieren. Als wahre Weisheit gilt nicht akademische Rabulistik, sondern im Alltag bewährte Lebenspraxis. Diogenes gehörte mithin zu jener seltenen Spezies von Philosophen, bei denen sich Überzeugung und Lebensweise nicht widersprechen. Der skeptische Denker tritt jedoch keineswegs als Asket, Misantroph oder prätentiöser Intellektueller auf, sondern als bedürfnisarmer Kulturträger mit human-humoristischer Ambition. Nicht zufällig beginnt der Monolog des Diogenes mit einem witzig-geistreichen Diskurs über antike Hardware-Probleme, nämlich mit der Frage, ob als Speichermedium für seine Notizen der Sand oder die hölzerne Tonnenwand geeigneter sind (vgl. C^{1r}, Bd. 13, S. 1–7).

Der kuriose Bericht über den weisen Plauderer befindet sich mithin in der Kontinuität von Wielands erzählerischer Prosa: Die „schöne Lais" tritt ebenso auf wie im „Agathon" oder im Altersroman „Aristipp". Das fatale Gähnen gelangweilter Zuhörer – im Roman „Der Goldne Spiegel" ein Leitmotiv – wird im „Diogenes" erstmals erwähnt. Auch die poetische Darstellung einer idealen Republik taucht als ein häufiges Versatzstück seiner erzählerischen Prosa auf, Analogien zu den „Abderiten" sind ebenfalls vorhanden. Mit dem „Diogenes" wollte sich der Erfurter Berufsphilosoph vom Image des frivolen Autors lösen, welches ihm zwar eine stattliches Auditorium neugieriger Studenten eingebracht hatte, im Innersten jedoch seinem (in Wahrheit nur ansatzweise überwundenen) protestantisch-pietistischem Selbstverständnis widersprach.

Der neue Roman enthielt sich allzu deutlicher Sinnlichkeit, um dem fatalen Eindruck zu entkräften, dass Wieland sein Publikum allein durch versifizierte Erotika anlocken würde. Der „Diogenes", im Vergleich mit den Versepen deutlich um Seriösität bemüht, ersetzt Laszivität mit humoristischem Esprit. Vor allem die köstliche Geschichte vom „*Mann im Monde*" – eine ironische Abrechnung mit metaphysischer Spitzfindigkeit und philosophischer Haarspalterei – enthält mindestens ebenso viel groteske Komik wie der „Don Sylvio": Eine Dekade vor dem Erscheinen von Kants kritischem Hauptwerk bot Wielands Prosa gleichsam eine *poetische* Kritik der reinen Vernunft.

Wieland, auf gute Honorierung Wert legend, fand zunächst für den „Diogenes" keinen geeigneten Verlagsbuchhändler: „Es würde schon gedruckt seyn, wenn ich einen Verleger dafür finden könnte. Das wird Ihnen freylich wunderlich vorkommen; ich könnte ihrer freylich hundert haben, wenn ich großmüthig genug wäre, meine Werke zu verschenken … Ich fange aber an zu desperiren [verzweifeln], daß die deutschen Buchhändler jemahls raisonnabel zu machen seyn werden. Es ist als ob sie ein Complott gegen die neuen Schriftsteller gemacht hätten" (Brief vom 2. Oktober 1769). Ein Jahr darauf erschien das Werk, wie vordem „Musarion", in Kleinoktavformat anonym bei der Leipziger Buchhandlung Weidmanns Erben und Reich. Der Erstdruck wurde auf Vorschlag des Autors um einige religionskritische Passagen gekürzt; das Vorschusshonorar traf bereits im Oktober ein (vgl. Brief vom 26. Oktober 1769; WB 6.2, S. 664, 825). Trotz – oder wegen – dieser Kürzungen reüssierte der „Diogenes" insbesondere im zensurfreudigen Wien. Viele Geistliche und die renommierte Zeitschrift „Göttingische Anzeigen von gelehrten Sachen" lehnten das Werk allerdings ab, und viele Leser vermochten nicht zwischen dem Autor und dem Titelhelden zu unterscheiden (vgl. WB 4, S. 96f.; nichtautorisierte Nachdrucke beeinträchtigten den Buchverkauf, vgl WB 6.2, S. 290, 719, 745).

Zeitgleich mit dem „Diogenes" beendete Wieland den zweiten Teil des Versepos „Der neue Amadis"; Gleim erhielt das Manuskript vertraulich zugesandt. Der Halberstädter Domstiftssekretär gab den Text zwar an keinen Unbefugten weiter, aber einige Partien daraus wurden vor vertrauten Personen vorgelesen, was beim Autor Befürchtungen wegen eines unerlaubten Vorabdruckes aufkommen ließ (vgl. WB 4, S. 187f.; WB 6.2, S. 769). Um den angeschlagenen Ruf durch die heitere Stanzen-Sammlung nicht endgültig zu diskreditieren, erschien das zweibändige „comische Gedicht in Achtzehn Gesängen" mit gestochenen Titelvignetten und Kupfertafeln im Jahre 1771 anonym bei Weidmann. Jeder Schelm durfte über die Identität des Autors augenzwinkernd mutmaßen, welcher den albernen, eitlen Töchtern von Schach Bambo – Blaffardine, Dindonette, Kolifischette, Leopardine und Schatulliöse – ein derart exotisch-pikantes Leben eingehaucht hatte.

Nachdem „Diogenes" erschienen und die zweite Tochter Maria Carolina Friederica am 11. Mai 1770 geboren war, reiste Wieland nach Leipzig, um den Verleger Philipp Erasmus Reich persönlich kennen zu lernen. Der Teilhaber an der renommierten Buchhandlung Weidmanns Erben & Reich hatte sich als honoriger Geschäftspartner erwiesen, der auf eine gediegene Ausstattung seiner Produkte Wert legte. Wieland, zeitlebens reiseunlustig, bequemte sich vom 5. bis 13. Juni 1770 gemeinsam mit einem studentischen Begleiter zu einer Tour nach Leipzig, dem deutschen Zentrum der Buchproduktion. Christoph Martin begegnete dort zahlreichen Personen, die mit der Herstellung seiner Oktavbände beschäftigt oder selbst literarisch tätig waren, unter anderem dem Autor Christian Garve sowie dem Leipziger Akademiedirektor und kursächsischen Hofmaler Adam Friedrich Oeser, dessen Schüler Friedrich Heinrich Füger eine Porträtminiatur des schwäbischen Dichters anfertigte (vgl. WB 6.2, S. 722).

Wieland bemühte sich in Leipzig, den von ihm geschätzten Schriftsteller, Journalherausgeber und Opernlibrettisten Christian Felix Weiße mit Bodmer zu versöhnen, der aus Sachsen heftig kritisiert worden war (vgl. WB 6.2, S. 739f.). Weiße äußerte allerdings wenig Schmeichelhaftes über den Besucher aus Erfurt: „[Wieland] ist es nicht, den ich mir zum Busenfreund wählen möchte. Er ist so voll von sich selbst, daß man, um seine Gewogenheit zu haben, nichts thun, als ihn bewundern muß, und er lobet sich gleichwol so sehr, daß er einem zu seinem Lobe zu sagen nicht viel übrig lässt. Ich glaube nicht, daß er ein böses Herz hat, aber er scheint noch in seinen Grundsätzen und seiner Denkungsart so ungewiß zu sein, daß er sich oft widerspricht ... Dies erklärt auch seine schnellen Übergänge von der Frömmigkeit zur Unmoralität, vom Beten zum Spotten“ (Starnes I, 374).

Während der Erfurter Jahre begegnete Wieland den wichtigsten Literaten nicht in der kurmainzischen Universitätsstadt, sondern im brandenburgischen Fürstentum Halberstadt am Rande des Harzes. Dort lebte der „preußische Anakreon“ Johann Wilhelm Ludwig Gleim als Domstiftssekretär gemeinsam mit dem von ihm protegierten, empfindsamen Lyriker und Kanonikus Johann Georg Jacobi. Nach Wielands Aufnahme der akademischen Lehrtätigkeit entwickelte sich ein intensiver Briefwechsel zwischen Halberstadt und Erfurt, dem sich schließlich der jüngere Bruder Georgs, der Schriftsteller Friedrich Heinrich Jacobi, anschloss. Johann Georg Jacobi hatte dem schwäbischen Autor brieflich die Freundschaft angetragen, was dieser freudig akzeptierte.

Aus dem literarischen Quartett entwickelte sich, dem Zeitgeschmack entsprechend, ein „Grazienbund“ mit den römischen Göttinnen der Anmut als philosophische Leitbilder. Man las wechselseitig Manuskripte, gab Anregungen, bildete einen literarischen Zirkel. In der Korrespondenz mit Gleim und den Jacobi-Brüdern fand Wieland erstmals zu einer seiner späteren Lieblingsrollen als Berater in ästhetischen Fragen und entschuldigte sich schon bald dafür, im „Thon des Rathgebers“ aufzutreten (Brief von Anfang Juni 1769). Zu sehr behagte ihm die Position des anerkannten Poeten, der aus dem Füllhorn seiner Erfahrungen den Jungdichtern ästhetischen Geschmack vermittelt, um diese Rolle nicht bereitwillig auszugestalten. Der poetologische Diskurs verlief jedoch keineswegs einseitig, sondern die Jacobi-Brüder sowie Gleim befassten sich *vice versa* mit Wielands jüngstem Œuvre (vgl. WB 4, S. 8f., 61ff.; Briefe vom

25. September, 2. Oktober, 8., 18., 24. Dezember 1769 sowie passim). Im Jahre 1770 erschien das Fanal des literarischen Bundes beim Verlag Weidmanns Erben und Reich: „Die Grazien“, geschmückt mit einem Titelkupfer Oesers, auf dem die drei Chariten und ein Putto vor einem Wieland-Denkmal posieren. Eine Grazie trägt das Bildnis des Poeten. Der Dichter glaubte sein Konterfei auf dem Medaillonbild, das den 37-jährigen mit Stirnglatze zeigt, zwar nicht treffend wiedergegeben; er fühlte sich aber geehrt (vgl. Brief vom 30. September 1770). Ebenfalls geehrt fühlte sich Wieland durch einen Brief der Gräfin von Wartensleben, einer beliebten Schönheit und Diplomatengattin aus Wien, welche sich für den Genuss, den ihr die Lektüre des „Diogenes“ bereitet hatte, bedankte. Vielleicht zog der Philosophieprofessor aufgrund dieses Briefes erstmals eine berufliche Zukunft am Kaiserhof in Erwägung. Jedenfalls avancierte die Verehrerin in den „Grazien“ zur fiktiven Dialogpartnerin; ihr Sobriquet lautet „Danae“, die Geliebte des Göttervaters Zeus (vgl. WB 6.2, S. 704, 807; C^{1r}, Bd. 10, S. 3–9). Die geistreiche Gräfin gehörte ebenso zu den Wieland-Sympathisantinnen wie Sophie La Roche, Catharina von Hillern Julie Bondeli und – seit Mitte 1771 – Auguste von Keller sowie deren Töchter, die auf Gut Stedten nahe Erfurt wohnten. Wieland besuchte die Gräfin mehrfach auf ihrem Wirtschaftshof an der Ilm und korrespondierte jahrelang mit ihr (Frau von Kellers Sohn lernte Wieland erst Jahre einige später kennen; vgl. Brief vom 29. Juli 1776; WB 12.2, S. 100f.).

Das epische Gedicht „Die Grazien“ bietet mehr als filigrane Causerie. Im Mittelpunkt steht die Auseinandersetzung mit der Kulturkritik Jean-Jacques Rousseaus, die von Wieland konterkariert wird: Die barbarische Periode des Affenmenschentums hinter sich lassend, entwickelt die menschliche Gattung mithilfe von Mythen und religiösen Anschauungen ein distinktes Selbstbewusstsein, um schließlich zu einer gediegenen, durch die Grazien symbolisierten moralischen Anmut zu gelangen. Die Aufgabe der Kunst ist die künstlerische Läuterung der rauen Wirklichkeit:

„Auch, hätte nicht der Mahler und Poet
Das Recht, ins Schönere zu mahlen,
Wo bliebe die Magie des *schönen Idealen,*
Das *Übermenschliche,* wovon die Werke strahlen …“
(C^{1r}, Bd. 10, S. 11).

Mythologie und Kunst erheben mithin die Menschheit zu ihrer Bestimmung – dieser Gedanke wird in den „Grazien“ durch zahlreiche Erzählungen paraphrasiert. Die subtile sexuelle Sinnlichkeit der „Comischen Erzählungen“ ist allerdings auf aparte Andeutungen reduziert, welche die amüsierte Danae heiter stimmen.

Ein Höhepunkt des „Grazienbundes“ war die persönliche Begegnung der Protagonisten im Hause der La Roches: Wieland, der aufgrund seiner ausgeprägten Wetterempfindlichkeit „selten aus seinem Schneckenhäuschen heraus kriecht“, begann am 7. Mai 1771 gemeinsam mit Fritz La Roche eine 35-tägige Reise in die Rheingegend. Auf dem Tourenprogramm standen die Universitäts-, Reichs-, und Residenzstädte Gießen, Frankfurt, Wetzlar, Darmstadt, Coblenz, Düsseldorf sowie Mainz. In Höchst fand am 30. Mai eine Audienz beim Kurfürsten Emmerich Joseph von Mainz statt, wo man die Gemäldesammlung von Graf Stadion besichtigte. Dann verbrachte Wieland sechs Tage in Dieburg bei einem seiner wichtigsten Förderer, Großhofmeister von Groschlag. Zu den neuen Bekannten gehörte auch Graf von Wartensleben (dessen Gattin, die „Danae“ der „Grazien“, war allerdings nicht anwesend) und Johann Gottfried Herders Braut Caroline Flachsland, bei der Wieland einen zwiespältigen Eindruck hinterließ: „[Er] ist im ersten Anblick nicht einnehmend, mager, Blatternarbicht, kein Geist und Leben im Gesicht, kurz, die Natur hat an seinem Körper nichts für ihn gethan. Tritt kalt in die Gesellschaft, spricht ziemlich viel, insonderheit wenn er Laune hat. man muß ihn lange sehen, ehe man ihn kennt; erst eine Stunde vor dem Abschied habe ich gesehen, daß er warm und empfindsam seyn kan. und ich liebe ihn, da ich ihn als Freund hab kennen gelernt. Nur seinen Autorstolz und Eitelkeit, die er in ziemlicher Dose besitzt, möchte ich von ihm wegwischen … Ich bin aber sonst, nur diesen Punkt ausgenommen, völlig mit ihm zufrieden, er hat sich als ein guter Vater, Ehemann und Freund gezeigt“ (Brief von Caroline Flachsland vom 4. Juni 1771).

In Darmstadt kam es zur ersten persönlichen Begegnung zwischen Gleim und Wieland. Gemeinsam besuchte man den Kreis der empfindsamen Literaten. Der Höhepunkt der Reise war jedoch die Visite in Ehrenbreitstein nahe Coblenz, La Roches Dienstsitz als Konferenzminister des Trierer Kurfürsten. Friedrich Heinrich Jacobi schildert die Begegnung Christoph Martins mit Sophie La Roche am 13. Mai 1771 im sentimentalen Stil der Zeit: „Kurz hierauf hörten wir einen Wagen rollen; wir sahen zum Fenster hinaus – er war es selbst. Der Herr von La Roche lief die Treppe hinunter ihm entgegen, ich ungeduldig ihm nach; und wir empfingen unsern Freund unter der Hausthüre. Wieland war bewegt und etwas betäubt. Während dem, daß wir ihn bewillkommneten, kam die Frau La Roche die Treppe herunter. Wieland hatte eben mit einer Art von Unruhe sich nach ihr erkundigt, und schien äußerst ungeduldig, sie zu sehen; auf einmal erblickte er sie – ich sah ihn ganz deutlich zurückschauern … Darauf kehrte er sich zur Seite, warf mit einer zitternden und zugleich heftigen Bewegung seinen Hut hinter sich auf die Erde und schwankte zu Sophien hin. Alles dieses ward von einem so außerordentlichen Ausdrucke in Wielands ganzer Person begleitet, daß ich mich in allen Nerven davon erschüttert fühlte. – Sophie ging ihrem Freunde mit ausgebreiteten Armen entgegen; er aber, anstatt ihre Umarmung anzunehmen, ergriff ihre Hände und bückte sich, um sein Gesicht darein zu verbergen; Sophie neigte mit einer himmlischen Miene sich über ihn, und sagte …: – *Wieland -Wieland – O ja, Sie sind es – Sie sind noch immer mein lieber Wieland!* Wieland, von dieser rührenden Stimme geweckt, richtete sich etwas in die Höhe, blickte in die weinenden Augen seiner Freundin, und ließ dann sein Gesicht auf ihren Arm zurücksinken. Keiner von den Umstehenden konnte sich der Thränen enthalten: mir strömten sie die Wangen hinunter“ (Brief von Friedrich Heinrich Jacobi vom 16. Juni 1771; zitiert nach Starnes I, 395f.).

Das Ehrenbreitsteiner Festival der Larmoyanz und Empfindsamkeit währte eine Woche lang. Endlich konnte sich Wieland mit Gleim und den Brüdern Jacobi persönlich austauschen, den „Grazienbund“ vertiefen. Friedrich riet ihm zur Revision der „Grazien“ und regte eine Fortsetzung des „Agathon“ an. Das von Jacobi erstellte vierzigseitige Pränumerantenverzeichnis zur neuen Romanausgabe enthält Namen prominenter Zeitgenossen, wie Bürger, Geßner, Gleim, Goethe und Herder; auch zahlreiche Fürsten gehörten zu den Subskribenten, die Kaiserin von Russland orderte 20 Exemplare (vgl. WB 6.2, S. 1011ff., passim). Nach Geßners und Reichs Absage konnte ein Buchdrucker aus Kleve als Verleger gewonnen werden, der sich jedoch als unzuverlässiger Geschäftspartner erwies. Zwei Jahre später widerrief Reich seine Absage und entschloss sich zur Herausgabe der neuen, durch die Texte „Über das

Historische im Agathon" und „Geheime Geschichte der Danae" erweiterten Fassung (vgl. WB 6.2, S. 944). Einen Tag vor Wielands Heimkehr am 10. Juni 1771 hatte seine Frau die dritte Tochter, Regina Dorothea, zur Welt gebracht. Der Dichter, durch die glückliche Wieder- und Niederkunft frisch gestärkt, nahm den ausführlichen Briefwechsel mit den Jacobi-Brüdern erneut auf (vgl. Briefe vom 12. Juli und 1. Juli 1771).

Ein Hauptgrund für Wielands Reise nach Ehrenbreitstein war die Rückgabe des Mündels Fritz La Roche in die elterliche Obhut, denn anders als deren ebenso kluge wie schöne Tochter Maximiliane hatte sich der Knabe zu einem Sorgenkind entwickelt. Penibel genau hatte der Vormund in den regelmäßigen Abrechnungen an Sophie die Ausgaben für den Minderjährigen aufgelistet, wobei die Pedanterie des einstigen Kanzleiverwalters nicht zu verkennen ist: Ein „Winterkleid, Rock und Veste aus fein grau Görlitzertuch und Barchent [dichtgewebtes, einseitig gerauhtes Baumwollgewebe] nebst Futterzeug, Steifleinwand, 3,5 Dutzend vergoldete Knöpfe, Nähseide und Macherlohn" wurden ebenso in Rechnung gestellt wie ein Hut mit weißer Feder [damaliges Mode-Accessoire für Schüler], „ein Paar schwarze Beinkleider, vulgó Hosen", „zwey Paar neue Schuh und ein Paar Winterhandschuh". Für das Bildungsressort wurden eine grammatische Fibel, ein „Catholischer Catechismus" (Fritz war Katholik wie seine Eltern) sowie erhebliche Ausgaben für die „Französischen Sprach- Musik, Tanz- und Zeichnungsmeister" ausgewiesen. „Maskerade-Ausgaben" für ein Faschingskostüm blieben ebenfalls nicht unerwähnt. Einschließlich der Subskription für ein wöchentliches Konzert während der Fastenzeit, Taschen- und Kostgeld sowie dem Abonnement der „Erfurtischen Gelehrten Zeitung" beliefen sich die Auslagen für das Mündel saldiert auf zwölf Reichstaler – mithin nur wenige Prozent von Wielands Salär als Professor. Sein vielköpfiger Haushalt zwang ihn zur Sparsamkeit, so dass er von der finanziell notleidenden Familie La Roche auch geringe Auslagen einforderte. Wieland hatte sich ausbedungen, das Geld durch die „fahrende Post" zu erhalten, da man „bey den Hrn. Banquiers nicht unberupft durchkomt ... car pour Juifs, ils le sont tous", wie eine antijüdische Spitze lautete (vgl. Brief vom 8. April 1770; WB 4, S. 348).

Die Bildungsinvestitionen fruchteten jedoch wenig bei Fritz, denn die Fortschritte des Mündels in Latein waren ebenso kläglich wie jene in

Französisch und in anderen Disziplinen. Wieland lehnte die persönliche Übernahme des Unterrichts ab, weil ihm die „decidierte Unachtsamkeit" des Schülers die Geduld raubte (vgl. Brief von April 1770). Der an die Grenzen seiner pädagogischen Kompetenz gelangte Vormund bemerkte schließlich ebenso resigniert wie einsichtig, dass „es aber unmöglich ist einen jungen Menschen mit *Gewalt* gelehrt zu machen." Tatsächlich verweigerte Fritz die Reifung zu akademischer Sittsamkeit und stellte den Gleichmut seiner Erzieher auf eine harte Probe. Auch der durch Wielands Vermittlung bei Familie La Roche auf Ehrenbreitstein als Hofmeister angestellte Student Schwarz vermochte die Leistungen des Zöglings nicht zu verbessern. Sophie akzeptierte schließlich die Indolenz ihres Sohnes, der bestenfalls „zu einem fetten Canonicat" – einem Pfründeposten – taugte. Das Fazit des Vormunds lautete: „Man kann nicht lauter ausserordentlich vortrefliche Kinder haben" (Brief vom 2. August 1771).

Wieland fehlte auffallend häufig jene philosophische Besonnenheit und moralische Anmut, die er an Musarion, Diogenes und den Grazien trefflich zu rühmen und zu beschreiben wusste. So provozierte er völlig unnötig einen Eklat, der im Herbst 1771 kulminierte und den „Grazienbund" an den Rand der Zerrüttung brachte. Präludiert wurde der Skandal durch einige negative Rezensionen, darunter eine durchaus differenzierte Besprechung der „Grazien" durch Gerstenberg, die bei dem gekränkten Dichter zu einem Zornesausbruch führte (vgl. Brief vom 25. Januar 1771; WB 6.2, S. 813, 819f.). Ähnlich ungehalten reagierte Wieland auf eine hämische Rezension in den „Göttingischen Anzeigen von gelehrten Sachen". Durch eine wohlwollende Besprechung versuchte die Redaktion den aufgebrachten Autor zu beschwichtigen (vgl. Brief vom 22. Februar 1771; WB 6.2, S. 819f.).

Diese medialen Geplänkel waren jedoch nur ein dezentes Vorspiel für jene Irrungen und Wirrungen, welche den „Grazienbund" fast zerstörten: Der anakreontische Dichter Johann Benjamin Michaelis – seit Juni 1771 Anwohner im Hause Gleims – hatte eine Schrift namens „Pastor Amor" veröffentlicht, deren ursprüngliches Ziel darin bestand, seinen Hausherrn gegen Ausfälle des Berliner Propstes Johann Joachim Spalding in Schutz zu nehmen (vgl. WB 6.2, S. 888–891). Wieland reagierte sehr verärgert auf die im Grunde nebensächliche Schrift, glaubte er doch die Ehre von Gleim und Georg Jacobi verletzt, denn Michaelis hatte nicht nur süffisant die süßliche Puttenwelt des Rokoko ironisiert, in der Gleim bevorzugt lebte, sondern unterschwellig Homosexualität insinuiert.

Auf Michaelis' öffentlichen Brief „An den Herrn Canonicus Gleim" in der „Erfurtischen gelehrten Zeitung" antwortete Wieland mit einer bissigen Rezension, welche dem *litteratus diaboli* vorwarf, Gleim und den „Pastor-Amor" [Georg Jacobi] der Lächerlichkeit preiszugeben. Zudem hatte Michaelis die beißende antiklerikale Tendenz der „Briefe über das Mönchswesen von einem katholischen Pfarrer an einen Freund" von Georg Michael La Roche kritisiert. Die Affäre um die „Mönchsbriefe" war deshalb besonders prekär, weil man (fälschlich) den geschassten Pfarrer Brechter als Verfasser der Pasquille vermutete. Dem Geistlichen fühlten sich die Familie La Roche und Wieland jedoch wegen der vormaligen Ereignisse in Biberach besonders verpflichtet (zur Brechter-Affäre vgl. das Kapitel „Amtszeit in Biberach" sowie Briefe vom 2. August und 6. September 1771; WB 5, S. 301; WB 6.2, S. 890, 894, 900, 959f.).

Als Gleim und Jacobi gelassen auf Michaelis Schriften reagierten und sogar Verständnis bekundeten, eskalierte der Streit. Friedrich Heinrich Jacobi zeigte sich sogar begeistert von der „Pastor-Amor"-Schrift, worauf Wieland endgültig in Harnisch geriet. In einem ausführlichen Schreiben griff er Michaelis heftig an und bezeichnete Gleim als ein „altes Wickelkind ... [das] ... aus läppischer Gutherzigkeit einen jeden Versmacher, der nichts zu fressen hat, an seinen Busen drückt". Bestürzt fragte Wieland: „Ists möglich, Jacobi? Sie können die unanständige Pasquinade *um des bischen Witzes* willen das darinn ist, vortreflich finden? ... Es ist nun der dritte Tag daß dieser schändliche Handel mir alle Ruhe raubt. Die Sache ist von unendlich mal wichtigern Folgen als Sie vermuthlich glauben" (Brief vom 9. September 1771).

Tatsächlich vermochte keiner der Beteiligten Verständnis für den Furor des Erfurter Philosophieprofessors aufzubringen. Die „Pastor-Amor"-Affäre hatte erneut gezeigt, dass in Wieland ein Dämon mit leichtem Schlaf schlummerte, der seine Urteilskraft und Besonnenheit nicht selten gefährdete. Er hatte sich isoliert. Der schwer gekränkte Friedrich Heinrich Jacobi klagte: „Sie haben mich im innersten meiner Seele verwundet, Wieland. Sie stoßen mir einen Dolch ins Herz ...". Auch Johann Georg Jacobi, die eigentliche Zielscheibe von Michaelis sanftem Spott, hatte humorvoll reagiert und der satirischen Schrift sogar literarischen Anspruch bescheinigt (vgl. WB 4, S. 368–377).

Bei Wieland dämmerte schließlich die Einsicht, dass er maßlos überzogen hatte: „Ich bedaure den armen Gleim; ich bedaure Ihren [Johann Georg Jacobi] und Meinen Bruder Friz [Friedrich Heinrich Jacobi]; ich bedaure mich selbst; aber ich fühle es nur zu sehr dass die Wunden, welche unsre Herzen bekommen haben, sobald nicht geheilt seyn werden" (Brief vom 21. September 1771). Der „Grazienbund" verstummte in schweigender Ratlosigkeit. Auch ein von Friedrich Heinrich Jacobi an Sophie La Roche gesandter verzweifelter Brief mit der Beteuerung seiner unverbrüchlichen Sympathie zu dem schwäbischen Freund und der Bitte um Vermittlung vermochte Wieland nicht zu erweichen, der weiterhin verbohrt und bar jeder Weisheit reagierte: „Nichts thut eine fatalere Würckung auf mich als solche unzeitige Einmischungen einer dritten Person" (Brief vom 28. September 1771; vgl. WB 4, S. 380f).

Tatsächlich war Sophie La Roche in dieser schwierigen Situation eine geeignete Ansprechpartnerin, denn das Verhältnis zu ihrem Verlobten hatte sich in den letzten Jahren neu belebt: Im Februar 1770 schlug der Oberschwabe der gebürtigen Allgäuerin vor, den gemeinsamen Briefwechsel hinfort nicht mehr in französischer, sondern in deutscher Sprache zu führen. Sophie antwortete bestürzt: „Sie plagen mich Wieland, mit Ihren deutschen Briefen, ohngeachtet ich fühle daß Sie recht haben, aber es dünkt mich, alles was ich Ihnen zu sagen habe, und für Sie empfinde liegt in dem gefach meiner Französischen Wörter, u. daß ich es erst übersezen muß, daher finden Sie auch meine Briefe troken u. kalt …" (vgl. WB 4, S. 96, 107). Wieland war nicht grundlos bestrebt, Sophies muttersprachlichen Fähigkeiten zu verfeinern, denn seit geraumer verfasste die frankophile Autorin Texte für den deutschsprachigen Markt. Zum überragenden Publikumserfolg wurde die Erzählung „Geschichte des Fräuleins von Sternheim. Von einer Freundin derselben aus Original-Papieren und anderen zuverlässigen Quellen gezogen", dem ersten bedeutenden Roman einer Frau über eine weibliche Protagonistin in der deutschen Literatur.

Das empfindsame, mit herzzerreißenden Intrigen und Kabalen angereicherte Opus versucht den Vorzug einer moralisch-vernünftigen Gesinnung zu veranschaulichen. Vor dem Hintergrund der zeitgenössichen philantrophischen Aufklärungspädagogik wird dem Leser anhand der

Erlebnisse der selbstbewusst-gefühlsbetonten, von dem Wüstling Lord Derby verführten Titelheldin ein beispielhaftes sittliches Empfinden und Handeln vorgeführt. Zahlreiche Textpassagen erinnern an die Situation in Schloss Warthausen und deren Bewohner, so dass die Erzählung von Eingeweihten als Schlüsselroman verstanden wurde. Das anonym veröffentlichte Buch hatte Erfolg bei der Presse; es folgte eine Übersetzung ins Englische. Nach der Lüftung des Inkognitos stieg Sophie La Roche zu einer Autorin ersten Ranges in der europäischen Literatur auf (vgl. Brief vom 2. August 1771; WB 6.2, S. 925f.; WB 6.3, S. 1203).

Es ist erstaunlich, dass eine Schriftstellerin mit einer derart unzulänglichen muttersprachlichen Ausdrucksfähigkeit zu einer deutschen Bestsellerautorin avancieren konnte. Voraussetzung dafür war nicht nur ein renommierter Verlag, der den Roman weithin bekannt machte, sondern ebenso ein aufwändiges Lektorat. Wieland, der die literarische Begabung seiner früheren Verlobten erkannt hatte, stellte den Kontakt zu Verleger Reich her, beriet Sophie bei der Entstehung des Manuskripts, verfasste zahlreiche in den Text eingeflochtene Anmerkungen sowie eine launige Vorrede, die den Leser auf die eigenwillige stilistische Manier der Autorin vorbereitet: „Kenner werden … Originalität der Bilder und des Ausdrucks und eine so glückliche Richtigkeit und Energie des letztern, oft gerade in Stellen, mit denen der Sprachlehrer vielleicht am wenigsten zufrieden ist, bemerken, welche die Nachlässigkeit des Stils, das Ungewöhnliche einiger Redensarten und Wendungen, und überhaupt den Mangel einer vollkommnern Abglättung und Rundung – einen Mangel, dem ich nicht anders als auf Unkosten dessen, was mir eine wesentliche Schönheit der Schreibart meiner Freundin schien, abzuhelfen gewußt hätte – reichlich zu vergüten scheinen." Anfang Juli 1770 lag der erste Teil des Manuskript zur Revision vor. Verleger Reich entsprach der Bitte des Herausgebers um Ausstattung des Buches „in einer nicht üppig gezierten, aber simpel schönen Ausgabe" (vgl. Brief von Ende April 1770).

Wielands Erfurter Jahre belegen die Kontinuität seines literarischen Schaffens bei gleichzeitiger inhaltlicher und formaler Ausweitung der behandelten Sujets. Die Neigung zu bizarrem Humor, kaum verhüllter Laszivität sowie der Anspielungsreichtum auf pseudo-antike, orientalische sowie andere Mythen und Schauplätze sind ebenso vorhanden wie die poetischen Rocaillen der Biberacher Jahre: Der zweite Teil von „Der neue Amadis“ und „Die Grazien“ bezeugen seine weiterhin bestehende Affinität zum Rokoko, und die 1770 versifizierte Erzählung „Combabus“ (welche von einem Höfling berichtet, der sich aus Treue zu seinem Fürsten und zur Wahrung seiner Keuschheit selbst entmannt) steht in der Tradition der „Comischen Erzählungen“.

Einer trocken-wissenschaftlichen Diktion befleißigte sich Wieland nie, der streng logische Diskurs und begriffliche Pünktlichkeit waren seine Sache nicht. Vielmehr war er bemüht, fein abgestufte Stimmungen zu evozieren und mit Verve jegliche philosophische Rabulistik als Irrweg zu entlarven. Die Erfurter Jahre bedeuten die Weiterführung seines Lebensthemas: die Frage nach einem lebenstauglichen Tugendverständnis, nach dem angemessenen Ausgleich zwischen den Ansprüchen des affektiv besetzten Individuums und der Gesellschaft. So wird „Diogenes“ nicht als misanthropischer Anachoret, sondern als ein urbaner Außenseiter mit moralischem Anspruch beschrieben. Nicht zufällig lässt Wieland den Tonnenbewohner im Schlussteil des Romans eine Sozialutopie entfalten.

Wielands philosophisches Interesse fokussierte sich auf den philosophischen Gegenspieler Jean-Jacques Rousseau, den „mit allen seinen *Wunderlichkeiten* dennoch hochachtungswürdigen *Sonderling*“ (C^{1r}, Bd. 14, S. 182), dessen kulturkritische Gedanken für den auf Evolution und Geselligkeit vertrauenden Zivilisationsoptimisten Wieland als Herausforderung galten. Die wichtigsten Texte zur Auseinandersetzung mit Rousseau bieten die „Beyträge zur Geheimen Geschichte des menschlichen Verstandes und Herzens. Aus den Archiven der Natur gezogen“ [im Folgenden „Beiträge“ genannt]. Die Aufsatz- und Erzählungssammlung mit exotischen Titeln und Schauplätzen wie „Reise des Priesters Abulfauaris ins Innere Afrika“ erschien im Jahre 1770 anonym bei Weidmann. Der Autor legte besonderen Wert auf eine ähnliche Ausstattung der „Beiträge“ wie beim „Diogenes“, um in Zukunft die einheitliche Erscheinungsform seiner Schriften zu gewährleisten, „denn wie sollten einem Autor seine eigene Wercke und in einem so schönen Putze nicht angenehm seyn!“ (vgl. Briefe vom 20. und 25. Januar 1770).

Wieland bewies sein essayistisches Talent, das jedoch weniger durch Vernunftschlüsse zu überzeugen, als durch eine nunancierte Polemik zu überreden versuchte: Entschieden bestreiten die „Betrachtungen über J.

J. Rousseaus ursprünglichen Zustand des Menschen" die „Behauptung, daß ungehemmte Ausbildung der menschlichen Gattung schädlich sey". Wielands liberale Vision einer „bürgerlichen Gesellschaft [als] Quelle wetteifernder *Thätigkeit*" verbindet sich mit dem Vertrauen auf die kathartische Kraft der Musen und der Wissenschaften (vgl. C^{1r}, Bd. 14, S. 170ff., 282ff.). Diese Hoffnung auf die *„verfeinerte* Sinnlichkeit" des Menschen weist „die Thorheit des Filosofen *Jean-Jaques*" und dessen Skepsis gegenüber dem humanen Potenzial, welche in Bildung und Vergesellschaftung den Weg zur moralischen Depravation des Menschen sieht, entschieden zurück.

Die Ursprünge des Geselligkeitstriebes veranschaulicht eine Erzählung mit dem exotisch-lautmalerischen Titel „Koxkox und Kikequetzel. Eine mexikanische Geschichte. Ein Beytrag zur Naturgeschichte des sittlichen Menschen". Es handelt sich um eine paraphrasierte Adam-und-Eva-Geschichte, die nachzuweisen versucht, dass die angebliche Unschuld des goldenen Zeitalters eine Legende, die Ausbildung der Tugend hingegen das Resultat fortgeschrittener Vergesellschaftung sei: In der fremdartigen Staffage des lateinamerikansichen Urwaldmilieus wird die ursprüngliche Sozialisation des pubertären Titelhelden Koxkox beschrieben, der sich nach einer kosmischen Katastrophe mit anschließender Überschwemmung des Landes als einziger Überlebender wiederfindet. Der solitäre Indio wählt – mangels einer Gespielin gleicher Gattung – einen Papagei zum Gefährten, wobei der geneigte Leser erfährt, dass nach einer mexikanischen Legende die Schwatzhaftigkeit der Frauen in ihrer Herkunft von den tropischen Vögeln begründet sei (vgl. C^{1r}, Bd. 14, S. 16).

Der Dialog zwischen Mensch und Flügeltier wird gleichsam als sozialer Urknall gedeutet, denn der *„Anfang des gesellschaftichen Lebens"* beginnt für Koxkox durch die Kommunikation mit dem gefiederten Kletterfüßler. Schließlich gelangt der Dschungelheld auf wundersame Weise zu einer schlafenden weiblichen Person, die aufgrund ihrer ausgeprägten Eloquenz den Namen des Papageis Kikequetzel erhält. Nachdem der Naturmensch für die schöne Urwald-Nymphe in Liebe entflammt ist und von ihr erhört wird, durchlebt das Paar einen frühen Prozess der Zivilisation sowie eine die Spannung zwischen Eifersucht und Treue thematisierende Liebesaffäre.

Während der Erfurter Amtszeit galt Wieland als eine prominente universitäre Galionsfigur. Über die Reformierbarkeit der Hochschule gab sich der Professor jedoch keinen Illusionen hin, denn allzu umfassend war der Einfluss vor allem der orthodox-katholischen Clique. Gleichwohl war Christoph Martin für die Alma Mater mehrfach beratend tätig; er schlug unter anderem einen Rechtsprofessor als Kollegen vor und dokumentierte das Scheitern der kurfürstlichen Universitätsreform (vgl. Brief vom 18. August 1771; WS Bd. 3, S. 243). Resigniert hieß es: „Hier in Erfurt gehe ich vollends nach und nach zu Grunde ... Doch kein Wort mehr von diesem verhaßten Neste!" (Brief vom 27. April 1771).

Seine wichtigste Ansprechpartnerin in dieser unglücklichen Situation war Sophie La Roche, mit der das Projekt einer neu zu gründenden Akademie diskutiert wurde (vgl. WB 4, S. 357; WB 5, S. 402f.). Als Siedlungsort der Lehranstalt empfahl sich die Haupt- und Residenzstadt der reichsunmittelbaren Grafschaft Wied-Neuwied nahe Koblenz, weil der dort regierende reformierte Graf sämtlichen Konfessionen Glaubensfreiheit gewährte. Sophies Idee, Friedrich Heinrich Jacobi und Wieland als Lehrkräfte für die neu zu gründende Akademie zu verpflichten, zerschlug sich jedoch ebenso wie Gleims Bemühung um eine Professur des schwäbischen Freundes an den Universitäten von Halle oder Gießen. Weiterhin musste Wieland in seiner „verwünschten Studierstube" ausharren (Brief vom 12. Mai 1772; vgl. WB 4, S. 980, 982; WB 6.2, S. 675, 797f.).

Während des dreijährigen Aufenthaltes in Erfurt füllte seine Feder Hunderte von Manuskriptseiten, entstanden heitere Parallelwelten, angefüllt mit Kuriosa und hintergründigem Humor. „Vielschreiberei" war allerdings die Kehrseite seiner mehrfach selbst diagnostizierten Gefühlskälte, „Hypochondrie" und übersteigerten Empfindlichkeit (vgl. Briefe vom 8. Dezember 1769, 10. April und 6. November 1771). Gewiss empfand der Dichter Freude auch im Alltag: Die öffentlichte Bestätigung erfuhr er als anerkannter (wenngleich umstrittener) Autor, und in der Familie konnte er die für ihn beglückende Rolle des Patriarchen spielen. Seelische Befriedigung fand Christoph Martin freilich am Schreibpult, ausgerüstet mit Feder, Papier und einem erzählerischen Gedankenstrom, der seinen Geist in ferne Buchstabenkontinente entführte.

Das Hauptwerk der Erfurter Jahre war die Prosa-Erzählung „Der Goldne Spiegel, oder die Könige von Schechian, eine wahre Geschichte.

Aus dem Schechianischen übersetzt" [im Folgenden: „Der Goldne Spiegel"]. Über diesen in Erstauflage 1772 anonym bei Weidmann und Reich publizierten Staatsroman des aufgeklärten Absolutismus wird gemutmaßt, dass ihn Wieland als Fürstenspiegel verfasst habe, um sich für eine Anstellung am Wiener Kaiserhof zu empfehlen (vgl. Brief vom 7. April 1775). Möglicherweise hatte ein Brief von Verleger Reich von Februar 1770 über die gute Aufnahme des „Diogenes" in Wien diese Hoffnung geweckt. Bereits einen Monat später erhielt Reich das Manuskript der ersten beiden Teile des Romans zugesandt. Wieland, in ständiger Finanznot, vergaß nicht, die prompte Honorzahlung anzumahnen (vgl. Brief vom 9. März 1771; WB 6.2, S. 826).

Der Leser des mehrfach durch Anmerkungen, Digressionen und Situationskomik aufgelockerten dynastischen Romans glaubt sich in die Märchenwelt von „Tausendundeiner Nacht" versetzt. Den Prolog bildet eine launige „Zueignungsschrift des sinesischen Übersetzers", gefolgt von einer Einleitung, deren stilistische Vielschichtigkeit kaum zu überbieten ist. Souverän verfügt der auktoriale Erzähler über das (vordergründig) heiter-leichte Sujet, wird ein tragikomisches Geschlechtsregister mehr oder weniger regierungsfähiger Fürsten beschrieben. Die Einkleidung in ein bezaubernd-märchenhaftes Ambiente dient gleichsam als Kuvertüre, in welche der listige Erzähler seine Weisheitspille hüllt, um den verwöhnten Leser zum Text-Naschen zu verführen.

Die Hauptfigur des pittoresken personalen Ensembles ist „Doktor *Danischmend*" – eine selbstpromovierte Spiegelung Wielands als weiser Fürstenberater, der ebenso wie sein Erfinder zu Jähzorn neigt. Danischmends liberales Credo lautet: „Wenn wir denken dürfen, warum sollten wir nicht über *Alles* denken dürfen?" (C^{1r}, Bd. 6, S. 260; zum Jähzorn vgl. C^{1r}, Bd. 8, S. 241–248). Im Vertrauen auf die seelenreinigende Macht des Erzählerischen trägt der Philosoph dem ebenso despotischen wie gelangweilten Sultan „Schach Gebal" polit-pädagogische Parabeln vor, die geeignet scheinen, den Fürsten zu einer gerechten und besonnenen Regentschaft anzuleiten. Die erzieherischen Lehrstücke bieten jedoch nicht nur Maximen des aufgeklärten Absolutismus, sondern auch scharfsinnige soziopolitische Analysen zum dialektischen Verhältnis von Fürst, Adel und Volk (vgl. C^{1r}, Bd. 7, S. 61–85). Allein des Herrschers ennuyiertes Gähnen bietet dem erzählerischen Strom Einhalt.

Stets bleibt der humoristische Grundton gewahrt: Die aberwitzige Geschichte des Volkes der Scheschianer, welche über die rituellen Modalitäten der Verehrung eines Affengottes in einen wüsten Streit gerät, liest sich wie eine Parodie auf die theologischen Streitigkeiten der frühen Neuzeit. Aber der Reformator heißt hier „Gorgorix" und statt des christlichen Erlösers fungiert ein bunter Affe. Der scholastische Disput über die farbliche Ausstattung des sakrosankten Säugetieres führte schließlich sogar zu einem Bürgerkrieg. Lakonisch bemerkt Wieland-Danischmend, dass es „kein gewöhnlicheres *Fänomen* in der Welt [gibt], als Leute *mit Vernunft rasen* zu sehen" (vgl. C^{1r}, Bd. 6, S. 280–295). Schließlich bereinigt ein Politheld namens Tifan die fatale Situation durch Gründung eines spartanisch anmutenden Staatsgebildes, zu dessen Grundlagen Nomokratie [Gesetzesherrschaft], Ehezwang, Luxusfeindlichkeit und ein geläuterter Nationalstolz gehören. Tifan, ein militärisch-politischer Aufsteiger ländlichen Ursprungs, beherrscht einen trostlosen Idealstaat, der wie eine „künstliche Maschine" (C^{1r}, Bd. 7, S. 316) funktioniert, in dem eine desillusionierte Priesterkaste die religiösen Kulte und Riten zur Absicherung der eigenen Macht und Pfründe gegenüber dem stupiden Volk nutzt: Der „Goldne Spiegel" ist die Hohe Schule des politischen Zynismus.

Wielands Hauptwerk der Erfurter Zeit war der Notruf eines Unglücklichen, der seine Lebenssituation verändern will. Der Appell in belletristischer Form an den Wiener Kaiserhof bewirkte indes eine unerwartete nachbarliche Antwort: Etwa 20 Kilometer östlich von der kurmainzischen Stadt lag das Herzogtum Sachsen-Weimar-Eisenach, dessen verwitwete, kunstsinnige, damals Anfang dreißigjährige Fürstin Anna Amalia seit 1759 die vormundschaftliche Regentschaft für ihren Sohn Carl August ausübte. Als Erzieher des pubertären Erbprinzen und seines Bruders Constantin amtierte seit 1762 der sachsen-weimarische Geheime Rat Johann Eustachius Graf von Schlitz, „von Görtz" genannt. Man hielt Ausschau nach einem neuen Pädagogen für den designierten Landesherrn Carl August.

Im März 1772 weilte Wieland erstmals für einige Tage in Weimar und nahm allabendlich an der fürstlichen Mahlzeit sowie mehrfach an der mittäglichen „Prinzen Tafel" teil. Zur besonderen Ehrung des Gastes wurde eine Faschingsredoute [Maskenball] gegeben, dessen Höhepunkt die tänzerische Aufführung von Szenen aus „Der neue Amadis" bildete (vgl. WB 6.2, S. 983). Der Besucher aus Erfurt sandte Anna Amalia einen ausführlichen, in französischer Sprache verfassten Dankbrief mit einem Erziehungsplan für den Erbprinzen (vgl. Brief vom 22. März 1772). Eine Woche später antwortete die Herzogin (vgl. WB 4, S. 475f.; die offizielle Korrespondenz wurde größtenteils auf Französisch geführt). In einem weiteren Brief, den Wieland scherzhaft „au nom du Philosophe Danischmende" schrieb, erläuterte er seine erzieherischen Pläne (vgl. Brief vom 13. April 1772). Man fühlte sich wechselseitig angezogen, aber Wieland verhielt sich zunächst abwartend. Im April besuchte er abermals Weimar; in Erfurt wurde man aufmerksam.

Ein ausführlicher Bericht von Graf Görtz schildert die interne Auseinandersetzung des Weimarer „Geheimen Consiliums" [höfischer Staatsrat] bezüglich der künftigen Prinzenerziehung. Einige Mitglieder waren skeptisch, ob ein „Bürgerlicher" für das Hofleben geeignet sei, auch Honorarfragen spielten eine Rolle (vgl. WB 6.2, S. 1045–1048). Schließlich konnten sich die Befürworter einer Anstellung Wielands durchsetzen – vermutlich aufgrund der Präferenz seitens der Herzogin und des Erbprinzen. Graf Görtz teilte dem Anwärter die positive Entscheidung mit und annoncierte als freundliche Geste die Aufführung des Balletts „*Idris et Zenide*" am Weimarer Hof (vgl. Brief vom 16. Juli 1772).

Das berufliche Angebot bestand in einem ein sechsmonatigen Engagement als „*Conseiller de la Cour*" [Hofrat] mit einem Gehalt von 900 Écu sowie einer lebenslangen Pension von 500 Anteilen der französischen Währung. Absprachen zur Hinterbliebenen-Fürsorge wurden auf einen späteren Termin verschoben (vgl. WB 4, S. 571; Brief vom 7. August 1772). Wieland forderte jedoch für Honorar und Rente jeweils einhundert Écus mehr als vorgeschlagen, die Übernahme der Umzugskosten durch den Hof sowie die Verleihung des Titels „Hofrat" auf Lebenszeit. Sämtliche Forderungen wurden während seines Aufenthaltes in Weimar Ende Juli im Rahmen persönlicher Gespräche akzeptiert.

Wielands Vorbehalt gegen eine Umsiedlung nach Weimar war trotz der in Aussicht stehenden guten Honorierung nicht gänzlich beseitigt: „Die Frage ist, wie ich hier [von Erfurt] mit *guter* Art loßkommen könne" (Brief vom 19. Juli 1772). Weil nach der gescheiterten Erfurter Universitätsreform zahlreiche prominente Professoren die Hochschule verlassen hatten, wollte Wieland seinen Förderer Groschlag nicht ebenfalls durch eine Demission verärgern. Der kurmainzische Großhofmeister hatte sich in Biberach mehrfach für Wieland eingesetzt, unter anderem bei dessen Berufung als Professor mitgewirkt, nicht autorisierte Nachdrucke seiner Schriften zu verhindern versucht und für ihn das Privileg der Postfreiheit erwirkt. Nun war Anna Amalias diplomatisches Geschick gefordert. Die Herzogin schrieb in der heiklen Angelegenheit an den Kurfürsten von Mainz, während sich Graf Görtz an Groschlag wandte (vgl. WB 6.2, S. 1051).

Der Lehramtskandidat verhielt sich abwartend, keinesfalls wollte er den Verdacht nähren, dass der erste Schritt zur beruflichen Neuorientierung von ihm ausgegangen sei. Während der Wartezeit überprüfte Wieland eine französische Übersetzung des „Diogenes", rezensierte Sulzers „Allgemeine Theorie" und bereitete eine neue Ausgabe der „Prosaischen Schriften" sowie die Subskription des „Agathon" vor. Mit besonderem Genuss las Wieland Salomon Geßners „Moralische Erzählungen und Idyllen" sowie Lessings „Vermischte Schriften". Zwischenzeitlich galt seine Sorge der an einer Pockenerkrankung leidenden Tochter Sophie. Schließlich führte ihn eine Kurzreise abermals nach Weimar.

Der Erbprinz Carl August, Prinz Constantin und Wieland hatten sich derweil kennen und schätzen gelernt. In mehreren Schreiben zeigte sich Carl August insbesondere von dem Roman „Der Goldne Spiegel" beeindruckt und hoffte in seinem künftigen Erzieher den weisen Lehrer „Danischmende" zu finden (vgl. Brief vom 4. Juni; WB 4, S. 582).

Bis zum Erhalt eindeutiger Signale bezüglich der Anstellung verhielt sich Wieland abwartend, aber am 25. Juli 1772 konnte er Kurfürst Emmerich Joseph schriftlich um seinen Rücktritt bitten. Dem Entlassungsgesuch ist deutlich das Unbehagen des Verfassers über seinen Schritt zu entnehmen, aber nun war der Rubikon überschritten. Ein „Versicherungs-Decret" des Weimarer Hofs vom 4. September 1772 bestätigte offiziell die Übernahme Wielands in „Ober-Vormundschaftliche Dienste" (vgl. Brief vom 26. Juli 1772; WB 4, S. 625f.; WB 6.2, S. 1069). Graf Görtz regelte als unmittelbarer Ansprechpartner die Durchführung des Umzugs.

In einem Brief an Sophie La Roche schilderte Wieland die Hintergründe seiner Entscheidung zugunsten Weimars: Es war keineswegs nur die Aussicht auf eine höhere Gratifikation, sondern die (glaubwürdige) Absicht, durch die Erziehung des Erbprinzen seine pädagogischen Fähigkeiten praktisch zu bewähren. Die Bedenken galten der engen Bindung an einen Hofstaat, denn bisher hatte der Dichter courtoise Umgangsformen nur als Außenseiter in Bern und Warthausen kennen gelernt. Wieland verschwor sich, niemals zum höfischen Heuchler zu mutieren und jenes Maß an Eigenständigkeit und Originalität zu wahren, das seine Kreativität und Lebensfreude bewahren würde (vgl. Brief vom 7. August 1772).

6. Kapitel

PRINZENERZIEHER UND JOURNALHERAUSGEBER

Als Bürger und leitender Angestellter der Reichstadt Biberach sowie als Kollegiumsmitglied einer Universität hatte Wieland ein ausgeprägtes bürgerliches Selbstbewusstsein entwickelt, nun lernte er in Weimar die Eigenheiten und Empfindlichkeiten einer Hofkamarilla kennen. Zwar hatte sich der Erfurter Professor ebenfalls in beruflicher Abhängigkeit von einem Landesherrn befunden, aber immerhin seinen Alltag frei gestalten können. Als Fürstenerzieher war Wieland unmittelbar von einer Regentin und deren Hofstaat abhängig, denn sein Dienst beschränkte sich nicht auf die Instruktion der Prinzen, sondern er fungierte darüber hinaus – ähnlich wie in Bern – als geistreicher Plauderer am herzoglichen Tisch.

Die Fourierbücher des Weimarer Hofes geben Auskunft über die Verpflichtungen Wielands, dessen Anwesenheit bei den mittäglichen und abendlichen Tafeln erwartet wurde: Bereits einen Tag nach seiner Ankunft in Weimar am 18. September 1772 fand ein Mittagstisch statt, an dem außer Anna Amalia die Prinzen Carl August und Constantin sowie Graf Görtz teilnahmen. Außerdem waren leitende Hofangestellte anwesend. Häufig verstieß der Erzieher gegen die Etikette: So wird kolportiert, dass der kurzsichtige Wieland mithilfe einer Lorgnette das Make-up der Herzogin Anna Amalia eingehend betrachtete, die „damals schon sehr stark rot“ auflegte. Diskret bemühte man sich, den Fauxpas durch den Hinweis auf ihre rosige Wangenfarbe zu mildern. Mancher Lapsus gegen die Umgangsformen konnte nur mühsam kaschiert werden, aber täglich wurde dem Neuling das Regelwerk vornehmer Zurückhaltung vertrauter. Sein Vorbehalt gegenüber dem Hofleben blieb jedoch bestehen; manche Schranzen bezeichnete er sarkastisch als „Vogelvieh mit Allongeperücke“ (vgl. Brief vom 22. Dezember 1772; WB 6.3, S. 1133).

Die weltanschaulich fortschrittliche Regentin erwartete, dass ihre Söhne nach den Grundsätzen des schottischen Moralisten Adam Ferguson erzogen würden, dessen Schrift „Institutes of Moral Philosophy" (1769) in deutscher Übersetzung vorlag. Nach Ferguson sollte Moralphilosophie die Gesetze des individuellen Willens fördern, welche aus Selbsterhaltung, Geselligkeit und Mitmenschlichkeit bestanden. Als Richtschnur des ethischen Handelns galten die vier Haupttugenden Gerechtigkeit, Klugheit, Mäßigung und Mut. Dieses ethische Konzept sollte durch Erziehung und Unterricht verwirklicht werden: Der im Staatsarchiv Weimar vorhandene handschriftliche Unterweisungsplan der Prinzen für den Herbst 1772 gibt Auskunft über das Curriculum, welches sich zunächst auf Fergusons Moralphilosophie und die Theorie der schönen Wissenschaften beschränkte, das jedoch im folgenden Jahr – speziell für den Erbprinzen – durch Lektionen in Natur- und Völkerrecht ergänzt wurde (Wielands Gedanken zur Erziehung von Fürstensöhnen vgl. C^{1r}, Bd. 31, S. 417–437).

Weil die sonstigen Disziplinen von anderen Instruktoren gelehrt wurden (so war Carl Ludwig von Knebel seit 1774 als Hofmeister von Prinz Constantin angestellt und übernahm dessen Ausbildung in den klassischen Sprachen), unterrichtete Wieland täglich nur zwei Stunden, Mittags 11–12 und Nachmittags 15–16 Uhr. Seine dienstlichen Verpflichtungen sollten jedoch trotz der verhältnismäßig geringen Lehrstundenzahl nicht unterschätzt werden. In einem Brief von Dezember 1772 hieß es resigniert: „Nachdem ich den ganzen Tag gewöhnlich bei Hof zugebracht … mußte ich Tag und Nacht bei meinem Prinzen seyn, weil Graf Görtz abwesend war."

Tatsächlich dürften die beiden gravitätischen Erzieher und die pubertierenden Zöglinge ein merkwürdiges pädagogisches Quartett gebildet haben. Wielands erzieherische Praxis blieb denn auch nicht ohne Kritik. Nach einem Jahr Lehrtätigkeit äußerte Anna Amalia gegenüber dem konservativen Vorsitzenden des „Geheimen Consiliums", Minister von Fritsch, ihre Vorbehalte: „Er [Wieland] ist ein Mann von gefühlvollem Herzen und ehrenwerter Gesinnung; aber ein schwacher Enthusiast, viel Eitelkeit und Eigenliebe; ich erkenne leider zu spät, daß er nicht gemacht ist für die Stellung, in der er sich befindet; er ist zu schwärmerisch für die jungen Leute, zu schwach, um ihnen die Spitze zu bieten, und zu unvorsichtig, in seiner Lebhaftigkeit hat er das Herz auf der Zunge; wenn er sich verfehlt, so ist das mehr aus Schwachheit als aus bösem Willen; so sehr er durch seine Schriften gezeigt hat, daß er das menschliche Herz im allgemeinen kennt, so wenig kennt er das einzelne Herz und die Individuen; er hört zu sehr auf die Schmeichler und überläßt sich ihnen; daher stammt auch die große Freundschaft zwischen ihm und dem Grafen Görtz, der ihm in der unerhörtesten Weise schmeichelt; Wieland von seiner Seite schmeichelt wieder dem Grafen, und beide vereinigt schmeicheln meinem Sohne – so daß nichts als Schmeichelei oben bei meinen Kindern herrscht" (Anna Amalias Brief vom 9. Dezember 1773, übersetzt aus dem Französischen; nach Sengle, S. 277f.).

Wirklich glaubte Wieland, der aufgrund seiner geringen Menschenkenntnis das intrigante Potenzial von Görtz nicht erkannte, in dem Graf einen geeigneten Führer durch das Labyrinth der subtilen Empfindlichkeiten und Intrigen des Hofstaats gefunden zu haben: „Wir sind beyde so einsam hier ... Unsere Prinzen ausgenommen hat Er [Görtz] keinen Freund als mich, ich keinen als Ihn" (Brief vom 22. Januar 1773). Ihr gutes Verhältnis sollte nicht lange währen.

Familie Wieland bewohnte zunächst ein Mietshaus in der Geleitstraße, ab Juni 1773 das so genannte „Söllnersche Freihaus" in der Luthergasse nahe dem Schloss; später diente das geräumige Gebäude des Hofjuweliers am Markt, ab 1777 das „Heydenreichsche Haus" vor dem Frauentor als Domizil (vgl. WB 6.2, S. 1094; WB 6.3, S. 1216). Nach dem Tod des Vaters am 29. September 1772 zog auch die Mutter nach Weimar, so dass der Hausstand nunmehr aus sieben Personen bestand: den vier Töchtern Sophie Catharine Susanne, Maria Carolina Friederica, Regina Dorothea, dem am 14. April 1773 geborenen Nesthäkchen Amalia Augusta, dem Ehepaar Wieland sowie Christoph Martins Mutter, die noch 16 Jahre lang an der Seite ihres Sohnes lebte.

Aufgrund des zeitraubenden Amtes als Pädagoge vermochte Wieland nur wenig Zeit für die Familie aufzubringen. Man erwartete von ihm literarische Beiträge, um den höfischen Festivitäten einen musischen Glanz zu verleihen. Bereits im August 1772, also bereits vor dem Umzug nach Weimar, hatte Graf Görtz einen Prolog zum Geburtstagsfest der Herzogin am 24. Oktober angefordert. Wieland beantwortete das Gesuch mit dem Libretto für ein „drama per Musica": „Aurora, ein Singspiel auf das höchste Geburtsfest der Durchlauchtigsten Herzogin Regentin von Sachsen-Weimar und Eisenach". Die Komposition stammte von Anton Theodor Heinrich Schweitzer, „eine[m] Mann, in den alle Musen gefahren sind, als er dieß Stück setzte" (Brief vom 22. Oktober 1772).

Schweitzer, 1745 bei Coburg geboren, erhielt seine musikalische Ausbildung als Bratschist und Cellist in Hildburghausen und wurde Mitglied der dortigen Hofkapelle, um 1758 seine Studien in Bayreuth, später in Italien fortzusetzen. Im Jahre 1769 wurde er Mitglied der Seylerschen Theatertruppe, die vorwiegend norddeutsche Städte bereiste, sich jedoch drei Jahre später dauerhaft in Weimar niederließ. Schweitzer und Wieland avancierten zu einem musikalisch-lyrischen Erfolgsduo, welches die erste durchkomponierte Oper mit einem deutschem Text schuf: „Alceste. Ein Singspiel in fünf Aufzügen". Tatsächlich hatte sich die Muse Lyra bei Wieland etabliert: Im November 1772, als er mit Hochdruck an dem Text von „Alceste" arbeitete, bezeichnete sich Wieland scherzhaft als „einen kleinen deutschen Metastasio" [berühmter italienischer Librettist].

Zu bedenken ist, dass er bis dahin vermutlich noch niemals eine durchkomponierte Oper auf der Bühne gesehen hatte und sich seine Kenntnisse auf gelegentlich in Warthausen gehörte Arien sowie die Lektüre von drei deutschsprachigen Alceste-Libretti beschränkten (vgl. Brief vom 14. November 1772; C^{1r}, Bd. 31, S. 17f.). Der Gesangstext entstand mithin durch Lektüre, Einfühlung und gelegentlichem Klavierspiel, „quasi aus dem Seitenrascheln papierner Musik" (Peter Michael Hamel). Bereits Ende Dezember ging die Handschrift an den Verlag Weidmanns Erben und Reich, einen Monat darauf lag das gedruckte Stück (anonym) vor. Enge Freunde wie Gleim und Jacobi erhielten Erstdrucke. In Leipzig erschien ein Klavierauszug zur Subskription.

Das Stück erzählt den Mythos von der altruistischen griechischen Königin Alceste, welche, einem Orakelspruch gemäß, ihr Leben für den todgeweihten Gemahl Admet zu opfern gewillt ist, die jedoch von Herkules am Unterweltfluss gerettet und wieder ihrem Gatten zugeführt wird. Der melodramatische Stoff traf den sentimentalen Zeitgeschmack. Hatte Euripides jedoch mit der Alceste-Geschichte den antiken Gedanken paraphrasiert, dass jeder dem Totenreich Entronnene nach einem Opfer-Ersatz verlangt, wurde das Sujet unter Wielands Feder zu einem Rührstück treuer Gattenliebe umgedeutet. Auf die zahlreichen dramaturgischen Unstimmigkeiten ging der Librettist in den „Briefen über das deutsche Singspiel, Alceste" sowie in dem „Versuch über das deutsche Singspiel" ein, worin das heitere Gesangsstück von dem diminuierenden Begriff „Operette" abgegrenzt und ansatzweise eine Theorie der deutschen Oper entwickelt wird (vgl. Brief vom 8. Januar 1773; Merkur 1773, Bd. 1, 1773, Bd. 4; 1775, 4. Viertelj; WS Bd. 5, S. 90–110).

Mit Spannung wurde die Uraufführung im Schlosstheater Weimar am 28. Mai 1773 erwartet, bei der zahlreiche Prominente, unter anderem Friedrich Nicolai, anwesend waren (vgl. Merkur 1773, Bd. 2). Nach den ersten Proben notierte Wieland begeistert: „Schweizers Composition der Alceste ist im eigentlichsten Verstande göttlich!" (Brief vom 14. Januar 1773). Auch die hervorragende Besetzung der vier Hauptrollen weckte Hoffnung auf ein erfolgreiches Debüt: Schweitzer dirigierte vom Flügel aus, die Hofkapelle glänzte, insbesondere die Schauspielerin und Sängerin Franziska Romana Koch brillierte in der Titelrolle. Wielands verfasste sogar ein Gedicht für die „interessante Actrice", worauf Anna Amalia angeblich indigniert reagierte. Das Publikum war von der Aufführung begeistert, aber das übertriebene Pathos und das mangelnde Talent von einigen Schauspielen wurde kritisiert (Brief vom 22. Januar 1773; vgl. Starnes I, 477).

Ähnlich wie bei der Aufführung seiner Schweizer Dramen bewertete Wieland den Erfolg des Stücks nach dem Grad ekstatischer Larmoyanz, den es bei der Zuschauerschaft bewirkte: „Alle Augen strömten über; die Unempfindlichsten wurden gerührt, und die Gefühlvollen fanden sich in einigen Scenen von Empfindung erdrückt", hieß es in einem Brief an den Wiener Staatsrat und Dramatiker von Tobias Philipp von Gebler. Wieland hoffte – allerdings vergeblich – auf die Förderung der deutschen Kunst durch den römisch-deutschen Kaiser, denn das Libretto hatte nach seiner Auffassung die Ebenbürtigkeit der deutschen Sprache mit der melodiösen italienischen erwiesen (vgl. Brief vom 7. Juni 1773).

Das Singspiel „Alceste" war erfolgreich. In den 1770er Jahren fanden zahlreiche Aufführungen unter anderem in Weimar, Leipzig, Schwetzingen und Gotha statt, wo Schweitzer inzwischen als Hofkapellmeister amtierte (vgl. zur Aufführung in Schwetzingen: Merkur 1775, 3. Viertelj; WB 5, S. 136; WB 6.3, S. 1339, 1341, 1459f.). Bald gehörte das Stück zum festen Repertoire an den deutschsprachigen Bühnen, denn das Publikum schätzte die Darstellung von übermäßigen Empfindungen und selbstloser Opferbereitschaft. Das „Historisch-biographische Lexikon der Tonkünstler" von 1792 vermerkte, dass „Alceste" „nun schon über 16 Jahre mit immer gleichen enthusiastischen Lobe und Beyfall der Liebhaber" auf den Bühnen zu sehen sei.

Die komplizierte Überlieferungsgeschichte der Partitur sei kurz resümiert: Nach dem Ersten Weltkrieg wurden die Bibliotheksbestände des ehemaligen Herzoglich Sachsen-Coburg-Gothaischen Hoftheaters von der Landesbibliothek Coburg übernommen, Zu der Sammlung gehörte ein 1774 beim Verlag Schwickert in Leipzig publiziertes erweitertes Particell [partiturähnlich erweiterter kompletter Klavierauszug] der „Alceste" sowie ein orchestraler Stimmensatz von 1777. Basierend auf auf diesem Material konnte eine weitgehend authentische Fassung der „Alceste"-Partitur erstellt werden, die zum 250. Geburtstag Schweitzers ausschnittsweise aufgeführt wurde. Das Landessinfonieorchester Thüringen nahm eine CD „Musik am Gothaer Hof" auf, welche unter anderem die Ouvertüre und zwei Arien des Stückes enthält. Nach der Coburger Teilaufführung des Singspiels im Jahre 1985 sowie Präsentationen in Weimar und Erfurt wurde im Jahre 2002 die Welt-Ersteinspielung durch das Philharmonische Orchester Erfurt auf einer Doppel-CD veröffentlicht. Anlässlich der Einweihung des Wielandgutes in Oßmannstedt Juni 2005 erklang eine von Peter Michael Hamel neuvertonte kammermusikalische Fassung der „Alkestis-Arien für Frauenstimme und präparierten Flügel".

Weder die Aufgabe als Prinzenerzieher noch die Herausforderung als Librettist nahmen Wielands Arbeitskraft in den ersten Weimarer Jahren derart in Anspruch, wie seine Tätigkeit als Herausgeber des Journals „Der Teutsche Merkur" [im Folgenden „Merkur" genannt], einer der erfolgreichsten deutschsprachigen Kulturzeitschriften des 18. Jahrhunderts. Bereits in der Schweiz hatte Wieland an mehreren Zeitschriftenprojekten mitgewirkt, wie an der Züricher „Crito" von 1751. Das früheste eigenständige Journalkonzept enthält ein Brief an Zimmermann vom 4. Mai 1759. Nach einigen unausgegorenen Plänen in den folgenden Dekaden ruhte der Gedanke bis zum Anfang der 1770er Jahre, als Friedrich Heinrich Jacobi den Vorschlag machte, eine „gemeinschaftliche Buchhandlung" zu gründen, wozu es aufgrund finanzieller Probleme allerdings nicht kam. Jacobi bemerkte: „Das Journal, wovon ich Ihnen von Coblenz aus schrieb, müßte ein Ding seyn wie der Mercure de

France. Wir müßten es so schreiben, daß es nicht für Gelehrte allein, sondern auch für Damen, Edelleute u. d. m. interessant würde …" (vgl. Briefe vom 19. Juni und 10. August 1772; WB 4, S. 598f., WB 6.2, S. 1070f.; WB 6.3, S. 1026, 1104).

Tatsächlich versprach eine deutsche Version des erfolgreichen, seit 1672 in Paris erscheinenden literarisch-politischen Journals „Mercure der France" auf dem prosperierenden deutschsprachigen Buchmarkt ein Erfolg zu werden. Der Anspruch war prätentiös: „Ich möchte, daß es [der Merkur] ein National-Journal, und etwas fortdauerndes würde" (Brief vom 22. Januar 1773). Gegenüber Riedel äußerte sich Wieland freimütig über die inhaltliche Konzeption: „Ich bin entschlossen eine Art von Journal zu entreprenieren, welches quo ad formam einige Ähnlichkeit mit dem Mercure de france haben soll … Ich werde einige ordentliche Mitarbeiter haben, und es sehr gerne sehen, wenn mir von Zeit zu Zeit auch von bloßen Dilettanten was Gutes zugeschickt würde. Das Ding soll, um das, was es ist, gleich an der Stirne zu führen, der deutsche Merkur heißen. Ein Hauptgesetz soll seyn, alles was irgend einer in Deutschland recipierten Religion anstößig seyn könnte, zu vermeiden; denn mein Merkur soll in den katholischen Staaten eben so gangbar werden, als in den Protestantischen" (Brief vom 17. September 1772).

Als Herausgeber übernahm Wieland eine Arbeitslast, welche die Vermutung, dass er bei dem „Merkur"-Projekt lediglich auf finanziellen Erfolg spekuliert hätte, relativiert. Gleichsam aus dem Nichts schuf er auf privatkapitalistischer Basis ein journalistisches Großprojekt, das ihn umfassend beschäftigte: Zu seinem Alltag gehörten nun Probleme mit den Papierlieferanten, säumigen Abonnementszahlungen, unzuverlässiger Auslieferung der Bände. Die Belastung durch Korrespondenz war kaum zu bewältigen, auch musste das Projekt vorfinanziert werden. Zudem waren Rezensenten zu unterschiedlichen Fachrichtungen anzuwerben, um das (anfangs) magere Themenrepertoire aufzufüllen. Auch war die Anstellung von Kollekteuren in möglichst vielen Teilen des Deutschen Reiches erforderlich, die als Werber von Abonnenten, Distributoren, Inkasso-Stellen und Ansprechpartner fungierten. Abel Seyler, zugleich Kaufmann und Leiter der Weimarer Schauspieltruppe, wurde Wielands erster Assistent sowie (aufgrund seiner beruflich bedingten ausgedehnten Reisetätigkeit) einer der ersten Kollekteure, zu denen später auch Goethe und Gleim gehörten. Für ihre umfangreiche „Mühwaltung“ erhielten die Mitarbeiter lediglich eine Aufwandsentschädigung (vgl. Brief vom 29. Januar 1773).

„Der Deutsche Merkur. Des ersten Bandes Erstes Stück“ erschien „Jenner 1773“, (die Auslieferung erfolgte verspätet im April), danach lautete der Titel „Der Teutsche Merkur“. Der erste Band bot dem Lesepublikum eine Kompendium von unterschiedlichen Themen: Der Vorrede des Herausgebers folgen „Flüchtige poetische Stücke“, wie Gedichte und Übersetzungen der Jacobi-Brüder, während Wieland aus seiner Feder „Briefe über das neue Singspiel, Alceste“ vorlegte. Rezensionen, politische und „theatralische“ Nachrichten sowie Informationen über zeitgenössische französische kulturelle Entwicklungen gehören ebenfalls dazu. Der prominente Name des Herausgebers und die populäre, überkonfessionelle Konzeption der Zeitschrift führte anfangs zu der beachtlichen Anzahl von zirka 2500 Abonnenten, welche in den folgenden Jahren auf 2000 sank. Der Medienerfolg war auch in dem zunehmend engmaschiger werdenden Netz von Kollekteuren begründet, die ständig neue Abonnenten anwarben. Um die Atttraktivität des Journals zu erhöhen, bemühte sich Wieland, Immanuel Kant als Mitarbeiter zu gewinnen, der als Ersatz einen ostpreußischen Buchhändler verpflichten konnte. Auch Freunde wie Zimmermann in Hannover und „Das Kayserl. RealZeitungsComptoir“ gehörten zu den insgesamt 121 Kollekteuren, die für das Jahr 1774 belegt sind (vgl. Brief vom 25. Dezember 1772, 1. Februar 1773; WB 5, S. 81f.; WB 6.3, S. 1137, 1175).

Der Publikumserfolg des „Merkur“ beruhte auf einem breiten Angebot von Informationen, wissenschaftlichen Abhandlungen, Erzählungen und Lyrik. Um konservative Leser nicht zu verschrecken, unterblieb kritischer Journalismus. Vorzugsweise wurden belletristische Veröffentlichungen besprochen, gefolgt von Reisebeschreibungen sowie historischen und naturwissenschaftlichen Studien. Um die Kundschaft an das Journal zu binden, versprach Wieland nicht nur die Erstveröffentlichung seiner sämtlichen neuen Werke im „Merkur“, sondern er schuf eine Fortsetzungsästhetik, die den Leser an besonders interessanten Textstellen auf die nächste Lieferung vertröstete. Der Herausgeber antizipierte mithin modernes Literatur-Marketing: „Denn man muß die Leute auf den folgenden Band begierig machen“ (Brief vom 15. März 1773). Mit ständigem Blick auf Konkurrenzunternehmen – wie Nicolais „Allgemeine deutsche Bibliothek", Weißes „Neue Bibliothek der schönen Wissenschaften und der freyen Künste" sowie das im Januar 1776 von Boie gegründete „Deutsche Museum" (mit dessen zügigem Erscheinungsturnus der „Merkur" nicht mithalten konnte) – versuchte Wieland durch geschickte Vermarktungsstrategien die Abonnenten möglichst langfristig an seine Zeitschrift zu binden (vgl. Brief vom 20. März 1778).

Der chronische Mangel an Textbeiträgen zeigte, dass die Planungsphase für die Gründung des „Merkur" zeitlich zu knapp bemessen war, „... denn was ich am nöthigsten habe, ist *Vorrath*. Anzeigen interessanter neuer Bücher, Recensionen, pieces fugitives en vers, und interessante Original-Ausarbeitungen in Prosa ...". Resigniert hieß es: „Bis itzt ist mein merkurialisches Bureau noch so arm ..." (Briefe vom 19. Oktober 1772; 14. Februar 1773). Um den Mangel an guten Manuskripten auszugleichen, mussten geeignete Mitarbeiter angeworben werden, welche die unterschiedlichen Themenbereiche bedienen konnten. Für das historische Fach wurde der ehemalige Erfurter Kollege Meusel angestellt, der seinerseits den Gießener Professor für Rede- und Dichtkunst, Christian Heinrich Schmidt, verpflichten konnte. Wieland, der sich das – umstrittene, unter anderem von Goethe kritisierte – Recht vorbehielt, eingereichte Manuskripte nach eigenem Geschmack zu ändern, erwartete Rezensionen mit einer moderaten Diktion: „Ich möchte gerne gründliche Critik, aber nicht schwerfällig; scharf, aber nicht beißend; lebhaft aber decent; kurz, reifes Urtheil und guten Ton" (Brief vom 8. Januar 1773). Keinesfalls durfte sich die katholische Leserschaft brüskiert fühlen, religiöse Themen mussten mit besonderem Feingefühl behandelt werden.

Zu den häufigsten Mitarbeitern der ersten Bände gehörte Heinrich Christian Boie (der Wieland die monatliche Veröffentlichung des Journals empfahl) sowie Gottfried August Bürger, über dessen jambische, 1776 im „Merkur" abgedruckte Homer-Übersetzung und Stolbergs hexametrisches Konkurrenz-Unternehmen im „Deutschen Museum" ein handfester Gelehrtenstreit ausbrach (vgl. Brief vom 1. Juni 1778). Mehr als ein Drittel der Manuskripte lieferte der Herausgeber, weitere Beiträger waren Johann Georg Jacobi und Gleim.

Zur Entlastung Wielands war ein umsichtiger Geschäftsführer erforderlich. Nachdem Abel Seyler mehr schlecht als recht bei der kaufmän-

1 Kirche und Pfarrhaus Oberholzheim, 1840. Kolorierter Kupferstich von Wenzel Pobuda nach M[*agister*] Johann Gottfried Braun.

2 Sophie Gutermann von Gutershofen. Später verheiratete von La Roche. Foto nach unbekanntem Original, angeblich von Heinrich Tischbein d. Ä., kurz nach 1730.

3 Johann Jacob Bodmer. Ölgemälde von J. G. Fuessli, um 1754/1755.

4 Heinrich Friedrich Reichsgraf von Stadion. Ölporträt von Johann Heinrich Tischbein d. Ä, um 1752.

5 Anna Dorothea von Hillenbrand. Getuschte Silhouette.

6 Friedrich Justin Bertuch. Pastell von Johann Christoph Philipp Gutbier, um 1795.

7 Die Grazien. Weidmanns Erben u. Reich, Leipzig 1770.

8 Christoph Martin Wieland. Ölporträt von G. O. May, 1779.

Der

Deutsche Merkur.

Tu pias lætis animas reponis
Sedibus, virgaque levem coerces
Aurea turbam, ſuperis Deorum
Gratus et imis.

Des erſten Bandes Erſtes Stück.

Jenner 1773.

Frankfurt und Leipzig
Im Verlag der Geſellſchaft.

9 Der Deutsche Merkur. Des ersten Bandes Erstes Stück. Jenner 1773.

10 Wieland im Kreis seiner Familie. Ölgemälde von Georg Melchior Kraus. Um 1774/1775.

11 Titelkupfer zu Wielands „Oberon“. 7.–12. Gesang. Nach Johann Heinrich Ramberg, gestochen von Friedrich John, 1796.

12 Anna Amalia Herzogin von Sachsen-Weimar-Eisenach. Ölgemälde von Georg Melchior Kraus, 1774.

13 Christoph Martin Wieland. Ölgemälde von Anton Graff, 1794.

14 Georg Joachim Göschen. Lithografie von S. Graenicher, um 1800.

15 „Osmantinum“. Zeichnung, vermutlich von Erbherzog Carl Alexander von Sachsen-Weimar-Eisenach, 19. Jahrhundert.

s. S. 218

16 Sophie Marie Therese Brentano. Unbekannter Maler. Miniatur.

17 Carl August Böttiger. Künstler unbekannt. Punktierstich auf Papier, o. J.

18 Wieland und Napoleon. Aquatinta-Radierung von Jean Baptist Hössel nach Johann Veit Schnorr von Carolsfeld, 1809.

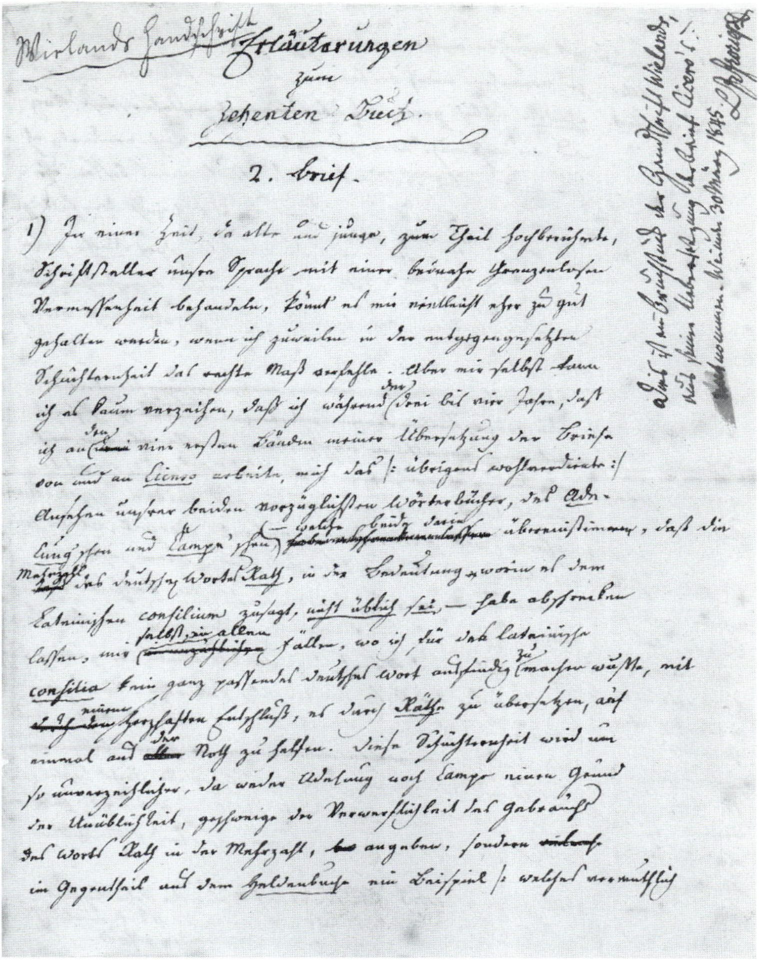

Wielands Handschrift

Erläuterungen zum zehenten Buch.

2. Brief.

1) In einer Zeit, da alte und junge, zum Theil hochberühmte, Schriftsteller unsrer Sprache mit einer beinahe grenzenlosen Vermessenheit behandeln, könnt es mir vielleicht eher zu gut gehalten werden, wenn ich zuweilen in der entgegengesetzten Schüchternheit das rechte Maß verfehle. Aber mir selbst kann ich es kaum verzeihen, daß ich während drei bis vier Jahren, daß ich an den vier ersten Bänden meiner Übersetzung der Briefe von und an Cicero arbeite, mich das (: übrigens wohlverdiente :) Ansehen unsrer beiden vorzüglichsten Wörterbücher, des Adelungschen und Campe'schen, welche beide darin [illegible] übereinstimmen, daß die Mehrzahl des deutschen Worts Rath, in der Bedeutung, worin es dem Lateinischen consilium zusagt, nicht üblich sei, — habe abschrecken lassen, mir selbst in allen [illegible] Fällen, wo ich für das Lateinische consilia kein ganz passendes deutsches Wort aufzufinden zu machen wußte, mit einem herzhaften Entschluß, es durch Räthe zu übersetzen, auf einmal aus der Noth zu helfen. Diese Schüchternheit wird um so unverzeihlicher, da weder Adelung noch Campe einen Grund der Unüblichkeit, geschweige der Verwerflichkeit des Gebrauchs des Worts Rath in der Mehrzahl, [illegible] angeben, sondern im Gegentheil aus dem Heldenbuche ein Beispiel (: welches vermuthlich

Dies ist ein Bruchstück der Handschrift Wielands, aus seiner Übersetzung der Briefe Cicero's; bekommen. Weimar 30 März 1845. [illegible]

19 Erläuterungen zum 10. Buch der Übersetzung von Ciceros Briefen.

20 Christoph Martin Wieland. Ölgemälde von Ferdinand Jagemann, 1805.

nischen Betreuung assistiert hatte, gelang die Anwerbung des Mitte zwanzigjährigen Schriftstellers und Übersetzers Friedrich Justin Bertuch, der sich trotz bescheidener Bezahlung als geeigneter Geschäftspartner, Kollekteur und Autor erwies. Auf seinen Rat wechselte der Druckort des Journals von Rudolstadt nach Weimar. Der Vertrieb wurde an den Weimarer Buchhändler Carl Ludolph Hoffmann vergeben, der auch die professionelle verlagsbuchhändlerische Betreuung übernahm (vgl. Brief vom 22. Dezember 1773). Zwar ließ Wieland weiterhin auf eigene Rechnung drucken und war verantwortlich für Konzept und Lektorat, aber der Generalvertrieb lag nun in den Händen Hoffmanns. Somit war die Idee des reinen Selbstverlages gescheitert. Insbesondere nach dem Tod von Wielands siebenwöchigen Sohn Carl Friedrich im November 1774 war der Vater seelisch schwer angeschlagen. In dieser schwierigen Phase erwies sich Bertuch als anstelliger Stellvertreter des Herausgebers: Die Drucküberwachung, Textrevision und zunehmende Korrespondenz unterstanden gänzlich seiner Aufsicht.

In den ersten zwei Jahrgängen erschien das Journal quartalsweise zu je drei Monatsstücken, aufgrund der Mitarbeit Bertuchs konnte der „Merkur" ab 1775 die monatliche Publikation sicherstellen. Nachdem Bertuch im Sommer 1776 als Geschäftsführer ausschied, um beim Weimarer Herzog die Position des Schatullverwalters zu übernehmen, lag die Last des „mercurialischen Fabrikwesens" erneut auf Wieland: „Ich kan nicht 4 Tage abwesend seyn, ohne dass gleich alles stille steht" (Brief vom 3. September 1776). Erst sechs Jahre später, im Januar 1782, übernahm Bertuch erneut vertraglich die Geschäftsleitung und wurde Teilhaber an der Zeitschrift.

Die ersten drei Bände des Jahrgangs 1773 erschienen auch als unerlaubte Nachdrucke. Wieland erkundigte sich deshalb bei dem Wiener Dramatiker und Staatsrat von Gebler nach der Möglichkeit zur „Ertheilung eines k. k. Privilegium für die Erblande"; ein kaiserliches Vorrecht wurde jedoch nicht erteilt (vgl. Brief vom 10. Januar 1773; WB 5, S. 415f.). Stattdessen gewährte Friedrich II. von Preußen am 17. September 1775 zur „Verhütung des Nachdrucks" ein zehn Jahre gültiges „Privilegium". Die preußischen „Regierungen, Magistranten und Gerichts-Obrigkeiten" wurden angewiesen, auf die Einhaltung des Privilegs zu achten; bei Verstoß drohte „Zwey Hundert Rthl. [Reichstaler] Geld-Strafe, wovon die

Hälfte Unserm fisco, die andere Hälfte aber dem Impetranten zu entrichten" sei. Als Gegenleistung hatte der Herausgeber „drey Exemplaria an unser Lehns-Archiv, nebst den gewöhnlichen Exemplarien an Unsere Bibliothek allhier auf seine Kosten abzuliefern" (WB 5, S. 415f.).

Auf dem Herausgeber lastete weiterhin die Sorge um die pünktliche Zustellung des Journals. Zwar unterstand die Reichspost dem fürstlichen Haus Thurn und Taxis, aber einige deutsche Länder unterhielten eigenständige, unterschiedlich leistungsfähige Postverwaltungen, was die Auslieferung der Zeitschrift häufig verzögerte. Die Verteilung und Abrechnung der „Merkur"-Bände erfolgte durch den direkten Versand von Weimar oder durch Postämter in Augsburg, Berlin, Frankfurt am Main, Hannover, Leipzig, das „Adress-Comptoir zu Hamburg" und das „Erfurter Kaiserliche Reichspostamt". Ständig gab es jedoch Klagen von Abonnenten wegen nicht rechtzeitig oder gar nicht zugestellter Exemplare (vgl. unter anderem Briefe vom 14. April und 10. Mai 1773). Wieland notierte resigniert: „Mit dem Merkur geht es schon zieml. schlecht. Die Collecteurs bezahlen nicht, manche laßen sich mahnen und geben gar keine Antwort. Auch die Buchhhändler verderben mir das Spiel auf alle weise" (Brief vom 17. Oktober 1774). Der finanzielle Ertrag aus dem Merkur-Geschäft war nach zwei Jahren dürftig: „Aber wenn ich nicht Wege finde, mehr Absaz zu bekommen, so kommen würckl. kaum die Unkosten beym Merkur heraus" (vgl. Brief vom 31. März 1775).

Ständig suchte der Herausgeber nach Vermarktungsstrategien, um die Abonnentenzahl zu erhöhen: So wurden seine neuen Werke fortsetzungsweise im „Merkur" platziert; auch versuchte er, allerdings vergeblich, Lessing als Mitarbeiter zu gewinnen. Einige Zeitgenossen äußerten herbe Kritik, etwa der junge Goethe: „In dem Sau Merkur ist's doch, als ob man was in eine Cloake würfe" (Weimarer Ausgabe IV 3, S. 238). Immerhin veröffentlichte der Frankfurter Heißsporn zwischen 1776 und 1789 im „Merkur" siebzehn Beiträge, unter anderem „Jägers Nachtlied", „Proserpina, ein Monodrama", „Naturlehre" sowie „Litteratur und Schöne Künste" (Merkur 1776, 1. Viertelj; Februar 1778; 1789, Bd. 1 bzw. 3; im „Neuen Teutschen Merkur" erschienen von Goethe zwei Beiträge: 1791, Bd. 2 sowie 1803, Bd. 1). Auch Herder publizierte in den Jahren 1776 bis 1783 zahlreiche „Merkur"-Beiträge, unter anderem „Hutten", „Philosophie und Schwärmerei, zwo Schwestern", „Lessings Tod" und

„Jüdische Dichtungen und Fabeln“ [im „Neuen Teutschen Merkur“ veröffentlichte Herder vier Beiträge]. Der ältere Goethe kam zu dem abgeklärten Urteil, dass „der Deutsche Merkur der die Arbeiten so mancher auswärtigen Gelehrten versammelte, nicht wenig zu dem Rufe der Stadt beitrug, wo er herausgegeben wurde“ (Weimarer Ausgabe I 28, S. 316).

Der „Merkur“, konstatierte Wieland im Herbst 1775, „... ist ein farrago [Wirrnis] von Sachen, wovon das Beste für Geister, wie Ihr anderen Göthen, Jacobi's, Herders's, Lavaters's, und wenn's noch eures gleichen giebt, *insipid* [albern] *seyn muß*. Aber der Merkur soll hauptsächlich unter den *mittelmäßigen* Leuten sein Glück machen und macht es auch“ (Brief vom 2. November 1775). Obwohl stoßweise dilettantische Abhandlungen mit der Bitte um Abdruck im „Merkur“ eintrafen, lehnte Wieland unqualifizierte Manuskripte ab, ja er gab sogar gelegentlich schlechte Autoren für die Rezensenten „zum Abschuss frei“, „weil das l. Publicum von Zeit zu Zeit gerne jemand hängen oder köpfen sieht“ (vgl. Brief von Ende Mai 1776).

Die Kritik an dem „strohtrockenen“ Journal wurde jedoch immer lauter. Der „Merkur“, ursprünglich als „unentbehrliche[s] Möbel ... des trägen Publico“ gedacht, drohte seine Attraktivität einzubüßen (vgl. Briefe vom 8. November 1777 und Mitte Oktober 1778). Schließlich bekannte der Herausgeber, dass es ihm „gerade im amüsanten Fach ... an einem tauglichen Gehülfen“ mangele. In dem Darmstädter Prosaisten, Lyriker und Literaturkritiker Johann Heinrich Merck fand Wieland zwar ebenfalls keinen Humoristen, aber einen Rezensenten mit scharfer Feder, der bereits als Direktor der renommierten „Frankfurter gelehrten Anzeigen“ und Mitarbeiter der „Allgemeinen deutschen Bibliothek“ seine journalistische Qualität unter Beweis gestellt hatte. Immerhin verfügte Merck über hinreichend Witz für die kecke Empfehlung, Wieland möge „Kinder wohl – aber nicht Verse machen“, denn „das garstige Dichten u. Schnizeln/Mag Euch wohl eine Weile küzeln/Ist und bleibt aber Onanie“, um sich „mit der großen Hure Ewigkeit und dem Publiko zu begatten“ (WB 5, S. 511f.).

Merck – zunächst durch Friedrich Heinrich Jacobi, später nochmals durch Goethe als Rezensent für den „Merkur“ angeworben – wurde für mehr als eine Dekade zu einem der wichtigsten Mitarbeiter und Vertrauten Wielands, dem er auch in Zeiten zur Seite stand, als das Überleben des Journals aufgrund von Kriegswirren und zunehmender Konkurrenz gefährdet schien (vgl. Mercks Briefe vom 8. und 16. Juni 1778; WB 7.1, S. 77). Außer Merck galt zu jener Zeit vor allem Gleim als Wielands Freund, während der Stern der Jacobi-Brüder aufgrund ihres teils anmaßenden, teils unzuverlässigen Verhaltens allmählich verblasste, so dass Friedrich Heinrich Jacobi schließlich die Anteilsrechte am „Merkur" auf seinen Bruder überschrieb (vgl. Briefe vom 2. Juli und 2. bis 3. August 1778; WB 7.1, S. 111f.). Sorgen als Herausgeber und die „widrige Hof-Atmosphäre", welcher der Dichter regelmäßig ausgesetzt war, ließen seinen Lebensmut sinken. Gegenüber Friedrich Heinrich Jacobi verlautete resigniert: „Mein Daseyn ist die insipideste [albernste] Sache von der Welt; die Ketten, die ich trage, so leicht sie sind, ziehen mich zu Boden; mein Genius ist erloschen ... wo tausend Nichtswürdigkeiten alle Augenblicke meine Ruhe stören" (Brief vom 30. September 1773).

Insgesamt gilt für das Journalprojekt: Bei allen Vorbehalten in geschäftlichen und künstlerischen Fragen muss Friedrich Sengles Hinweis, dass der „Merkur" „in der Struktur von Wielands Gesamtexistenz eine untergeordnete Funktion" einnahm, entschieden zurückgewiesen werden (Sengle, S. 407). Vielmehr gilt festzustellen, dass kein andere Beitrag Wieland mehr in den Rang eines Aufklärers *par excellence* hob als seine herausgeberische Tätigkeit. Nur eine allzu idealistische Kunstauffassung vermag die „Merkur"-Gründung lediglich auf wirtschaftliches Kalkül und die Fokussierung auf ein durchschnittliches Zielpublikum zu reduzieren.

Mit der Herausgabe des „Merkur" im Selbstverlag hatte sich Wieland geschäftlich übernommen, zumal das Projekt keine zulängliche Planungsphase durchlaufen hatte. Eingespannt in das Joch von Prinzenerziehung, Verpflichtungen zu fürstlichen Tafeln und Festen, Aufgaben als Hofpoet sowie kaufmännischen und publizistischen Aktivitäten vermochte Christoph Martin nur wenig Zeit für die Familie aufzubringen. Vor allem musste ein „unabsehliche(r) Ocean von Briefen" beantwortet werden (Brief vom 14. April 1773).

Zu dieser Zeit entstand einer der bekanntesten komödiantischen Romane Wielands: „Die Abderiten, eine sehr wahrscheinliche Geschichte" [im Folgenden „Abderiten" genannt; erschienen im Merkur 1775, Bd. 5 bis 1780, 3. Vierteljahr]. Ob der Anlass zur Niederschrift tatsächlich eine „Stunde des Unmuths" war, „wie ich von meinem Mansardenfenster herab die ganze Welt voll Koth und Unrath erblickte und mich zu rächen beschloß", mag dahingestellt bleiben (vgl. Starnes II, 482). Jedenfalls erreichte Wieland mit diesem Prosawerk einen weiteren Höhepunkt seiner erzählerischen Kreativität: Nach „Don Sylvio", „Agathon", „Diogenes von Sinope" und „Der Goldne Spiegel" entstand mit der Abderitengeschichte eine zeitlose Kommunalgroteske mit schwankhaften Zügen. Allerdings ist der teilweise herbe Zynismus früherer Erzählungen gemildert, denn Wieland schrieb nun als Journalherausgeber für ein weltanschaulich unterschiedlich zusammengesetztes Publikum.

Die bittere Lebenserfahrung, welche der Roman spiegelt, wird durch den Schleier einer humoristisch-antiken Szenerie kaschiert: Abdera – eine wegen ihrer einfältigen Einwohner berühmte Stadt im alten Thrakien – ist Schauplatz einer Persiflage auf verstiegenen Lokalpatriotismus, verbohrte Religiosität und Spießertum. Die von kollektiven Zwangsneurosen geleiteten Schildbürger werden mit der aufgeklärten Gesinnung von Demokrit, Hippokrates und Euripides konfrontiert: Der in Abdera geborene Philosoph Demokrit (in Wahrheit einer der wenigen Vernünftigen im Ort) gilt beim Volk als verrückt, bis der verständige Arzt den schizophrenen Gemütszustand der Einwohner entlarvt. Ein anderer Handlungsstrang persifliert die Stadtkultur: So droht der makedonische Dramatiker Euripides angesichts der theatralischen Effekthascherei auf der kommunalen Schaubühne schier zu verzweifeln.

Das vierte Buch mit dem Titel "Der Proceß um des Esels Schatten" behandelt die juristisch ebenso delikate wie unsinnige Streitfrage, ob der dunkle Raum hinter einem besonnten Esel zum Miet-Inventar des Einhufers zählt – diese Geschichte mit ihrem abgründigen Humor und Sprachwitz gehört in jede gute deutschsprachige Prosa-Anthologie. Der im fünften Buch geschilderte „Kampf um die Frösche der Latona" liest sich hingegen wie ein modernes Öko-Lustspiel. Hinter der Satire auf die öffentliche Meinungshysterie erkennt der heutige Leser unschwer eine zeitlose Aktualität.

Nicht nur viele Biberacher fühlten sich in der Erzählung karikiert (vgl. Brief vom 23. März 1776; WB 6.3, S. 1523f.). Obwohl Wieland dem Roman später einen erläuternden Anhang beifügte, handelt es sich jedoch nicht um Schlüsselroman im gattungsgeschichtlichen, sondern im philosophischen Sinn. Denn der Autor rechnet in den „Abderiten“ nicht mit einzelnen Gemeinden oder Personen ab, sondern er zieht ein satirisches Resümee seiner Lebenserfahrung: Ungeachtet der literarisch-humoristischen Delikatessen, welche die Abderitengeschichte bietet, erkennt der verständige Leser zwischen den Zeilen die grimmige Miene des Autors, welche sich hinter der komödiantischen Maske kaum zu verbergen vermag.

Von dem Weimarer Hofpoeten wurden Singspiele und kleine Dramen erwartet. So entstand im September 1773 die dramatische Kantate „Die Wahl des Herkules“, welche zum Geburtstag von Carl August im Weimarer Schloss-Theater aufgeführt wurde. „Herkules am Scheidewege“ – für die darstellenden Künste jener Zeit ein beliebtes Sujet – zeigt den Halbgott unentschlossen, ob er den Lockrufen der Tugend (*Arete*) oder der wollustigen Untätigkeit (*Kakia*) folgen solle. Der gesungene Trialog gipfelt in der Entscheidung des Heros zugunsten der Tugend als ständige Lebensbegleiterin, um durch sie Unsterblichkeit zu erlangen (vgl. C^{1r}, Bd. 26, S. 155–186). Das lyrische Drama wurde ebenfalls von Anton Schweitzer vertont, allerdings blieb die Musik ungedruckt.

Dass sich Wielands literarisches Themenrepertoire stetig erweiterte, zeigt ein summarischer Blick auf weitere Schriften der frühen Weimarer Jahre: Zu den kürzeren, ebenfalls sämtlich im „Merkur“ veröffentlichten Texten gehören so unterschiedliche Werke wie der philosophische Essay „Vorbericht zum Anti-Cato“, das Gedicht „Aspasia. Eine griechische Erzählung“, „Stilpon. Ein patriotisches Gespräch über die Wahl eines Oberzunftmeisters von Megara“, das komische Singspiel „Das Urtheil des Midas“ und das heitere Poem „Titanomachia, oder das neue Heldenbuch“.

Der im „Merkur“-Jahrgang von 1775 publizierte Roman „Geschichte des Philosophen Danischmende“ ist eine Fortsetzung von „Der Goldne Spiegel“. Es handelt sich jedoch, im Gegensatz zur politisch brisanten Vorgänger-Erzählung, diesmal um eine betuliche Familien- und Pensionärs-Idylle: Der am scheschianischen Hof in Ungnade gefallene und vertriebene Fürstenerzieher „Danischmend“ lebt mit seinen Angehörigen in einer lediglich von bigotten Wanderpredigern und einem intriganten Misantrophen gestörten bukolischen Landschaft. Die Erzählung könnte mithin als eine autobiografische Spiegelung von Wielands Widerwillen gegenüber den servilen Umgangsformen am Hofe gelesen werden (vgl. Mercks satirischen Beitrag „Schreiben eines Landedelmanns über eine Stelle aus dem dritten Theil der Könige von Scheschian“, Merkur 1778, 4. Vierteljahr).

Die allgemeine Anerkennung Wielands als Poet darf nicht darüber hinwegtäuschen, dass sich der Zeitgeschmack in der ersten Hälfte der siebziger Jahre tendenziell gegen seine ästhetischen Vorstellungen richtete. Abgesehen von den Querelen infolge seines öffentlichem Lobes von Friedrich Nicolais gesellschaftskritischen Roman „Das Leben und die Meinungen des Herrn Magister Sebaldus Nothanker“ (in dem Friedrich Jacobi seinen Bruder verunglimpft glaubte), entstand mit der neuen Dichtergeneration eine deutlich konturierte Opposition gegen Wieland, den man auf seine Rolle als Rokoko-Dichter festlegte (vgl. zu dem Jacobi-Streit die Briefe vom 16. Juli, 14. und 17. August 1773; WB 5, S. 153ff., WB 6.3, S. 1229).

Aufgrund seiner Erfolge war Wieland gleichsam zu einem literarischen Übervater mutiert, von dem sich die zunehmend patriotisch, pathetisch und subjektivistisch gesinnte junge Generation distanzierte. Christoph Martin fühlte sich hingegen von dem „Bardenton“ des „Göttinger Musenalmanach“ abgestoßen. Mit scharfen Worten, die *cum grano salis* zu nehmen sind, polterte Wieland: „Der Hencker hohle die Harfenschläger und Leyermänner! Sie müssen ausgerottet werden!“ Schließlich wünschte sich der bedrängte Dichter (allerdings vergeblich) Friedrich Heinrich Jacobi als „kaltblütigen Apologisten“, der seine Werke öffentlich verteidigen sollte (vgl. Briefe vom 22. Dezember 1772, 8. und 29. Januar 1773, 4. Oktober 1774).

Als ein Hauptgegner Wielands profilierte sich der im Jahre 1772 von Johann Heinrich Voß und Ludwig Hölty (mit)gegründete „Göttinger Hainbund“. Später gehörten dem locker zusammengefügten Autorenverein Heinrich Christian Boie und die Brüder Stolberg an; dem Kreis nahe standen auch Gottfried August Bürger, Matthias Claudius und Friedrich Gottlieb Klopstock, dessen Ode „Der Hügel und der Hain“ der Gruppe den Namen gab. Die meisten Mitglieder des Hainbundes studierten in Göttingen. Man widmete sich hauptsächlich lyrischen Kleinformen, wie gefühlsbetonten Erlebnisdichtungen und volksliedhaften Balladen.

Hinsichtlich Wielands ist die durch Johann Heinrich Voß überlieferte Episode der alljährlichen Geburtstagsfeier für den (abwesenden) Klopstock erwähnenswert: Die Göttinger Studenten-Dichter saßen am 2. Juli 1773 „in Feierkleidern um den Tisch, der mit Flaschen voll Rheinwein blinkte; am oberen Ende stand ein Lehnstuhl, worauf Klopstocks Werke lagen; aus den Oden ward vorgelesen. Vater Klopstock und Vater Rhein machten die Unterhaltung warm; man schwebte in Höhen der Begeistrung; man blickte mit edlem Unwillen auf den Leichtsinn, der damals Ernst und Gefühl für das Große hinwegtändelte. Der *verständige* Boie suchte Entschuldigung; man ward heftiger. Einer trug die *Komischen Erzählungen* herbei. Verbrannt! rief es umher; und sogleich loderte die Flamme auf. – Hier auch, rief ein anderer, das Fratzengesicht aus dem Taschenbuch ! [Wielands Porträtbild im „Göttinger Musenalmanach"] Ein Jubel entstand, da dreimal das arme Bild von der Hitze wieder auffuhr. Der plötzliche Vorfall endigte damit, daß Boie lächelnd die Unbändigkeit verwieß" (zitiert nach Gruber, Fünftes Buch, S. 93f.; nach einer anderen Version wurde „Idris" verbrannt; vgl. Briefe von Voß, Band 1, S. 144f.).

Dem Autodafé von Wieland, den man als „Priester der Geilheit", Ausbund eines „viehische(n) Epicuräismus" (Jordan Simon) und „Wollustsänger" (Ludwig Hölty) bezeichnete, folgten vonseiten des Hainbunds „kleinere Neckereien und derbe Ausfälle" insbesondere gegen die französisierende Lyrik Johann Georg Jacobis. Ob sich allerdings dieser Generationskonflikt in moralisch-ästhetischen Fragen als „Vorgänger-Veranstaltung der demokratisch-antisemitischen [sic!] Ausschreitungen auf der Wartburg" beziehungsweise der „Bücherverbrennungen des Jahres 1933" (vgl. Reemtsma, Maskentanz, S. 19) deuten lässt, mag dem historischen Einfühlungsvermögen des Lesers überlassen bleiben.

Durch Johann Wolfgang Goethes Farce „Götter Helden und Wieland" – verfasst während „eines Sonntags … bei einer Flasche Burgunder" – wurde der literarische Affront gegen Wieland öffentlich ausgetragen. Goethes Autobiografie schildert zwar den Anlass zu der literarischen Posse, verschweigt aber dessen Verärgerung über eine missliebige Rezension des Schauspiels „Götz von Berlichingen mit der eisernen Hand" im „Merkur", der allerdings günstigere Besprechungen folgten (vgl. Merkur 1774, Bd. 6). Zwar bekundete der ältere Goethe, dass der Schwank gegen seinen Willen durch Jacob Michael Reinhold Lenz (der Wieland ein Jahr später in seinem Dramenfragment „Die Wolken“ als gewissenlosen Verführer auftreten ließ, später aber Huldigungsgedichte auf ihn verfasste) publiziert worden sei, aber das Stück galt hinfort als erster öffentlicher Angriff gegen Wieland. Goethes Kritik galt vor allem der moralisierenden Tendenz der „Alceste“ sowie deren Verteidigung in den „Briefen an einen Freund über das deutsche Singspiel“ (Merkur, Erster Band 1773). Die junge Dichtergeneration goutierte die Turbulenzen Shakespearscher Dramen, sie glaubte jedoch, dass in Wielands „kalkulierter“ Poesie der literarische Enthusiasmus verkümmert sei.

Goethes Farce versetzt denn auch auf komisch-hintergründige Weise „Wielands Schatten in der Nachtmütze“ an die grausigen Ufer des Unterweltflusses *Cocytus* (einem besonders schaurigen Nebenarm des *Styx*), wo der Dichter dazu verurteilt ist, den mythischen Opfern seiner Fantasie zu begegnen: Merkur, der Gott des Handels und der Diebe, fühlt sich düpiert durch die ungefragte Verwendung seines Namens für ein Journal. Als weiterer Ankläger erscheint der antike Alceste-Dramatiker Euripides, der Wielands Schatten in einen heiteren Dialog über die „mittelmäßige“ poetische Qualität des vermeintlich epigonalen Stückes verwickelt. Schließlich beschweren sich die Protagonistin und ihr Gatte Admet, dass Wieland – im Gegensatz zu Euripides – die selbstlose Handlungsweise der Ehefrau vor dem originären mythologischen Hintergrund fehlgedeutet habe.

Nach der Zurechtweisung des Wieland-Schattens durch Merkur, Euripides, Alceste und Admet erscheint schließlich Halbgott „Herckules“, der seine wahren Handlungsmotive in dem Singspiel ebenfalls verkannt sieht. Auf den schüchternen Einwand des Beschuldigten, dass er selbst die Tugend nur wenig achte, antwortet der halbgöttliche Inkulpant: „Ein Unding ist sie [die Tugend], wie alle Phantasie, die mit dem Gang der Welt nicht bestehen kann.“ Zwar wird die Sinnlichkeit des „Neuen Amadis“ gelobt, aber Herkules resümiert als Sprachrohr der „Sturm- und Drang“-Generation: „Ich weis genug. Hättest du nicht zu lang unter der Knechtschaft deiner Religion und Sittenlehre geseufzt, es hätte noch was aus dir werden können. Denn jetzt hängen dir immer noch die scheelen Ideale an. Kannst nicht verdauen, dass ein Halbgott sich betrinckt und ein Flegel ist seiner Gottheit ohnbeschadet.“

Goethes satirische Kritik war gewiss selbstgerecht und überzogen, zumal Wieland selbst einen erheblichen Beitrag zur moralischen Aufweichung der Literatur geleistet hatte (vgl. dazu den humorvollen Dialog „Goethe. Tante“ von Jacobi: WB 6.3, S. 255ff.). Die jüngere Generation war jedoch allgemein bemüht, den literarischen Übervater willkürlich herabzusetzen, um einen neuen, (vermeintlich) überlegenen Standpunkt zu behaupten. Der Gescholtene reagierte auf Goethes Farce so hochherzig und gelassen wie der lebenskluge Romanheld Diogenes: Im zweiten „Merkur“-Band von 1774 wird von ihm die Lektüre von Goethes „heroisch-komisch-farcialische[r] Pasquinade“ ausdrücklich empfohlen.

Wielands Aufmerksamkeit wurde von den literarischen Querelen abglenkt, als eine Katastrophe die Residenz heimsuchte: Am 6. Mai 1774 brannte das herzogliche Schloss bis auf die Außenmauern ab. Erschüttert schilderte der Dichter seine Sicht des Unglücks: „Um 1. Uhr nachmittags, als ich den jungen Herzog verließ, wurde noch keine Seele im Schloß und in der Stadt das mindeste gewahr; um 2 Uhr stund schon das ganze Dach des Corps du Logis, des einen Flügels, das ganze appartement der Prinzen, und dasjenige der Herzogin Regentin in vollen Flammen“ (vgl. Briefe vom 8. und 29. Mai 1774). Außer dem Schrecken und einigen verloren gegangenen Büchern hatte Wieland keinen Schaden erlitten, aber der Hofstaat musste für längere Zeit nach dem einige Kilometer südöstlich von Weimar gelegenen Barockschloss Belvedere ausweichen. Das stattliche Jagd- und Lustschloss mit prachtvoller Rokoko-Ausstattung, Pavillons, Kavaliershäusern, Orangerie sowie Parks und Wäldern mit freilaufenden Gold- und Silberfasanen bot ein stilvolles Ambiente für das herzogliche Gefolge. Bis Ende September 1774 wohnte der Dichter ebenfalls in „Belvedere's Hain“ und kehrte häufig dorthin zurück (vgl. C^1, Bd. 9, 162). Gegenüber Friedrich Heinrich Jacobi hieß es jedoch resigniert: „Hier ist keine Seele, der ich mich völlig anvertrauen kann“ (Brief vom 13. Mai 1774). Als Zuflucht diente ihm die Geisteswelt der römischen Antike: Im achten Band des „Merkur“ von 1774 erschienen aus seiner Feder „Proben einer neuen Uebersetzung des Plinius“.

Wielands Skepsis gegenüber Graf Görtz nahm ständig zu, denn der Erzieher intrigrierte beim Prinzregenten gegen dessen Mutter, um selbst nach dem Machtwechsel eine führende Position im Regierungsapparat einzunehmen. Görtz glaubte durch die Toleranzpolitik Anna Amalias –

welche auf ein herzogliches Bündnis mit bürgerlichen Staatsangestellten und Intellektuellen setzte – die Privilegien des Adels bedroht und förderte seit 1772 heimlich den vorzeitigen Regierungsantritt seines Zöglings (vgl. Siegfried Seifert. Die Pforte, Heft 7, 2004). Das wachsende Misstrauen von Anna Amalia und Wieland gegenüber Görtz führte zu heftigen Verstimmungen und eskalierte schließlich in einer Regierungskrise mit anschließender Demission des Grafen. Vermutlich hat Christoph Martins besonders innige Freundschaft zu Anna Amalia ihren Ursprung in der Görtz-Affäre. Schon bald war dem Dichter erlaubt, „ihr Angesicht bey der Toilette zu sehen", empfand er die „Wunderbare Frau" mit nur wenig „schwarzen Placken im lebendigen tableau ihrer Existenz" (vgl. Briefe vom 3. Juli 1775 und 2./3., 27. August 1778; WB 6.3, S 1433f.).

Nachdem Wieland aufgrund von diplomatischen Aktivitäten im Vorfeld des sachsen-weimarischen Regierungswechsels gemeinsam mit dem Erfurter Statthalter und Diplomaten Carl Theodor von Dalberg die Haupt- und Residenzstadt des benachbarten Herzogtums Sachsen-Gotha besucht hatte, erfolgte Mitte Mai 1775 eine Begegnung mit Gleim in Halberstadt. Zur genauen zeitlichen Planung dieses Treffens diente ein ausführlicher Schriftwechsel, denn der Überraschungs-Phobiker Wieland war stets bemüht, ungeplante Vorfälle zu vermeiden: „Sie [die Überraschungen] taugen für alle sehr empfindlichen Leutchen nichts; vorausgenießen ist ein zu süßes Vorrecht der Menschheit, um sich dessen selbst zu begeben" (Brief vom 17. März 1775).

Seine Reisebegleitung bestand aus Anna Dorothea, der siebenjährigen Tochter Sophie Catharine Susanne und Friedrich Bertuch. Die Reise verlief über Altstädt nach Eisleben, wo man übernachtete. Tags darauf ging es über Harkerode, Ermsleben und Diefurth nach Halberstadt. Gleim erwies sich als herzlicher Gastgeber, der den Besuchern seinen „Musentempel" (eine umfangreiche Porträtgalerie zeitgenössischer Gelehrter und Künstler) und sein Gartenhaus außerhalb der Stadt zeigte. Heitere Wortgeplänkel und Spitzen wegen Gleims Bewunderung des Preußenkönigs würzten die Tischgespräche ebenso wie Diskussionen zur rechtlichen Absicherung der Autoren gegenüber den Verlegern. Handschriftliche Gedichte der „preußischen Sappho", Anna Louise Karsch, wurden vorgetragen, die Wieland aufgrund ihrer poetischen Ausdruckskraft als „Wunderweib" schätzte (Brief vom 28. Mai 1775). Einige pikante

Äußerungen des Gastes aus Weimar bezüglich der „Karschin", die nichts unversucht ließ, die Ehefrau des Junggesellen Gleim zu werden, führten zu einem Zerwürfnis zwischen den beiden Freunden, aber die anwesenden Frauen konnten die Wogen glätten. Zwischen Karsch und Wieland entwickelte sich eine freundschaftliche Korrespondenz (vgl. Brief vom 3. Juni 1775; WB 5, S. 475f., 632f.; WB 15.2, S. 192). Der Hauptgrund für das Treffen von Gleim und Wieland war die Erörterung der (schließlich nicht durchgeführten) Verlegung der „Merkur"-Redaktion nach Halberstadt, denn man befürchtete in Weimar unter dem prospektiven Einfluss von Graf Görtz die Beschneidung bürgerlicher Freiheiten. Auf der Rückreise wurde die diplomatisch einflussreiche Familie von Kalb in Kursachsen besucht.

Wielands Schriftwechsel aus jener Zeit beschränkte sich nicht nur auf poetologische Inhalte, denn nach dem Tod des Vaters im Jahre 1772 galt es Erbschaftsprobleme zu klären: Das Geschäft eines Biberacher Schwagers, Christoph Adolf Kick, war in Konkurs gegangen, die Schulden auf das geerbte Haus am Marktplatz übertragen. Nun sollte das Gebäude verkauft werden. Wieland, aufgrund der anwachsenden Familie in ständiger Geldnot, vermerkte mit liberal-kapitalistischer Gesinnung: „Ein Verkäuffer [des Hauses] kan und soll sich nichts darum bekümmern, von welcher Religionsparthey sein Käuffer ist; wer am meisten giebt, umd am baarsten bezahlt, ist der Mann!" (Brief vom 27. Dezember 1773). Das „ansehnliche und wohlgelegene" Kicksche Haus wurde schließlich von der evangelischen Stadtkasse für 3000 Taler erworben. Der Kaufbetrag sollte jährlich mit 500 Gulden plus 4 Prozent Zinsen abgezahlt werden, eine „förmliche Obligation" garantierte das Schuldverhältnis. Für 250 Gulden konnte schließlich auch die väterliche Bibliothek veräußert werden (vgl. Brief vom 2. April 1774). Später legte Christoph Martin Geld im Ilmenauer Bergbau an und bemühte sich um die Anwerbung von Kreditgebern für seine gegenüber Frankreich kontributionspflichtige Heimatstadt (WB 6.3, S. 1299, 1306ff.; WB 10.2, S. 331; WB 14.2, S. 15f.).

Am 16. März 1775 kaufte Wieland ein Gartengrundstück zwischen dem Frauen- und Erfurter Tor, einem damals unbebauten Gebiet am Stadtrand. Der Grund für den Immobilienerwerb war jedoch nicht, wie zuweilen behauptet, die Verbriefung des Bürgerrechts, das Wieland als Hofangestellter ohnehin besaß. Vielmehr war beabsichtigt, gemeinsam mit Gleim und dessen Nichte einen gemeinsamen Hausstand zu gründen (vgl. WB 6.3, S. 1414f., 1524; WB 15.2, S. 465 dagegen: Irmela Brender, a.a.O., S. 116f.). Als Eigentümer einer städtischen Liegenschaft musste Wieland allerdings Stadtbürger werden. Das Bürgerbuch der Stadt Weimar vermerkt dazu: „den 16. Mart. 1776. der Churf[ür]stl[ich] Mayntzi[sche] und F[ürstlich] Sächs[ische] HofRath H[err] Christoph Martin Wieland haben dato das BürgerRecht conferirt erhalten" (Stadtarchiv Weimar, HA I–37–4, S. 387). Die Eintragung kostete ihn immerhin 10 mfl. [Meißner Gulden zu 21 Groschen] plus 1 mfl. für einen Feuereimer, den jeder Bürger für den Brandfall vorhalten musste. Diese Summe über 11 mfl. erhielt die Stadtkasse am 19. März 1776 [nicht 1775!]. Immerhin wurde der Betrag auf einmal beglichen, was nicht selbstverständlich war. Der Kaufpreis des Gartens mit dazugehörigen Gebäuden betrug 1250 Reichstaler, mithin lediglich die Hälfte des Marktpreises. Weder der Hausbau noch das gemeinsame Wohnen mit Gleim wurden jedoch verwirklicht. Der Grundstückskauf sowie Auslagen für den „immer eine Baarschaft" erfordernden „Merkur" veranlassten Wieland zur Rückforderung von 1000 Talern seines Kapitals von der Biberacher Stadtkasse.

Am 3. September 1775, nachdem der Hof den Sommer auf Schloss Belvedere verbracht hatte, erfolgte die öffentliche Einführung des Prinzregenten als Nachfolger Anna Amalias. Zu diesem Anlass kam eine von Wieland verfasste und von dem Hofkapellmeister vertonte „Cantate auf den neunzehnten Geburtstag und Regierungs-Antritt des Herzogs von Sachsen-Weimar und Eisenach" zur Aufführung. Die poetisch recht schmalbrüstige Gebrauchslyrik in Gestalt einer Demuts-Eloge an den Fürsten und seine Mutter erschien pflichtschuldig im dritten Band des „Merkur" von 1775. Die bevorstehende Heirat Carl Augusts mit der Prinzessin Luise von Hessen-Darmstadt blieb in dem Singstück nicht unerwähnt. Die beiden Gatten blieben sich jedoch fremd, man man ging die Ehe aus Gründen der Staatsräson ein. Herzogin Luise flüchtete in die schöngeistige Sphäre, denn sie litt unter dem grobschlächtigen, oft rücksichtslosen Carl August, der zu jener Zeit wilde Jagdabenteuer und fremde Liebschaften dem ehelichen Glück vorzog. Privat ging man getrennte Wege, lediglich die Hofetikette wurde respektiert. Schwiegermutter Anna Amalia hielt zu ihrem Sohn, was die junge Herzogin zusätzlich isolierte. Einige Totgeburten der leidgeprüften Frau sorgten für weiteren Verdruss, wurde doch am Hof von der neuen Fürstin nichts sehnlicher erwartet als die Geburt eines Stammhalters. Wielands Hochzeitskantate „Auf die Wiederkunft und Vermählung eines Landesfürsten" war ein Höhepunkt der Hochzeitsfeiern. Mit der Inauguration Carl Augusts als Landesfürst und der nachfolgenden Heirat waren Wielands pädagogische Pflichten gegenüber seinem Zögling erfüllt, seine Anwesenheitspflicht am Hofe verringerte sich. Als Pensionär zurückgezogen in seinem „Schneckenhäuschen" lebend, konnte sich Christoph Martin nun verstärkt seiner Tätigkeit als Herausgeber, den Angriffen seiner literarischen Gegner und dem eigenen poetischen Ingenium widmen (vgl. Brief vom 7. Feburar 1776).

Mit dem „Merkur"-Beitag von 1775 „Unterredungen zwischen W** und dem Pfarrer zu ***" warf Wieland den Fehdehandschuh gegen die „höchstniederträchtigen Angriffe" der jungen Dichtergeneration in den Ring. Eine weitere Auseinandersetzung entstand durch seine polemische Rezension des 1778 aus dem Englischen übersetzten, von Nicolai herausgegebenen Romans „Leben, Bemerkungen und Meynungen Johann Bunkels". Der „Bunkliade" folgte ein öffentlicher Diskurs (vgl. C^1, Supl. Bd. 5, S. 77–174; Merkur 1778, 3./4.Vierteljahr 1779, 1.Vierteljahr) Die Verteidigung seiner dichterischen Formen und Inhalte ergänzte Wieland durch eine reichhaltige poetische Fruchtlese: Am Ende der siebziger Jahre erschienen aus seiner Feder im „Merkur" so unterschiedliche Schöpfungen wie der Abderiten-Roman und das Singspiel „Pandora". Das Publikum schätzte besonders jene literarischen Kabinettstücke, in denen der Dichter seine amouröse Fantasie und Reimsucht weidlich ausleben konnte: Dazu zählt das im Jahre 1775 im „Merkur" veröffentlichte Poem „Der Mönch und die Nonne, auf dem Mittelstein. Ein Gedicht in drey Gesängen", dessen topografisches Zentrum der „Mädelstein" nahe Eisenach ist (Merkur 1775, 1. und 2. Vierteljahr). Die anrührende Sage von den beiden unglücklich verliebten Ordensleuten Sixt und Klärchen entstammt einem thüringischen Heimatbuch des frühen 18. Jahrhunderts.

Neben der Tugendphilosophie avancierte das publikumswirksame Motiv *Liebe* zum zweiten Großthema in Wielands Werk. Um so verlockender musste für den erfolgsorientierten Autor die Verknüpfung beider Elemente sein: Das Versepos „Liebe um Liebe“, 1776 ganzjährig im „Merkur“ veröffentlicht, ist gleichsam eine Apotheose der Liebestugend und der Tugendliebe. Thematisiert wird allerdings nicht mehr – wie in den „Comischen Erzählungen“ – die laszive Darstellung antiker Mythen, sondern die zwischenmenschliche Treue, welche sich bei Ritter Gandalin sogar beim Betrug der eigenen Partnerin bewährt, denn die Verführerin entpuppt sich originellerweise als die verkleidete ursprüngliche Geliebte. Der erzählerische Clou besteht mithin in der Einsicht, dass sich partnerschaftliche Zuverlässigkeit sogar in der Untreue zu bewähren vermag.

Ein besonders heiteres Opus ist „Pervonte. Ein Neapolitanisches Mährchen“, das zunächst fragmentarisch im „Merkur“ (Dezember 1778/Januar 1779; hier: „Pervonte oder die Wünsche“) publiziert und nach Herders Manuskriptdurchsicht im Jahre 1796 fertiggestellt wurde. Die amüsante, dem „Pentamerone“ des italienischen Dichters Giambattista Basile entlehnte Geschichte über den sympathisch-tumben Tölpel Pervonte, der auf vertrackte Weise zu höfischen Ehren kommt und den Fürstenstand verachten lernt, verbindet komödiantische Züge mit dem Bekenntnis zu einer biederen, aber glücklichen Lebensführung. Zu dem breiten Repertoire jener Jahre gehörten Verserzählungen, wie „Das Wintermährchen“, „Das Sommer-Mährchen, oder des Maulthiers Zaum. Eine Erzählung aus der Tafelrunde-Zeit“, „Hann und Gulpenhee, oder zuviel gesagt ist nichts gesagt. Eine morgenländische Erzählung“, „Der Vogelsang, oder die drey Lehren“, die heiter gestimmte Eloge auf den Geburtstag Anna Amalias „An Olympia“ sowie „Schach Lolo“, diese bizarre Genesungsgeschichte eines Fürsten mit einem geschichtsphilosophischen Prolog und der wundersamen Rache des geköpften Heilers. Sämtliche genannten Texte erschienen zwischen 1776 und 1778 im „Merkur“.

Dem Zeitgeschmack entsprechend griff Wieland auf orientalische und mittelalterliche Sujets zurück. Er las zu dieser Zeit „fast nichts als uralte Romane oder Auszüge daraus, und Ritterbücher und den Vater Homer, und Mosen und die Propheten etc.“. So diente für die Erzählung „Geron, der Adelich. Eine Erzählung aus König Artus Zeit“ das französische Ritterbuch „Le Roman de Gyron le Courtois“ als Vorlage (vgl. „Einige Erläuterungen zu besserm Verständnis des vorstehenden Gedichts“;

Merkur 1777, 1. Vierteljahr sowie Briefe vom 16. Januar und 12. Februar 1777): Ritter Geron schildert den gespannt lauschenden, von ihm freundschaftlich besiegten Gesellen der Tafelrunde die Geschichte der eigenen Versuchung, als er dem verbotenen Minnewunsch zur Gattin seines Herrn zu erliegen drohte und sich aufgrund dieses Fehlverhaltens selbst entleiben wollte. Nur knapp gelang es der verständigen, ehetreuen Frau, den beinahe gestrauchelten Helden vor dem Selbstmord zu bewahren. Auch „Geron, der Adelich" thematisiert das Problem der Gattentreue, aber – anders als in den vorher genannten Gedichten – aus tragischer Sicht. Der erzählerische Grundton ist düster.

Seelisch bereichert wurde Wieland durch den persönlichen Austausch mit Johann Wolfgang Goethe, dessen Roman „Die Leiden des jungen Werther" im „Merkur" günstig rezensiert worden war. Seit Anfang November 1775 wohnte der Frankfurter Heißsporn im Hause des Weimarer Kammerpräsidenten von Kalb, wo bereits am Tage der Anreise die erste persönliche Begegnung zwischen den beiden stattfand. Prophetisch vermerkte Wieland: „Der Göttliche Mensch wird, denk ich länger bey uns bleiben als er anfangs selbst dachte" (Brief vom 10. November 1775). Zwischen Wieland und Goethe entwickelte sich eine innige Freundschaft, die Briefe des Älteren enthalten wahre Lobeshymnen auf den 16 Jahre jüngeren Frankfurter: „Göthe ist immer lieb, gut und treu; der einzigste Mensch in der Welt, aber mir ganz verständlich, u: der erste, der mich ganz versteht. Fast möchte ich sagen, unsre Liebe ist über Frauenliebe – aber es wäre doch Lästerung wenn ichs sagte. Aber nach meinem Weib und meinen Kindern, ist mir nichts liebers als Göthe." Nach einer idyllischen, von Goethe am Ilm-Ufer inszenierten lauschigen Sommernacht, notierte Wieland emphatisch: „Ich hätte Göthen vor Liebe fressen mögen" (vgl. Briefe vom 15. April 1776 und 27. August 1778). Bis in die Mitte der neunziger Jahre entwickelte sich ihr Verhältnis positiv, von dessen Verschlechterung wird noch die Rede sein.

Oft weilte man in geselliger Runde auf Ettersburg, dem herzoglichen Jagd- und Lustschloss nördlich von Weimar, in späteren Jahren häufiger in Tiefurt, der Sommerresidenz Anna Amalias. Man führte Lustbarkeiten auf, für welche die Herzogmutter Singspiele komponierte. Ihre Leidenschaft für die *ars musica* bekundete die Fürstin im Jahre 1774 auf einem Ölporträt von Georg Melchior Kraus, auf welchem sie mit Notenblättern, Traversflöte und dem ersten Teil des „Agathon“ zu sehen ist, dessen Kapitel „Magische Kraft der Musik“ gleichsam eine Apotheose von Gesang, Saiteninstrument und Flötenspiel darstellt (vgl. Brief von Mitte Oktober 1778; WB 7.2, S. 119; C[1], Bd. 1, S. 244–256; auch das Bild Ferdinand Jagemanns von zirka 1805 zeigt die Herzogin mit einem Buch Wielands sowie Bänden von Goethe und Herder).

Gemeinsame Reisen von Wieland und Goethe, wie Anfang Januar 1776 zu Familie Keller in Stedten, vertieften die wechselseitige Sympathie. Im Hause des schwäbischen Freundes fand der Junggeselle Goethe eine Ersatzfamilie, erprobte er sein Talent als Scherenschneider und avancierte – als Nachfolger Wielands – zum Erzieher des jugendlichen Landesfürsten. In dem Frankfurter Poeten fand der quirlige Carl August einen idealen Partner für seine Eskapaden, welche die Gerüchte, die über das Herzogtum kursierten, ständig vermehrten: Das wilde Duo absolvierte nächtliche Parforceritte, zechte, trieb Allotria mit den Dorfmädchen, avancierte zum Bürgerschreck. Man gebrauchte im genialisch-derben Stil der „Sturm und Drang“-Zeit Kraftworte, lebte sich aus in der freien Natur. Da Goethe gemeinsam mit dem Herzog in diplomatischer Mission reiste, musste Wieland häufig auf den Umgang mit dem jungen Freund verzichten.

Im Oktober 1776 traf der protestantische Geistliche Johann Gottfried Herder mit seiner Familie in Weimar ein. Insbesondere Goethe, der den ostpreußischen Gottesmann seit dem Straßburger Aufenthalt persönlich kannte, hatte sich für die Berufung des als Freigeist verdächtigten Predigers eingesetzt, und auch Wieland unterstützte die Anwerbung des umstrittenen Theologen als Weimarer Generalsuperintendent, Oberhofprediger, Oberkonsistioralrat und städtischen Oberpfarrer. Der erste Besuch des geistlichen Ehepaars galt Familie Wieland, die aus fünf Töchtern, Anna Dorothea, Christoph Martin und seiner Mutter bestand. Man fand herzliche Aufnahme. Herder charakterisierte den Oberschwaben als „bon-homme … dem man weiter nichts übel nimmt, wenn man ihn kennet“ (Brief vom 13. Oktober 1776). Der poetische Geistliche revanchierte sich für die freundliche Aufnahme durch die Anfertigung von Fabeln, Gedichten, Studien und Übersetzungen für den „Merkur“. Zunächst entwickelte sich eine innige Freundschaft zwischen den Familien, die in späteren Jahren allerdings aufgrund von Missverständnissen und gegenseitiger Ignoranz erheblichen Belastungen ausgesetzt war. Aufgrund vielfältiger Erkrankungen neigte Herder zu Hypochondrie und vermochte zudem kaum seinen intellektuellen Dünkel zu kaschieren. Wieland fühlte sich dem enzyklopädisch gebildeten Geschichtsphilosophen, Theologen und Ästhetiker intellektuell unterlegen: „... meine ganze Seele ist voll von dem herrlichen Manne. Aber er ist mir zu groß, zu herrlich ... außer Göthe ... wer ist hier ein Mann für Herder? ... Ich selbst ... fühle, wie wenig ich ihm seyn kann" (Brief vom 1. November 1776).

Seit dem Erfolg der „Alceste" fühlte sich Wieland von der Musik fasziniert, jener Kunst, die es versteht „mit starken Gefühlen den Busen auszudehnen, ... die Steine beseelt und Seelen den Leibern entführt", wie es in „Der neue Amadis" heißt (C^{1r}, Bd. 5, S. 29). Die Anfrage des kaiserlichen Hofkomponisten Gluck bezüglich eines Librettos wurde von ihm jedoch abschlägig beschieden (vgl. Brief vom 13. Juli 1776; zu Gluck vgl. C^{1} Bd. 5, S. 48). Vermutlich wollte der Dichter eine Doppelbelastung vermeiden, denn bereits seit Dezember 1775 lag die Bitte zur Ausarbeitung eines Singspiels für die Mannheimer Hofoper vor. Diese Einladung galt als besondere Ehre, denn die kurpfälzische Haupt- und Residenzstadt hatte sich im 18. Jahrhundert durch eine bedeutende Antikengalerie und musikalisches Renommee zu einem „pfälzischen Athen" entwickelt. Wieland fühlte sich durch die erneute Zusammenarbeit mit Anton Schweitzer inspiriert, der seit dem Weimarer Schlossbrand als Gothaer Hofkapellmeister amtierte.

Allerdings standen sowohl die Entstehung wie die Aufführung von Wielands zweitem Singspiel „Rosemunde" unter keinem guten Stern: Das tragische Stück, dessen erste Fassung von Goethe und Friedrich Heinrich Jacobi kritisiert worden war, schildert die pathetisch stilisierte Liebesgeschichte zwischen dem englischen König und seiner Mätresse Rosemunde, welche – in einem verborgenen Garten-Labyrinth lebend – vergeblich vor den Nachstellungen der rachsüchtigen Gattin geschützt wird. Abermals zeigte sich Wielands mangelndes Talent für theatralische Sujets, denn das Libretto enthält ebenso viel wucherndes Pathos wie unfreiwillige Komik (vgl. Einzelheiten zur Entstehungsgeschichte WB 6.3, S. 1577, 1643, 1645; WS Bd. 2, S. 97–119). Über die dramaturgisch schwache Qualität des Textes machte sich der Autor keine Illusion, gegenüber Merck hieß es: „Meine Rosemunde ist (Ihnen ins Ohr gesagt) ein dummes Ding, das weder gedruckt, noch anderswo als etwan in Gotha oder Weimar aufgeführt werden kan und darf" (vgl. Briefe vom 26. Mai und 13. Juni 1777).

Trotz anfänglichen Zögerns erklärte sich Wieland schließlich bereit, den Proben und der Uraufführung des Stücks beizuwohnen. Die Anreise führte über Frankfurt am Main, wo er vom 17. bis 21. Dezember 1777 bei Goethes Eltern logierte. In Darmstadt erfolgte die erste persönliche Begegnung mit Johann Joachim Merck. Die Begleitumstände der verhinderten Uraufführung waren chaotisch: Nach mehrmaliger Verschiebung wurde die Veranstaltung endgültig abgesagt, denn der Tod des in Mannheim weilenden bayerischen Kurfürsten hatte einen Erbfolgekrieg ausgelöst (vgl. Brief vom 5. Januar 1777). Wieland qualifizierte die Verhältnisse im „pfälzischen Athen" denn auch lakonisch als „Babylonische[s] Abdera", später fühlten sich zahlreiche Beteiligte – allerdings zu Unrecht – im „Abderiten"-Roman karikiert (vgl. Briefe vom 12. Januar 1777; 4. September 1778). Immerhin war der Ertrag der Reise nicht völlig unergiebig: In Mannheim hatte Wieland Wolfgang Amadeus Mozart persönlich kennen gelernt, auch die Begegnungen mit dem kurfürstlichen Kabinettsmaler und Dichter Friedrich „Maler" Müller, mit Goethes Mutter und Merck waren von Interesse.

Am 24. Januar 1778 war die turbulente Reise beendet, weilte Wieland wieder bei seiner Familie „in unserer Landwohnung so nah und doch wieder so weit von dem Städtlein Weimar", womit das neue Domizil vor dem Frauentor gemeint war (vgl. Brief vom 11. August 1777). Weiterer familiärer Zuwachs stellte sich ein, diesmal männlichen Geschlechts: Am 26. Oktober wurde der Sohn Ludwig Friedrich August geboren. Wieland konnte endlich seine Neigung zum ländlichen Dasein ausleben: „Da schlendre ich nun von Morgen bis in die Nacht in meinem Garten herum" und verfolge die Entwicklung „aller Keime, Knospen, Eyerchen und Puppen" sowie der „vor anderthalb Jahren gesezte[n] junge Bäume". Der körperlich schwächliche Dichter verhielt sich in der Natur allerdings nur beobachtend, die praktische Arbeit übernahm ein „Gärtnersbursche": „Zuweilen nehme ich auch wohl die Schauffel, oder die Baumsäge, und wenn ich sie etliche Minuten geführt habe, finde ich daß mir alle Nerven in Armen und Händen zittern … und dann kommen die Kinder, und lermen um mich her, und suchen Veylchen …" (Brief vom 12. April 1778).

Obwohl „zum eigentlichen Gärtner geschweige zum Bauer verdorben", vermerkte Wieland mit einigem Stolz das Gedeihen der Erbsen, Frühmöhren, Hyazinthen, Puffbohnen, Salatstöcke, Spargel, Tulpen und Zuckerschoten, aber auch gartentechnische Gegenspieler, wie Maulwürfe, Schnecken, Erdflöhe, Blattläuse und Ameisen, blieben nicht unerwähnt (vgl. Brief vom 3. Juni 1778).

Das „vegetable Leben" bedeutete einen seelischen Ausgleich zu seinem Gelehrtendasein, welches immer häufiger öffentlichen Angriffen ausgesetzt war. Die „Abgeschiedenheit von aller Welt" schien geeignet, ihn zu einem „ausgemachten Philister" zu formen. Am wohlsten fühlte er sich inmitten seines (inzwischen auf sechs Personen vergrößerten) „Häufchen[s] Kinder" und seiner Frau. Gemeinsam mit Anna Dorothea auf einer Rasenbank sitzen oder unter einer Laube das Spiel der Kinder zu beobachten, empfand er als zutiefst beglückend. Nur gelegentlich kamen Zweifel auf, etwa bei der Bemerkung, dass sich der Vater durch das bunte Kindertreiben „reichlich entschädigt [sieht] für alles, was ich mir um eben dieser lieben Geschöpfe willen versagen muß" (Brief vom 20. Juni 1778).

Häufig waren Anna Dorothea und die Kinder vom Scharlachfieber betroffen, während der wetterfühlige Wieland von „Hypochondrie" und starken Infekten heimgesucht wurde. Der Arzt empfahl zur Stärkung fiebersenkende China-Rinde. Die Maläsen schienen auch psychisch begründet gewesen zu sein, nämlich in dem „Unmuth über 1000 kleine Schurkereyen unsrer lieben Zeitgenoßen" (Brief vom 16. Juni 1778). Gerüchte kamen auf, dass sich die Qualität der Merkur-Beiträge verschlechtere, die Abonnentenzahl rückläufig sei. Tatsächlich war der Absatz des Journals innerhalb von zehn Jahren von 2500 auf 1500 Exemplare zurückgegangen. Um dieser Entwicklung entgegenzuwirken, bestimmte Wieland im September 1782 den umsichtigen Bertuch zum Geschäftsführer der Zeitschrift. Vergeblich bemühte sich Christoph Martin, seine ehemalige Verlobte als Mitarbeiterin des „Merkur" zu gewinnen, um dessen Reputation zu steigern. Sophie La Roches Arbeitskraft war jedoch in den Jahren 1783/84 durch eine Frauenzeitschrift in Anspruch genommen, die sie selbst herausgab: „Pomona für Teutschlands Töchter" wurde im „Merkur" angekündigt, und Wieland sammelte Subskribenten.

Auch persönliche Sorgen setzten ihm zu: Besonders schwer litt der Vater unter dem frühzeitigen Ableben der Kinder Regina Dorothea, Carl Friedrich, Augusta Frederica Wilhelmina, Philipp Siegmund Albrecht (der nach einer brieflichen Mitteilung Caroline Herders vom 31. Januar 1794 infolge einer „elftägigen hartnäckigen Verstopfung" starb) und Wilhelmina Friederike. Gegenüber Sophie La Roche hieß es nach dem Tod der achtjährigen Regina Dorothea: „Sechs Kinder, und jedes in seiner Art lieb und hold, können mir die Gestorbene nicht ersetzen" (Brief vom 14. Mai 1779). Trotz dieser Todesfälle scharte sich eine reiche Kinderschar um Wieland: Anna Dorothea brachte allein in den siebziger und achtziger Jahren folgende überlebenden Kinder zur Welt: Ludwig Friedrich August, Carl Friedrich, Wilhelm August, Juliane Caroline Dorothea und Maria Louisa Charlotte.

In dieser beruflich und privat schwierigen Situation schwang sich Wieland zu einem Höhepunkt seines epischen Schaffens auf: Während des Jahres 1779 entstand „Oberon. Ein Gedicht in vierzehn Gesängen", welches im „Merkur" (1780, 1. Vierteljahr; im 3. Vierteljahr vgl. den Anhang „Die Wunderflasche des Heil. Remigius") sowie als Einzeldruck in einem Abzug des Erstsatzes erschien. Zahlreiche verbesserte Nachauflagen, unter anderem in den „Auserlesenen Gedichten" von 1784 sowie die 1789 durch Weidmann mit neuen „teutschen Lettern" gedruckte Ausgabe, belegen den Publikumserfolg. Mit dem „Oberon", der zu großen Teilen im Weimarer Garten entstand, bewährte sich Wieland im großen Stil als erfahrener Jockey des „Hippogryfen" [Musenpferd; vgl. WB 15.2, S. 465; WB 14.2, S. 194]. Hier glänzte ein Vollbluterzähler mit einem überaus malerischen, gleichsam pastösen Kolorit ohne Scheu vor gelegentlicher Trivialität. Trotz verbreiteter Kritik an der Weitscheifigkeit des von drei Handlungsfäden strukturierten Großgedichts bleibt „Oberon" bis heute Wielands wirkungsmächtigstes Werk, das in zahlreiche Sprachen übersetzt wurde und für die meisten Engländer bis heute als Inbegriff der Romantik gilt (ab 1798 lag das Epos in englischer Übersetzung vor, vgl. WB 14.2, S. 320f., 345;).

Das Urteil des Publikums war jedoch verhalten, viele Zeitgenossen fühlten sich von dem befremdlichen „Ritt ins alte romantische Land" gelangweilt und vermochten Goethes Begeisterung nicht zu teilen, der den Dichterkollegen durch die Zusendung eines Lorbeerkranzes ehrte.

Zutiefst bedauerte Wieland das allgemeine Stillschweigen auf sein *opus magnum*, welches in einer Stimmung rauschhafter Schaffenskraft entstanden war. Seine Lust am Fabulieren hatte sich selten in eine derart grandiose Fantastik gesteigert, wie in der absonderlichen Erzählung vom geprüften Ritter Hüon, seiner Geliebten Rezia und dem fürstlichen Elfenpaar. Kein Epos hatte bisher sein poetisches Vermögen derart in Anspruch genommen: „Seit 3 Monaten bin ich … fast gar nicht aus dem Hause gekommen. Tag und Nacht bin ich mit nichts als Oberon beschäftigt … Oberon ist zeither mein einzige ressource gegen eine Menge von désagremens gewesen“ (Brief vom 20. November 1779). Die Heiterkeit der Verse schien wieder einmal im umgekehrten Verhältnis zur bitteren Realität zu stehen, denn ähnlich wie in früheren Zeiten dienten Schreibtisch, Feder und Fantasie zur Kompensation einer unbefriedigenden Alltagserfahrung.

Dem „Oberon“ folgte Wielands vorletztes Versepos, gleichsam das profane Pendant seines Vorgängers, worin weder Feen noch Geister auftreten: „Clelia und Sinibald. Eine Legende aus dem zwölften Jahrhundert“, von Januar 1783 bis Mai 1784 im „Merkur“ sowie 1784 als Separatdruck erschienen. Die Geschichte der vertrackten Hindernisse, welche die Zusammenführung der beiden Liebenden verhindern, ist bestimmt von einer human-humoristischen Grundhaltung; religiöse Motive treten lediglich als komische Staffage auf: Wenn Sinibald, versteckt in einer hohlen Heiligenskulptur, im Schlafgemach seiner Angebeteten nächtigt und sich endlich, nach zahlreichen Verzögerungen, zu erkennen gibt, ist das Schmunzeln des Lesers garantiert. Menschliche Schwächen werden weidlich karikiert, retardierende erzählerische Elemente bauen Spannungsbögen auf. Wieland, um literarische Gefälligkeit auf hohem Niveau bemüht, vermochte als poetischer Entertainer zu unterhalten. Sein stilistisches Ziel war die Übereinstimmung von Inhalt und Form, deshalb wurden ästhetische Fragen mit Goethe und dem Ehepaar Herder diskutiert. Während einer Reise nach Gotha Mitte September 1779 las Wieland am dortigen Hof aus dem „Oberon“ vor und stellte die Verse zur Diskussion; 1790 erfolgte dort eine dramatisierte Inszenierung des Epos (vgl. WB 8.2, S. 37).

Weiterhin empfand Wieland Freude am Übersetzen fremdsprachiger Texte. Nunmehr beschäftigte ihn allerdings nicht mehr vorrangig – wie in Biberach – die englische Sprache, sondern die Schriften der römischen Antike. Insbesondere der formenreiche Dichterphilosoph Horaz und der satirische Rhetoriker Lucian beanspruchten sein Interesse. Folgende Schriften, die sämtlich auszugsweise im „Merkur“ veröffentlicht wurden, gehören zu Wielands bedeutendsten Übertragungen der Weimarer Jahre: „Horazens Briefe aus dem Lateinischen übersetzt und mit historischen Einleitungen und andern nöthigen Erläuterungen versehen“ (1782; vgl. die Vorarbeiten im Merkur von 1775, 1. Vierteljahr: „Versuch einer Uebersetzung der ersten Epistel des Horaz“; Merkur 1781, 2. Vierteljahr sowie die Briefübersetzungen, Merkur 1781, 1. und 4. Vierteljahr), „Horazens Satyren“ (1786, vgl. „Die Sechste aus dem Ersten Buche der Satyren“; Merkur 1785, 1. Vierteljahr) und die sechsbändige Sammlung „Lucians von Samosata Sämtliche Werke“ (1788–89; zum Verkauf und Ausstattung der Lucian-Bände vgl. WB 15.2, S. 374; WB 16.2, S. 208ff.).

Die „erste Leserevolution“ zum Ende des 18. Jahrhunderts bewirkte eine starke Zunahme der Frauenlektüre. Zu Wielands in erster Linie für das weibliche Publikum veröffentlichten Schriften der achtziger und frühen neunziger Jahre gehörten die Vorreden zu den drei ersten Bänden der deutschen Übertragung des französischsprachigen Kompendiums „Allgemeine Damenbibliothek“ (1786), „Faustina Ein Seitenstück zu Aspasia und Julia“ (Merkur 1790, Band 1) sowie die Rezension von Schillers „Historischer Kalender für Damen für das Jahr 1791“ (vgl. Wielands Kommentar zur Frauenbildung in der Rezension von Schillers Zeitschrift im Merkur 1791, Band 1, S. 197–211). Zur bevorzugten Lektüre der Frauen gehörten Lyrik, Belletristik und Märchen: In den Jahren 1784 bis 1787 erschien von Wieland die neu bearbeitete, siebenbändige Edition „Auserlesene Gedichte“, welche nach heftigem Streit um die Verlagsrechte bei Weidmann veröffentlicht werden konnte, sowie die Sammlung „Dschinnistan oder auserlesene Feen- und Geister-Mährchen, theils neu erfunden, theils neu übersetzt und umgearbeitet“, bei der unter anderem Wielands späterer Schwiegersohn August Jacob Liebeskind sowie der Weimarer Kammerherr und Schriftsteller Friedrich von Einsiedel als Mitverfasser mitgewirkt hatten (1786–89; vgl. WB 10.2, S. 214; AA, Abt. 1, Bd. 18).

Die achtziger Jahre zeitigten eine erhebliche Erweiterung von Wielands literarischem Repertoire: Außer der Roman- und Versepik, Übersetzungen sowie philosophischer Essayistik erschienen aus seiner Feder zunehmend aktuelle publizistische Beiträge. Erstaunt nahmen die Leser einen neuen Atem in Wielands Schriften wahr: Der inzwischen über fünfzigjährige, etablierte Schriftsteller – bisher als Autor erotischer Versepen und Romane bekannt – nahm dezidiert Stellung zu kulturellen Themen: In mehreren „Merkur"-Artikeln „Ueber die Frage: Was ist Hochteutsch? und einige damit verwandten Gegenstände" (1782/83) kritisierte er die Auffassung des renommierten Dresdner Sprachhistorikers Johann Christoph Adelung, dass der Ursprung des Hochdeutschen von einzelnen deutschen Provinzen, namentlich vom obersächsischen Raum, herzuleiten sei. Der Dichter aus Schwaben antwortete mit einer These, welche als öffentliche Inauguration der „Weimarer Klassik" gewertet werden kann: Die hochdeutsche Schriftsprache lasse sich keinesfalls aus der Mundart einer einzelnen Provinz ableiten, sondern „ganz allein aus den Werken der besten Schriftsteller" (C^{1r}, Supl., Bd. 6, S. 326; vgl. WB 8.2, S. 32f., 38f.; WB 10.2, S. 368).

Obwohl weiterhin der Belletristik, Epik und Märchenerzählung verbunden, reflektierte Wieland, der seit Dezember 1786 der Königlich Preußischen Akademie der Wissenschaften angehörte, mit fachspezifischen Essays den Modernisierungsschub seiner Zeit. So kommentierte er die aeronautischen Versuche der Brüder Montgolfier, denen wenige Wochen später die erste bemannte Ballonfahrt folgte. „Merkur"-Artikel wie „Die Aeropetomanie, oder Die Neuesten Schritte der Franzosen zur Kunst zu fliegen" (1783) und „Die Aeronauten" (1784) bekunden sein Interesse für die modernen Naturwissenschaften. Als erfahrener Autor begann Wieland öffentlich-offensiv über die fatale Abhängigkeit der Literaten vom Verlagswesen zu reflektieren. Gemeint sind damit weniger die „Briefe an einen jungen Dichter", welche noch wenig erfahrene Autoren mit der undankbaren Psychologie des Schreibens und Publizierens konfrontieren, sondern juristische Beiträge, wie „Ueber die Rechte und Pflichten der Schriftsteller, in Absicht ihrer Nachrichten, Bemerkungen, und Urtheile über Nationen, Regierungen, und andre politische Gegenstände" (Merkur 1785, 3.Vierteljahr). Die Artikelserie „Gedanken von der Freyheit über Gegenstände des Glaubens zu philosophiren" von 1788 gehört ebenfalls zu den philosophischen Essays mit aufklärerisch-liberalem Bekenntnis: „Freyheit der Presse ist Angelegenheit und Interesse des ganzen Menschengeschlechts“ (C^{1r}, Bd. 30, S. 138; Merkur 1788, 1. bis 3. Vierteljahr).

Der Kampf gegen die Übermacht der Verleger beschränkte sich nicht auf Diskussionen, sondern führte zu einem konkreten Projekt, welches die Autoren von der Abhängigkeit befreien sollte: Zu den „Verse[n], die man „nach Dessau in Verlag“ (C^{1r}, Bd. 24, S. 12) sandte, gehörte auch Wielands Übersetzung „Horazens Briefe“, welche im Jahre 1782 als Erstdruck bei der genossenschaftlich organisierten „Buchhandlung der Gelehrten“ erschien. Ein Jahr zuvor hatte das Unternehmen seine Absichten und „Fundations-Gesetze“ veröffentlicht. In der Haupt- und Residenzstadt des Fürstentums Anhalt-Dessau war eine Verlagsbuchhandlung gegründet worden, die auf Kosten der Autoren deren Bücher vertrieb. Später schloss sich die „Verlagskasse für Gelehrte und Künstler“ dem Geschäft an. Ein landesherrliches Privileg schützte das Unternehmen, dessen Hauptziel in der kommerziellen Absicherung der Autoren bestand. Die Manuskripte wurden teilweise oder vollständig in Anteilsrechten an der Buchhandlung bezahlt. So erhielt Wieland für die Übersetzung der Horazischen Briefe als Honorar 500 Taler in Aktien, zudem besaß er denselben Betrag als genossenschaftliches Anlagekapital. Nach anfänglichen geschäftlichen Erfolgen kam es jedoch zu Absatzschwierigkeiten, benötigte die Buchhandlung weitere Kredite. Durch einen ausführlichen Brief versuchte der kaufmännische Angestellte Göschen die Bedenken von Teilhaber Bertuch zu beschwichtigen, aber die Liquidation des Unternehmens im Jahre 1787 war unvermeidlich (vgl. WB 8.2, S. 75, 188f.; WB 10.2, S. 70f., 404). Anlässlich einer gemeinsam mit Bertuch nach Dessau unternommenen Reise im Juni 1783 hatte Wieland seinen wichtigsten späteren Verleger, den damaligen Buchhandlungssekretär Georg Joachim Göschen, kennen gelernt, der zwei Jahre darauf in Leipzig die „Göschensche Verlagsbuchhandlung“ gründete.

Seit Mitte der achtziger Jahre begann Carl Leonhard Reinhold eine wichtige Rolle in Wielands Leben zu spielen. Der gebürtige Wiener und vormalige Ordensgeistliche, seit Mai 1784 in Weimar ansässig, wurde im Jahre 1787 als konvertierter Protestant zum Professor der Philosophie mit geringem Gehalt und ohne Aussicht auf eine Verbesserung seiner Position nach Jena berufen. Seine Lehrtätigkeit und journalistischen Beiträge trugen viel zur Popularisierung von Kants Philosophie bei, dessen

„Critik der reinen Vernunft“ von 1781 den intellektuellen Diskurs bestimmte. Reinhold verstand es trefflich, die komplexen Gedankengänge Kants einem breiten Publikum zu vermitteln. Fichtes Anliegen vorwegnehmend, versuchte seine „Elementarphilosophie“ das „Prinzip des Selbstbewusstseins“ zu bestimmen. Als „Merkur“-Mitarbeiter revidierte Reinhold Wielands Lucian-Übersetzung und veröffentlichte erläuternde Beiträge zur modernen Philosophie (vgl. WB 11.2, S. 83–88).

Der erste Teil von Herders 1784 publiziertem geschichtsphilosophischen Hauptwerk „Ideen zur Philosophie der Geschichte der Menschheit“ wurde von Immanuel Kant angegriffen, und zwar ausgerechnet im ersten Heft der von Bertuch herausgegebenen und von dem Jenaer Professor für Dichtung und Beredsamkeit, Christian Gottfried Schütz, betreuten neu gegründeten „Allgemeinen Literatur-Zeitung“, dem Organ der aufkommenden kritischen Philosophie. Wieland, an der Gründung des Blattes beteiligt (dem er jedoch nur wenige Monate angehörte), lehnte die „Kunstsprache“ und die Religionsphilosophie des Königsberger Denkers ab und lancierte eine polemische Retourkutsche durch Reinhold: „Schreiben des Pfarrers zu *** an den H.[erausgeber] des T.[eutschen] M.[erkur] ueber eine Recension von Herders Ideen zur Philosophie der Geschichte der Menschheit“ (zur Kritik an Kants Sprache vgl. Brief vom 1. November 1793f.; WB 12.2, S. 121).

Wielands Beziehung zu Reinhold beschränkte sich jedoch nicht auf das Geschäftliche oder Intellektuelle: Am 16. Mai 1785 schlossen seine Tochter Sophie Catharine Susanne und Carl Leonhard Reinhold in der Hofkapelle von Weimar den Bund der Ehe. In den folgenden Jahren besuchte der Schwiegervater häufig die junge Familie in Jena und unterstützte sie durch Geldzuwendungen. Sophie revanchierte sich bei ihrem Vater im Oktober 1786 durch die Geburt des ersten Enkels. Ein weiterer Schwiegersohn wohnte ebenfalls in Jena: der Garnisonsprediger, Diakon, Übersetzer und Literat Johann Salomo Gottlieb Schorcht, der Wielands Tochter Maria Carolina Friederica heiratete. Schorcht verfasste Rezensionen und Übersetzungen für den „Merkur“ und revidierte die Lucian-Übertragung seines Schwiegervaters. Die Doppelhochzeit mit wechselseitiger Trauung der Geistlichen Liebeskind und Schorcht fand am 1. und 28. September 1788 in der Kirche von Oßmannstedt statt.

Im Juli 1787 erschien der Regimentsmedikus und Theaterdichter

Johann Christoph Friedrich Schiller in Weimar. Zwar fühlte sich Wieland von dessen Erstlingsstück „Die Räuber“ abgestoßen und verweigerte die Anzeige des „Don Carlos“ im „Merkur“, aber der prominente Autor konnte als Mitarbeiter des Journals gewonnen werden. Der Jenaer Philosophieprofessor ohne geregelte Einkünfte trat in eine enge Verbindung zu Wielands zweitältester Tochter Maria Carolina Friederica, aber diese Beziehung fand schnell ihr Ende. Wieland führte den schwäbischen Landsmann, der häufig Anna Amalias montägliche „Tafelrunde“ besuchte, in den intellektuellen Weimarer „Club der Bürgerlichen“ ein. Ende der achtziger Jahre veröffentlichte Schiller mehrere Beiträge im „Merkur“, unter anderem „Der Abfall der vereinigten Niederlande von der spanischen Regierung“ (Merkur 1788, 1. Vierteljahr), „Briefe über Don Karlos“ (Merkur 1788, 3. und 4. Vierteljahr), die akademische Antrittsrede „Was heißt und zu welchem Ende studiert man Universalgeschichte?“ (Merkur November 1789, Bd. 4) sowie die Gedichte „Die Götter Griechenlandes“ und „Die Künstler“ (Merkur 1788, 1. Viertelj. bzw. 1789, Bd. 1; im „Neuen Teutschen Merkur“ erschien kein Beitrag Schillers). Die Hoffnung, den ambitionierten Autor als Mitherausgeber des „Merkur“ zu gewinnen, erfüllte sich nicht. Man fand persönlich nicht zueinander, auch künstlerisch herrschte gegenseitiges Unverständnis.

Der Junggeselle war häufiger Gast Wielands, „zu dem ich durch ein Gedränge kleiner und immer kleinerer Kreaturen von lieben Kinderchen gelangte“ (Brief Schillers vom 24. Juli 1787). Freimütig bekannte der Herausgeber gegenüber dem Hausfreund die wirtschaftliche Gefährdung des „Merkur“, dessen Abonnentenzahl im November 1788 auf zirka 1400 zurückgegangen war. Eine Reform des Journals war dringend erforderlich. Im Januar 1790 erfolgte die Gründung der Zeitschrift „Der Neue Teutsche Merkur“ unter alleiniger geschäftlicher Verantwortung Göschens, der allerdings die Verringerung der Auflage auf 800 Exemplare im Jahre 1798 nicht verhindern konnte (vgl. WB 10.2, S. 69f.).

In der Dekade der achtziger Jahre – angefüllt mit der belastenden Tätigkeit als Journalherausgeber, den Horaz- und Lucian-Übersetzungen sowie zunehmenden familiären Verflechtungen – verfasste Wieland einen satirischen Roman, der 1788/89 fortsetzungsweise im „Merkur“ erschien und in der Erstausgabe von 1791 den Titel trägt: „Peregrinus Proteus. Eine Unterredung zwischen zwey Geistern von nicht gemeinem

Schlage, aufgeschrieben zu dem unschuldigen Zweck, Menschenkunde und Menschenliebe zu befördern" (im Folgenden „Peregrinus" genannt; zur Entstehungsgeschichte: WB 10.2, S. 321). Bei den „Geistern" handelt sich es einerseits um den Spötter Lucian, andererseits um den von ihm verunglimpften Philosophen Peregrinus Proteus, der sein abenteuerliches Leben durch einen spektakulär vorgetäuschten öffentlichen Selbstmord endigte.

Der im Elysium geführte, durch Anmerkungen und Digressionen stilistisch aufgelockerte Dialog enthält zahlreiche heiter-erotische Anspielungen: So entweicht Peregrinus zur Strafe für den Ehebruch „mit einem Rettig im Hintern" vom Tatort; auch wird augenzwinkernd auf die geschwächte Manneskraft des Hausherrn angespielt, der – zur Freude des Buhlen – das Schlafzimmer seiner Gattin längst nicht mehr aufsucht (vgl. C^{1}, Bd. 27, S. 8, 84). Herbe Polemik wird an der Institutionalisierung des Christentums und an religiöser Scharlatanerie geübt. So weiß der lebenskluge Peregrinus die Blauäugigkeit und Uneinigkeit der frühchristlichen Sekten zur eigenen Bereicherung auszunutzen. Mit feinsinniger Analyse entlarvt der Philosoph die Bigotterie als häufigen Bestandteil des Christentums. In solchen Textpassagen verlässt der Pfarrerssohn Wieland jedoch niemals das aufgeklärt-religiöse Terrain, sondern er empfiehlt als theologischen Rettungsanker einen rational fundierten Glauben: „Die Vernunft ist der gute Dämon des Menschen, und die Eudämonie, nach welcher du strebest, ist die Frucht eines nach ihrer Vorschrift geführten Lebens" (C^{1r}, Bd. 28, S. 119). Gleichwohl hatte sich Wieland selten zuvor religionskritisch so weit aus dem Fenster gelehnt: Der Roman evozierte einen religiösen Zynismus, welcher auf biedere Leser ähnlich verstörend wirken konnte wie die umwälzenden Ereignisse in Frankreich.

Als im Frühjahr 1789 die ersten Stürme der Revolution die Weltgeschichte veränderten, meldete sich auch Wieland zu Wort. Zwar hatte bereits die ein Jahr zuvor publizierte programmatische Studie „Das Geheimniß des Kosmopolitenordens" (Merkur 1788, 4. Vierteljahr) das Ideal einer gewaltlosen Vereinigung aller aufgeklärten Europäer beschworen, aber die Ereignisse im Nachbarland bewirkten eine weitere Politisierung seines Denkens und Schreibens: Bei dem „Merkur"-Artikel von September 1789 mit dem umständlichen Titel „Ueber die Rechtmäßigkeit des Gebrauchs welchen die Französische Nation dermalen von ihrer Aufklärung und Stärke macht" handelt es sich um ein Duell zweier politisierender Kontrahenten, die mittels argumentativen Schlagabtauschs den Leser für ihre Position zu gewinnen versuchen.

Ein stilistisches Kabinettstück ist Wielands wohl bekanntester Beitrag zum Thema Französische Revolution: „Kosmopolitische Adresse an die französische Nationalversammlung von Eleutherius Philoceltes". Der Artikel, Oktober 1789 im „Merkur" erschienen, spricht sich entschieden gegen jede Form von Gewaltausübung aus. Das „Sendschreiben des Herausgebers des T. M. an Herrn P.** zu ***" von 1792 ist ebenso von tiefer Skepsis gegenüber den martialischen Ereignissen im Nachbarland geprägt wie der Aufsatz „Die französische Republik". Insbesondere der gewaltsame Tod des französischen Königs im Januar 1793 verstärkte Wielands Abneigung gegen jede Form revolutionärer Entwicklungen: Die Beiträge „Für und Wider. Ein Göttergespräch" sowie „Über teutschen Patriotismus. Betrachtungen, Fragen und Zweifel" bekunden unmissverständlich die Ablehnung von „Sanskülotterie" als „Fakel der Zerstörung". Der Pensionär mit herzoglicher Apanage, Intimus von Anna Amalia sowie Literat und Journalist mit breiter Medienwirksamkeit (auch auf katholische Kreise), wollte für das Gebiet des Deutschen Reiches die Greuel der Revolution vermieden wissen. Die Dialoge enthalten gleichwohl antifeudale Invektiven, aber im Vordergrund steht die Hoffnung auf „eine Konstituzion von wenigen, auf die allgemeine Vernunft und auf die Natur der bürgerlichen Gesellschaft gegründeten Artikeln" (C^{1r}, Bd. 25, S. 273; vgl. auch: C^{1r}, Bd. 33, S. 313–326).

Um die Entwicklung von Wielands Verhältnis zur Französischen Revolution nachzuvollziehen, empfiehlt sich die Lektüre der von 1789 bis 1793 teilweise im „Merkur" publizierten „Göttergespräche" – eine von Lucian inspirierte Dialog-Sammlung voller Ironie und Weltschmerz, die zeitlich parallel ins Französische übersetzt wurde (Merkur 1790 Bd. 3, bis 1793, Bd. 1; vgl. WB 14.2, S. 32). Kein anderes Werk spiegelt Wielands Politisierungs- und Enttäuschungsprozess über die gallischen Entwicklungen mehr als diese von dem Streben nach „Mäßigung und Billigkeit" geprägten antikisierenden „Gespräche im Elysium". Vor allem die „Merkur"-Beiträge „Der vierzehnte Julius" und „Der olympische Weiberrath" behandeln auf intelligent-witzige Weise das dialektische Verhältnis von gesellschaftlichen Vorurteilen, Volksäufklärung und revolutionären

Bestrebungen. Einige Zeitgenossen schätzten die spöttischen Plaudereien im Olymp als subversiv ein, und sogar der als politischer Rebell geltende Herder war aufmerksam geworden (vgl. WB 10.2, S. 413; zur Übersetzung der „Göttergesprache“: WB 12.2, S. 168).

Die späten achtziger Jahre brachten eine besondere Ehrung für Wieland, denn zum ersten Mal in der deutschen Verlagsgeschichte sollten die Werke eines lebenden Dichters in umfassender und großzügiger Ausstattung publiziert werden. Im Februar 1788 hatte Wieland mit dem Leipziger Verleger Göschen eine erste Vereinbarung zu dem Projekt unterzeichnet. Die konkurrierende Weidmannsche Buchhandlung war jedoch hellhörig geworden, so dass Göschen sich bemühte, den Autor durch mehrere Vorschüsse auf das stattliche Gesamthonorar von 10000 Reichstalern an sich zu binden (vgl. WB 10.2, S. 404). Weidmann beanspruchte die Rechte an verschiedenen Texten, schrieb zornige Briefe und plante schließlich eine nicht autorisierte Ausgabe von „Musarion“.

In einem Vertrag vom 14. April 1792 übertrug Wieland gemeinsam mit seiner Frau das Eigentumsrecht an der Ausgabe für sich und seine Erben an Göschen und dessen Nachfolger. Als Vertragszeugen unterschrieben Carl Leonhard Reinhold und Friedrich Schiller. Dennoch blieben rechtliche Fragen ungeklärt, so dass im Dezember 1793 vor dem Leipziger Schöppengericht ein Prozess gegen Göschen mit der Anklage des widerrechtlichen Nachdrucks stattfand. Der Kläger Weidmann konnte jedoch seinen Rechtsanspruch nicht durchsetzen, auch die Berufungsverfahren vor der Leipziger Juristenfakultät und dem Sächsischen Ober-Appellationsgericht blieben erfolglos (vgl. Starnes II, 328, 333; WB 12.2, S. 15; zur Problematik des Nachdrucks vgl. WB 14.2, S. 30f.).

Am 21. Dezember 1795 konnte ein juristisch abgesicherter Vertrag unterzeichnet werden. Die Ausgabe „C. M. Wielands Sämmtliche Werke“ sollte (unter Ausschluss der Übersetzungen, deren Rechte Weidmann beanspruchen durfte) bei Göschen gleichzeitig und im Preis gestaffelt in vier verschiedenen Editionen erscheinen: Eine Oktav-, Kleinoktav- Großoktav- bzw. Quart- oder Pracht-Ausgabe, ausgestattet mit einem durch Johann Friedrich Bause nach Vorlage von Anton Graff gestochenes Porträt sowie 35 Kupfertafeln nach Johann Heinrich Ramberg, Johann Veit Hanns Schnorr von Carolsfeld und Heinrich Friedrich Füger. Das gleichzeitige Erscheinen sämtlicher Ausgaben sollte verhindern, dass andere Verleger die Prunkedition mit Billigangeboten unterbieten würden. Sämtliche Ausgaben wurden mit modernster Drucktechnik (unter anderem mit einer aus Basel eingeführten Papierglättmaschine) sowie mit Antiqua-Lettern hergestellt, zumal sich Wieland seit jeher für die Verwendung der Lateinschrift eingesetzt hatte. Die Druckbögen zu allen vier Ausgaben revidierte der Autor selbst (zur Entstehungsgeschichte und drucktechnischen Probleme vgl. WB 10.2, S. 13f., 146f.; WB 12.2, S. 275, 286f.; WB 14.2, S. 50f., 162f.; WB 18.2, S. 102 sowie den „Merkur"-Beitrag von 1793, Band 3 „Apologie der teutschen Lettern, mit einer Antwort des Herausgebers"). Vorfinanziert wurde die Edition durch Subskriptionen auf die Prunkausgabe durch Herzog Carl August, Anna Amalia, den Rat der Stadt Biberach sowie Fürsten und Privatleute aus ganz Europa. Goethe und Schiller kommentierten mokant:

> „Ist nur erst Wieland heraus, so kommt's an euch übrigen alle,
> Und nach der Location! Habt nur einstweilen Geduld!"

Von den Vorschüssen für das Projekt konnte der Dichter seinen Traum vom eigenen Haus erfüllen: Im Frühjahr 1792 verließ Wieland nicht zuletzt auf Druck von Herzog Carl August und Goethe – der in dem Gebäude einen Bekannten unterbringen wollte – das Mietshaus vor dem Frauentor und verkaufte seinen Garten (vgl. WB 11.2, S. 365ff.). Gerade mit der Bearbeitung des „Neuen Amadis" für die Gesamtausgabe beschäftigt, konnte Wieland ein Anwesen mit Hauptgebäude, Hof und Hinterhaus am Markt Nr. 18 für 3000 Reichstaler erwerben. Nach Umbauten, welche Diener Johann Peter Geisel beaufsichtigte, bewohnte die Familie ab dem 20. Juli 1792 das dreistöckige Gebäude, welches, eingekeilt zwischen den Gasthöfen „Elephant" und „Erbprinz", einem erheblichen Geräuschpegel ausgesetzt war. Zeitzeugen berichteten, dass in Wielands Schlafzimmer deutlich Schweinequieken und Pferdegestampf zu hören gewesen war; „Enten- und Hahnengeschrei" komplettierten das „thieriche Concert". Der lärmempfindliche Autor, dessen Stubenfenster dem „Erbprinz" gegenüber lag, vermochte sich an die unwillkommene Akustik nicht zu gewöhnen.

Wielands neu angestellter Sekretär, der Schriftsteller und Übersetzer Samuel Christoph Abraham Lütkemüller, beschrieb das vom Dichter liebevoll „Museum“ genannte Besuchszimmer im zweiten Stock, welches die Bibliothek enthielt und mit Kupferstichen italienischer Landschaften geschmückt war. Über dem Schreibpult hing ein Porträt Anna Amalias, andere Bilder erinnerten an Graf Stadion und Voltaire (vgl. WB 11.2., S. 392f.; WB 13.2, S. 329). Dort entstand unter anderem eine der liebenswertesten Schöpfungen Wielands, das kleine Versepos „Die Wasserkufe, oder der Einsiedler und die Seneschallin von Aquilegia“, jene „verspätete Sommerblume“, mit der Wieland, der Strophenkunst überdrüssig, „aufgehört Verse zu machen“ (Brief vom 15. Juli 1808; Merkur 1795, Bd. 1). Die kapriziöse Paraphrase über das Verhältnis von Askese und Lust handelt von dem brünstigen Ordensbruder Lutz, der, von der begehrten Frau Seneschallin bestraft, seine fleischliche Begierde durch vielstündiges Ausharren in einem gefüllten Wassertrog büßen muss: Ähnlich wie in „Musarion“ triumphiert das Ideal ehelicher Zweisamkeit vor mönchischem Asketismus, denn „nichts entheiligt uns was wir mit Zucht genießen“ (C^{1r}, Bd. 18, S. 81).

Die Vertreibung aus der Wohnung vor dem Frauentor hatte Wielands Vertrauen zu Goethe erheblich geschwächt. Mehrere vermutlich psychisch begründete Erkrankungen waren die Folge: Wechselweise plagten ihn Augenentzündungen, Nesselsucht, Katarrhfieber und Rheuma. Im Mai 1793 wurde sogar seine in Jena weilende Frau zurückgerufen, weil der Gemahl kurzfristig zu sterben wähnte. Auch das probate Therapeutikum der „Quecken-Cur“ – einem aus der Queckenwurzel zubereiter Extrakt zur Linderung zahlreicher Beschwerden – half wenig. Löwenzahn-Absud kam ebenfalls zum Einsatz, aber dessen medizinische Wirkung war ebenfalls begrenzt (vgl. Brief vom 15. Mai 1793). Neben Ausflügen mit der Familie in die Gärten von Belvedere oder Tiefurt und mehrtätige Visiten im dem nur wenige Wegstunden entfernten Jena fand Wieland Erholung beim Sammeln neuwertiger, blanker Münzen.

Der prominente Autor galt als beliebtes Besuchsziel. Unter anderem visitierten ihn die klassischen Philologen Friedrich August Wolf und Johann Heinrich Voß, der dänische Dichter Jens Immanuel Baggesen, der satirische Autor, Privatgelehrte und Freund Wielands, Johannes Daniel Falk, die Schriftsteller, Kritiker und Übersetzer August Wilhelm und Friedrich Schlegel sowie der Schweizer Autor Johann Caspar Lavater, welcher sich auf der Durchreise nach Kopenhagen befand. An einer Hoftafel nahm Friedrich Freiherr von Hardenberg teil, dessen Dichtername „Novalis" lautete. Im „Neuen Teutschen Merkur" (1791, 1. Band) wurde das von dem Bergakademiestudenten anonym eingesandte Gedicht „Klagen eines Jünglings" mit einer lobenden Schlussnotiz über das Talent und die charakterlichen Vorzüge seines Verfassers publiziert. Auch die im ersten Heft des „Athenäum" veröffentlichte Fragmentensammlung Hardenbergs schätzte Wieland, weniger hingegen die Früchte des Novalis-Epigonentums (vgl. WB 16.2, S. 384 sowie Briefe vom 28. Mai und 13. Juni 1798).

Nachdem Schwiegersohn Carl Leonhard Reinhold aufgrund der Unmöglichkeit des beruflichen Aufstiegs in Jena sowie Verunglimpfungen durch Kollegen eine Professur an der Universität Kiel angenommen hatte, lernte Wieland im Mai 1794 dessen Nachfolger, den durch seine Schrift „Versuch einer Critik aller Offenbarung" (1792) prominent gewordenen Philosophen Johann Gottlieb Fichte, persönlich kennen und schätzen (vgl. Starnes II, 352f.; zu Reinhold vgl. WB 16.2, S. 194). Unmittelbar darauf nahm Wielands Sohn Carl Abschied von der Familie, um sich als Lehrling auf einem Pachtgut zu betätigen, während Ludwig eine akademische Ausbildung an der Kieler Universität aufnahm.

In den frühen neunziger Jahren bearbeitete Wieland seine Werke für die Göschen-Ausgabe und führte seine Übersetzertätigkeit fort: Unter anderem entstanden die „Agathon"-Kapitel über den Besuch des Hippias im syrakrusischen Kerker und der Archytas-Dialog sowie der „Versuch einer metrischen Uebersetzung der Acharner des Aristofanes" und die thematischen dazugehörenden „Briefe vermischten Inhalts" (Merkur 1793, Bd. 3, 1794, Bd. 1; WB 14.2, S. 22). Nachdem der kulturell vielseitig gebildete Pädagoge und Philologe sowie Weimarer Gymnasialdirektor Carl August Böttiger als „Merkur"-Mitarbeiter gewonnen werden konnte, nahm Wieland eine Einladung Göschens zu einer Reise nach Leipzig an: Am 30. Juli 1794 fuhren Anna Dorothea, Christoph Martin und der Diener Johann Peter Geisel über Naumburg in die kursächsische Handels- und Universitätsstadt.

Der feierlich beleuchtete Garten des Gastgebers überraschte die Besucher mit einem wasserumschlungenen Tempel, der die Büste des Dichters präsentierte. Als lebendige „Genien" kostümierte Knaben hielten den ersten Band der Prachtausgabe in den Händen, und eine antikisierend gewandete Dame schmückte Wielands Haupt mit einem Lorbeerkranz. Göschen verstand es trefflich, durch geschäftliche und psychologische Verführungskünste seinen Star-Autor an sich zu binden, der sich durchaus empfänglich für derartige sentimentale Anspielungen auf Szenen seines Œvre zeigte (vgl. WB 12.2, S. 188, 228). Die Reise führte weiter in die kursächsische Haupt- und Residenzstadt Dresden, wo man die Gemäldegalerie besichtigte. Wieland ließ sich vom Hofmaler Anton Graff porträtieren, traf in Seifersdorf eine adlige Bekannte und absolvierte im Lustschloss Pillnitz an der Elbe eine Audienz beim sächsischen Kurfürsten. Allerorten begegnete man dem prominentesten zeitgenössischen Autor deutscher Sprache mit Respekt, ja Anerkennung. Wieland zeigte sich von den Ehrungen zutiefst beglückt und fühlte seine Eitelkeit befriedigt.

Im Sommer 1793 unternahm Wielands fünfte Tochter Charlotte Wilhelmine gemeinsam mit der dänischen Familie Baggesen eine Reise in die Schweiz und lernte dort den Züricher Buchhändler und Druckereibesitzer Heinrich Geßner – Sohn des verstorbenen Salomon Geßner – kennnen und lieben. Im Auftrag von Geßner bat Baggesen Wieland um die Hand seiner Tochter. Am 18. Juni 1795 erfolgte die Heirat auf Schloss Belvedere bei Weimar, wo Herder das Paar in kleinem Familienkreis traute. Dieser Aufenthalt Geßners in Weimar mag Wieland veranlasst haben, mit dem Schwiegersohn das Projekt zur Herausgabe eines neuen Journals zu besprechen. Anfang 1796 erhielten die Tochtermänner Geßner und Reinhold brieflich Auskunft über die verlegerischen und drucktechnischen Vorstellungen zu einer neuen Zeitschrift mit dem Titel „Attisches Museum". Geplant war ein gehobenes Kulturjournal mit klassizistischer Ausrichtung. Anders als beim breitenwirksam konzipierten, jedoch absatzmäßig stagnierenden „Merkur" und in Konkurrenz zu Schillers 1795 gegründeter Monatsschrift „Die Horen" sollte eine Zielgruppe kultureller Gourmets mit besonderer Neigung zu griechischen Delikatessen angesprochen werden. Ab 1796 erschien bei Verlag und Buchhandlung Geßner das erste Heft der Zeitschrift „Attisches Museum" (vgl. Wielands Ankündigung im „Neuen Teutschen Merkur" 1796, Band 1, S. 339–341; das Journal wurde 1796–1803 vierbändig in Zürich und Luzern im Verlag Geßner publiziert, später in Leipzig fortgesetzt von den Mitherausgebern Hottinger und Jacobs als „Neues Attisches

Museum“ in drei Bänden, Zürich und Leipzig 1805–11; vgl. WB 13.2, S. 24f.; WB 14.2, S. 69; zu Geßner: WB 14.2, S. 53). Es war allerdings voraussehbar, dass sich ein derart ambitioniertes Unternehmen wirtschaftlich nicht rechnen würde, und tatsächlich bedeutete das „Griechenmuseum“ für Geßner einen finanziellen Rückschlag.

Die Beiträger zum Journal, allesamt profunde Kenner des Altgriechischen, waren an einer Hand abzuzählen: Carl August Böttiger, der Schweizer klassische Philologe Johann Jacob Hottinger, der Graecist, Publizist und Gothaer Gymnasiaprofessor Christian Friedrich Wilhelm Jacobs, Carl Wilhelm Friedrich Schlegel und Wieland schufen ein Manifest des neo-griechischen Klassizismus. Dass einer der Schlegel-Brüder, die wenige Jahre später in der Zeitschrift „Athenaeum“ Wieland so scharf angriffen, anfangs am „Attischen Museum“ beteiligt war und Wieland die Shakespeare-Übersetzung August Wilhelm Schlegels gegenüber Schwiegersohn Geßner (wegen der hohen Honorarforderung allerdings vergeblich) unterstützt hatte, ist ebenso bezeichnend für die differenzierten persönlichen und literarischen Verflechtungen jener Epoche, wie die Nicht-Teilnahme von Goethe und Schiller an dem Projekt. Wieland bediente sich des Journals als Forum für seine Aristophanes- und Euripides-Übersetzungen, sokratische Dialoge und poetologische Anmerkungen (vgl. WB 13.2, S. 573f.; dabei zeigte er sich auch gegenüber „nichtklassizistischen“ Autoren, wie Jean Paul, aufgeschlossen (vgl. C^1, Band 31, S. 31ff.; WB 13.2, S. 217, 303; WB 14.2, S. 19; WB 15.2, S. 43).

Im „Attischen Museum“ erschien ein Teilabdruck des von Wieland im Sommer 1795 begonnenen Romans „Agathodämon. Aus einer alten Handschrift“ (vgl. WB 13.2, S. 86; im Folgenden „Agathodämon“ genannt; zu den verschiedenen Auflagen vgl. WB 15.2, S. 127). Bei der Titelfigur, die in der bergigen Einöde Kretas von einer kleinen Schar erlauchten Personals umsorgt wird, handelt es sich gleichsam um ein Selbstbildnis des Autors als weiser Patriarch, der – ähnlich wie in „Der Goldne Spiegel“ und „Peregrinus Proteus“ – eine soziologisch fundierte Skepsis gegenüber den institutionalierten Religionen an den Tag legt. Der von der Bevölkerung als geheimnisvoller „Wundermann“ verehrte „gute Geist“ entpuppt sich als vormaliger Leiter eines religiösen Geheimordens mit dem Ziel, das römische Imperium zu stürzen. „Agathodämon“, der lebenskluge Eremit, durchschaut das oft zynische Missverhältnis zwischen persönlichem Glauben und machtorientierter Kirchenhierarchie. Einen Ausweg aus dem religiösen Dilemma bietet nach seiner Auffassung allein die artistische Existenz: Der Dichter und bildende Künstler soll „die Menschen, die er zu Modellen zu nehmen genöthigt ist, von allen der Einzelnheit anklebenden Mängeln befreyen; kann und soll sie in ihrer *reinsten Schönheit* denken, und sie größer, edler und kraftvoller darstellen, als vielleicht jemals ein wirklicher Mensch gewesen ist" (C^{1r}, Bd. 32, S. 28).

Eine derart spröde „klassizistische" Programmatik erinnert an die überspannte Tugendhelden-Theatralik seiner Schweizer Bühnenstücke. Der handlungsarmen Pathetik des Romans fehlen denn auch die stilistisch bewährten auflockernden Elemente, wie Digressionen und ironische Anmerkungen, die seinen früheren Erzählungen ihren heiteren Charme verliehen. Diesmal ist der Ton der Erzählung gesetzter, vernimmt der andächtig gestimmte Leser weltweise Worte in entrückter Umgebung. Auf Schloss Belvedere, wo die Erzählung teilweise entstand, wurden häufig Textabschnitte des Romans in Anna Amalias geselliger Runde vorgetragen. Biografisch gesehen handelt es sich bei dieser erzählerischen Apotheose eines von der Ordensleitung emeritierten Eremiten in einsamer Bergwelt möglicherweise um einen Reflex auf den unerträglichen Geräuschpegel, dem der Autor in seiner Arbeitsstube am Weimarer Markt – wo die ersten Teile des Textes entstanden – ausgesetzt war.

Eine Reise in die Schweiz bot den nötigen Abstand von der häuslichen Misere, obwohl Wielands Reise-Unlust sowie politisch-militärische Eskalationen (französische Revolutionstruppen hatten Teile der Eidgenossenschaft besetzt) gegen eine derartige Tour sprachen. Seitdem Tochter Charlotte in Zürich lebte, hatte sich bei Wieland jedoch das Verlangen verstärkt, das Land seiner Jugend wiederzusehen. Am 23. Mai 1796 reiste Christoph Martin, begleitet von Anna Dorothea und drei Kindern, über Nürnberg nach Zürich; aufgrund militärischer Operationen in der schwäbischen Heimat wurde ein Abstecher nach Biberach vermieden. Als besonders angenehm empfand Wieland die „Exkursionen u. Land- und See-Parthien" in die reizvolle Schweizer Bergwelt, aber die Begegnungen mit früheren Bekannten und Orten seiner Vergangenheit verliefen unbefriedigend: Das ehemalige Bodmer-Haus war an eine fremde, desinteressierte Person verkauft, Johann Caspar Hirzel erwies sich als wundersam und die nunmehr achtzigjährige Witwe Elisabeth Hirzel besuchte Wieland kein zweites Mal (vgl. WB 13.2, S. 270, 285; Briefe vom 9., 22. und 23. Juli 1796).

Als interessanter erwiesen sich die Begegnungen mit Lavater, dem Sozialreformer Johann Heinrich Pestalozzi, dem reformierten Theologen, klassischen Philologen und Gymnasialprofessor Johann Jacob Hottinger sowie dem Mundartforscher Friedrich David Gräter aus Schwäbisch-Hall, aber der geistige Ertrag der Reise war verhältnismäßig gering (zu Pestalozzi vgl. Brief vom vom 31. Juli bis 5. August 1809; zu Gräter vgl. WB 18.2, S. 80). Immerhin wurde mit Heinrich Geßner über die französischsprachige Edition der „Göttergespräche" diskutiert, welche in Zürich erschien. Die von Wieland flüchtig-fehlerhaft durchgeführte Textrevision der „Dialogues des Dieux" führte allerdings zu scharfen Auseinandersetzungen mit dem Übersetzer (vgl. WB 13.2, S. 304, 365). Am 11. September 1796 traf Familie Wieland nach einer Reise durch das von Kriegswirren geplagte Süddeutschland wohlbehalten in Weimar ein.

Bis Juli 1796 hatte Wieland für die Gesamtausgabe von Göschen ein Honorar von mehr als 6000 Reichstaler erhalten. Die gute finanzielle Situation führte zu einer Verbesserung der beengten Wohnverhältnisse: Aufgrund des Zuzugs der schwer erkrankten, bis dahin von ihrer Schwester Carolina Schorcht in Oßmannstedt gepflegten Amalia Liebeskind sowie deren Kinder hatte sich der Hausstand erheblich erweitert. Zur Familie gehörten nunmehr außer vier Erwachsene acht eigene- und vier Enkelkinder, mithin insgesamt 16 Personen zuzüglich Bediensteten. Nachdem Charlotte und Heinrich Geßner im Dezember 1796 dem erfreuten Großvater einen Enkel geschenkt hatten, begannen die Verhandlungen zum Verkauf des Hauses am Markt, das schließlich von dem Weimarer Regierungsbeamten Christian Gottlob Voigt erworben wurde. Infolge der Heirat seiner vierten Tochter Amalia Augusta mit dem früheren Theologiekandidaten und Hauslehrer Herders, dem Oßmannstedter Gemeindepfarrer Johann August Jacob Liebeskind, hatte Wieland das nordöstlich von Weimar gelegene Landgut kennen gelernt. Nachdem kurzzeitig der Erwerb des Dorfs Tannroda oder anderer Liegenschaften im Gespräch gewesen war, fiel – trotz finanzieller Bedenken Göschens – am 15. März 1797 die Entscheidung zugunsten des Ankaufs von Oßmannstedt.

Der Zeitraum zwischen Wielands Einzug in Weimar als Fürstenerzieher und dem Auszug als saturierter Literat bietet ein breites Panorama seiner literarischen Entwicklung, die außer Versepen, Romane und philosophische Essays nunmehr naturwissenschaftliche und juristische Studien sowie Libretti umfasste. Die Revision seiner Schriften für die Werkausgabe vergegenwärtigte ihm die Texte der frühen Jahre, welche er bearbeitete oder ergänzte. Gegenüber dem Hofleben vermochte Wieland weitgehend eine persönliche Distanz zu wahren. Er hatte sich niemals zu tief vor der höfischen Kamarilla verbeugt und sich stets reserviert gegenüber dem Zeremoniell verhalten. Gleichwohl war ihm zu einzelnen Mitgliedern der herzoglichen Familie, insbesondere zu Anna Amalia, eine innige Beziehung vergönnt. Die Görtz-Affäre hatte gezeigt, wie unzureichend klassenspezifische Zuordnungen als Erklärungsmuster für interne Spannungen am Hofe sind, denn der bürgerliche Schriftsteller kooperierte gemeinsam mit Anna Amalia gegen den konspirativen Grafen. Nach dem Rücktritt als Regentin vertiefte sich das kordiale Verhältnis zwischen Anna Amalia und Christoph Martin, vor allem in den idyllischen Refugien Belvedere, Ettersburg und Tiefurt konnte man privat die gemeinsamen literarischen Interesse ausleben.

Spätestens seit den siebziger Jahren galt Wieland als anerkannter und erfolgreicher Autor, dessen Popularität ihm zwanzig Jahre später den Spitzenrang in der deutschen Literatur eintrug. Das Publikum fühlte sich angesprochen von Versepen wie „Oberon", „Die Wasserkufe" und „Der Mönch und die Nonne", auch die schalkhaften Anspielungen des Abderiten-Romans, die sentimental-exotischen Liebesgeschichten der Märchen und die sanfte Ironie der philosophischen Essays wusste man zu schätzen. Die Fülle übermächtiger Fantasie, gebändigt durch stilistisches Feingefühl, wirkte anziehend auf ein schöngeistig orientiertes Publikum, welches nach gebildeter Unterhaltung verlangte. In den späten achtziger Jahren war Wielands Ton jedoch kritischer, ja ketzerisch geworden, indem der Pfarrersohn immer wieder auf die moralische Scheinheiligkeit als Element des institutionalisierten Christentums hinwies. Sein Credo für eine aufgeklärte Vernunftreligion verriet nirgends so viel Emphase wie in den religionskritischen, oft nahezu häretischen Textpassagen seiner Romane.

Wieland, schriftstellerisch stets erfolgsorientiert, hatte die Zeichen der Zeit erkannt und eine überkonfessionelle Kulturzeitschrift gegründet, welche dem wachsenden Informationsbedürfnis entgegenkam. Die Gründung des „Merkur“ war gewiss dilettantisch vorbereitet und sein finanzielles Überleben infolge aufkommender Konkurrenz, Kriegswirren und geschäftlichen Unwägbarkeiten gefährdet, aber der Herausgeber hatte sich als ebenso innovativer wie populärer Aufklärer erwiesen: Aus dem einstigen Schweizer Tagträumer, Biberacher Kommunalangestellten, Erfurter Philosophieprofessor und Weimarer Fürstenerzieher war ein kaufmännisch kalkulierender Literat geworden, der merkantile Interessen mit seiner Schreibleidenschaft zu vereinen wusste. Erstmals hatte sich der Poet aus Passion als freier Unternehmer zu bewähren, zumal das Journal ein beachtliches geschäftliches Risiko bedeutete.

Die subtilen Verkaufsmethoden des Herausgebers könnten ein Vorbild selbst für moderne Marketingstrategen sein: Der prominente Name „Wieland“ diente als Label für die Ware „Merkur“, welche mittels einer ausgeklügelten Serienästhetik die Leserschaft an das Produkt zu binden verstand. Gleichwohl musste der Herausgeber bald einsehen, sich mit der Idee des Selbstverlages übernommen zu haben, denn professionelle Unterstützung durch einen externen Verlag erwies sich als ebenso nötig wie engagierte fachliche Beratung durch befreundete Mitarbeiter. Weniger die Erträge als Journalherausgeber, sondern das Honorar für die geplante Werkausgabe trugen dem Oberhaupt einer Großfamilie die nötige finanzielle Sicherheit ein: Dem Geschäftssinn Göschens verdankte Wieland den Erfolg, der erste durch seine Werke wohlhabend gewordene deutschsprachige Schriftsteller geworden zu sein. Seit Mitte der neunziger Jahre verfügte der schwäbische Autor über ein breit gestreutes Vermögen: Beträchtliche Einkünfte aus herausgeberischer und literarischer Tätigkeit mit einem Spitzenhonorar von 16 Taler pro Bogen, Zinserträge sowie Haus- und Grundbesitz waren äußere Zeichen ökonomischer Wohlfahrt.

Seit Anfang der siebziger Jahre wuchs die Front seiner literarischen Gegner, denn spätestens seit dem Erscheinen des „Merkur“ war Wieland zum literarischen Übervater mutiert, den zu provozieren als emanzipative Tugend galt. Zunehmend sah sich der erfolgreiche Autor mit einem Feldlager unterschiedlicher Feinde konfrontiert, die in Abgrenzung zu seinem Schaffen ihre eigene Identität konturierten. Gegenüber der Farce des jungen Goethe bekundete Wieland stoische Gelassenheit, aber anderen Jung-Autoren wurde diese Schonung nicht zuteil. Bezeichnend ist Wielands zwiespältiges Verhältnis zu den Schlegel-Brüdern und zu dem sich ihm gegenüber widersprüchlich verhaltenden Duovirat Goethe und Schiller. Die Kompliziertheit der Frontenstellung ist auch daran ablesbar, dass der kantianische Philosophieprofessor Reinhold erleben musste, wie sein Schwiegervater gemeinsam mit Herder die moderne philosophische Strömung ablehnte.

Die Angriffe der jüngeren Dichtergeneration hatten jedoch Wielands literarisches Selbstbewusstsein gestärkt. Spätestens seit Mitte der neunziger Jahre war sich der Autor seiner literarischen Meriten und Schwächen bewusst, ließ ihn die betrübliche Erfahrung mit dem „Rosamunde"-Singspiel endgültig von theatralischen Versuchen Abstand nehmen. Auch politische, naturwissenschaftliche oder juristische Publizistik aus eigener Feder vermochten ihn nur bis etwa 1794 zu interessieren, wohl aber begeisterte er sich für die Ausarbeitung von spöttisch-filigranen Dialogen aus dem Munde olympischer Götter, um verschmitzt auf Zeitereignisse anzuspielen. Vor allem beim Übersetzen griechischer und lateinischer Texte konnte der Poet im buchstäblichen Sinne seine *Philologie*, seine Liebe zum Wort, ausleben.

Wielands literarische Kompetenz lag in dezent-stilvollen Plaudereien, geistreichen Paraphrasen, humorvollen Aperçus und heiteren, durch Einschübe und Digressionen versetzte Erzählungen mit feinem Sprachgefühl. Sein Talent entfaltete sich zudem in freier, lediglich durch seinen stilistischen Geschmack gezügelter epischer Poesie. Direkte Konfrontation mit fremden Argumenten war seine Sache nicht. Stets blieb sein Ton gemäßigt, dienten ihm subtile Polemik und sanfte Satire als Ersatz für Rebellion. Der größte Glücksfall für einen Autor ist ein kongenialer Verleger zur rechten Zeit: Georg Joachim Göschen hatte die Eignung von Wielands Schriften für ein bibliophiles Gesamtkunstwerk erkannt und wusste es geschickt zu vermarkten. Aus Dichtung wurde bare Münze. Der Ankauf des Landgutes Oßmannstedt war ein äußeres Zeichen dafür.

7. Kapitel

GUTSHERR VON OSSMANNSTEDT

Die Sehnsucht nach dem bäuerlichen Leben war Wieland auf dem Familienwappen vorbedeutet, das einen Löwen zeigt, der „aus drey Erdschollen hervorsteigt, und, statt eines edeln Mordinstruments, eine friedliche Pflugschar in den Bratzen“ hält (vgl. „Merkur“, 1800, Band 1). Sein ländlicher Geburtsort Oberholzheim galt für ihn als Idylle, und der Weimarer Prinzenerzieher wünschte, „ein klein Bauergütchen zu kauffen, wohin ich mich flüchten kan, wenn ich fühle daß die Hofluft meine Seele krank zu machen anfängt ... gerade so ein kleines Suetonisches tranquilles Gütchen ... wie es einem Danischmende nützt und frommt – so weit von Sultanen und Bonzen als immer möglich ist“. Der Besitz eines Gutes außerhalb der Stadt sollte seine rurale Neigung befriedigen: „Ich muß aufs Land! Hier in Weimar wird mein Geist durch den Hof, mein Körper durch das fatale Clima gemordet. Wollt ihr also mein längeres Leben: so misgönnt mir diese ländliche Ruhe nicht. Ich habe mir übrigens alle Nachtheile gedacht, die diese Isolirung für mich haben kann.“ Ob sämtliche Folgen der Umsiedlung hinreichend bedacht waren, wird nachzufragen sein (Briefe vom 20. März 1773 und 14. Juli 1775; WB 13.2, S. 440).

Gemäß Kaufvertrag vom 15. März 1797 erwarb Wieland von der Gemeinde Oßmannstedt für die stattliche Summe von 22000 Reichstalern das gleichnamige Erblehngut mit mit einer Grundfläche von 63,7 Hektar Acker- und Wiesenland und „darzu gehörigen Allodio [vom Eigentümer selbst genutztes, lehnsfreies Land, wie das mit Rotbuchen bewaldete „Hetschburger Revier“], Rechten und Gerechtigkeiten, Freyheiten, Nutz- und Beschwerungen“. Innerhalb von zwei Jahren sollte der Kaufpreis in drei Raten abgezahlt sein, so dass Wieland erst 1799 Eigentümer der Gesamtliegenschaft wurde. Zum Grundstück gehörte das zweiflügelige Hauptgebäude, kleinere Bauwerke, ein großer Garten, umfangreiches Gutsland mit Äckern und Wiesen, Buschholz, ein Teichgarten mit Fischbesatz, ein Brunnen, Triften für „Schaafviehaltung“, das Pfarrgut sowie Privilegien, wie die „Trank-, Markt- und Bier-Freyheit“

(vgl. WB 13.2, S. 476–481; WB 14.2, S. 56, 425; WB 15.2, S. 31f., 40f., 243f.).

Der Landesherr Carl August behielt die höhere Gerichtsbarkeit, die Jagdgerechtigkeit und das Kirchenpatronat; er gewährte jedoch zum Ausgleich ein jährliches Deputat von 12 Hasen und 24 Feldhühnern (vgl. WB 14.2, S. 138f., 155). Die Verweigerung der Patrimonialgerichtsbarkeit konnte Wieland begrüßen, denn sonst hätte „der edle Kosmopolit … ein Gefängnis bauen und Ketten für Verbrecher anschaffen lassen müssen", wie Böttiger ironisch bemerkte (vgl. WB 13.2, S. 489f.). Der betont eigenständige Gutsherr verweigerte nach Erhalt des herzoglichen Mutscheins [Genehmigungsurkunde] den Treue-Eid gegenüber dem Fürsten, und zu den Feierlichkeiten anlässlich der verliehenen Erbhuldigungs- und Lehnspflicht im Frühjahr 1799 entsandte Wieland einen Stellvertreter (vgl. WB 14.2, S. 403, 438ff.).

Göschens und Voigts finanzielle Bedenken vor dem Gutskauf erwiesen sich schon bald als begründet: Wenige Tage nach Vertragsabschluss bat Wieland seinen Verleger um ein Darlehen von 9000 Talern, aber Göschen – durch den aufwändigen Umzug von Leipzig nach Grimma selbst pekuniär belastet – konnte lediglich 3000 Taler ohne Hypothek aufbringen (vgl. WB 13.2, S. 487; zu Göschen WB 13.2, S. 357; WB 14.2, S. 39). Ernteverluste infolge schweren Regens verschlimmerten die Situation ebenso wie Holzdiebstähle, so dass Wieland im Juni 1797 – allerdings vergeblich – um eine Verschärfung der seit 1775 geltenden Forst- und Waldordnung nachsuchte (vgl. WB 13.2, S. 533). Aufgrund der unsicheren wirtschaftlichen Situation musste der Gutsherr bei Göschen mehrmals um Vorschüsse für die Revision der Werkausgabe und noch nicht verfasste Texte bitten.

Diese merkantilen Querelen wurden durch die anmutige, an die schwäbische Heimat erinnernde Hügellandschaft ausgeglichen, worin sich das von Wieland scherzhaft nach Horaz' „Sabinum" genannte „Osmantinum" befand: In einer großen Schleife mäandert der am Osthang des Thüringer Waldes entspringende Fluss Ilm durch den südlichen Teil des Anwesens, um etliche Kilometer entfernt in die Saale zu münden. Sanfte Hügelkuppen bieten einen weiten Blick auf das Ilmtal und das etwa 12 Kilometer entfernte Weimar.

Die Liegenschaft Oßmannstedt hat eine eigentümliche Vorgeschichte:

Urkundlich erstmals im Jahre 956 mit der Bezeichnung „Azmenstat“ erwähnt, entstand am Ostrand des Ritterguts ein Wasserschloss, das allerdings mit anderen Gebäuden am Anfang des 18. Jahrunderts niederbrannte. Heinrich Reichsgraf von Bünau – vormaliger kursächsischer Minister, obervormundschaftlicher Statthalter des Teilherzogtums Sachsen-Eisenach, Premierminister des Landes sowie Privatgelehrter – erwarb das Dorf im Jahre 1756. Aufgrund Geldmangels und Tod des Bauherrn unterblieb die Errichtung eines *Corps de Logis* [Mittelteil eines mehrgliedrigen, schlossartigen Gebäudes], stattdessen entstand eine imposante Vierflügelanlage mit barockem Lustgarten und Wasserbecken. Vom östlichen Häusergeviert existiert noch heute das zwischenzeitlich als Schulgebäude genutzte Gutspächterhaus; die Ställe und Scheunen sind nicht mehr vorhanden. Nach dem Regierungsantritt Anna Amalias kam es zum Zerwürfnis zwischen der Herzogin und Bünau, der zurücktrat und Oßmannstedt zu seinem Alterssitz wählte. Bis zu seinem Tod im Jahre 1762 betätigte sich der Graf als Reichshistoriker.

Bevor Anna Amalia ab 1781 Tiefurt zu ihrem ständigen Sommerwohnsitz wählte, diente ihr das von den Söhnen Graf Bünaus abgekaufte Gut als Refugium (vgl. WB 14.2, S. 63). Unter Aufsicht der Herzogin entstand ein Landschaftspark im französischen Stil mit Lustplätzen und Wasserspielen. Ein kolorierter „Plan von dem fürstlichen Garten zu Oßmannstedt“ aus dem Jahre 1776 zeigt eine geometrisch geordnete Anlage, welche von der Dorfstraße, Äckern und Wiesen sowie der Ilm begrenzt ist. Auf der Zeichnung sind die Haupt- und Nebengebäude, das Bassin mit einem wasserspeiendem Delphin und krönender Najade, eine langgestrecke Wasserachse, zwei Lindenalleen mit Pavillons, der große Platz vor der Orangerie, Heckenkabinette mit kleinem Theater, Rasenbahnen sowie der Küchengarten zu erkennen. Später wurde die Anlage im Stil eines englischen Landschaftsparks umgestaltet. Die fürstliche Herrschaft nächtigte jedoch nur selten in Oßmannstedt, dessen geringer infrastruktureller Standard den gehobenen Ansprüchen vermutlich nicht genügte. Mit Sonnenuntergang verließ die herzogliche Equipage zumeist das Landgut.

In den neunziger Jahren des 18. Jahrhunderts wechselte infolge der so genannten „Güterzerschlagung“ die Eigentumsform des Dorfes von adligem Besitz in bäuerliches Zinsgut, das durch einen weitgehenden Abbau von Grundlasten und Frondiensten begünstigt war. Diese in den meisten deutschen Staaten – außer Preußen – durchgeführte Eigentumsreform sollte eine intensivere landwirtschaftliche Nutzung der Güter durch klein- und mittelständische Betriebe bewirken. Die Bauern hatten in Wieland einen gutgläubigen Kandidaten für den überteuerten Verkauf ihres zuvor vom Landesherrn erworbenen Gutes gefunden. Umgerechnet in Kaufkraft des Jahres 1990 zahlte Wieland immerhin anderthalb Mal den Preis des Ertragswertes, etwa 3800.- DM pro Hektar. Zudem musste ein Mindestbestand an Arbeits- und Nutztieren angeschafft werden (vgl. Agrarjournal Thüringen, 3/2005).

Auf diesem wirtschaftlich schmalbrüstigen Landgut hoffte Wieland gemeinsam mit der Familie seinen Frieden zu finden. Das stattliche Gebäude-Ensemble war keineswegs zu großräumig für den verwandtschaftlichen Anhang, der aus den verwitweten Töchtern Amalia Augusta Liebeskind, Maria Carolina Friederica Schorcht, vier Kindern und Enkeln sowie dem Ehepaar Wieland bestand. Der in Jena immatrikulierte Sohn Ludwig Friedrich August half beim Umzug, und die zu „Landökonomen" ausgebildeten Söhne Wilhelm August und Carl Friedrich waren zeitweilig als Gutsverwalter angestellt. Häufig gab es jedoch unangenehme Auftritte mit dem Vater, der die Oberaufsicht beanspruchte, so dass Caroline Herder schließlich vermittelnd eingriff und mit Gleims Hilfe für Carl Wieland eine neue Lehr- und Arbeitstelle besorgte (vgl. WB 14.2, S. 19, 63ff.; WB 15.2, S. 38 sowie Briefe Caroline Herders vom 21. April 1800 und 18. Dezember 1801).

Unmittelbar nach dem Einzug der Familie regte sich Geschäftigkeit auf dem Landgut: Zur Errichtung einer weiteren Scheune sowie von Remisen, Ställen und eines Gartenhauses traf von der fürstlichen Kammer in Weimar Bauholz ein, und im Frühjahr 1798 wurden dreihundert Obstbäume gepflanzt. Ursprünglich sollten auch die von Graf Bünau stammenden, jedoch niemals ausgereiften ungarischen Weinstöcke nach Ratschlägen Klopstocks erneuert werden, der wie andere Literaten jener Zeit als „poetischer Landwirth" dilettierte. Dieses Projekt blieb jedoch unverwirklicht (vgl. WB 14.2, S. 39, 120). Schließlich bemerkte der agrarökonomisch unkundige Gutsherr mit resigniertem Unterton: „Mein weitläufiger und kostspieliger Wirtschaftsbau ist nun der Vollendung nahe, und meine Landwirtschaft nähert sich … dem Punkt, worauf ich es bringen muß … Ich habe dermalen, mich selbst eingeschlossen, 17 Personen (12 zur Familie gehörig), 3 Mägde und zwei Knechte, 14 Stück Rindvieh, alt und jung, etlich achtzig Stück Schafvieh, vier Pferde und 5 Schweine zu ernähren. Das sind viele menschliche und tierische Mäuler …" (Brief vom 11. oder 13. März 1800; WB 15.2, S. 162f.).

Wirtschaftliche Sorgen behinderten jedoch keineswegs das literarische Schaffen Wielands. Vordringlich war die Revision der Jugendschriften für die Supplementbände der Werkausgabe (vgl. WB 14.2, S. 27). Neben der Bearbeitung von Texten der Tübinger und Schweizer Jahre wurde der Roman „Agathodämon" beendet sowie – in einem ständigen philologischen Austausch mit anderen Graecisten – für das „Attische Museum" Dramen aus dem Griechischen übersetzt und mit umfangreichen Erläuterungen versehen: Vom Komödiendichter Aristophanes „Die Ritter oder die Demagogen" und „Die Wolken", vom Tragiker Euripides „Ion" sowie „Helena" (dieses Schauspiel wollte Wieland, allerdings vergeblich, als „Melodrama" komponiert und in Berlin aufgeführt wissen), von Xenophon das „Gastmahl" und die als „Gegengift" zur „kantinisierenden Scholastik" gedachte, nur fragmentarisch erschienene Schrift „Denkwürdigkeiten des Sokrates". Auch die Bearbeitung eines Lustspiels stand auf dem Programm: Dem Stück „Pandora" – einer augenzwinkernden Hommage auf den antiken Mythos – blieb jedoch die erhoffte Aufführung versagt (vgl. Brief vom 6. Februar 1798; WB 14.2, S. 187, 191). Das „Projekt des Griechischen Theaters", einer geplanten Übersetzung weiterer Dramen, konnte ebenfalls nicht verwirklicht werden (vgl. WB 14.2, S. 22, 31, 125, 201, 244, 401f.; WB 16.2, S. 17f., 302, 513). Bei besonders schwierigen Textstellen half Böttiger weiter, der zudem die nötige altsprachliche Literatur besorgte. Hinsichtlich seiner Übersetzungen bekannte sich Wieland mehr als Poet und Stilist denn als Wortpedant: Anstelle der für das deutsche Sprachempfinden fremdartigen, nach Silbenlänge gezählten antiken Versfüße verwandte er Hexameter und Jamben, die gleichwohl nicht nur eine andere Verszählung, sondern auch häufige erzählerische Paraphrasierungen erforderlich machten.

Seitdem die Schweiz von französischen Interventionstruppen besetzt war, gärten in dem Land militärische Konflikte und politische Unruhen, welche den geschäftlichen Erfolg des Verlages von Schwiegersohn Geßner sowie des gesamten mitteleuropäischen Buchhandels bedrohten. In dieser Situation gravierender gesellschaftlicher Veränderungen profilierte sich Wieland erneut als politischer Autor, diesmal allerdings in komödiantisch-antiker Manier: Im Januar 1798 begann die Arbeit an dem Manuskript „Gespräche, unter vier Augen" [im Folgenden „Gespräche" genannt; enthalten in C[1], Bd. 31; im „Merkur" erschienen 1798 nur die ersten fünf Dialoge], das den Autor als beherzten Verteidiger des öffentlichen Diskurses auswies. In einem Kommentar konzedierte Wieland seine „natürliche Geneigtheit, Alles (Personen und Sachen) von allen Seiten und aus allen möglichen Gesichtspunkten [zu betrachten] … ein herzlicher Widerwille gegen das nur allzu gewöhnliche einseitige Urtheilen und Parteynehmen, ist ein wesentliches Stück meiner Individualität" („Merkur", 1800, Bd. 1). In diese Richtung wies bereits seine Äußerung ein Vierteljahrhundert zuvor, dass er „unter die Lauen [gehöre], die von den Warmen und Kalten ausgespien werden … mit allen meinen Launen und Ungleichheiten" (Brief vom 30. September 1776).

Wielands reflektierte Meinungs-Indifferenz geht einher mit profunden soziologischen und massenpsychologischen Einsichten in die Gefahren der modernen Demokratie: Der Autor der „Gespräche" gibt sich als „unsichtbarer Lauscher" zu erkennen, der – im Gebüsch verborgen – „auf dem Landsitze eines der Interlokutoren [Gesprächspartner] unter einer dichten Sommerlaube" prekäre politische Unterhaltungen vernimmt. Bereits der erste Dialog zwischen dem Monarchisten „Geron" und dem Demokraten „Sinibald" führt unmittelbar in die ideologische Großschlacht zwischen Revolution und Restauration. Beschworen wird die „allgemeine Vernunft", „daß alle Menschen nur Eine Familie ausmachen" (zu den Zitaten vgl. C[1], Bd. 31, S.11–55; lesenswert auch Wielands feinsinnige soziopolitischen Analysen im „Merkur" von 1798, Band 2: „Was ist Volkssouveränität?" und „Betrachtung über einen bekannten politischen Satz"). Politische Räson wird mit dem „gesunden Menschenverstand" gleichgesetzt, ungezügelte Gewalt hingegen als Bedrohung gewertet. Das Volk gilt als potenzielles Opfer demagogischer und medialer Manipulationen, denn „Kraftäußerungen der kopflosen aber desto handfestern Menge [sind] mehr zu fürchten als zu hoffen ist …".

Seit dem Erdbeben von Lissabon hatte kein Ereignis die rational-optimistische Weltsicht derart erschüttert, wie die martialischen Auswüchse der Französischen Revolution mit der „permanente[n] Guillotine" als gesamtgesellschaftliches Trauma (C^{1r}, Bd. 31, S. 51, 55). Der antifeudal gesinnte Gesprächspartner Sinibald prophezeit jedoch *vice versa* dieselbe Gefahr gewalttätiger Willkür bei politisch unkontrolliert handelnden Gewalthabern, die aus nichtigen Anlässen zur Führung von Kabinettskriegen bereit sind. Umstritten bleibt zwischen den Gesprächspartnern, ob der *sensus communis* letztlich mittels der Volksmasse oder eines weisen Fürsten durchgesetzt werden kann.

Das neunte Gespräch „Über die öffentliche Meinung" (C^{1r}, Bd. 31, S. 304–346) äußert Bedenken hinsichtlich der demagogischen Lenkbarkeit vor allem der unteren Volksklassen: Durch gezielte Täuschung ließen sich breite gesellschaftliche Schichten zu Taten hinreißen, die eine verantwortungsvoll handelnde Führung möglicherweise verhindert hätte. Ähnlich wie im Roman „Der Goldne Spiegel" wird nicht nur die politische Führungsschicht, sondern auch die „Behörde der Priesterschaft" der Manipulation verdächtigt; deshalb sei eine Staatsverfassung „mit einer billigen Modifikation zu Gunsten des dritten Standes notwendig …". Vorgeschlagen wird die Bildung von zwei gesetzgebenden Kammern, bestehend aus den Reichsständen und einer „gleichmäßigen Anzahl von Deputierten", die auch „Repräsentanten" genannt werden. „Geron" sieht hingegen zwei antagonistische soziale Hauptgruppen gegeneinander streiten, deren Rivalität schließlich für alle Beteiligten zu leidvollen revolutionären Unruhen führt. Der überzeugte Royalist meint, dass dieser Widerspruch nur durch ein „moralisches Wunder" gelöst werden könne, veranlasst von einem Diener des Staats mit den Vorzügen „entschiedene[r] Rechtschaffenheit und Güte des Herzens" (C^{1r}, Bd. 31, S. 331, 377f., 404f., 429). Als *deus ex machina* sollte ein Polit-Held auftreten, welcher – ähnlich wie der militärische Parvenü „Tifan" in „Der Goldne Spiegel" – die gesellschaftlichen Widersprüche auszugleichen vermag. Für die zerrüttete französische Republik trug diese Person den Namen Napoleon Bonaparte.

Wielands Einschätzung des französischen Generals schwankte zwischen Skepsis und Bewunderung: Ein Brief an Böttiger vom 11. September 1798 belegt das kritische Urteil, während derselbe Adressat nach einer vertraulichen Unterredung mit dem Dichter notiert, dass dieser zur Beendigung der revolutionären und militärischen Turbulenzen Bonaparte gerne auf dem französischen Thron sähe (vgl. Böttiger, LZ,

241f.). Das zweite Gespräch mit dem Titel „Über den Neufränkischen Staatseid: Haß dem Königthum!" („Merkur" 1798, 3. Stück; C^{1r}, Bd. 31, S. 56–91) wurde im Ausland sogar als Prophezeiung des französischen Staatsstreichs vom 9. November 1799 [18. Brumaire] gewertet, bei dem Bonaparte zum Mitglied der provisorischen Übergangsregierung gewählt wurde (vgl. C^{1r}, Bd. 31, S. 58ff.). In der renommierten Londoner Zeitschrift „Saint Jame's Chronicle" erschien am 25. Januar 1800 ein anonymer Artikel mit dem Titel „*Prediction respecting Buonaparte*", welcher sich auf den erwähnten Dialog „Haß dem Königthum!" bezieht. Der Beitrag beginnt mit den Worten: „The following *Dialogue* is now circulating in the higher Circles; and the observations are of the pen of one of the Foreign Ministers". Im Fließtext heißt es, dass „the celebrated and elegant German author (Weiland) [sic!]" verdächtigt wird, von dem Gedankengut der Illuminaten, einer – vermeintlich – profranzösischen Geheimgesellschaft inspiriert zu sein (vgl. WB 15.2, S. 149ff., 155, 191f., 209).

Diesen Vorwürfen begegnete der Verdächtigte durch einen biografisch interessanten „Merkur"-Beitrag mit dem Titel „Meine Erklärung …" („Merkur", 4. Stück, April 1800, Bd. 1), worin Wieland ausdrücklich jedes einseitige Urteil über Napoleon abstreitet. Der kritisierte Dialog sollte vielmehr als Zwiegespräch „zwischen mir selbst und einem neufränkischen (französischen) Citoyen" über den umstrittenen antimonarchistischen Bürgereid gelesen werden, keineswegs jedoch als Vorhersage der Ereignisse des 18. Brumaire. Allerdings begrüßt der Artikel angesichts der prekären Fraktionsbildungen im revolutionären Frankreich die Regierungsübernahme durch einen „König … oder einen Dictator", um die gesellschaftlichen Friktionen zu beenden. Schließlich betonte der Autor in launigem Ton die eigene Friedensliebe und diejenige seiner Vorväter, worauf das irenische Symbol des Pfluges als Teil des Familienwappens hindeutet.

So harmlos waren Wielands „Gespräche" also nicht, wie einige Weimarer Zeitgenossen annahmen: Carl Ludwig von Knebel, Hofpensionär und Anhänger der Französischen Revolution, irrte ebenso wie Goethe, als sie dem politischen Gehalt der Dialoge ein schwaches Zeugnis ausstellten. (vgl. Brief Knebels vom 4. April 1798 und Goethes vom 2. Mai 1798). Wielands „lezte[s] öffentliche Wort … über die Gegenwart" war bestimmt von der Furcht vor den Atavismen entfesselter Volksmassen sowie der Desillusionierung über die Zukunft des aufgeklärten Absolutismus (Brief vom 14. bis 19. März 1807). Den Ausweg aus dem Dilemma schien eine zeitlich begrenzte Diktatur mit nachfolgender konstitutioneller Monarchie zu bieten: Im Ersten Konsul Frankreichs, dessen anfängliche Friedensbemühungen und innenpolitische Reformen (allerdings trügerische) Hoffnungen erweckt hatten, erhofften viele Intellektuelle den Überwinder der Französischen Revolution und Terminator der Gewalt-Eskalationen, die ihrem humanistischen Kultur- und Bildungsideal zutiefst widersprachen.

Dieses Ideal entfaltet Wielands letzter großer Roman „Aristipp und einige seiner Zeitgenossen" [im Folgenden „Aristipp" genannt]. Die vierbändige Erzählung, zu Lebzeiten des Autors in „Sämmtliche Werke" sowie als Einzelausgabe erschienen, unterhält den Leser mit fiktiven, als „bloße Spaziergänge" bezeichneten Briefen (C[1r], Bd. 33, S. 56; im Jahr der Erstausgabe, 1801, erschien bereits ein Nachdruck; zu den Editionen vgl. WB 15.2, S. 177, 220; WB 16.2, S. 15 sowie die von Klaus Manger mit einem ausführlichem Anhang herausgegebene „Aristipp"-Ausgabe im Deutschen Klassiker Verlag, 1988).

Der offenbar aus einer wohlhabenden Familie stammende, im nordafrikanischen Ort Kyrene zur Zeit des Hellenismus geborene Titelheld Aristipp (über dessen Lebensumstände kaum Fakten bekannt sind) gilt als Schüler des Sokrates sowie als Bekannter von Platon, der damals (angeblich) am Hof von Syrakrus lebte. Schriften oder Textfragmente von Aristipp sind nicht überliefert, aber eine derart ausgeprägte erzählerische Begabung wie diejenige Wielands lässt sich durch die Unkenntnis historischer Fakten in ihrer Entfaltung nicht behindern. In dem Roman vereint Aristipps Charakter geistige Gewandheit und sinnliche Reizbarkeit mit einer heiteren Gelassenheit, die ihn als hedonistischen Virtuosen der Lebenskunst, als Person mit *savoir vivre* ausweisen.

Wielands Kenntnis von Aristipps Denk- und Lebensstil dürfte in seiner frühen Lektüre des Horaz sowie in der Übertragung und Kommentierung von dessen Briefen und Satiren begründet sein. Einen ersten „Plan zum Aristipp" mit lediglich gedanklichen Skizzen enthielt das „Handbuch von 1774" (vgl. WB 14.2, S. 443 sowie den ausführlichen Kommentar von Klaus Manger, a.a.O.). Die geplante „Geschichte der socratischen Schule" wurde von Wieland zwar nicht ausgeführt, aber einige Texte der fünfziger Jahre – das „Gespräch des Socrates mit Timoclea, von der scheinbaren und wahren Schönheit", die „Sympathien" sowie „Theages oder Unterredungen von Schönheit und Liebe" – belegen Wielands frühe Beschäftigung mit der sokratisch-platonischen Ideenwelt. Die Bearbeitung der frühen Texte für die Supplementbände der Werkausgabe sowie die Übersetzungen aus dem klassischen Griechisch dürfte seine Gedanken auf seine literarischen Anfänge und auf den Philosophen aus Kyrene gelenkt haben.

Der „Aristipp" entführt den Leser auf eine Bildungsreise voller intellektuellem Charme und Esprit: Ein Netzwerk von kommunizierenden Personen entfaltet das Panorama der kulturellen und politischen Entwicklung in den antiken Stadtstaaten Athen, Korinth, Syrakrus und Kyrene. Die Vielfalt der eingesetzten erzählerischen Techniken bietet eine Mischung aus Reiseroman und Hetärenbriefen mit erotischen, humoristischen, historischen und philosophischen Anspielungen, deren gedanklicher Reichtum und stilistische Geschmeidigkeit eine neue Qualität im Schrifttum Wielands darstellt.

Soziologisch betrachtet, entfaltet der „Aristipp" eine *république des lettres*, ein Forum, welches die kulturellen und politischen Ereignisse aus der Perspektive von räsonnierenden Privatpersonen kommentiert und – zuweilen – beeinflusst. Der im Roman „Der Goldne Spiegel" dargestellte höfische Diskurs ist im „Aristipp" durch den privaten Dialog ersetzt: In einem weitgehend repressionsfreien gesellschaftlichen Binnenraum diskutieren autonome Briefpartner über die Bedingungen eines gelungenen Lebens und über die bestmögliche Staatsform. Von den im „Aristipp" angesprochenen weiteren Leitgedanken kann hier nur ein summarischer Überblick genannt werden: So ist ein zentrales Motiv des Romans – neben der Auseinandersetzung mit dem *Dämon* des Sokrates und der Methode der Ironie – die Kritik an der Philosophie Platons (vgl. C[1], Bd. 34, S. 74–80; an Wielands Platon-Bild entzündete sich unter anderem die Feindschaft der Romantiker; WS Bd. 3, S. 161–193).

Wie charakteristisch für Wielands Prosa, bleiben Naturbeschreibungen weitgehend ausgeblendet – wenn man von gelegentlichen Andeutungen der topografischen Vorzüge des weiblichen Körpers einmal absieht. Geschildert werden Gefühle und Gedanken gereifter Persönlichkeiten, die kritisch ihr soziokulturelles Umfeld kommentieren und zu ändern versuchen. So wird die Heimatstadt Aristipps, Kyrene, im ersten Buch zum Schauplatz eskalierender Auseinandersetzungen von rivalisierenden politischen Gruppen: Einer oligarchischen Phase mit anschließender Tyrannis folgen Revolution und Bürgerkrieg. Schließlich gelingt durch die Vermittlung zweier Freunde des Titelhelden die Befriedung des Gemeinwesens und die Gründung eines „aristo-demokratischen" Staates.

Aristipp entwirft das Modell einer idealen gesellschaftlichen Organisationsform, die aus einer monarchischen Regierung ohne direkten Einfluss vonseiten der Volksmasse besteht. Gleichwohl integriert die angestrebte Mischverfassung neben den monarchischen und aristokratischen auch gemäßigt demokratische Elemente. Die Selbstbeschränkung des absolutistischen Herrschers wird durch institutionalisierte Kontrollorgane und eine politische Öffentlichkeit ergänzt. Das Leitbild Aristipps ist mithin eine aus monarchischen und liberalen Vorstellungen gespeiste Staatsidee, in welcher sich, so wird gehofft, das Ideal einer allgemeinen Vernunft zu entfalten vermag (vgl. Erstes Buch, Brief 38, C^{1r}, Bd. 33, S. 310–326).

Sobald das Bürgertum wirtschaftlich saniert ist, beginnen dessen Vertreter nicht selten lange Briefe oder Romane zu schreiben. Auch Aristipp ist ein junger Kaufmann, der – zugleich *Welt-* und *Geld*bürger – „Waaren auf die vorteilhafteste Art zu Gelde zu machen" versteht (C^{1r}, Bd. 33, S. 9). In typischer Manier des Bildungsromans wird der Titelheld auf eine ausgedehnte Reise geschickt: Die Tour des „wandernden Weltbürgers" beginnt mit einer Schifffahrt nach Kreta, führt über Korinth, Olympia (mit unverhohlener Skepsis des notorischen Nichtsportlers Wieland gegen die Olympischen Spiele), Megara, Eleusis, Ägina sowie die Inselwelt des ägaischen und ionischen Meeres bis nach Athen und Sizilien. Zu Wielands Meeresbeschreibungen ist zu bemerken: Wohl demjenigen, dessen Leben von einem friedlichen Gewässer geprägt ist. Wieland hat jedoch – wie Friedrich Schiller – niemals ein Meer gesehen. Denn die „unberühmt schleichende Riß", die bei Ulm in die Donau mündet, der Züricher und der Bodensee dürften kaum als hinreichender Ersatz betrachtet werden (vgl. C^{1r}, Bd. 4, S. 5).

Erotischen Charme erhält die Erzählung durch die weibliche Hauptfigur Lais, deren feministisches Credo darauf abzielt, „euer [das männliche] Geschlecht überhaupt als eine feindliche Macht" zu betrachten, das es auf subtile Weise in Zaum zu halten gilt, um die Frauen aus „einem Zustande der Abwürdigung und Unterdrückung" zu befreien (C^{1r}, Bd. 33, S. 213). Pikanterweise wird Aristipp in einem Badehaus augenzwinkernd zum „Sklaven" einer fremden Hetäre degradiert, die sich später als Lais entpuppt. Entfaltet wird eine hedonistische Lebenskunst des freien Genießens und eines kontrollierten Kontrollverlusts, ohne die Herrschaft über die Sinne gänzlich einzubüßen.

Im philosophischen Zentrum des „Aristipp" steht der bereits bei Platon und Aristoteles bezeugte, später mehrfach inhaltlich modifizierte sozialethische Gerechtigkeitsbegriff *suum cuique* [„jedem das Seine"; „Politeia" 332 bzw. „Rhetorik" 1366 b; Cicero „De legibus" 1, 6 19 und „De officiis" 1, 5, 15], der aus dem naturrechtlich begründeten Eigenwert der Persönlichkeit den sozialen Geltungsanspruch des Staatsbürgers ableitet. Die im Roman „Der Goldne Spiegel" vertretene Idee des spätabsolutistischen „sozialen Wohlfahrtsstaats" ist im „Aristipp" von der Idee des liberalen Eigentümerstaates abgelöst: Der Begriff des Bürgers ist demjenigen des Menschen untergeordnet, während sich das Verhältnis zwischen Staat und Citoyen idealerweise „in genauem Gleichgewicht" befinden sollte (C^{1r}, B.d 33, S. 205). Das Bekenntnis zu einem humanistischen Individualitätsgedanken und einem vernunft- und bildungsgläubigen Fortschrittsoptimismus durchzieht leitmotivisch die gesamte Erzählung: Der Einzelne ist dazu bestimmt, dasjenige „zu sein und zu werden, was er nach dem Zweck der Natur seyn soll und werden kann …" (C^{1r}, Bd. 34, S. 170).

Wieland war fasziniert vom „Ideal des rein vollkommnen Menschen" und der „ächt Sokratisch[en]" beziehungsweise aristippischen Menschlichkeit, deren endgültige Verwirklichung gleichwohl stets ein Fernziel bleibt. Humanität bedeutet nach diesem Verständnis, „daß jeder Mensch vor allen Dingen er Selbst, das ist: seiner Individualität treu seyn und bleiben müsse" (Brief vom 13. August 1808). Erstrebt wird eine Selbstreflexion im Sinne der Eingangsschriften des Delphischen Tempels: „Erkenne dich selbst" und „Nichts im Übermaß". Humanität, wie sie im 19. Brief des ersten „Aristipp"-Buches pointiert beschrieben wird, erstrebt für den Einzelnen, „ein freyer Mensch zu sein". Merkmale geleber

Humanität sind „Zufriedenheit mit dem eigenen Lose“ und Besonnenheit im Umgang mit den Lebensressourcen. Der leutselig-nachdenkliche Romanheld Aristipp fungierte somit als *alter ego* des mittleren und späten Wieland, dessen Leitbild der selbstverantwortlich handelnde Mensch war. Ob allerdings Wielands öffentlich vorgetragenes humanistisch-individualistisches Credo stets mit seinen privaten Äußerungen übereinstimmte, wird zu fragen sein.

Die aristippische Humanitätsphilosophie ist gleichsam eine säkularisierte Fassung der religiös fundierten Version Herders, denn Gott agiert nunmehr in einem vagen Zwielicht: War Herders Humanitätskonzept integral auf einen Schöpfer bezogen, so bleibt das aristippische Einzelwesen mit einer transzendentalen Offenheit konfrontiert. Postuliert wird eine säkulare Mündigkeit: Sinnstiftung durch eine göttliche Macht ist möglich, aber nicht unbedingt notwendig. Anders als in politischen Fragen bleibt der Roman in religiöser Hinsicht indifferent, werden ethische Maximen nicht von dem Bezug zu einer metaphysischen Macht abgeleitet.

Im zweiten „Aristipp“-Buch fällt die positive Darstellung eines als vermeintlicher Atheist verfolgten Philosophen auf, der lediglich gegen die Vielgötterei und Mystifikationen der Priesterschaft opponiert hat (vgl. C^{1r}, Bd. 34, S. 326–357). Insgesamt spielen religiöse Themen jedoch eine untergeordnete Rolle, im Zentrum steht vielmehr eine Philosophie des Weltbürgers „in dieser großen Kosmopolis … ohne Einschränkung auf irgend eine besondere Gesellschaft“ (C^{1r}, Bd. 33, S. 196f.). Das Reisen dient Aristipp als probates Mittel, „um vor allen Dingen die Menschen kennen zu lernen, unter denen ich leben will“. Das Bekenntnis des Titelhelden als „wandernder Weltbürger“ (mit kräuterkundlichem Spezialinteresse; vgl. C^{1r}, Bd. 33, S. 234) entbehrt allerdings bei einem notorischen Stubenhocker wie Wieland nicht der Ironie, zumal der Poet wenig mehr hasste, als sein Eigenheim zu verlassen.

Die Arbeit an dem Roman begann Mitte 1798 und währte bis 1801; ein ursprünglich geplanter fünfter Band kam nicht zustande (vgl. WB 16.2, S. 74). Der „Aristipp“ ist somit wie kein anderes Werk ein Ausdruck von Wielands Oßmannstedter Zeit. In einem Brief an Göschen bemerkte er, „daß diese Briefe in gewissem Sinn das beste meiner Werke sind“ – unmittelbar zuvor galt allerdings dasselbe Urteil dem „Agathodämon“

(vgl. Brief vom 23. Dezember 1799). Gleichwohl zeigte sich der Verleger skeptisch gegenüber der Erzählung, zumal er wohl vermutete, dass deren übermäßige Länge in schierer Zeilenschinderei begründet sei, um die Honorarforderung zu steigern. Vorübergehend schien die Veröffentlichung des Romans durch Göschen in Frage gestellt, auch Goethe und Schiller zeigten sich zurückhaltend, während Böttiger, Herder und Knebel ihn lobten (vgl. Starnes II, 758ff.; WB 15.2, S. 279, 313, 409).

Ablenkung boten dem vielfach gescholtenen Autor die kulturellen Angebote der Residenzstadt: Häufig besuchte man Opern und Schauspiele, wie „Figaros Hochzeit" von Mozart und die Uraufführungen von Schillers Bühnenstücken. Anlässlich der Darbietung von „Wallensteins Tod" im Juli 1799 wurde Wieland dem preußischen Königspaar Luise und Friedrich Wilhelm III. vorgestellt. Der schwäbische Autor vermochte gleichwohl – im Gegensatz zum borussophilen Gleim – seine Skepsis gegenüber dem „Selbstherrscher aller Preußen" nicht zu überwinden (Brief vom 9. Februar 1798; WB 14.2, S. 456; WB 15.2, S. 23f.). Der Besuch einer Theateraufführung auf Schloss Ettersburg stand ebenfalls auf dem Programm, in Tiefurt wurde die Freundschaft zu Fürstin Anna Amalia gepflegt. Auch Gastmahle an der fürstlichen Tafel in Weimar galt es zu besuchen (vgl. WB 14.2, S. 158).

Außer Bertuch, Gleim, Böttiger, Reinhold, Knebel und Falk gehörte Herder zu Wielands besonderen Vertrauten: Häufig wohnte man gemeinsam in der Superintendentur hinter der Stadtkirche, wo Christoph Martin aus seiner Aristophanes-Übersetzung vortrug. Im Gegenzug besuchte das Ehepaar Herder mehrmals Oßmannstedt. Pläne wurden geschmiedet gegen den „transcendentalen ... Unfug" des Kantianismus, der sich insbesondere durch den Einfluss Fichtes nahezu sämtlicher wissenschaftlichen Disziplinen und der jungen Generation bemächtigt hatte (vgl. Brief vom 16. Oktober 1803). Der Weimarer Superintendent und Vizepräsident des Oberkonsistoriums, Johann Gottfried Herder, bekämpfte mit den Publikationen „Metakritik" und „Kalligone" (1799 bzw. 1800) vehement die moderne philosophische Strömung und deren Kunsttheorie.

Der „Merkur" diente als Forum gegen die „sogenannte kritische Filosofie vom Pregelstrom", um Herders empirischem Sensualismus zu verteidigen. So polemisiert Wielands „Merkur"-Beitrag von 1799 mit dem Titel: „Ein Wort über Herders Metakritik zur Kritik der reinen Vernunft" entschieden gegen die neue geistige Mode-Droge. Zu den Verbündeten gehörte auch Jean Paul, der an der Entstehung von Herders „Metakritik" mitgewirkt und ebenfalls mehrmals Oßmannstedt besucht hatte (vgl. Wielands antikantianische „Merkur"-Rezensionen der „Metakritik", 1799, Bd. 2 und „Kalligone" 1800, Bd. 2; Herders Spätwerk „Adrastea" wurde 1801 bzw. 1802 jeweils in Band 1 positiv besprochen; WB 15.2, S. 394ff.).

Weitere Gäste in Oßmannstedt waren unter anderem das Ehepaar Göschen, die Schauspielerin und Sängerin Corona Schröter, der Jurastudent Friedrich Carl von Savigny, Friedrich David Gräter sowie der Schriftsteller Johann Gottfried Seume, der im Auftrag Göschens den „Aristipp" lektorierte und Wieland ein selbstverfasstes Versepos widmete (WB 15.2, S. 205f.; WB 16.2, S. 27f., 39f.). Das „Oßmantinum" hatte sich zu einem Pilgerort für bildungshungrige Literaten und Künstler entwickelt, aber ein prominenter Zeitgenosse des Herzogtums besuchte niemals das Landgut: Friedrich Schiller, der vermutlich Wielands Wirken gegen den Kantianismus verübelte. Stattdessen stellte sich erneut ein gutes Verhältnis zu Goethe ein, der im Frühjahr 1798 in dem westlich von Apolda gelegenen Dorf Oberroßla ein Landgut erworben hatte. Man war nun Feldnachbar und besuchte sich gegenseitig: Christoph Martin nahm mit Anna Dorothea an der Einzugsfeier Goethes im Juni teil, im November besuchte Johann Wolfgang Oßmannstedt und weilte später mehrmals auf dem Landgut.

Johann Gottfried Schadow, Berliner Hofbildhauer und Graphiker, besuchte ebenfalls die Poeten-Residenz an der Ilm. Seine Absicht, von Wieland eine Büste anzufertigen, führte jedoch zu einem Eklat: Goethe, die kulturpolitische Richtlinienkompetenz im Fürstentum für sich beanspruchend, hätte den Auftrag gern an Schadows jüngeren Konkurrenten Friedrich Tieck vergeben, der just an den Verzierungen des neu aufgebauten Weimarer Stadtschlosses arbeitete. Nach einer Intervention von Herzog Carl August erhielt jedoch Schadow den Zuschlag, was Goethe sehr erzürnte.

Am 2. Oktober 1802 saß Wieland im Hotel „Zum Elephanten" Modell. Goethe, der nichts unversucht gelassen hatte die Skulptur zu verhindern, konzedierte später deren vorzügliche Ausführung; auch Wieland schloss sich diesem Urteil an (vgl. WB 16.2, S. 37ff., 41). Schadows

Reisetagebuch schildert das originelle Habit des Poeten: „Wieland … war der erste deutsche Gelehrte, der für mich etwas Dichterisches auch in seinem Aeussern hatte. Seine kurzen grauen Locken, seine schwarze Prälaten-Kappe und breiter rother Gurt gaben ihm ein malerisches Ansehn" (Starnes III, 111f.). Einen ähnlichen Eindruck hatte auch Jean Paul: „W. ist ein schlanker aufgerichteter mit einer rothen Schärpe und einem Kopftuch umbundener, sich und andere mässigender Nestor … vol Vater- und Gattenliebe – aber von den Musen betäubt … nicht tief eingreifend wie etwan Herder …" (WB 14.2, S. 301f.).

Ein erster Schatten senkte sich auf Oßmannstedt, als im Frühjahr 1798 Wielands vierzehnjährige Tochter Wilhelmina Friederike an der damals „Auszehrung" oder „Schwindsucht" genannten Tuberkulose erkrankte. Als sich der Zustand des Mädchens verschlechterte, eilten die Eltern von einem Gastspiel des Weimarer Hoftheaters nach Hause, aber der Tod Wilhelminas war unaufhaltsam (vgl. WB 14.2, S. 256, 262). Das Kirchenbuch der Gemeinde Oßmannstedt verzeichnet ihr Ableben im fünfzehnten Lebensjahr am 29. April 1798, die Grablegung erfolgte zwei Tage später „auf dem hiesigen Gottesacker". Christoph Martin reagierte mit einem hartnäckigen Katarrh, den ein Weimarer Arzt mit „Isländisch Moos" behandelte, einem aus Algen und Pilzen zusammengesetzten Therapeutikum. Ein Brief an Verlegerfreund Göschen vom 4. Mai 1798 schildert den schmerzlichen Verlust „eines der reinsten und liebenswürdigsten Geschöpfe, mein Herz hing vorzüglich an ihr".

Schlechte Nachrichten verlauteten ebenfalls vom „Neuen Teutschen Merkur", dessen Verkaufszahlen sich ständig verringerten. Zudem belastete den Herausgeber eine ebenso läppische wie leidige Auseinandersetzung mit einem Augsburger Bürger, der seine Stadt durch einen Journal-Beitrag verunglimpft glaubte (vgl. „Merkur", 1798, Bd. 3; Starnes II, 671). Im Herbst 1798 bestärkten eigenmächtige redaktionelle Eingriffe Böttigers bei Wieland den Wunsch, die Verantwortlichkeit für den „Merkur" aufzugeben; auch Göschen, der seit 1786 den Verlag und die Kommission des Journals übernommen hatte, wollte das Projekt abstoßen. Seit Frühjahr 1799 führte Böttiger mit dem Weimarer Verlagsbuchhändler und Druckereibesitzer Johann Christian Gädicke Verhandlungen zur Übernahme der Zeitschrift; am 15. Juli konnte ein Vertrag unterzeichnet werden (WB 14.2, S. 371; WB 15.2, S. 13f., 524f.).

Trotz dieser Maßnahme verringerte sich die Auflage des Journals ebenso stetig wie die Tantiemen, welche die Mitarbeiter bezogen, zudem kündigte Gädicke den Vertrag bereits im Juni 1802 (vgl. WB 14.2, S. 324; WB 16.2, S. 31f., 46). Die Querelen um die Herausgeberschaft des „Merkur" und seine literarische Schaffenskraft vermochten Wielands Gram über den Tod der Tochter nur zeitweilig zu betäuben. Schließlich erschien in Oßmannstedt überraschend ein Gast mit geistreichem Esprit und kapriziöser Physis, der als eine Art Tochter-Ersatz gelten konnte: Die zweiundzwanzigjährige Sophie Marie Therese Brentano wurde für kurze Zeit Wielands Muse.

Im Juli 1799 war Sophie von La Roche einer Einladung ihres früheren Verlobten auf dessen Landgut gefolgt. Fast drei Dekaden lag ihre letzte Begegnung mit Christoph Martin auf Schloss Ehrenbreitstein zurück, und das Schicksal hatte es mit der fast siebzigjährigen, inzwischen matronenhaft wirkenden Frau nicht gut gemeint. Eine entscheidende Wende hatte ihr Leben erfahren, nachdem der Ehemann Georg Michael Frank von La Roche im Jahre 1780 wegen seiner liberalen Gesinnung aus dem Dienst beim Trierer Kurfürsten und Erzbischof entlassen worden war. Ein Freund in Speyer nahm die mittellose Familie auf. Sophie musste erkennen, dass ihr Schreibtalent zwar literarische Prominenz, aber verhältnismäßig wenig Geldvorteil eintrug. Zudem fühlte sich ihr Mann, der selbst gern eigene Texte veröffentlicht hätte, durch den Erfolg von Sophie gekränkt. Das Verhältnis zwischen den Eheleuten war getrübt. Durch die Unterstützung von Verwandten konnte 1786 in Offenbach ein neues Domizil erworben werden.

Zwei Jahre später starb Georg Michael von La Roche an einem Schlaganfall. Weitere Trauer brachte der Tod vor allem ihrer Tochter Maximiliane, der Gattin des am Comer See gebürtigen Frankfurter Großkaufmanns Peter Anton Brentano. Aus dieser Ehe waren die Kinder Elisabeth „Bettina", Sophie und Clemens hervorgegangen. Die Großmutter Sophie La Roche, seit der Besetzung des linken Rheinufers durch die Franzosen ihrer Einkünfte vom Trierer Hof verlustig, übernahm die Fürsorge für sieben ihrer Enkelkinder und schränkte die Autorschaft für einige Jahre ein. Erst nach dem Abklingen der europäischen Konflikte wagte Sophie erneut eine Reise und besuchte gemeinsam mit ihrer Enkelin gleichen Vornamens den langjährigen Freund in Oßmannstedt, wo man am 15. Juli 1799 eintraf. Die autobiografische Schrift „Schattenrisse abgeschiedener Stunden in Offenbach, Weimar und Schönebeck im Jahre 1799“ schildert das ländliche Ambiente des Gutes: die Kammer, wo „köstliche Buttermilch“ entstand, die Flachsernte und Leinwandbleiche sowie den Feldbau. Zu bedenken ist allerdings, dass Sophie von La Roches idyllisierende Momentaufnahmen als Beleg für die ökonomische Wohlfahrt des Gutes und gelebter Familienharmonie nur bedingt tauglich sind (vgl. La Roche: Schattenrisse, S. 44ff.; WB 14.2, S. 455; WB 15.2, S. 17, 39, 258).

Für mehrere Monate wurde die Dame aus Offenbach zum Mittelpunkt der literarischen Gesellschaft Weimars. Wielands Zuneigung galt indessen statt der förmlich auftretenden vormaligen Verlobten mehr ihrer Enkelin, die auf ausgedehnten Spaziergängen seiner Poesie lauschte – ähnlich wie in Jugendjahren die Großmutter unterm Biberacher „Lindele“ dem fabulierenden Freund aufmerksam zugehört hatte. Sophie Brentano war ebenso wie ihr Bruder Clemens bei einer strengen Tante aufgewachsen, auch ihre Ausbildung bei einem unerbittlichen Lehrmeister hinterließ seelische Blessuren. Die triste Jugendzeit bedingte Fluchten in Traumwelten: Clemens Brentano entwickelte sich zum Poeten und zur menschlichen Stütze seiner Schwester Sophie, jener dunkeläugigen, auf zeitgenössischen Bildern verträumt dreinblickenden Frau, die im Alter von vier Jahren aus ungeklärter Ursache ihr linkes Sehorgan eingebüßt hatte. Aufgrund der Verletzung litt sie häufig an Kopfschmerzen und musste das gesunde Auge vor Überanstrenung schützen. Sophie, an einer unglücklichen Liebe leidend, war gleichsam eine Versinnbildlichung des romantischen Typus: Wie eine entzündete Kerze sich selbst verzehrend, galt ihre Suche einer tröstenden Vaterfigur, die erlittenes Ungemach zu mildern vermochte (WB 15.2, S. 102, 218, 221, 269).

Die Familien La Roche und Wieland verlebten heitere Sommertage. Gemeinsam wandelte man zur „Wildnis“ am Flussufer oder durch das „Birkenhölzchen“ zum Gartenhaus. Man lauschte Christoph Martins Spiel am Pianoforte, speiste gemeinsam, trank Kaffee, Tee, Schokolade, ungarischen Rotwein, Punsch, Wasser oder Likör, besuchte die Residenzstadt und die Herzogin-Mutter in Tiefurt. Am Tisch war der Hausherr umgeben von seiner Ehefrau und Sophie von La Roche, aber sein Herz war bei Sophie Brentano. Ihre Persönlichkeit verband das südliche

Temperament des Vaters, die Schönheit der Mutter Maximiliane und den Intellekt der Großeltern zu einem feinfühligen Charakter voller Tristesse. Von Sophie überliefert sind lediglich Briefe und Tagebuchaufzeichnungen sowie an sie gerichtete Schreiben, die sich im Nachlass Savignys befinden. Wieland besaß ebenfalls Papiere der Verstorbenen, welche zum Bestand des Goethe- und Schiller-Archivs gehören (WB 15.2, S. 160f.; WB 17.2, S. 128).

Die Jahrhundertwende gestaltete sich als Höhepunkt im kulturellen Leben Weimars und Oßmannstedts, auf Assembleen trafen die Vertreter der unterschiedlichen Generationen zusammen. Im August 1799 besuchten Anna Amalia, Sophie von La Roche, Herder und Jean Paul gemeinsam Oßmannstedt, und im Frühjahr 1800 erschien der Jenaer Medizinstudent Clemens Brentano mit seiner Verlobten für mehrere Tage auf dem Landgut. Für den Roman „Godwi", an dem Brentano arbeitete, konnte Wieland einen Verleger vermitteln; er fühlte sich jedoch von dem „Transcendental-Ästhetische[n] Ungethüm" des exaltierten Dichters derart abgestoßen, dass der Hausherr sich für einige Tage nach Weimar absetzte (vgl. Brief vom 16. April 1800; WB 15.2, S. 175f., 183f., 351f.; WB 16.1, S. 157f.).

Im Juli 1800 kehrte Sophie Brentano nach Oßmannstedt zurück – der folgende Sommer sollte zum Höhepunkt ihres kurzen Lebens werden. Gemeinsam mit dem väterlichen Freund vergingen Stunden voller Heiterkeit und vertraulichen Austauschs. Auf Rasenbänken, unter säuselnden Fichten trug Christoph Martin aus dem „Aristipp" vor. Das zarte Geschöpf – die „schönste weibliche Seele die jemahls auf Erden erschien" – war jedoch ernsthaft krank, litt an „einer der sonderbarsten und verwickelsten Nervenkrankheiten … die sich in wenigen Tagen als gefährlich ankündigte" (Brief vom 29. September 1800; WB 15.2, S. 229f., 241, 251, 253). Herders Sohn Gottfried, ein Mediziner, bemühte sich vergeblich, die „fatale hysterische Krankheit" zu heilen, welche nicht zuletzt in einer unerfüllten Liebe begründet war. Das „Kirchbuch" der Gemeinde Oßmannstedt verzeichnet den Tod Sophies am 19. September infolge eines „hitzigen Fieber[s]". Einen Tag darauf fand sie bei nächtlicher Grablegung ihre letzte Ruhestätte an einer Uferschleife der Ilm in „Hofrath Wielands Garten". Das für ordnungsamtliche Belange zuständige Oberkonsistorium mit Vizepräsident Herder als Spitzenvertreter hatte die Bestattung „an einem schicklichen Platze" im Garten genehmigt. Wieland missfiel jedoch das düstere Pathos der Grabpredigt des Oßmannstedter Pfarrers Franz Justus Frenzel (vgl. Michael Zaremba: Zur Geschichte des Wielandgrabes, a.a.O.)

Nach dem Ableben von Tochter Wilhelmina und Sophie Brentano setzte sich die Reihe familiärer Verluste durch den Tod von Wielands Ehefrau Anna Dorothea fort, die infolge einer Lungenentzündung starb. Ihr Todeskampf bei wachem Geist hatte etwa ein dreiviertel Jahr angedauert; der Exitus ist am 8. November 1801 verzeichnet (vgl. WB 15.2, S., 413, 426, 448f.). Christoph Martins Briefe vom 20. und 23. November an den Sohn Ludwig sowie an Carl Leonhard Reinhold schildern die unsägliche Trauer des verlassenen Ehemanns. Die Gattin fand den letzten Ruheplatz an der Seite von Sophie, nachdem das Weimarer Oberkonsistorium der Grablegung in Wielands Garten zugestimmt hatte. Auf den Tod Anna Dorothea reagierte der Witwer mit einer verstärkten Arbeit an der „Ion"-Übersetzung, Nachts plagte ihn Schlaflosigkeit (vgl. WB 15.2, S. 492, 499f.).

Das Leben von Anna Dorothea Wieland währte 55 Jahre, von denen sie 34 bescheiden an der Seite ihres Mannes verbrachte, der seine Gattin „ohne eigentliche Leidenschaft, mit einer Anhänglichkeit liebte, wovon wenige Menschen einen Begriff haben" (Brief vom 14. bis 19. März 1807; vgl. Egon Freitag, Die Pforte, Heft 6, 2002). Jean Paul schildert sie als „anstellige, weichanfassende, feste, nachsehende und nachlaufende, biedere, klare Frau" (WB 14.2, S. 302). Wenn ihr Leben köstlich war, dann bestand es aus Mühe und Arbeit, wie es der Psalmist wenig trostreich ausdrückt: Anna Dorothea gebar 14 Kinder (neun Töchter und fünf Söhne), das letzte Kind im Alter von immerhin 43 Jahren. Die häufigen Schwangerschaften, welche sie oft in Todesnähe brachten, wurden keinesfalls zum Anlass genommen, das weitere Zeugen von Nachkommen zu unterlassen; vielmehr genoss der Kinderwunsch eindeutig Prioriät vor der körperlichen Unversehrtheit der Gattin. Ein Dasein voller Sorge für häusliches Wohl und Hingabe an den Ehemann wurde ergänzt durch gegenseitiges Vertrauen und Zuneigung. Anders jedoch als etwa Herders Frau Caroline begegnete Anna Dorothea verständnislos dem literarischen Werk ihres Mannes, stand sie drei Dekaden schemenhaft im Hintergrund einer Dichterkarriere. Christoph Martin ehrte seine Gattin unter anderem durch die Zueignung der Studie „Die Pythagoräischen Frauen“ (C[1r], Bd. 24, S. 299f.). Aus vielen seiner Texte lässt sich jedoch Selbstkritik und ein schlechtes Gewissen gegenüber der konventionellen Rollenverteilung in der Ehe herauslesen (zur Ehefrau als *„gesetzmäßige Beischläferin“* und „Oberschaffnerin“ in einem „wohlvergitterten Frauenzwinger“ vgl. Bd. 39, S. 158f., 161).

In besonders bedrückenden Lebensumständen, wie nach dem Tod Anna Dorotheas, wandte sich Wieland einem betont heiteren Sujet zu: So wurde die Arbeit an der Übersetzung des Tragikers Euripides abgebrochen; stattdessen entstanden „etliche Mährchen oder Erzählungen“ mit dem Titel „Pentameron von Rosenhain“ (im Folgenden nach der endgültigen Überschrift „Hexameron“ genannt; einzelne Novellen erschienen in Taschenbüchern sowie in C[1], Bd. 38; vgl. Brief vom 15. November 1802; WB 16.2, S. 50f., 55, 70, 237, 333). Die Niederschrift des komödiantischen Geschichtenreigens, begonnen unmittelbar nach dem Tod der Ehefrau und weit bis ins Jahr 1803 hinein verfasst, vermochte das Gefühl des Verlustes allerdings nur kurzzeitig zu betäuben, zumal vermutlich psychosomatisch begründete Unterleibsschmerzen ihm das Leben bitter vergällten, ja er sich sogar in Todesnähe wähnte (vgl. Brief vom 6. Januar 1802).

Literarisch inspiriert ist das „Hexameron“ unter anderem von Goethes „Unterhaltungen deutscher Ausgewanderten“, den französischen Feenmärchen und den *contes orientaux*, jenen damals populären Geschichten mit morgenländischen Stoffen und Motiven: Eine „auserlesene Gesellschaft liebenswürdiger und gebildeter Personen beyderley Geschlechtes“ trifft auf einem Landsitz zusammen, in dessen Gartensälen und Rosenlauben der Leser unschwer das stilisierte Milieu von Oßmannstedt erkennt. Man ist bemüht, die „beschwerlichste aller bösen Feen, die Langeweile, von sich abzuhalten“ und vertreibt sich die Zeit durch das Erzählen von Geschichten, die allerdings bestimmten ästhetischen Vorgaben entsprechen müssen: „Lauter Ideale von Güte, Edelmuth, Selbstverläugnung und grenzenlose Wohltätigkeit [sollen] ein für alle Mahl ausgeschlossen seyn“, ebenso „alles Wunderbare und Unnatürliche“ (C[1r], Bd. 38, S. 7). Die parodistische Attitüde des „Hexameron“ wird jedoch nicht zuletzt an dem Einwand des persiflierten Romantikers Wunibald deutlich, der ebenso kundig wie apodiktisch über die fiktive Ordnung der

Schutzgeister zu dozieren weiß. Die Zuhörer reagieren denn auch belustigt auf diese romantische Traumtänzerei.

Das „Wunderbare", seit Wielands Bekanntschaft mit Bodmer ohnehin eine wichtige Kategorie seines Werks, ist ein wichtiger Bestandteil der Erzählungen: Das erste Märchen, „Narcissus und Narcissa", paraphrasiert den antiken Mythos vom selbstverliebten Jüngling Narziss, dessen kalter Stolz nur durch „echte Liebe" geheilt werden kann. Die erotische Novelle „Dafnidion" hingegen mit ihren kapriziösen Szenen von der körperlichen Züchtigung eines Mannes durch „mehr als zwanzig derbe Bauernmädchen" sowie rituelle Rutenschläge mit Hasenpappeln ist eine pikante Traumerfüllung jeder Masochisten-Fantasie. Im Märchen „Die Entzauberung" wird hingegen die Protagonistin Rosalie – eine Art weiblicher Don Quijote – von guten Feen so lange gezüchtigt, bis sie sich zwischen zwei charakterlich grundverschiedenen Männern für die brave Variante entscheidet. Unterbrochen werden die Geschichten von heiteren, nicht immer ganz ernst gemeinten Digressionen zu Themen wie der Traumähnlichkeit von Erzählungen oder Gedanken zu einer Novellen-Theorie (vgl. C^{1r}, Bd. 38, S. 170).

Bestimmend ist die Lust an lasziven Sujets, wie der Rollen- und Kleidertausch in dem transvestitischen Wirrspiel „Novelle ohne Titel", welches den Leser an den erotischen Humor der „Comischen Erzählungen" erinnert: Um eine Familienerbschaft anzutreten, muss sich eine Edeldame in eine männliche Person verwandeln – mit allen mentalen und physischen Unbequemlichkeiten, welche dieser Zustand einer sinnenfrohen Frau aufbürdet.: „Fassen Sie sich, Don Alonso, sagte sie; Ihre Augen täuschen Sie nicht – ich bin Don Manuel – aber Don Manuel ist nicht was er bisher geschienen: er ist – was ich wirklich bin – ein Weib! Ein Weib? rief Alonso außer sich vor Bestürzung" (C^{1r}, Bd. 38, S. 199). Unvermeidlich war die Enthüllung der wirklichen Identität, denn eine Geschlechtskonkurrentin vermag die Nebenbuhlerin selbst „durch eine siebenfache Verkleidung" zu wittern. Das parodistische Element der Erzählung wird zudem durch eine alternative Schlussversion gesteigert – was kennntnisreiche Leser als karikierende Anspielung auf ähnliche erzählerische Speziosen in Brentanos Roman „Godwi" deuten sollten.

Seitdem im September 1792 die französische Nationalversammlung das Verbot der Ehescheidung aufgehoben hatte, gehörte das Thema

Promiskuität zu einem der umstrittensten in der öffentlichen Debatte. Die „Hexameron"-Erzählung „Freundschaft und Liebe" mit ihrem doppelten Partnertausch gleicht denn auch einem Laboratorium der Erotik. Anders jedoch als Friedrich Schlegels Roman „Lucinde" von 1799 mündet die Erzählung in der Einsicht, dass sich die Beteiligten nach erfolgtem „Rücktausch" harmonischer und glücklicher fühlen als zuvor. Gleichwohl bleibt diese moralisierende Interpretation zwischen den Zuhörern nicht unumstritten – gibt doch der zweimalige „Weiber- und Männer-Tausch" den Causeuren „reichen Stoff zu allerley ernsten und scherzhaften Anmerkungen und Einfällen" (C^{1r}, Bd. 38, S. 280). Auch die letzte „Hexameron"-Erzählung, „Liebe ohne Leidenschaft", schildert eine gefährdete Partnerschaft: Nunmehr verhindert jedoch der unsinnig gesteigerte Stolz eines Edelmannes, der sich nicht dem Verdacht aussetzen möchte, eine andere Person lediglich ihres Vermögens wegen zu lieben, die enge Verbindung zu einer Bankierstochter. Die Pointe der glücklich verlaufenden Geschichte besteht darin, dass sich deren Protagonisten schließlich als real anwesende Personen in der Sommerlaube zu erkennen geben.

Nie zuvor hatte Wieland so deutlich geltende moralische Konventionen hinterfragt, aus der Sicht des Aufklärers die Nützlichkeit sozial anerkannter Vorstellungen und Übereinkünfte diskutiert und sittlich gewagte Verhaltensweisen und deren mögliche psychologische Folgen für die Beteiligten szenisch durchgespielt wie im „Hexameron". Der Witwer Wieland inszeniert erotische Alternativen, um schließlich die Gattentreue als Kleinod persönlichen Glücks zu bestätigen: Letztlich, so das vordergründige Fazit, ist sittliches Wohlbefinden nur in der Partnertreue zu finden. Gleichwohl hinterlässt die Lektüre des offenherzigen Geschichten-Zyklus beim Leser das Gefühl eines gewagten sexuellen Libertinismus, dessen erotische Sinnlichkeit die gewagtesten Schriften der Biberacher Jahre überbietet.

Während es sich bei „Hexameron" um ein heiter-subtiles Gebilde voller Augenzwinkerei und moralischer Indifferenz handelt, wendet sich Wieland in seinem letzten Briefroman nochmals den literarischen Großthemen Ethik und Liebe zu, diesmal allerdings aus der Perspektive eines Desillusionierten. Zeitlich parallel zum „Hexameron" entstand, als bitteres Gegenstück, der zunächst als „Taschenbuch für 1804" publizierte

Briefroman „Menander und Glycerion“, eine aus der Antike überlieferte Liebesgeschichte zwischen dem Komödiendichter Menander und seiner jungen Geliebten, der Blumenbinderin Glycerion (bzw. Glycera; vgl. WS Bd. 5, S. 164f.).

Die Briefe der im antiken Athen lebenden Protagonisten enthalten Einsichten voller Entsagung, Weltschmerz und subtiler Heiterkeit. Menanders Gedanken sind bestimmt von kalten Erwägungen, die von der Unmöglichkeit wahrer weltlicher Liebe ausgehen. So wird der Ehebund juristisch als unentbehrliches Rechtsinstitut zur „Gründung der ersten bürgerlichen Gesellschaften“ verstanden. Zuweilen handelt es sich bei den Selbstbezichtigungen Menanders um verkappte autobiografische Anspielungen Wielands, beispielsweise wenn der antike Dramatiker auf seinen Jähzorn und seine ausgeprägte Dichter-Eitelkeit hinweist. Liebe wird von ihm als schiere Gaukelei verdächtigt, zumal Glycerion bekennt, nicht in die Person Menanders, sondern in seine Werke verliebt zu sein. Und der Komödienautor begreift seinerseits, dass die gescheite, selbstbewusste Frau mit dem Bild vom kindlich-naiven Blumenmädchen, das ihm vorschwebte, kaum vereinbar ist. Letztlich wird die Möglichkeit existentieller Zuneigung bezweifelt, die „Magie der Liebe“ als „bloße Täuschung“ entlarvt, wobei „die Gefühle des Augenblicks das einzige sind, was daran wahr und wirklich ist“. Glycerions Pessimismus steigert sich schließlich in die tragische Einsicht, dass sämtliche emotionalen Verhältnisse zwischen den Geschlechtern auf gegenseitiger Täuschung beruhen: Liebe ist demnach nichts mehr als die verminderte Abneigung zweier Partner, welche ihre gegenseitige Fremdheit aus Gründen der Vernunft überwinden (C^{1r}, Bd. 39, S 39, 57, 75, 107, 120).

Göschens Vorbehalt gegenüber der literarischen Qualität des „Aristipp“ hatte den Autor zutiefst verstimmt. So kam im Februar 1803 der Vorschlag des Verlegers Johann Friedrich Cotta gelegen, „Menander und Glycerion“ separat drucken zu lassen, obwohl sich Göschen vertraglich die Rechte an sämtlichen neuen Werken Wielands gesichert hatte. Ein Jahr darauf erschien der Roman dennoch bei dem renommierten Tübinger Verlag. Erst sechs Jahre später, nachdem der Streit mit Göschen beigelegt war, wurde das Werk in Band 39 der Gesamtausgabe publiziert. Das von Heinrich Geßner und Cotta geplante Projekt „Sämmtliche Übersetzungen“ Wielands wurde nicht verwirklicht (WB 16.2, S. 82, 131, 153).

Die Erzählung „Menander und Glycerion" enthält zahlreiche autobiografische Anspielungen, so spiegeln sich in der weiblichen Protagonistin Charakterzüge Sophie Brentanos, auch wurde der Text von Eingeweihten als Parabel der unglücklichen Liebe von Wielands Tochter Luise zu Heinrich von Kleist gedeutet. Im November 1802 besuchte der vormalige Student und Offizier gemeinsam mit seiner Halbschwester Ulrike erstmals Oßmannstedt. Die Anwesenheit Kleists auf dem Landgut hat eine interessante Vorgeschichte: Wielands Sohn Ludwig, früherer Student der Kameralwissenschaften in Jena und Göttingen sowie Gutsverwalter des Vaters, weilte bei seinem Schwager Heinrich Geßner, der von der Schweizer Landesregierung zum Nationalbuchdrucker gewählt worden war (WB 15.2, S. 34, 265). Geßner konnte dem jungen Mann eine Sekretärsstelle bei der helvetischen Regierung vermitteln. Nach einem Regierungswechsel wurde Ludwig jedoch entlassen und wollte auf das Landgut des Vaters zurückkehren, was dieser durch eine neuerliche Anstellung in der Schweiz verhinderte. Wieland schätzte die Texte seines schriftstellernden Sohnes und unterstützte bei Göschen eine Werkausgabe von dessen „Erzählungen und Dialogen". Dem Lustspiel „Die Bettlerhochzeit" blieb allerdings eine Aufführung am Weimarer Hof versagt, obwohl sich der Vater, vermittelt durch Böttiger, bei Schiller dafür eingesetzt hatte (vgl. Brief vom 24. Februar 1806; WB 16.2, S. 29, 133, 154f., 205, 282f., 287, 405; zu Ludwigs Komödien vgl. Brief vom 24. Februar 1806; zu Geßner vgl. WB 14.2, S. 314; WB 16.2, S. 19, 22, 128, 224; WB 17.2, S. 36).

Während eines Aufenthaltes in Bern lernte Ludwig Wieland den reisenden Dichter Bernd Wilhelm Heinrich von Kleist sowie den Privatdozenten, Zeitschriftenherausgeber und Politiker Johannes Heinrich Daniel Zschokke kennen. Ein Kupferstich animierte die drei jungen Männer zu einem literarischen Wettbewerb: Ludwig Wieland verfasste über das Sujet eine Satire, Zschokke eine Erzählung, Kleist ein Lustspiel namens „Der zerbrochne Krug". Aufgrund vermeintlicher republikanischer Umtriebe wurden Ludwig Wieland und Kleist jedoch am 17. Oktober 1802 von der Stadt Bern ausgewiesen. Gemeinsam mit Heinrich und Ulrike von Kleist besuchte man Weimar. Nach einem kurzen Antrittsbesuch in Oßmannstedt verließen Heinrich, Ulrike (die als Frau unerkannt blieb, weil sie Männerkleider trug) und Ludwig das Landgut. Heinrich von Kleist, der zunächst in Jena wohnte, mietete sich ein Zimmer in Weimar, wohnte jedoch kursorisch in Oßmannstedt. Mitte Dezember erfuhr Wieland von Kleists Geldproblemen, der daraufhin eingeladen wurde, das Weihnachtsfest im Kreise der Familie zu verleben (vgl. WB 16.2, S119ff.).

Obwohl durch briefliche Schilderungen des Sohnes auf die komplizierte Persönlichkeit Kleists hinreichend vorbereitet, zeigte sich Wieland vom Verhalten des Gastes irritiert: „Herr von Kleist … schien mich wie ein Sohn zu lieben und zu ehren; aber zu einem offenen und vertraulichen Benehmen war er nicht zu bringen. Unter mehrern Sonderlichkeiten, die an ihm auffallen mußten, war eine seltsame Art der Zerstreuung, wenn man mit ihm sprach, so daß z.B. ein einziges Wort eine ganze Reihe von Ideen in seinem Gehirn, wie ein Glockenspiel anzuziehen schien, und verursachte, daß er nichts weiter von dem, was man ihm sagte, hörte und also auch mit der Antwort zurückblieb …“ (Brief vom 10. April 1804).

Der Gastgeber erfuhr von Kleists Arbeit an dem düsteren, in einem pestverseuchten Feldlager handelnden Trauerspiel „Robert Guiskard. Herzog der Normänner“. Wieland notierte: „Er mußte mir endlich gestehen, daß er in solchen Augenblicken von Abwesenheit mit seinem Drama zu schaffen hatte, und dies nötigte ihn, mir gern oder ungern zu entdecken, daß er an einem Trauerspiel arbeitete, aber ein so hohes und vollkommenes Ideal davon seinem Geist vorschweben habe … daß es ihm noch immer unmöglich gewesen sei, es zu Papier zu bringen.“ Schließlich rezitierte Kleist am Kamin aus dem Manuskript (vgl. Brief Kleists vom 13./14. März 1803; die Feuerstelle ist anlässlich der Sanierung des Gutshauses freigelegt worden), worauf Wieland bemerkte: „Ich gestehe Ihnen, daß ich erstaunt war und glaube nicht zuviel zu sagen, wenn ich Sie versichere: Wenn die Geister des Äschylus, Sophokles und Shakespeare sich vereinigten, eine Tragödie zu schaffen, so würde das sein was Kleists Tod Guiscards des Normanns, sofern das ganze demjenigen entspräche, was er mich damals hören ließ.“ (Brief vom 10. April 1804). Kleist ignorierte allerdings Wielands dringende Bitte, die Arbeit am „Guiskard“ fortzusetzen und verbrannte das Manuskript während des Pariser Aufenthalts im Oktober 1803 (vgl. Brief vom 20. Juli 1803; zum Schicksal des Dramas WB 16.2, S. 169; WB 17.1, S. 194).

Wieland war eine der wenigen Personen des Weimarer Kreises, welche die Bedeutung und Modernität des noch unbekannten Dichters erkannte. Es scheint jedoch auch eine Prise Missgunst im Spiele gewesen zu sein, wenn die dramaturgische Qualität Kleists (der bis dato kein Stück veröffentlich hatte) gegen diejenige Goethes und Schillers ausgespielt wurde: „Von diesem Augenblicke an war es bei mir entschieden, Kleist sei dazu geboren, die große Lücke in unserer dermaligen Literatur auszufüllen, die (nach meiner Meinung wenigstens) selbst von Goethe und Schiller noch nicht ausgefüllt worden" (Brief vom 10. April 1804). Wielands unverhohlene Bewunderung für das Ingenium Kleists war nicht selbstverständlich, denn der junge Dichter gehörte – wie Clemens Brentano – zu jenen intellektuellen Opfern der postkantischen Transzendentalphilosophie, deren selbstzerstörerische Weltsicht ihre Lebenstauglichkeit in Frage stellte.

Fast zwei Monate dauerte der Aufenthalt Kleists in Oßmannstedt, während dieser Zeit erzählte ihm Wieland seine Lebensgeschichte. Der junge Autor erwog die Anfertigung einer ersten Wielandbiografie, aber der Plan wurde durch seine überstürzte Abreise verhindert. Kleist hatte bei Familie Wieland „mehr Liebe gefunden, als recht ist, und [er deshalb] … über kurz oder lang wieder fort [muss]; mein seltsames Schicksal!" Luise, vierzehnjährige Tochter des Hauses, hatte sich nämlich in den „zauberische[n] Kleist" verliebt (vgl. Starnes III, 123, 125, 176). Die Atmosphäre wurde zudem durch Zerwürfnisse zwischen Heinrich und Ludwig sowie Eifersüchteleien der Geschwister vergiftet. So verließ Wielands Sekretär und Lütkemüller das Gut vermutlich aus enttäuschter Liebe zu Luise, die sich augenscheinlich mehr zu Kleist als zu dem Schreiber hingezogen fühlte. Lütkemüller, der einige Jahre darauf zum Landpastor in Papenbruch, einem Ort in der Ostprignitz, ernannt wurde, gab seinem Sohn den Vornamen des Patenonkels „Wieland"; man korrespondierte noch viele Jahre miteinander (WB 16.2, S. 150, 321, 454f.; WB 18.2, S. 109).

Kleist war derweil aus der unerträglichen Situation zu Verleger Göschen geflohen. Luise, Ludwig und ihr Vater haben jedoch nie die Sympathie für ihren Gast verloren, der im Juni 1804 nochmals Weimar besuchte. Zu Kleists Bitte um Förderung seines Kunstjournals „Phöbus" verhielt sich Wieland allerdings distanziert. Schließlich erfuhr man von der französischen Internierung des Dichters und zeigte sich später über dessen Selbstmord bestürzt (vgl. Brief vom 22. April 1804 sowie Briefe Kleists vom 17. Dezember 1807 in WB Bd. 17.1, S. 194, 291f.)

Wielands Aufnahme als auswärtiges Mitglied in das Pariser „Institut National des Sciences et des Arts" Ende Januar 1803 – einer durch den französischen Nationalkonvent gegründeten Akademie des „Institut de France" – bezeugte seine europäische Reputation. Zu dieser Zeit entstanden einige neue Pläne, die nicht verwirklicht werden konnten: Zur Unterstützung der Witwe des Pädagogen, Philologen und Erzählers Johann Musäus übernahm Wieland die Bearbeitung einer Neuausgabe der zwanzig Jahre zuvor publizierten Sammlung „Volksmärchen der Deutschen", aber diese Edition erschien nicht. Das Vorhaben eines Journals „Oßmannstedtische Unterhaltungen" – nach dem Vorbild von Ciceros „Tusculanae disputationes" – kam nicht zur Ausführung, als sich der Verkauf des Gutes abzeichnete (vgl. Brief vom 8. Januar 1803).

Aufgrund „beträchtlicher Bau- und Wirthschafts-Ausgaben" wurde Verleger Göschen mehrmals um eine Stundung der Schulden sowie um weitere Vorschüsse für die Werkausgabe gebeten und mit dem befreundeten Weimarer Geheimrat und Juristen Christian Gottlob Voigt die Aufnahme einer Grundhypothek besprochen (vgl. Brief vom 7. Mai 1800; WB 15.2, S. 307f.). Weitere Ernteverluste infolge schwerer Regenfälle verschärften die finanzielle Situation zusätzlich. In der Not findet sich zumeist schnell ein Sündenbock, den Familie Wieland in dem agrarökonomisch unzulänglich ausgebildeten Sohn Carl zu erkennen glaubte. Es kam zum Zerwürfnis mit dem Vater. Carl verließ das Gut, um im Großherzoglich Sächsischen Finanzdienst zu arbeiten (vgl. WB 16.2, S. 16).

Eine umstrittene Heirat sollte die wirtschaftlichen Probleme lindern: Wielands verwitwete Tochter Amalia Augusta Liebeskind heiratete am 12. Oktober 1801 den früheren Lehrer Gottlieb Friedrich Erler, der jedoch ebenfalls nur geringe landwirtschaftliche Kenntnis besaß. Erler wurde von Wielands Sohn Wilhelm August assistiert, der just zu diesem Zweck für ein Jahr seine Tätigkeit als Verwalter eines Landguts im Altenburgischen unterbrach. Die Ehe brachte Wieland zwar eine neue Großvaterschaft, aber die wirtschaftlichen Indikatoren belegten allzu deutlich den Niedergang des Gutes (WB 15.2, S. 436ff., 454).

Seit dem Frühjahr 1802 wollte Wieland Teile des Gutes veräußern, aber weiter dort wohnen bleiben (Brief vom 21. April 1802). Georg Joachim Göschen, Familie Herder und andere Freunde suchten nach einem geeigneten Käufer. Rückblickend resümierte Caroline Herder: „Es war eine unselige Speculation dieser Gutskauf, zu dem die gehörige Kenntniß und Administration gänzlich fehlte. Vielleicht helfen unvorhergesehene Dinge u. bringen ihm einen Käufer. Seine 2 Söhne, die Öconomen können es nicht mit Vortheil verwalten" (vgl. Briefe Caroline Herders vom 21. April 1800 und 25. Januar 1803). Tatsächlich wurde verhältnismäßig schnell ein solventer Interessent gefunden; im April 1803 besichtigte der Hamburger Kaufmann Christian Kühne erstmals das Gut. Ein weiterer Schwiegersohn Wielands, der Weimarer Regierungsbeamte Carl Wilhelm Constantin Stichling, der seit 1799 mit Wielands Tochter Juliane Caroline Dorothea verheiratet war, konnte den stattlichen Verkaufspreis von 31900 Reichstalern inklusive „Vieh, Schiff [Egge und Pflug] und Geschirr" aushandeln (vgl. WB 16.2, S. 16f., 76f, 99, 105f.; zum Kaufkontrakt: WB 16.2, S. 138–144; zu Stichling: WB15.2, S. 84).

Am 18. April 1803 wurde der Vertrag unterschrieben und zur Genehmigung an Herzog Carl August gesandt. Kühne übernahm die auf dem Gut lastende Hypothek und tilgte Wielands Schulden bei Göschen und Stichling. Auch das Debet von 200 Louisdor an die Fürstliche Rentkammer, 3000 Reichstaler an die Kriegskasse sowie 1000 Taler an Voigt wurden aus dem Erlös beglichen (vgl. WB 16.2, S. 137). Da sechs Jahre zuvor 22000 Taler für das Gut gezahlt worden waren, konnte das Immobiliengeschäft trotz Investitionen in Stallungen und Vieh mit Gewinn abgeschlossen werden. Der finanziellen Bedrängnis glimpflich entronnen, sah Wieland seinem siebzigsten Geburtstag entgegen.

Resümierend kann festgestellt werden, dass keine Lebensphase Wielands öffentliches Bild derart geprägt hat wie die Jahre in Oßmannstedt. Während die Werkausgabe den literarischen Erfolg dokumentierte, gelang ihm nun die Selbstdarstellung als Hausherr eines Landguts, der inmitten seiner Großfamilie ein bukolisches Dasein führt. Philosoph Danischmend hatte reale Gestalt angenommen: Mit einer gediegenfantasievollen Dichtertracht, bestehend aus roter Schärpe, schwarzer Kalotte [knappsitzende randlose Kappe] und einem Gehstock aus Malaccarohr, entsprach Wieland dem Bild des poetischen Patriarchen auch äußerlich.

Sein Arbeitsplatz an einer Schreibkommode im oberen Stockwerk des Gutshauses erlaubte den freien Blick auf den Rosengarten vor dem großen Saal, der als Orangerie bezeichnet und als sommerlicher Speisesalon genutzt wurde. Ein Porzellan-Schreibzeug und die Exponate der Privatbibliothek lagen stets griffbereit. Gelegentlich benutzte Wieland eine Schnupftabakdose aus Wurzelmaserholz. Die englische Reiseuhr mit Repetitionswerk erinnerte den Fabulierenden an das reale Zeitmaß. Skulpturen und Büsten, unter anderem von Sokrates und den Grazien, sowie Radierungen und Stiche italienischer Landschaften schmückten die elegant tapezierten, durch Schmuckfriese verzierten Wohnräume.

Den Autor in seinem „Osmantinum" zu besuchen, galt als ein Zeichen guten kulturellen Tons. Insbesondere die Jahre in Oßmannstedt begünstigten den bis heute nachwirkenden Wieland-Mythos: jenes Image vom honetten Ansichtskarten-Poeten, der in blumenbekränzten Lauben an neuen Schöpfungen arbeitet und die Musen zu seinen engsten Freundinnen zählte. Die seit der Jugendzeit bestehende Neigung zur Selbstinszenierung als weiser Sänger fand in der ländlichen Idylle das passende Ambiente. In Oßmannstedt, so gelang es Wieland öffentlich zu vermitteln, hatte ein Weiser seine eigene Akademie gegründet, hielt „Danischmend" persönlich Audienz.

In Wahrheit holten ihn in Oßmannstedt persönliche Trauer und die Folgen ökonomischer Fehlplanung unerbittlich ein. Der wirtschaftliche Niedergang des Gutes war aufgrund des überteuerten Ankaufs programmiert, zudem verfügten weder der neue Eigentümer noch seine Söhne über hinreichend agrarökonomische Kenntnisse zur erfolgreichen Verwaltung der Liegenschaft. Innerfamiliäre Spannungen mündeten nicht selten vonseiten des Gutsherrn in Anfällen von Jähzorn. Berichte über Wielands vermeintliche gärtnerische Fähigkeiten – wie der zuweilen kolportierte Kampf gegen die Maulwurfshügel – sind zwar anekdotisch erheiternd, vermögen jedoch seine landwirtschaftliche Inkompetenz kaum zu kaschieren: Trotz der häufigen Verwendung von Gartenmotiven in seinem literarischen Werk muss festgehalten werden, dass *cultura hortorum* des Dichters Stärke nicht war, dass alle noch so verklärenden Hinweise auf „Gärten in Wielands Welt" und auf den „poetischen Landjunker" rein theoretischer Natur sind. Caroline Herder resümierte in einem Brief, der sich illusionslos mit der ökonomischen Situation Wielands in Oßmannstedt befasste: „... daß Leute von Wissenschaft sich nicht zur Landwirthschaft – wohl aber zur *Gartenwirthschaft* schicken; dieser, der Garten, gehört zum Paradies, wohin jene Männer [Goethe und Wieland] auch gehören." (Brief Caroline Herders vom 15. April 1801)

Wie bereits bei Wielands Gärten in Weimar hatte sich gezeigt, dass seine schwächliche körperliche Konstitution, gepaart mit linkischen Händen, keine geeignete Voraussetzung zur Verwaltung eines landwirtschaftlichen Betriebes waren, zumal der Gutsherr – zum Verdruss seiner Assistenten – die Oberaufsicht beanspruchte. Wie häufig in seinem Leben konnte Wieland jedoch eine prekäre Situation mit Glück bewältigen, denn der betuchte Hanseatische Gutskäufer entledigte ihn der finanziellen Sorgen. Auf den Besitz eines eigenen Gartens verzichtete Wieland fortan.

Familiäre und wirtschaftlichen Rückschläge hatten die Entfaltung von Wielands Kreativität von jeher begünstigt, so auch in Oßmannstedt: Die Bearbeitung der Supplementbände für die Göschen-Ausgabe, der Abschluss des „Agathodämon", die „Gespräche unter vier Augen", der Großroman „Aristipp", „Hexameron von Rosenhain", „Menander und Glycerion" sowie die zahlreichen Übersetzungen und Journalprojekte bekunden sein anhaltendes poetisches Ingenium. Traurige Begebenheiten, wie die Tode von Tochter Wilhelmina und Sophie Brentano, behinderten keineswegs die Entstehung des Oßmannstedter Hauptwerks „Aristipp". Der umfangreiche Romantorso vereint sprachliche Klarheit, intellektuellen Charme und Anspielungsreichtum mit jener weltanschaulichen Liberalität, die Wielands beste Schriften auszeichnet.

Schöpferisch reagierte der Dichter ebenfalls auf den vermutlich bittersten Augenblick seines Lebens, den Tod seiner Gattin, dem die kapriziösen Hexameron-Novellen folgten. Die erzählerische Ausgestaltung antiker Mythen in heiterem Gewand vermochte vorübergehend seine Vereinsamung zu betäuben. Wieland liebte seine Buchstaben-Freunde, mit denen er in stiller Stube schwätzen und lachen konnte, und die mit einem Federstrich verschwanden, wenn sie langweilten. Trotz der familiären Verflechtungen und landschaftlichen Schönheiten, die ihn umgaben, diente das Schreiben der mentalen Selbstunterhaltung in schlimmen Zeiten, fungierte die Poesie als Ersatz für mangelnde Freundschaft und Verständnis.

Denn in Wahrheit blieb Wieland in Oßmannstedt so einsam wie zuvor, aber die dreifache Todeserfahrung trug dazu bei, bisher verschüttete seelische Schichten erstmals poetisch freizulegen: Mit dem „erotischen Drama“ namens „Menander und Glycerion“ nahm Wieland den Realismus der Moderne vorweg, verdichteten sich unter seiner Feder noch niemals von ihm geäußerte Gedanken voller Weltschmerz und Bitterkeit: „Denn im Grunde, könnte wohl eine übermüthigere Forderung erdacht werden, als wenn ein Mensch um seines kahlen Ichs willen geliebt sein wollte?“ (C^{1r}, Bd. 39, S. 57).

8. Kapitel

SPÄTE JAHRE

Mitte Mai 1803 war der Umzug von Oßmannstedt nach Weimar beendet. Wieland mietete das „Stötzersche" Haus nahe dem Theater gegenüber dem Garten vom Wittumspalais (heute: „Handelshaus zu Weimar", Wielandstraße 1; vgl. Brief vom 17. März 1806). Christoph Martin lebte dort gemeinsam mit der verwitweten Tochter Maria Carolina Friederica Schorcht und deren Kindern, dem Nesthäkchen Maria Louisa Charlotte, den Söhnen Carl Friedrich und Ludwig Friedrich August sowie der Familie von Schwiegersohn Erler. Die beengten Wohnverhältnisse waren überaus belastend, zumal auch Mitglieder der Familie Stichling häufig im Hause weilten. Erler erwarb ein Schäfereigut in Mittelthüringen, wohin ihn Carl Wieland begleitete. Ab 1805 wurde der Schwiegersohn Rechnungs-Revisor bei einem schlesischen Adligen und verschuldete sich hoch (vgl. WB 16.2, S. 167, 192f., 415, 435f., 439f., 459; WB 17. 2, S. 325f., 397ff; Brief vom 11. März 1806).

Das Familienoberhaupt unterstützte nicht nur Erler durch Gewährung mehrerer Darlehen, sondern half auch dem Schwiegersohn Heinrich Geßner, der aufgrund finanzieller Außenstände seitens der Schweizer Regierung sowie durch eigene Versäumnisse in geschäftliche Schwierigkeiten geraten war (vgl. WB 16.1, S. 155, 162). Von Charlotte Geßner trafen aus Bern traurig gestimmte Briefe ein, welche die schwierige Situation ihres Mannes schilderten. Schließlich zog sie mit ihren kleinen Söhnen zu Johann Heinrich Pestalozzi im Schweizer Ort Burgdorf. Um die finanzielle Lage des Schwiegersohns zu verbessern, bemühte sich Wieland (allerdings vergeblich), die angekündigte Briefedition des jüngst verstorbenen Gleim in Geßners Verlag herauszubringen. Hingegen gelang es ihm, Bilder von Charlottes Schwager, dem Landschafts- und Pferdemaler Johann Conrad Geßner, in der „Siebenten Weimarischen Kunstausstellung von 1805" zur Schau zu stellen (vgl. WB 16.2, S. 163f., 198f., 460, 471; WB 17.2, S. 21ff.).

Entspannung von den familiären Turbulenzen fand Wieland an der

Seite Anna Amalias, die das wenige Kilometer nordöstlich von Weimar gelegene Tiefurt als Sommersitz nutzte. Gemeinsam pflegte man dort künstlerische Interessen. So wurde Johann Gottfried Seumes jüngst veröffentlichter Reisebericht „Spaziergang nach Syracus" besprochen, von dem Textauszüge im „Merkur" erschienen (weitere Beiträge Seumes, wie Gedichte und das Fragment einer Selbstbiografie, wurden in späteren „Merkur"-Jahrgängen publiziert). Seinen siebzigsten Geburtstag verlebte Wieland in Tiefurt. Häufige Gäste waren dort Goethe und Herder, der im Dezember 1803 verstarb – ein bitterer Verlust für Wieland, der bereits den Tod seines wenige Monate zuvor verschiedenen Intimus Gleim betrauerte.

Um die umfangreichen Schulden ihres Mannes zu tilgen, strebte Herders Witwe eine Werkausgabe an. Wieland, selbst ein Gläubiger des verstorbenen Geistlichen, hatte für die geplante Edition bereits mit der Revision von dessen Frühschrift „Kritische Wälder" begonnen, aber die Herausgeberin plante ihn als Bearbeiter des Versepos „Der Cid" ein. In einem Brief vom 9. März 1805 wies der schwäbische Freund Caroline auf die Vorlage einer französischen Prosafassung als Quelle für Herders Cid-Übersetzung hin, was die Pastorenwitwe jedoch nicht hinderte, das Romanzen-Epos – wider besseres Wissen – als einen unmittelbar von der spanischen Originalfassung inspirierten Gesang auszugeben. Schließlich schied Wieland wegen Arbeitsüberlastung aus dem Projekt aus (vgl. Briefe vom 20. und 22. Oktober 1803; WB 16.2, S. 218, 339f.; Herder. Sämtliche Werke, hg. von Bernhard Suphan, Bd. XXVIII, S. 565). Nachdem Juni 1803 im „Neuen Teutschen Merkur" eine Warnung Herders vor einem unberechtigten Nachdruck seiner Werke erschienen war, annoncierte Caroline gemeinsam mit dem Sohn Gottfried ein Jahr später in demselben Journal eine „Anzeige der Herausgabe der Schriften Johann Gottfried von Herders". Ein „Merkur"-Nachruf des Altgermanisten Friedrich David Gräter mit dem Titel „Auf Herders Grab" würdigte dessen Lebensleistung (Merkur 1803 , 3.Bd.; 1804, 1. und 2. Bd.; WB 16.2, S. 338f., 516).

Im Jahre 1803 gelangten infolge einer gescheiterten royalistischen Verschwörung gegen Napoleon zahlreiche aus ihrer Heimat verbannte französische Bürger in benachbarte Länder. Unter ihnen befand sich auch die Schriftstellerin und Tochter des früheren französischen Finanzministers Jaques Necker, Anna Louise Germaine de Staël-Holstein. Die ebenso intellektuell wie sanguinisch veranlagte Baronin sammelte Material für die germanophile Schrift „De l'Allemagne", welche (einige frei übersetzte Verse aus dem „Oberon" zitierend) das oft wiederholte Klischee von Deutschland als das „Land der Dichter und Denker" prägte. Einen Tag, nachdem Madame de Staël im September 1810 die erste Korrektur abgeschlossen hatte, ließ Napoleon das Erscheinen des Buches verbieten. Zwar wurden die Druckstöcke zerstört, aber August Wilhelm Schlegel konnte das Manuskript retten, so dass das Buch 1813 in London, ein Jahr später in Frankreich erscheinen konnte (vgl. WB 18.2, S. 100).

Madame de Staël, Anhängerin einer gemäßigten Revolution und entschiedene Gegnerin Bonapartes, glaubte in Deutschland jene Bildung gefunden zu haben, deren humaner Gehalt selbst Despoten in Zaum zu halten vermag. Wieland, der just eine Neuauflage von „Horazens Briefe" herausgegeben hatte und an einer Revision der „Horazischen Satyren" arbeitete (eine vorgeschlagene Gesamtausgabe seiner Übersetzungen war von der Weidmannschen Buchhandlung abgelehnt worden), fühlte sich von der quirrligen, eloquenten Dame angezogen, die sich von „les trois hommes de lettres – Goethe, Schiller et Wieland" sowie von enigen Romantikern, vor allem von August Wilhelm Schlegel, überaus beeindruckt zeigte (zu den Übersetzungen vgl. WB 15.2, S. 216; WB 16.2, S. 317, 404, 410).

Nach der ersten persönlichen Begegnung am 13. Dezember 1803 bezeichnete Wieland die französische Adelige mit sanfter Ironie als eine Frau, die ihrer Gesichtsbildung und Figur nach eine „sehr fügliche Schweizerische – Stallmagd" sein könnte, deren plumpe Gestalt gleichwohl, wie galant vermerkt wurde, „eine gewisse französische Grazie" gleich einer „Zauberischen Circe" ausstrahlte (Briefe vom 12. Februar, 10. Juli und 26. Juli 1808, vgl. WB 16.2, S. 229f.). Infolge der üppigen Gastmähler bei der drallen Madame erlitt Wielands jedoch etliche Magenkatarrhe (vgl. WB 16.2, S. 254, 280). Die lebenslustige Französin, welche ihren Dichterkollegen als „Vieland", „Villand" oder „Vielande" bezeichnete, verließ am 1. März 1804 das Weimarer Herzogtum, um über Leipzig, wo sie Göschen besuchte, nach Berlin zu fahren. Auf der Rückreise Ende April besuchte sie erneut Weimar, wobei „Viland" ihr ein Exemplar seines Versepos „Gandalin oder Liebe um Liebe" schenkte (vgl. WB 16.2, S. 262, 265). Im Juni 1808 suchte Madame de Staël abermals ihren Freund auf, unter anderem zweimal im Schloss Belvedere (vgl. Brief vom 30. Juni und 26. Juli 1808).

Zu den nichtdeutschen, antinapoleonischen Gästen Weimars gehörte auch der englische Journalist und Reisende Henry Crabb Robinson, der – ähnlich wie Madame de Staël für ihre Nation – in England für die deutsche Kultur warb. Aber nicht nur ausländische Besucher sorgten für eine unterschwellige antibonapartistische Gesinnung: Ein gesellschaftlicher Höhepunkt von gesamteuropäischer Dimension sowie ein Vorzeichen von weitgehenden politischen Veränderungen war die nach langwierigen Verhandlungen beschlossene Heirat des Weimarer Erbprinzen Carl Friedrich mit der russischen Zarentochter Maria Pawlowna. Das Paar heiratete in Russland und zog im September 1803 feierlich in Weimar ein (vgl. WB 15.2, S. 34; WB 16.2, S. 337f.).

Die ebenso anmutige wie künstlerisch begabte Fürstin verlieh dem Hof jenen glanzvoll-kultivierten Stil, den zuvor Anna Amalias Regentschaft ausgezeichnet hatte. Wieland verbrachte viele private Stunden in der Gesellschaft von Maria Pawlowna, welche im September 1811 die spätere Frau des Königs von Preußen und deutschen Kaisers zu Welt brachte. Christoph Martin nahm an einigen der zahlreichen Einzugsfeierlichkeiten teil und verfasste für die neue Erbherzogin ehrende Texte. Die Fürstin wurde seine Vertraute und ließ einige Jahrzehnte später im Schloss ein Wieland-Gedächtniszimmmer einrichten. Allerdings war das Herzogtum infolge dieser Verbindung mit Russland gegenüber der aggressiver werdenden Napoleonischen Außenpolitik besonders exponiert.

Wielands letzte Reise in die weitere Umgebung führte im Juni 1805 an der Seite Anna Amalias in das südlich von Eisenach gelegene Schloss Wilhelmstal. Man fühlte sich insbesondere von den Vorträgen des deutschen Phrenologen und Physiognomikers Franz Josef Gall angesprochen, der an die Jenaer Universität lehrte. Galls heute wissenschaftlich widerlegter Versuch, von der Schädelstruktur einer Person auf deren Charakter und Intelligenz zu schließen, faszinierte das Publikum. In Zusammenhang mit Galls Hypothesen wurde von Wielands Gesicht ein Gipsabdruck angefertigt (vgl. Brief vom 30. September 1808). Gemeinsam mit dem Arzt und Anatomen verbrachte man angenehme Tage in

Tiefurt, wo auch der seit einiger Zeit in Jena lebende vormalige Prinzenerzieher, Literat und Übersetzer Carl Ludwig Knebel anwesend war. Friedrich Heinrich Jacobi, der sich im Juni 1805 auf einer Durchreise zur Neustrukturierung der Münchner Akademie der Wissenschaften befand, besuchte zu dieser Zeit das Weimarer Herzogtum, um seine langjährigen Freunde Goethe und Wieland zu besuchen (vgl. WB 16.2. S. 445, 449ff., 466f.).

Erneut widmete sich Wieland der Übersetzertätigkeit, diesmal für die seit 1805 publizierte Zeitschrift „Neues Attisches Museum". Das Journal, herausgegeben von Wieland, Hottinger und Jacobs, enthielt Translationen aus dem klassischen Griechisch: Neben Eindeutschungen von Euripides, Sophokles und Platon bot Wieland eine Übertragung der besonders schwierig zu übersetzenden Komödie „Die Vögel" von Aristophanes (vgl. WB 16.2, S. 352f., 373). In einem konzeptionellen Gegensatz zu diesem Dokument des Hochklassizismus befand sich das 1805-06 veröffentlichte „Journal für deutsche Frauen von deutschen Frauen geschrieben", welches allerdings nur von männlichen Herausgebern – unter anderem Schiller, Seume und Wieland – ediert wurde (vgl. WB 16.2, S. 342, 346). Der Inhalt der Monatszeitschrift, die ab 1807 (ohne Wieland als Herausgeber) unter dem Titel „Selene" erschien, setzte sich hauptsächlich aus Erzählungen, Anekdoten und Poesie zusammen; auch Göschens Frau gehörte zu den Autorinnen (vgl. WB 16.2, S. 349, 379f.). Wielands Abneigung gegenüber den „Früchten der neumodischen Ästhetik" entzündete sich an einigen schwärmerisch-epigonalen Texten im Stile von Novalis. Es folgten redaktionelle Auseinandersetzungen vor allem mit dem Mitherausgeber Johann Friedrich Rochlitz, der als Leipziger Kunst- und Musikschriftsteller, Lustspieldichter und Übersetzer tätig war (vgl. Briefe vom 13., 28.–30. Januar, 4. März 1806).

Während das „Neue Attische Museum" zu einer elitären philologischen Trockenübung geraten war, vermochte die lebensnahe Frische von Wielands neuer (und letzter) Prosaerzählung auch das altsprachlich weniger gebildete Publikum zu überzeugen: Seit Anfang 1804 entstand der „zum Neujahrs-Geschenk auf 1805" bei Cotta publizierte Briefroman „Krates und Hipparchia. Ein Seitenstück zu Menander und Glycerion". Wo der Vorgängerroman auf subtile Weise die allmähliche Entfremdung zweier Liebenden schilderte, beschreibt die neue, ebenfalls aus der

Antike überlieferte Erzählung mit einem ähnlichem dramaturgischen Aufbau die behutsame wechselseitige Anziehung der Protagonisten (vgl. WS Bd. 5, S. 166f.).

Die Vorzeichen unterscheiden sich jedoch grundsätzlich: Während Glycerion letztlich ihren fatalen Irrtum einsieht, die Anziehungskraft Menanders mit dessen Künstlertum verwechselt zu haben, glaubt die jugendliche Hipparchia, dass sie in dem ebenso unansehnlichen wie weisen Philosophen Krates den Mann ihres Lebens gefunden hätte. Die schöngeistig veranlagte Hipparchia möchte ihr Geschlecht nicht von künstlerisch-philosophischen Ambitionen ausgeschlossen wissen, mit platonisierender Emphase erstrebt sie dessen geistige Erleuchtung: „Wenn nun aber ein weibliches Wesen Trieb und Kraft in sich fühlt, weiter zu gehen; wenn eine Seele in ihm erwacht, die sich den Seelen der edelsten unter den Männern nahe genug verwandt fühlt, um, wie sie, nach geistiger Schönheit und geistigen Genüssen, nach einer höhern Vollkommenheit … zu trachten …". Hipparchia sieht denn auch ihre Bestimmung als zukünftige Gattin keinesfalls darin, „… in einem wohlvergitterten Frauenzwinger, wie in einen zierlichen *Wachtelnschlag*, eingeschlossen zu werden" (C^{1r}, Bd. 39, S. 160f.).

Der bucklige Krates bleibt für Hipparchia auch nach zahlreichen Prüfungen, welche ihr die skeptische Verwandtschaft auferlegt hatte, attraktiv, obwohl sich dieser zurückhaltend gibt. Die ebenso eigensinnige wie lernbegierige Frau weist den von der Familie als Gespons empfohlenen „bildschönen Gecken" Leotychus zurück, sie bekennt sich hingegen so nachhaltig zu der „Seelenschönheit" des verpönten philosophischen Sonderlings, dass die Familie schließlich vor der töchterlichen Verve kapituliert. Dem aufmerksamen Leser entgehen nicht die skeptischen Worte hinsichtlich der Ehe, die Wieland dem mit Krates befreundeten Philosophen Diogenes in den Mund legt: „Ich denke … nicht, daß ein Mann, der sich der Philosophie und den Musen ergeben hat, heirathen soll, wenn er's Umgang haben kann [wenn er es vermeiden kann]" (C^{1r}, Bd. 39, S. 264).

Eine der letzten belletristischen Schriften Wielands hat einen vorrangig polemischen Anlass: „Euthanasia. Drey Gespräche über das Leben nach dem Tode. Veranlasst durch D. J[ohann] K[arl] W[ötze]ls Geschichte der wirklichen Erscheinung seiner Gattin nach ihrem Tode", die 1805 bei Cotta erschien (C[1r], Bd. 37). Wieland, der sich bereits 1781 in einem „Merkur"-Beitrag kritisch mit dem „Standpunct, worinn wir uns in Absicht auf Erzählungen und Nachrichten von Geistererscheinungen befinden" auseinandergesetzt hat, griff dieses ominöse Thema erneut auf. Bei „Euthanasia" handelt es sich jedoch – wider Erwarten – nur marginal um eine Auseinandersetzung des Witwers mit dem Tod seiner Frau. Wieland fühlte sich vielmehr von Wötzels seinerzeit erfolgreichem Buch herausgefordert, das er als „das unaufrichtige Machwerk eines ehrgeizigen Literaten" ansah, und dem er durch „Euthanasia" mit scharfzüngiger Polemik entgegentrat. Das erste Gespräch widerlegt mit ironischem Ton die pseudowissenschaftliche Beweisführung des Naturforschers, Anthropologen, Pädagogen und Transzendentalphilosophen. Die im folgendem Diskurs erzählten Geistergeschichten legen die Schlussfolgerung nahe, dass die Unsterblichkeit des individuellen Geistes als unwahrscheinlich anzunehmen sei. Das dritte Gespräch enthält eine Spukgeschichte, welche die Leser dazu anstiften möchte, nicht die *Athanasia* – also die Unsterblichkeit -, sondern die *Euthanasia*, den würdigen Tod, anzustreben (vgl. WB 16.2, S. 326, 348, 364f., 385f., 394f., 413f., 418f., 456f.).

Der erzählerische Grundton von „Euthanasia" ist von einem subtilem Humor geprägt, gleichwohl enthalten die heiter gefärbten Unterhaltungen einen elegischen Zug. Vor allem im zweiten Gespräch klingen gelegentlich wehmütige Erinnerungen an die verstorbene Gattin auf; der Witwer empfindet, „daß Sie lebe und mir nahe sey" (C[1r], Bd. 37, S. 154). Aber derartige Gefühle genügen dem Autor keineswegs als Beweis für das wirkliche Dasein der Geisterwelt. Vielmehr bestimmt ein emphatisch vorgetragenes Bekenntnis zu einem vom Humanitätsgedanken bestimmten Glauben den aufgeklärten Anspruch der Schrift: „Die Religion ist das *Palladium der Menschheit*, oder vielmehr, sie selbst ist die reinste, höchste *Humanität* …" (C[1r], Bd. 37, S. 229). Dieser mit Herders Philosophie der Menschlichkeit übereinstimmende Gedanke kollidierte mit den politisch unruhigen Zeiten, in denen Teile der Bevölkerung oft geneigt sind, sich durch profane Geheimlehren ablenken und anleiten zu lassen (vgl. Brief vom 14. bis 19. März 1807 sowie den kritischen Aufsatz über Geistererscheinungen in C[1r], Bd. 24, S. 71–92). Tatsächlich waren die Zeitläufte zu Beginn des 19. Jahrhunderts von politischen Turbulenzen geprägt, welche die Öffentlichkeit für pseudowissenschaftliche Erscheinungen empfänglich stimmten: Als Vorzeichen drohender militärischer Eskalationen logierten seit Dezember 1805 einige Kontingente der preußischen Armee mit dazugehörender Logistik in Weimar (vgl. Brief vom 6. Februar 1806).

Die Tage der „Weimarischen Schreckenszeit" – vor allem die berüchtigte Nacht vom 14. Oktober 1806, welche der Doppelschlacht von Jena und Auerstedt folgte – verbrachte Wieland gemeinsam mit der Familie und Caroline Bardua, einer befreundeten, die Weimarer Kunstakademie besuchende Malstudentin, im Keller seiner Wohnung. Mehrere französische Soldaten drangen dort ein; sie begnügten sich allerdings mit der Konsumierung einer guten Mahlzeit sowie von etlichen Flaschen Wein. Am folgenden Morgen verließen die Soldaten das Haus ohne Plünderung, eine französische Wache schützte das Haus. Schließlich erschien Marschall Ney bei Wieland und gewährte ihm unmittelbaren kaiserlichen Schutz. Erschreckend waren jedoch die Nachrichten von der akuten Gefährdung befreundeter Personen (vgl. Briefe vom 31. Oktober, 3. November, 9. November 1806 und 10. April 1808; WB 18.2, S. 151). Zudem fühlte sich der wetterfühlige Wieland aufgrund der ständigen Tiefdrucksysteme dem unangenehmsten Winter seines Lebens ausgesetzt. Sensibel registrierte er jede Veränderung des Barometerstands. „Katharrliche Unpäßlichkeiten" waren die Folge (vgl. Briefe vom 13., 19. und 31. Januar 1806).

Weiterhin gefiel sich der poetische Privatier in der Rolle des künstlerischer Beraters, der den Freunden bereitwillig seine Fachkenntnisse zur Verfügung stellte. Zu diesem Kreis gehörte Sophie von La Roches enge Vertraute und Briefpartnerin Elisabeth Charlotte Gräfin Solms-Laubach sowie Friedrich Ludwig Graf von Solms-Rödelheim und Luise Fürstin von Wied-Neuwied, der gegenüber Wieland mit emphatischen, an die eigenen Jugendtexte erinnernden Worten seine platonische Liebe beschwor. Darüber hinaus bekundete er seine Abneigung gegen die Einführung einer Vermögensteuer (vgl. Briefe vom 7. November 1808 sowie 19. und 20. Mai 1808).

Ein besonders aufwändiges Projekt war die Bearbeitung des von zahlreichen Schreibfehlern entstellten autobiografischen Manuskripts von Friedrich Ludwig Dülon, eines blinden Flötenvirtuosen aus Preußen. Die Auftritte des ebenso genialischen wie attraktiven Künstlers hatten – vor allem bei den weiblichen Fans – einen regelrechten Starkult ausgelöst.

Wieland, der mit Heinrich Geßners geschäftlicher Prokura ausgestattet war, unterzeichnete am 29. November 1805 den Verlagsvertrag für die Biografie und übernahm deren redaktionelle Bearbeitung. Vergeblich erhoffte man, dass die Veröffentlichung der rührseligen Memoiren des europaweit populären Musikers den seit 1803 finanziell angeschlagenen Verlag des Schwiegersohns vor dem endgültigen Konkurs bewahren würde (vgl Briefe vom 29. November 1805, 19. Januar, 2., 26. März, 24. September 1806, 22. Januar, 23. November 1807, 25. Juli 1808; WB 17.2, S. 20).

Wieland befasste sich nicht nur mit der Lebensbeschreibung Dülons, sondern suchte einen Autor zur Schilderung der eigenen Vita. Der Jenaer Privatdozent Johann Gottfried Gruber, damals Anfang dreißig, hatte sich durch eine – allerdings kolportagehafte – Biografie Schillers sowie eine lobende Rezension von „Krates und Hipparchia“ in der „Allgemeinen Literaturzeitung“ empfohlen. Wielands Dankbarkeit gegenüber Gruber war vermutlich in dessen Zurückweisung der „muthwillige[n] Knabentollheit“ der „Athenaeum“-Herausgeber“ begründet. Im Sommer 1805 gewann Gruber die Zuneigung des Dichters und wurde sein erster Biograf (vgl. Wielands Äußerungen zu einer Autobiografie im Brief vom 10. August 1806).

Die in Offenbach in armen Verhältnissen lebende Sophie von La Roche meldete sich ein letztes Mal belletristisch zu Wort. Für den 1806 in Halle publizierten, teilweise autobiografischen Roman „Melusinens Sommer-Abende“ vermittelte Wieland nicht nur Bertuch und den Publizisten Christian Gottfried Schütz als Verleger, sondern er stellte sich – ähnlich wie beim „Sternheim“-Roman – als Herausgeber zur Verfügung, redigierte den Text und verfasste eine Vorrede (vgl. Briefe vom 21. März, 25. Juli und 10. August 1806; WB 17.2, S. 140). Nach Fertigstellung der Aristophanes-Übersetzung konzentrierte sich sein literarisches Schaffen zeitlich parallel auf die Redaktion der Manuskripte von Dülon und Sophie sowie auf die ausführliche Korrespondenz mit Göschen.

Obwohl Wieland für Ausflugsfahrten eine bequeme viersitzige Kutsche mit Klappverdeck und Leihpferden, Landauer genannt, zur Verfügung stand, verbrachte er die meiste Zeit am Schreibtisch, umgeben von Büchern, Textkonvoluten und literarischer sowie geschäftlicher Korrespondenz. Unter anderem galt es Abrechnungen mit dem Schwiegersohn

Geßner sowie Weinrechnungen der Erfurter Firma Ramann zu bearbeiten. Der Rebsaft wurde damals in „Eymern“ [ein Weimarischer Eimer umfasste 71,71 Liter] geliefert; die Haushaltsbücher von Familie Wieland verzeichnen unter anderem die Sorten Bergerac, Hoch Barsac, Burgunder, Erlauer, Muscat, Roussillon, Sauternes, Tokaier, Wertheimer, Erlauer, Ofener sowie toskanische Rebsäfte. Umsorgt von den zwei ältesten Töchtern, verließ Christoph Martin nur selten die Wohnung. Lediglich Besuche im Komödienhaus (wo Wieland für sich einen ständigen Balkonplatz, für seine Töchter Parterre-Billets abonniert hatte), bei Goethes „Mittwochsgesellschaft“ sowie der seit November 1806 regelmäßig stattfindenden Soireen Johanna Henriette Schopenhauers am nahe gelegenen Theaterplatz vermochten ihn aus der Häuslichkeit zu entreißen. An diesen Abendgesellschaften nahm Wieland allerdings erst ab 1808 teil (vgl. WB 17.2, S. 353f.; zu den Theaterbesuchen und Platzreservierungen WB 18.2, S. 426f.).

Johanna Schopenhauer war im Frühjahr 1806 aus Danzig nach Weimar gekommen, wo sie vom Erbe ihres verstorbenen Mannes lebte. Auf ihren Gesellschaften erklang das Pianoforte mit Tenorbegleitung, herzogliche Hofmusiker spielten unentgeltlich. Punsch, Tee, Bouillon und Butterbrötchen wurden serviert. Man diskutierte, zeichnete, sang. Allerdings war es Wieland in dieser Runde versagt, seiner Leidenschaft, dem Kartenspiel, zu frönen. Johanna Schopenhauer vermerkte: „Er [Wieland] ist 73 Jahre alt, lebhaft genug für sein Alter. Er bat auch zu mir kommen zu dürfen. Bey schlechtem Wetter geht er nicht aus … und da er ohne Spiel nicht leben kann, so wird er bey mir seine Rechnung nicht finden; denn in meinem Zirkel spielt niemand. Auch weicht er Göthen sehr an Interesse. Er trägt ein schwarzes Käppchen, wie ein Abbé; das giebt ihm bey seinem weißen Haar etwas Würdiges. Er hat eine französische Physiognomie, und kann nie gut ausgesehen haben; jetzt ist er, besonders ohne Brille, ziemlich häßlich.“ (Brief Johanna Schopenhauers vom 28. November 1806; zitiert nach Starnes III, 247f.)

Frau Schopenhauers Sohn, den Göttinger Medizinstudenten Arthur, lernte Wieland am 20. August 1809 während eines Ausfluges nach Tiefurt persönlich kennen; gemeinsam verbrachte man das 76. Geburtstagsfest des Jubilars. Während der Oster-Semesterferien im Jahre 1811 besuchte der mit der geselligen Lebensführung seiner Mutter hadernde

Philosophiestudent Arthur Schopenhauer abermals Weimar. Der studierende Jung-Rentier bemerkte angeblich zu Wieland: „Das Leben … ist eine mißliche Sache: ich habe mir vorgesetzt, es damit hinzubringen, über dasselbe nachzudenken" . Der Dichter soll Verständnis bekundet haben (vgl. Starnes III, 397f.; in Schopenhauers Frankfurter Wohnung befanden sich Gipsbüsten von Kant und Wieland; vgl. Egon Freitag, WS Bd. 5, S. 181–198;).

Das Jahr 1807 setzte den Todesreigen in Wielands Bekanntschaft fort: Nach Gleim, Herder und Schiller verstarb Sophie von La Roche, gefolgt von Herzogin Anna Amalia und der allseits beliebten Hofdame Luise Göchhausen. Auch Goethes Überleben schien aufgrund mehrerer Erkrankungen gefährdet. Des Übersetzens von Aristophanes und Euripides müde, und um sich „je bälder je lieber aus einer fürchterlich einengenden Gegenwart in eine andere Welt … zu versetzen" (wie es in der Vorrede zum ersten Band der Cicero-Briefausgabe heißt), plante Wieland die Übertragung der Episteln des römischen Philosophen. In Marcus Tullius Cicero, der den Tod der geliebten Tochter verkraften und den Niedergang der römischen Republik miterleben musste, fand Wieland einen kongenialen virtuellen Altersfreund. Seit Anfang November 1806 wurde das Projekt mit Böttiger brieflich diskutiert, denn Wieland war sich keineswegs sicher, der Herausforderung philologisch gewachsen zu sein. Zudem befanden sich bereits einige Cicero-Übersetzungen auf dem Buchmarkt. Böttiger, der seit Frühjahr 1804 in Dresden lebte, unterstützte jedoch das Vorhaben (vgl. Briefe vom 9. November 1806, 1. Januar, 16./17. April 1807, 16./17. April und 4. Oktober 1807; WB 17.2, S. 219).

Die Übersetzung sollte außer den Briefen einen chronologischen Auszug der Lebensgeschichte Ciceros sowie umfangreiche Erläuterungen enthalten (vgl. Brief vom 16. April 1807). Durch die herzogliche Bibliothek, Böttiger und andere Quellen mit Fachliteratur versorgt, beschäftigte sich Wieland zunächst eingehend mit der historischen Situation in der Endphase der römischen Republik sowie mit den „Atticus"-Briefen (vgl. Brief vom 12. Januar 1807). Während der Arbeit steigerte sich Christoph Martin in eine förmliche Arbeitswut, welche ihm schließlich die Tag- und Nachtruhe raubte. Diese Fixierung war jedoch nicht nur psychologisch in dem Verlangen nach Kompensation der menschlichen Verluste begründet, sondern ebenso in der Herausforderung seiner philologischen Kompetenz, welche ihn im wahren Wortsinn häufig an das Ende seines Lateins führte (vgl. Brief vom 4. Oktober 1807). Die öffentlich gelobten Übersetzungen blieben denn auch von interner Fachkritik nicht verschont: Franz Passow, Griechisch- und Lateinlehrer am Weimarer Gymnasium, wies darauf hin, dass Wieland eingeräumt habe, weniger die Originaltexte, sondern zumeist englische oder französische Vorlagen zu verwenden (vgl. Starnes III, 265f.).

Wieland, der eigenen altsprachlichen Grenzen bewusst, verteidigte sich mit dem Hinweis, dass es ihm „zuerst um Ciceros Sinn und Intention und erst secundo loco um seine Diction zu thun" sei (Brief vom 27. Oktober 1807). Als Fürsprecher des gescholtenen Dolmetschers mag der Altsprachler und Nicht-Pedant Friedrich Nietzsche gelten, für den Wielands „vortreffliche, sprachgewandte, bei aller Freiheit doch sinngetreue Übersetzung" der Lucian- und Cicero-Briefe als vorbildlich galt (vgl. Nietzsche, Krit. Studienausgabe, Bd. 15, S. 96 sowie „Der Wanderer und sein Schatten", 107). Wieland fehlten jedoch geeignete Kopisten seiner mit zahlreichen Randnotizen versehenen Manuskripte, so dass ständige editorische Feinabstimmungen zwischen dem Autor und dem Verlag erforderlich waren (vgl. Briefe vom 12. Januar 1807, 10. Juli 1807, 19. und 25. Februar 1808, 16. Januar 1809). Mit Bedauern wurde vermerkt, dass der seit 1808 (bis 1821) publizierten Edition – „Cicero's, M. Tullius, sämmtliche Briefe, übersetzt und erläutert von C. M. Wieland" – das kaiserlich- österreichische Privileg versagt blieb, weil sich das Weimarer Herzogtum unter Napoleonischer Vorherrschaft befand (vgl. WB 17.2. S. 222f.; AA„ Abt. 2., Bde. 9. und 10.; zu den Titelkupfern WB 18.2, S. 121).

Zahlreiche Ehrungen wurden Wieland zu Beginn des neuen Jahrhunderts zuteil: So die Verleihung des helvetischen Bürgerrechts, die Aufnahme als auswärtiges Mitglied in die Münchner Königliche Akademie der Wissenschaften (diese Berufung verdankte er deren neuem Präsidenten Friedrich Heinrich Jacobi), die Mitgliedschaft im Institut Royal des Sciences, des Lettres et des Beaux-arts en Hollande sowie im „Löblichen Hirten- und Blumen-Orden an der Pegnitz", einer 1644 gegründeten (bis heute bestehenden) Sprach- und Literaturgesellschaft. Die Stammliste des Ordens verzeichnet Wielands Beitritt als Ehrenmitglied am 10. August 1807 mit der Nr. 271 (vgl. WB 15.2, S. 402, 410ff.; WB 17.1, S. 235;

Briefe vom 15. Juni, 8. September 1801; 5. März, 24. Juli, 11. September 1807).

Der zurückgezogen lebende Dichter empfing häufig Besucher – unter anderem Sophie von La Roches Enkelin, die 22-jährige Bettina Brentano und deren jüngere Schwester. Wielands Person und das Ambiente verströmten aus Sicht der jungen Leute allerdings das muffige Flair eines schlecht geführten Altersheims: Zuweilen konnte man sich von „der alten Luft, die bei ihm herrscht", dem „Gemach voll Nachtlampen und Nachtmützen" und dem nachlässig in einen Schlafrock gekleideten Hausherrn abgestoßen fühlen (vgl. Starnes III, 263).

Tatsächlich war bei Wieland eine Neigung zur bewussten Vergreisung festzustellen. Jedoch wäre es eine Fehldeutung, dieses Abfinden mit dem Alter als Weisheit zu werten, denn eine gerontophile Tendenz war bei ihm bereits viele Jahre vorher festzustellen: Bequemlichkeit im Alltag und die Beschränkung körperlicher Betätigung auf Schreibtisch-Athletik war eine Lebensweise, die Christoph Martin bereits in Jugendzeiten bevorzugte und die lediglich im Alter deutlicher zur Geltung kam. Das Selbstbild als behäbiger Patriarch und betulicher Dichter wurde nun durch die Rolle des Greises komplettiert: Wielands biedermeierlich anmutendes Schlafmützendasein spielte sich zumeist am Schreib- oder Esstisch ab, vorzugsweise jedoch am Bostonplatz, wo die Töchter *nolens volens* mit dem Hausherrn Karten spielen mussten. In der warmen Jahreszeit wurde die private Seniorenresidenz häufig nach Belvedere in ein Kavaliershaus verlegt, wo ihn die Enkel und Töchter unterhielten und versorgten (vgl. Brief vom 10 Juli 1808; WB 17.2, S. 190).

Gemessen an der eigenen literarischen Vorgeschichte zeigte Wieland eine spießerhafte Haltung bei der Reaktion auf Goethes 1809 veröffentlichten Roman „Die Wahlverwandtschaften", dessen Partnertausch-Motiv von ihm wenige Jahre zuvor in den „Hexameron"-Novellen ebenfalls aus liberaler Sicht paraphrasiert worden war. Seine Kritik bezog sich nicht nur auf die zahlreichen Einschübe und Digressionen der Erzählung Goethes, sondern ebenfalls auf den moralischen Relativismus der „unsittlichen und skandalösen Geschichte". Es schien, als hätte Wieland die stilistischen Akzente und sinnlichen Bilderwelten der eigenen Prosaerzählungen verdrängt (vgl. Starnes III, 353, 356, 374).

Mäßigung und Betulichkeit kennzeichneten seinen Lebensrhythmus,

Extravaganzen blieben ausgespart. Auch der 75. Geburtstag, gefeiert in Belvedere, bekundete eine steife Idyllik: Morgenmusik, ein „graziöser Toast", „Blumenguirlanden", Kranzüberreichungen durch die Töchter und Enkel, feierliche Gedichtvorträge durch Knebel und Luise Herder, ein Waldpicknick, ein Diner sowie ein abendlicher Ball waren die Höhepunkte des Festes (vgl. Brief vom 6. bis 9. September 1808; WB 17.2, S. 327–330).

Seine wichtigsten Bezugspersonen im Alltag waren die ältesten Töchter Luise (die jedoch lieber bei ihrer Schwester Charlotte in Zürich gewohnt hätte, vgl. WB 18.2, S. 425) und Caroline, welche das Haus- und Küchenregiment führten und die häufigen Jähzornsanfälle ihres Vaters erdulden mussten. Bezeugt ist Wielands Vorliebe für ein Erbsengericht, welches allerdings, bei unsachgemäßer Zubereitung, nicht den Weg zum Munde hinein, sondern zum Fenster hinaus fand. Auch Delikatessen wie Austern standen auf dem Speiseplan.

Luise schilderte einen typischen Tagesablauf im Hause Wielands: Während morgendlich-häuslicher „Arbeiten, wie Nähen, Stricken, Spinnen und Gesprächen", arbeitete der Hausherr in einer Nebenstube an Ciceros Briefen. Zum Mittagstisch fanden sich außer Christoph Martin und den Töchtern auch der arbeitslose Sohn Carl ein. Da von den weiblichen Personen Zurückhaltung erwartet wurde, führten zumeist die Männer das Tischgespräch über aktuelle politische und kulturelle Ereignisse. Der Nachmittag war der Lektüre von Journalen und Zeitungen vorbehalten, auch Besuche bei Freunden oder Bekannten standen auf der Tagesordnung. Eine Boston-Runde, bei der Wieland angeblich die Töchter häufig gewinnen ließ (um sie als Spielpartner nicht zu verlieren), ein „Concertchen auf dem Pianoforte" durch Stichlings Tochter Amalia sowie Lesungen von der Enkelin Wilhelmina Schorcht rundeten die abendliche Geselligkeit ab. Abwechslung brachten die regelmäßigen Soireen bei Johanna Schopenhauer, Treffen bei der Herzogin Luise sowie Konzert- und Theaterbesuche (vgl. Starnes III, S. 323f.).

In dieser Zurückgezogenheit, eingesponnen in häusliche Idyllik und regelmäßige Übersetzungsarbeit, meldete sich die Weltgeschichte zu Wort: Statt des virtuellen Altersfreundes Cicero beanspruchte der zeitgenössische Cäsar, Napoleon I., Wielands Aufmerksamkeit. Ein von Bonaparte Ende September 1808 einberufener Kongress versammelte die

Fürsten des Rheinbundes sowie zahlreiche weitere Regierende in Erfurt, dessen Territorium direkt dem französischen Kaiserreich unterstellt war. Der Hauptteil der Tagung fand im Erfurter Universitätsballhaus [heute: Kaisersaal] statt. Zar Alexander logierte in Weimar, wo die repräsentativen Teile des Fürstentags, wie Theateraufführungen, Bälle und Treibjagden, erfolgten (Wieland hatte den Zaren bereits im November 1805 anlässlich eines persönlichen Gesprächs kennen gelernt, vgl. Brief vom 7. November 1805; WB 16.2, S. 504). „Am 6. d. M. kamen alle diese Majestäten, Hoheiten, Durchlauchten und Excellencen nach Weimar …" (Brief vom 8. bis 14. Oktober 1808). Ein Diner im großen Ballsaal des Weimarer Schlosses wurde gekrönt durch die Aufführung des Stückes „La mort de César" von Voltaire – einem Drama voller Anspielungsreichtum auf das mögliche Schicksal Napoleons.

Wieland, von eher zurückhaltendem Temperament, hatte die Einladung zum Ball aus (vermutlich vorgeschobenen) gesundheitlichen Gründen abgesagt und reagierte erst nach zweimaliger Anfrage des französischen Kaisers, der ihn in der Theaterloge bemerkt hatte. Gegen „halb eilf" Uhr wurde Wieland von einer Hofkutsche zum Schloss gefahren, wo er im Tanzsaal durch Herzogin Luise dem Kaiser vorgestellt wurde. Sein altmodisches Habit, bestehend aus einer „Calotte auf dem Kopfe … und in Tuchstiefeln" erweckte heitere Aufmerksamkeit, weil das Scheitelkäppchen sonst nur bei katholischen Geistlichen üblich war (vgl. Brief vom 13. Oktober 1808). Die Herzogin hatte Wieland die Erlaubnis erteilt, in der antiquierten Kleidung bei Hofe zu erscheinen, und der in Generalsuniform auftretende Napoleon beliebte nur für „einen Augenblick über mein ungewohntes accoutrement" zu scherzen. Die sanftironische Bemerkung des Kaisers, dass Wieland wie der Beichtvater der Herzogin wirke, konterte der Touchierte überaus galant mit dem Hinweis, dass die Fürstin ohne Sünde sei und deshalb keiner Absolution bedürfe (vgl. den undatierten Brief von Anfang November und vom 7. November 1808).

Wieland empfand Sympathie für den Monarchen. Man parlierte stehend anderthalb Stunden lang in der Sprache des Gastgebers, aber der Schwabe – nach eigenem Bekunden „ein sehr ungeübter und schwerzüngiger französischer orateur" – bemerkte erleichtert, dass der Staatsmann (der sich zeitlebens lieber auf italienisch verständigte) die Konversation „fast allein auf sich nahm". Da Napoleon trotz seiner korsischen Herkunft ein gepflegtes Französisch sprach, vermochte Wieland dem Gespräch zu folgen, gleichwohl bat er, da „ich das Stehen nicht länger ertragen konnte", schließlich um Dispens. Anscheinend stand für Wieland bei dem Gespräch mit dem Kaiser keineswegs die Sorge um *bella figura* oder um eine geistreiche Selbstinszenierung im Vordergrund.

Später betonte er, dass in der Nähe stehende Personen den genauen Wortlaut des Gesprächs nicht hätten vernehmen können und anderweitige Pressemitteilungen ins Reich der Fabel gehören. Da ein Bericht Wielands über die Begegnung nicht vorliegt, ist man auf fremde Aufzeichnungen wie jene des französischen Außenministers Talleyrand angewiesen, der in seinen Memoiren das Bonmot über Wieland als „le Voltaire de l'Allemagne" wiederholte. Talleyrand schildert, dass der Kaiser, an das aufgeführte Drama anknüpfend, die Rolle von Julius Cäsar in der römischen Geschichte lobte, dessen fatales Ende er jedoch für seine Person verständlicherweise vermieden wissen wollte. Napoleon würdigte die weltgeschichtliche Leistung römischer Kriegskunst und Politik, aber dessen abschätzende Meinung über die antiken Griechen brüskierte den Zuhörer, welcher sich der Kultur des klassischen Hellenismus verpflichtet fühlte. Der Zweifel des Kaisers an der historischen Existenz Christi wurde ebenfalls unwillig zur Kenntnis genommen (vgl. WB 17.2, S. 336–345).

Eine weitere Begegnung mit dem französischen Monarchen erfolgte wenige Tage darauf in Erfurt anlässlich eines fürstlichen Diners mit anschließender Aufführung von Voltaires „Mahomet", wo Goethe und Wieland in benachbarten Zimmern logierten. Kaiser Napoleon und Zar Alexander begegneten sich dort zur Unterzeichnung eines (nicht eingehaltenen) Bündnisvertrages. Das Frühstück des französischen Staatsoberhaupts war für 10 Uhr anberaumt. Gemeinsam mit anderen Gästen antechambrierte Wieland nahezu zwei Stunden, bis ihm erlaubt wurde, stehend dem „Kaiserlichen Monodrame (dem déjeuné [sic!] nehmlich) entweder als Zuschauer beyzuwohnen, oder unmittelbar vor demselben eine kurze audienz zu erhalten." Der kulinarische Appetit des Kaisers stand hinter seinem machtpolitischen Hunger keineswegs zurück: Außer der Beantwortung von beiläufigen Fragen durch einige Gäste beschränkte sich diese Begegnung auf die Kenntnisnahme von Napoleons außergewöhnlicher Esslust. Hastig und missgestimmt verzehrte der Monarch außer dem in „5 oder 6 Schüsseln" dargereichten „dejeuné á la fourchette … ein halb Dutzend Gläser Wein, halb mit Wasser vermischt" (vgl. Brief vom 14. Oktober 1808).

Wielands Bewunderung für politische Gestalten von der Art Napoleons – dem „größte[n] Mann aller Jahrhunderte" – hatte sich bereits in „Der Goldne Spiegel" bei dem parvenuhaften Polithelden Tifan und in den entsprechenden Textpassagen der „Gespräche" gezeigt (vgl. Briefe vom 13. Oktober, 7. und 24. November 1808). Als er einige Wochen später zur Anerkennung seines Wirkens von Bonaparte das Kreuz der Kaiserlich Französischen Ehrenlegion und von Zar Alexander den Sankt-Annen-Orden zweiter Klasse erhielt (Goethe und zwei weitere Weimarer Hofleute empfingen die große Version), fühlte sich der meist an Geldnot leidende Dichter jedoch zu der lakonischen Bemerkung bemüßigt: „Wozu das alles? Eine mäßige Pension wäre mir lieber gewesen – etc. …" (Brief vom 14. November 1808; vgl. WB 17.2, S. 350, 355, 370ff.). Anlässlich eines vom russischen Zaren veranstalteten Balles trugen Goethe und Wieland die Ehrenabzeichen. Die mit der Verleihung des Ordens mögliche Erhebung in den Adelsstand lehnte Wieland allerdings ebenso ab wie die Teilnahme an der Verwaltungskommission einer Napoleonischen Stiftung in Jena (vgl. WB 17.2, S. 372, 377f., 382f.).

Die „Infirmitäten [Gebrechen] des hohen Alters", wie häufige Erkältungen und Brustschmerzen, die ihn in Todesnähe wähnten, belasteten zunehmend seine Lebensfreude (vgl. Briefe vom 13. und 18. Januar 1808). Zudem quälte ihn die ausgeprägte Wetterfühligkeit, welche „das unfreundliche, trübe und abscheulich kalte Wetter" zu einer Qual werden ließ. Immerhin konnte der kurzsichtige Mittsiebziger „die kleinste Perlschrift ohne Brille und selbst bei Kerzenlicht" lesen. Auch der Appetit und das Schlafvermögen blieben erhalten (vgl. Briefe vom 13., 18. Januar, 15., 18. August, 30. September und 22. November 1808).

Zu dieser Zeit porträtierte ihn der Weimarer Maler Ferdinand Jagemann mit einem von Zeitgenossen als besonders wirklichkeitsnah beurteilten Gemälde. Ein weiteres Bild jener Zeit stammt von dem Dresdner Kunstakademie-Professor Franz Gerhard von Kügelgen, der Dezember 1808 in den Räumen von Johanna Schopenhauer Skizzen von Goethe und Wieland nach dem Leben sowie von Herder und Schiller nach der Überlieferung anfertigte. Die Erstfassungen stellte der Künstler in seinem Dresdner Atelier fertig. Das Brustbild zeigt Wieland mit dem rotem

Ordensband der Ehrenlegion sowie dem Sankt-Annen-Orden am roten Bande. Kügelgens Witwe brachte die Bilder in ihre estnische Heimatstadt Dorpat [heute: Tartu], wo sie in der Universität ausgestellt sind. Kügelgens Wieland-Porträt liegt in mehreren Kopien und unterschiedlichen Fassungen vor (siehe Umschlagbild; vgl. Brief vom 31. Dezember 1808/1. Januar 1809; WB 17.2, S. 43, WB 18.2, S. 44f.; zu weiteren Wieland-Porträts vgl. WB 15.2, S. 312, 433). Der Künstler schuf außerdem mehrere Bas- oder Flachreliefs in Medaillongröße, von denen dasjenige Wielands als Vorlage für eine gegossene, vergoldete Bronzemedaille mit seinem Kopf im Hochrelief diente, welche der Dichter zum 78. Geburtstag von seinen Weimarer Freunden als Geschenk erhielt. Verkleinert findet sich jenes in Kupfer gestochene Medaillon auf dem Titelblatt des ersten Teils von Johann Gottfried Grubers Wielandbiografie von 1815.

Der Gleichmut Wielands wurde schwer geprüft durch den Tod seiner Mitte zwanzigjährigen (sechsten) Tochter Juliane Stichling am 20. April 1809 infolge einer Lungenentzündung (vgl. Brief vom 8. Mai 1809; WB 17.2, S. 423f., auch S. 451). Herders Tochter Luise – beliebter Gast im Hause – heiratete den Witwer, so dass der verstorbene Geistliche und Wieland nunmehr verwandtschaftlich miteinander verbunden waren (vgl. WB 18.2, S. 328). Der unmittelbar vor Julianes Tod beginnende sechsmonatige Aufenthalt des von Wieland hochgeschätzten, in Kiel lebenden Schwiegersohns Carl Leonhard Reinhold nebst Gattin Sophie (Wielands ältester Tochter) sowie zwei Söhnen vermochte die trübe Stimmung etwas aufzuhellen, zumal man sich 15 Jahre lang nicht gesehen hatte (zu Reinholds Situation in Kiel vgl. WB 17.1, S. 403ff.).

Der „Aufruf an edle Menschen-Freunde“ zur Unterstützung eines Kriegsveteranen zeigte, dass Wieland sich auch für die Belange anderer einsetzte (vgl. WB 17.2, S. 400ff., 425ff.). Durch finanzielle Zuwendungen wurden der schwer erkrankte Ludwig Fernow (der Wieland zum Dank seine Ariost-Biografie widmete), ein junger, mittelloser Schauspieler, die teilweise hochverschuldeten Söhne Carl Friedrich, Ludwig Friedrich August und Wilhelm August sowie der Schwiegersohn Heinrich Geßner begünstigt. Der Weimarer Stadtrat bekam 2000 Reichstaler zu einem Zinssatz von 4 Prozent geliehen (vgl. Briefe vom 30. Juli, 6., 16., 22. August und Anfang Oktober 1807 sowie WB 16.2, S. 172, 244, 388).

Wielands Aufnahme in die von Carl August und Goethe im Oktober 1808 aufgrund politischer Erwägungen wiedereröffnete Freimaurerloge „Anna Amalia zu den drei Rosen“ sollte als Bekenntnis zu praktizierter Humanität nicht überschätzt werden, denn viele Mitglieder galten bei Kennern der Verhältnisse als arge Stadtphilister. Vielmehr dürften außer dem Bedürfnis nach Überwindung der Einsamkeit auch der Logenvorsitz des langjährigen „Merkur“-Mitarbeiters und Vertrauten Friedrich Justin Bertuch sowie die Mitgliedschaft Carl Leonhard Reinholds weitere Gründe für seinen Beitritt in die Bruderschaft am 4. April 1809 gewesen sein (vgl. WB 18.2, S. 106f.). Zünftig ausgestattet mit Hut und Schurzfell, nahm Christoph Martin oft nur unwillig an den Zusammenkünften der Bruderschaft teil und beobachtete bei vielen Teilnehmern „pure Heuchelei und Grimasse“. Gleichwohl wurde der Vorabend seines 76. Geburtstags im Versammlungsort der Loge, dem Wittumspalais, gefeiert; den Ehrentag verlebte der Jubilar im Kreise von Freunden und Verwandten in Tiefurt (vgl. Brief vom 26. Juni 1811; WB 17.2, S. 416, 491f.; WB 18.2, S. 159ff., 177, 245f.).

Wieland hielt mehrere Reden vor der Bruderschaft, von denen die erste mit dem Titel „Betrachtungen über den Zweck und Geist der Freimaurerei“ am 24. Oktober 1809 – infolge einer Cholera-Erkrankung des Dichters – von Friedrich Bertuch verlesen wurde. Der letzte Vortrag von „Bruder“ Wieland, gehalten am 24. Oktober 1812, meditierte „Über das Fortleben im Andenken der Nachwelt“ (zu Vorträgen und Erkrankung vgl. WB 18.2, S. 22f., 27ff., 418f.; AA, Abt. 1, Bd. 20, S. 358–365, 366–373 sowie den Brief vom 9. März 1809). Aufgrund der intensiven Arbeit an dem 15-seitigen Vortragsmanuskript konnte sich Wieland für die von Goethe „gestern erhaltenen Passa-porta“ [Eintrittskarten für das Weimarer Hoftheater] und den Erhalt des zweiten Teils von „Dichtung und Wahrheit“ erst nachträglich bedanken (vgl. WB 18.2, S. 426).

Die Freude an der Cicero-Briefübersetzung erlitt einen schweren Rückschlag, als sich im Frühjahr 1809 der Konkurs der Verlagsbuchhandlung Geßner abzeichnete. Kuratoren versuchten das marode Unternehmen durch Bildung eines Geldfonds vor dem geschäftlichen Ruin zu bewahren (vgl. WB 16.2, S. 344; zur Verlagsgeschichte Geßners: WB 18.2, S. 147f.). Die Züricher Treuhänder informierten Wieland, der sein Honorar anfangs gar nicht, später nur kursorisch erhielt, von der prekären Situation (vgl. WB 17.2, S. 441, 473). In ausführlichen Briefen beklagte Tochter Charlotte die finanzielle Misere sowie den sich ständig verschlechternden körperlichen Zustand ihres Anfang vierzigjährigen Mannes, der inzwischen gemeinsam mit der Familie im Hause seiner Mutter in Bern lebte. Die operative Entfernung einer krebsartigen Wucherung am Auge des Verlegers sowie eine Schwefelthermen-Kur konnten den Krankheitsverlauf nicht aufhalten (vgl. WB 16.2, S. 486; WB 17.1, S. 612–625; WB 17.2, S. 289, 357; WB 18.2, S. 97).

Wieland, über den „unartige[n] Starrsinn" seines inzwischen fast erblindeten Schwiegersohns verärgert, drohte den Verlagskuratoren die Rechte an der Veröffentlichung seiner Übersetzung zu entziehen, das Projekt „einem andern soliden Verleger" zu übergeben oder „das Werk gänzlich liegen zu lassen" (Briefe vom 30. Juni und 17. Juli 1809). Den Hauptgrund für einen voraussichtlichen Bankrott des Verlages sah Christoph Martin außer in den politisch und militärisch unruhigen Zeiten in der Unfähigkeit Geßners zu einer soliden geschäftlichen Planung (vgl. Briefe vom 24. und 28. Juli 1809). Tatsächlich drohte im Sommer 1809 das Cicero-Projekt zu scheitern. Auch ein ausführlicher Briefwechsel zwischen den Treuhändern und dem prominenten Autor vermochte die Fronten nicht zu befrieden. Schließlich bot Wieland der Tochter Charlotte sein Haus als Zufluchtstätte vor dem Schweizer Elend an (vgl. WB 17, S. 626–635).

Hinter den Kulissen trat der vormalige „Merkur"-Mitarbeiter Friedrich Justin Bertuch, inzwischen einer der bedeutendsten deutschen Privatunternehmer, als Konkurrent des Züricher Verlages auf. Zu Bertuchs 1791 gegründetem „Landes-Industrie Comptoir" gehörten eine Papier- und Farbenmühle, eine Buchdruckerei sowie ein „Geographisches Institut" mit kartografischer Abteilung. Zudem veröffentlichte Bertuch, der unter anderem in den achtziger Jahren Goethes Werkausgabe bei Göschen finanziell unterstützt hatte, die 1785 von ihm gegründete „Allgemeine Literatur-Zeitung" (an der Wieland anfangs kurzzeitig mitgewirkt hat), die erste europäische Illustrierte – das „Journal des Luxus und der Moden" – sowie Kinderbücher, Übersetzungen und medizinische Studien.

Der umtriebige Verleger unterbreitete ein attraktives Angebot zur Ausstattung der Cicero-Übersetzung und lockte mit einem von 10 auf 15 Taler erhöhten Autorenhonorar. Die Verhandlungen führte Wielands

Schwiegersohn Carl Leonhard Reinhold (vgl. WB 17.1, S. 644ff.; WB 17.2, S. 467). Ende August 1809 wurden Charlotte und die Kuratoren in getrennten Briefen über den bevorstehenden Kontrakt mit Bertuch informiert, was kurzfristig zum Einlenken der Schweizer Partei führte, zumal Wieland seine Honorarforderung nicht erhöht und den meisten Vorschlägen der Treuhänder zugestimmt hatte (vgl. WB 17.1, S. 660–664; Briefe vom 18. September 1809).

Als Familie Reinhold Mitte September 1809 Weimar verließ, lag der dritte Band der Cicero-Übersetzung zum Verkauf in den Buchhandlungen. Ebenfalls feilgeboten wurde eine pergamentene Folio-Prachtausgabe von „Musarion", die allerdings ohne Wissen des Autors von dem Wiener Verleger Josef Vincenz Degen veröffentlicht worden war (WB 16.2, S. 171; WB 18.2, S. 46f.). Weil kein Urheberrecht existierte, konnten Raubdrucke nur durch fürstliche oder kaiserliche Privilegien verhindert werden. Gleichwohl wurden unautorisierte Nachdrucke nicht in jedem Fall vom Autor abgelehnt, der zwar kein Honorar erhielt, aber sein Werk als „typographische[s] Wunder" bestaunen durfte (Brief vom 14. September 1809).

Während Wieland sich infolge einer akuten Cholera-Erkrankung, begleitet von Durchfall und heftigen Krämpfen, dem Tode nahe wähnte, entschlief sein Lebenswerk, der „Neue Teutsche Merkur", in aller Stille. Die Produktionskosten des seit 1803 von Bertuchs „Landes-Industrie-Comptoir" betreuten Journals überstiegen aufgrund abnehmender Abonnenentenzahlen bei weitem die Einnahmen. Auf die 100 Reichstaler, welche Wieland seit 1803 als Herausgeber jährlich empfing, musste er nun verzichten, aber die herausgeberische Hauptlast hatte seit 1796 ohnehin auf Böttiger gelastet (vgl. WB 18.2, S. 103). Briefliche Kontakte zwischen Bertuch und Böttiger (mit dem Wieland wegen einer karikierenden Darstellung seiner Begegnung mit Napoleon in einem Journal Göschens zeitweilig zerstritten war; vgl. WB 18.2, S. 102), begleiteten die Abwicklung der Zeitschrift, welche im September 1810 letztmals erschien. Wieland bedauerte die Einstellung nicht; in der letzten Dekade hatte er im „Merkur" keine längeren Beiträge, sondern nur noch Notizen veröffentlicht.

Neben Tiefurt war das „Griesbachsche Paradies" in Jena zu einem beliebten Treffpunkt für die intellektuelle Elite des Herzogtums avanciert (vgl. Brief vom 13. Juli 1809). Der Theologieprofessor und Begründer der neutestamentlichen Textgeschichte, Johann Jacob Griesbach, hatte sich in den achtziger Jahren außerhalb der Stadt ein Gebäude errichten lassen, zu dem ein weitläufiger englischer Landschaftspark gehörte [heute: Am Planetarium 7]. Dort führte der Gelehrte gemeinsam mit seiner Frau ein geselliges Haus, wo unter anderem Goethe, Herder, Fichte, Schiller, Voß, Knebel und Voigt verkehrten. Häufig nahm Wieland mit den beiden ihn betreuenden Töchtern für viele Wochen, ja Monate am „glücklichen Leben der Griesbachschen Familie“ teil (Brief vom 8. Juli 1809; WB 17.2, S. 468f.; WB 18.2, S. 18f., 349f., 397). Man fuhr spazieren, schäkerte am Kaffeetisch. Höfische Ereignisse wurden besprochen, wie die bevorstehende Verlobung der Erbprinzessin (für die Wieland feierliche Verse dichtete, welche seine Enkelinnen der Braut überreichten) sowie Pläne zu Maskenzügen anlässlich herzoglicher Geburtstage (vgl. WB 18.2, S. 66f., 78f., 81ff., 135).

Am geselligen Tisch, unter zwei, vier oder mehr Augen ließen sich trefflich alte Kontakte vertiefen oder neue Verbindungen knüpfen. Neuigkeiten, wie die erfolgreiche Vermittlung von Wielands Sohn Ludwig als Bibliothekar in Wien, wurden ebenso ausgetauscht wie Informationen über das Schicksal des schwer erkrankten Johann Gottfried Seume, für den Wieland unmittelbar vor dessen Tod durch Maria Pawlowna vom russischen Hof eine Pension erwirken konnte (vgl. Brief vom 10. April 1809; WB 18.2, S. 54ff., 111f., 131–134., 142; zu Ludwig: WB 18.2, S. 104).

Nach dem Tod Griesbachs im März 1812 führte dessen Witwe das gastfreundliche Haus weiter. Wieland verlebte dort im großen Freundes- und Bekanntenkreis seinen 79. (und letzten) Geburtstag. Höhepunkt der nahe dem Griesbachschen Anwesen in der Gaststätte „Rose“ durchgeführten Veranstaltung war die bei derartigen Anlässen beliebte Krönung des Dichters mit einem Lorbeerkranz sowie ein Gedichtvortrag Knebels. Von der Freimaurerloge erhielt der Jubilar eine goldene Gedächtnismünze geschenkt (vgl. WB 18.2, S. 352ff., 378, 400–406, 413).

Außer durch die Beschäftigung mit der Cicero-Übersetzung wurde Wielands Arbeitskraft von der Textrevision seiner Werke für die Göschen-Ausgabe beansprucht, deren letzter Band im Jahr 1811 erschien. Anlässlich eines Besuches in Weimar vermochte der Verleger bei seinem prominenten Autor dessen nach wie vor schwelende Verärgerung über Böttigers Napoleon-Persiflage zu mildern. Wieland konnte nämlich, wie in früheren Jahren, sehr nachtragend sein, daran änderte auch seine Alterskonzilianz wenig. Aufgrund zahlreicher äußerst schwierig zu übersetzenden Briefe Ciceros war der Austausch mit anderen Latinisten, vor allem mit Böttiger, jedoch unerlässlich. Nach dem Tod Wielands wurden die beiden abschließenden Übersetzungsbände vollendet und zum Druck befördert von dessen langjährigem Freund, dem Schwäbisch-Haller Altnordisten, Altgermanisten, Volkskundler und Gymnasialrektor Friedrich David Gräter. Die siebenbändige Cicero-Briefausgabe ist mithin als ein Gemeinschaftswerk von Wieland und Böttiger zu betrachten, aber auch Friedrich David Gräter, der die Edition im Jahre 1821 fertigstellte, darf nicht unerwähnt bleiben (vgl. Briefe vom 19. Dezember 1810 und 13. Januar 1812; WB 17.2, S. 116ff., 127f., 205). Gräter, ein häufig in seiner wissenschaftlichen Bedeutung unterschätzter Gelehrter, hatte seinem schwäbischen Landsmann eine Prachtausgabe seines 1809 veröffentlichten Bandes „Lyrische Gedichte" geschenkt und verfasste Berichte seiner Begegnungen mit dem Dichter: „Erinnerungen an Wielands Grabe" und „Tagebuch meiner Reise zu Wieland nach Oßmannstätt" (vgl. Brief vom 20. Dezember 1807; WB 17.1, S. 566ff., WB 17.2, S. 135ff., 429f.; zu Gräter WB 18.2, S. 51f.).

Am späten Nachmittag des 11. September 1811 ereignete sich ein Malheur. Gemeinsam mit den Töchtern Luise und Carolina Schorcht sowie der Tochter eines Professors für Naturwissenschaften aus Jena, Friederike Wiedeburg, musste Wieland während einer Ausfahrt am Tiefurter Berg erleben, wie die beiden Mietpferde sich vom Landauer losrissen, das Gefährt umstürzte und die Insassen sich mit teilweise schweren Verletzungen auf dem Erdboden liegend wiederfanden. Die ohnehin körperlich schwache Tochter Luise erlitt einen Bruch am Kopf des Oberschenkelhalsknochens, eine Beckenfraktur sowie eine Verletzung am rechten Fuß. Sie fiel sofort ins Koma. Frau Schorcht und die Freundin trugen nur geringfügige Blessuren davon, während Wieland einen Bruch am linken Schlüsselbein sowie leichte Gesichtsverletzungen erlitt, jedoch nicht das Bewusstsein verlor. Eine auf dem Feld arbeitende Bäuerin trug die bewusstlose Luise in ein naheliegendes Dorf, wo die Gruppe von einer Hofkutsche abgeholt und in Weimar medizinisch versorgt wurde. Vor allem um Luise trug man Sorge, denn es handelte sich um einen „der verwickelsten Fälle der Chirurgie" (vgl. Starnes III, 412–418).

Der rekonvaleszente Hausherr war jedoch bereits wenige Tage später im Lehnstuhl anzutreffen – leger gekleidet in Hausmantel und mit obligater Bommelmütze, unterhalten durch Lesungen und Klavierspiel, während Luise das Bett hüten musste. Gäste wollten Trost spenden. So erschien Ludwig Achim von Arnim, ein in Berlin lebender Journalist, Mitherausgeber der Gedichtsammlung „Des Knaben Wunderhorn" und Gatte der hochschwangeren Elisabeth (Bettina) Brentano, einer Enkelin Sophie von La Roches. Arnim, der Wieland bereits einige Jahre zuvor anlässlich eines Teeabends bei Johanna Schopenhauer persönlich kennen gelernt hatte, verewigte diese Begegnung zwischen alter und neuer Schriftstellergeneration in den „Weimar-Stanzen" (vgl. WS Bd. 3, S. 244–272).

Der Tonsetzer und Pianist Carl Maria von Weber besuchte Wieland Ende Januar 1812 und spielte ihm auf dem Klavier vor (vgl. WB 18.2, S. 326). Weber starb 1826 nach der Londoner Uraufführung der von ihm komponierten romantischen Oper „Oberon", deren Libretto in Anlehnung an Wielands Versepos und an Shakespeares Schauspielen „Ein Sommernachtstraum" und „Der Sturm" verfasst war. Von Besuchen Goethes bei seinem Freund geben die Briefe und Zeugnisse jener Zeit nur selten Kunde, meist traf man sich bei Geselligkeiten außerhalb von Wielands Wänden.

Nach der Genesung galt des Dichters Augenmerk wieder verstärkt der Cicero-Übersetzung. Druckbögen mussten redigiert, weitere Briefe übertragen werden. Nach einem frugalen Frühstück, bestehend aus einer „Tasse Kaffe mit zwey ½ löthigen Zwiebäckchen" [1 sachsen-weimarisches Loth = 14,6 Gramm], verschrieb sich Wieland in der Schreibstube regelmäßig seiner literarischen Passion (vgl. Brief vom 4. November 1810). Der Zeitdruck war erheblich, denn die Cicero-Bände sollten pünktlich zu den jeweiligen Ostermessen erscheinen, aber der Einsatz lohnte sich auch kommerziell, denn der Verkauf der Bücher hatte sich belebt (vgl. Starnes III, 453). Bertuch, ein regelmäßiger Hausgast Wielands, vermittelt ein Bild des Freundes, der im Winter 1811 am fünften Band der Cicero-Edition arbeitete: Bekleidet mit einem Schlafrock aus Kattun und weißer Pudelmütze rang Christoph Martin verbissen mit den sprachlichen Raffinessen des römischen Philosophen. Kennern des Lateinischen sei Wielands Brief an Böttiger vom 1. November 1807 zur Lektüre empfohlen, worin zahlreiche Übersetzungsprobleme angesprochen werden. Vor allem Ciceros Schreiben an seinen früheren Konsulsgehilfen im kleinasiatischen Cilicien galt für Wieland als eine philologische Delikatesse (vgl. Brief vom 19. Dezember 1810).

Die Einquartierung der auf dem Feldzug gegen Russland befindlichen französischen Truppen im März 1812 beeinträchtige nur insofern Wielands beschauliches Leben, als er (der seit der persönlichen Begegnung mit Napoleon als eine Art „Vorzeige-Franzose" galt) den obersten General für einige Tage bei guter Laune halten sollte, um Plünderungen wie jene von 1806 zu verhindern. Wieland konnte sogar auf eine Grußbotschaft Napoleons verweisen, welche ihm dieser von seiner Durchreise in die zu erobernden slawischen Länder gesandt hatte. Tatsächlich vermochte der als frankophil geltende Greis ohne Staatsamt den hohen Offizier zu besänftigen (vgl. WB 18.2, S. 363ff.).

Wielands Affinität zur französischen Kultur und Sprache zeigte sich auch nach dem Erhalt der Prachtausgabe von Joachim Heinrich Campes 1807 bis 1812 publizierten „Wörterbuch der deutschen Sprache". Christoph Martin, der Campe seit 1775 als ständigen „Merkur"-Mitarbeiter hatte anwerben wollen, beurteilte den „Sprachjacobiner" jedoch skeptisch (Brief vom 19. Dezember 1800). Der schwäbische Poet, mehr Stilist denn Philologe, lehnte die pauschale Ausgrenzung fremdsprachiger Worte in der deutschen Literatur ab; gleichwohl wurde Campes Wörterbuch, allerdings von anderer Hand, durch zwei Rezensionen in den jeweils dritten Bänden des „Merkur" der Jahre 1807 und 1808 ausführlich gewürdigt. Wielands Wertschätzung Frankreichs fokussierte sich angesichts der militärischen Eskalationen zunehmend auf dessen kulturelle Errungenschaften, denn die antirussischen Ambitionen Napoleons irritierten den Freund Maria Pawlownas zutiefst (vgl. Brief von Anfang und 30. November 1808; WB 17.1, S. 515f.; zu Campe: WB 15.2, S. 281ff., 298ff., 506; WB 18.2, S. 380).

Die vom Hofarzt empfohlene diätetische Lebensweise wurde von Wieland nicht befolgt. Ende November 1811 ereignete sich ein erster „Infarctus", der mit Rizinusöl therapiert wurde. Wenige Tage später fühlte sich der Erkrankte wohlauf und arbeitete, wie gewohnt, ab acht

Uhr morgens, bekleidet mit Schlafrock und Bommelmütze, auf der Schreibstube an der Cicero-Übersetzung. Einen Monat darauf wiederholte sich der Anfall verstärkt. Berichtet wird von einem „Diätfehler" mit nachfolgender „Indigestion" nach dem reichhaltigem Verzehr von Gänseleber sowie seiner opulenten Lieblingsspeise, Kalbskopf mit saurer Brühe (die Feststellung, dass „Wieland aus Gründen physischer Konstitution zu keiner Art von Völlerei neigte", gilt nur für seine Jugendjahre, vgl Reemtsma, Maskentanz, S. 49).

Ein „Schlag" mit Brustbeklemmungen, Kälteanfällen und starken Krämpfen erschütterte den Körper. Mit „Schlag" waren offenbar Anzeichen von *angina pectoris* gemeint, einer Erkrankung der Koronargefäße infolge Minderversorgung des Herzmuskels mit Sauerstoff. Häufigste Ursache der Stenokardie ist die Einengung eines oder mehrerer Herzkranzgefäße aufgrund einer Arterienverkalkung. Das charakteristische, bei Wieland bezeugte Beschwerdebild waren Schmerzen in der Herzgegend, anfallsartige Brustenge, Atembeklemmungen, zeitweiliger Bewusstseins- und Sprachverlust (Aphasie), Lähmungserscheinungen sowie Empfindungs-, Sprach- und Sehstörungen (vgl. Starnes III, 459–465).

Die therapeutische Gabe von Rizinusöl hatte massive Darmentleerungen zur Folge, welche zur völligen Entkräftung des ohnehin geschwächten Körpers führten. Zudem plagte ihn Schlaflosigkeit. Oft ließ sich der Kranke von Bertuch oder einem der Kinder vorlesen oder durch Klavierspielen ablenken. Den Phasen relativer Genesung folgten immer wieder Schübe wirren Redens, ja erheblicher Renitenz, wenn beispielsweise die dargereichte Bouillon als von derart schlechter Qualität gescholten wurde, dass sie offenbar in einer „Kosaken-Wirthschaft" zubereitet worden sei. Nur der Genuss von Wein mit der arterienerweiternden Wirkung vermochte ihn kurzzeitig zu erquicken. Zuweilen wechselte der Patient seine Position vom Bett in den Lehnstuhl und sprach mit Besuchern über politische Neuigkeiten oder über das Cicero-Projekt, aber derartigen Anzeichen von Heilung folgten immer häufiger Konvulsionen, die ihn ins Bett zwangen.

Die Ärzte, unter ihnen Hofmedikus Huschke, empfahlen Wildunger Heilwasser und kaschierten ihre Ratlosigkeit durch unentwegte, freilich gänzlich unbegründete, optimistische Heilungsprognosen. Besonders fürsorglich betreuten ihn die Töchter, aber die zunehmende Apathie des letalen Körpers war unübersehbar. Verwechslung der Tageszeiten, Nichterkennen von Verwandten und Irrereden wechselten in beschleunigtem Takt. Der Todeskampf währte drei Wochen. Am 20. Januar 1813 gegen Mitternacht verschied Christoph Martin Wieland schmerzlos in leichtem Schlummer. Seine gänzlich unberühmt gebliebenen letzten Worte bekundeten den erwähnten Unmut über die erwähnte, vermeintlich schlecht zubereitete Suppe. Das Totenbuch der Stadtkirche Weimar bezeugt als Todesursache des 79-jährigen „Entkräftung und Schlagfluß" [Schlaganfall, Hirnblutung].

Die von Bertuch herausgegebene Publikation „Freimaurer-Analecten" informiert über die Tage unmittelbar nach Wielands Tod: „Nach vorhergegangener Berathung räumte … [Friedrich Justin Bertuch], als Wieland's noch lebender ältester, 43jähriger Freund, nach den Wünschen der Brüder im tiefsten Mitgefühle, das durch architektonische Verzierungen dazu passende Local seines mittlern Gebäudes [Bertuchs Wohnhaus bzw. „Landes-Industrie-Comptoir"; heute: Stadtmuseum Weimar] ein, welches schwarz ausgeschlagen, und zweckmäßig verziert wurde. Hier wurde der Ehrwürdige Sänger am Sonntag Abend den 24. Januar von 8 bis 10 Uhr auf einem Katafalk ausgestellt. Der Kopf, welchen über der schwarzen Sammt-Calotte ein Lorbeerkranz zierte, ruhte auf blauseidnen Kisssen, mit goldenen Spitzen besetzt. Ueber den untern Theil des Sargs, so wie über den Deckel, war eine blauseidne Decke mit Gold besetzt, ausgebreitet, und den Körper kleidete ein weißes Sterbegewand. Auf dem Deckel lagen oberhalb auf einem rothen Sammtkissen, *Oberon* und *Musarion*, in den Prachtausgaben von Göschen und [Josef Vinzenz] Degen … mit einem großen Lorbeerkranze umwunden. Darunter … ruhten auf einem rothen sammtnen und darauf liegenden kleineren Kissen von weißem Atlas der kaiserl. Russische St. Annen-Orden, so wie der kaiserl. Französische Orden der Ehrenlegion" (Freimaurer-Analecten, Band 2, Weimar 1813).

Die Grablegung fand in Anwesenheit von Freimaurern, der Bevölkerung von Oßmannstedt, einem französischen Gesandten sowie Wielands ältestem Sohn Ludwig um drei Uhr nachmittags statt: „Es war ein schöner, zwar kalter, aber sonnenheller Wintertag. Die einfachen Glocken der Dorfkirche läuteten, mit inniger Wehmut war die ganze Gemeinde des Ortes herzugeströmt, um ihrem alten Gutsherrn, wie sie Wieland noch immer nannten, die letzte Ehre zu erweisen ... und so näherte sich der Zug die lange Allee des ehemaligen Schloß-Gartens hinab zum Grabe, in einem Bosket [Gebüsch] des untern Theils des Gartens. Hier war das Weimarische Chor versammelt, und stimmte bei Annäherung des Zugs einen sanften Trauergesang an. Der Sarg wurde am Grabe niedergesetzt, und Herr Ober-Consistorial-Rath Günter hielt noch eine kleine, herz- und gemüthvolle Rede, worauf, unter Anstimmung des Gesanges von Klopstock: „*Wie sie so sanft ruhn*" die Brüder mit thränendem Blick ihrem unvergeßlich-theuern Bruder *Wieland* ein letztes Lebewohl, und sanfte Ruhe seiner Asche wünschten" (vgl. Michael Zaremba: Zur Geschichte des Wielandgrabes, a.a.O.).

Am 18. Februar resümierte Goethe, der sich beim Begräbnis durch seinen Sohn hatte vertreten lassen, den Lebensweg seines Freundes in der Rede „Zu brüderlichem Andenken Wielands". Zur „Todten-Feier des verewigten Br.[uder] Wieland in der Loge Amalia" wurden Lieder und Stanzen vorgetragen.

REFLEXIONEN ÜBER WIELAND

Wenige Wochen nach Wielands Tod kündigte der Wiesbadener Verlagsbuchhändler Ludwig Theodor Schellenberg eine weder vom Autor noch von dessen Erben autorisierte Werkausgabe an (zum Thema Nachdrucke WB 15.2, S. 25). Der als Nachlassverwalter eingesetzte, aber erkrankte Friedrich Bertuch beauftragte seinen Sohn Carl, sich dem Vorhaben in angemesser Form zu widersetzen: Am 29. August 1813 beklagte eine Notiz in der Zeitschrift „Gothaer Allgemeinen Anzeiger" den „unbefugten Raubdruck" und wies auf Göschen als alleinigen rechtmäßigen Verleger Wielands hin. Einer ausführlichen Denkschrift Carl Bertuchs folgte ein Briefwechsel mit Schellenberg. Aufgrund des Fehlens eines rechtlich geregelten Urheberschutzes blieben juristische Androhungen jedoch unwirksam.

Unter der Leitung Bertuchs und Cottas vertrat eine Deputation die verlegerischen Interessen auf dem Wiener Kongress. Angesichts des Niedergangs des deutschen Buchhandels seit 1806 strebten die Lobbyisten ein politisch vereinigtes Deutschland mit zentralen Macht- und Rechtsinstitutionen an, um die „Sicherheit des Eigenthums der Geistes-Werke und Preßfreiheit" zu gewährleisten. Die Vorschläge stießen jedoch bei den meisten Tagungsteilnehmern auf wenig Interesse und wurden „im Nahmen der allerheiligsten und untheilbaren Dreyeinigkeit" als paraphiertes Grundgesetz zur Regelung an die Bundesversammlung verwiesen. Das restriktive „Bundes-Preßgesetz" der Karlsbader Beschlüsse von 1819 enttäuschte die Erwartungen der Buchhändler.

Die Versteigerung von Wielands Privatbibliothek im Sommer 1815 verlief aufgrund der kriegsbedingt geringen Kaufkraft und antifranzösischer Ressentiments finanziell nur mäßig zufriedenstellend (vgl. Klaus Bauch/Maria Schröder: Alphabetisches Verzeichnis der Wieland-Bibliothek, siehe Auswahlbibliografie). Als Grundlage der Auktion diente das ein Jahr zuvor von Bertuchs „Landes-Industrie-Comptoir" herausgegebene „Verzeichniß der Bibliothek des verewigten Herrn Hofrath Wieland". Zwar konnte der Bestand quantitativ nicht mit den etwa 8000 hinterlassenen Bänden Herders konkurrieren, aber die 3854 [bei Zusammenfassung von Werk- und Zeitschriftenausgaben in einem Titel: 1332] im Versteigerungskatalog aufgezählten Bände bilden nur den Grundstock der Sammlung, da viele Bestände nicht erfasst sind. So werden von Wielands ausgedehnter Rezensionstätigkeit im Katalog nur 46 Titel genannt. Zudem übernahm das Wieland-Archiv von einem Urenkel des Dichters weitere, im Auktionsverzeichnis nicht erwähnte Exponate.

Der Katalog vermittelt mithin nur bedingt einen repräsentativen Eindruck von der Gesamtbibliothek Wielands: Vorrangig sind griechische und lateinische Werke (unter anderem 11 Titel mit originalsprachigen Editionen und Übersetzungen Ciceros) genannt, außerdem zeitgenössische englische, französische, italienische, deutschsprachige Belletristik, diverse Journale und Lexika sowie Gesamtausgaben der „Histoire naturelle" des französischen Aufklärers Buffon sowie die „Œvres complètes" von Helvétius und Voltaire. Auffallend ist die verhältnismäßig geringe Anzahl aktueller deutscher Literatur mit 18 Titeln Herders, von Wieland selbst 15 Bücher; sieben Bände Goethes, vier Schillers, während sich potenzielle Gegner wie Immanuel Kant und August Wilhelm Schlegel mit der Religionsschrift beziehungsweise einer Calderon-Übersetzung begnügen mussten.

Wielands auf reinliche Bücher mit „vernünftige[r] Eleganz" fokussierte bibliophile Sammlertätigkeit hatte ihren Ursprung in seinen Züricher Jahren. Aus Gründen der Praktikabilität war die Kollektion als Arbeitsbibliothek geplant, so dass sich der Bestand beim Umzug von Biberach nach Erfurt auf zwei Kisten beschränkte. Als Teil einer „bequemen Wohnung" setzte Wieland gleichwohl ein eigenes „Bibliothekzimmerchen" voraus (Brief vom 3. Februar 1769). In den frühen Weimarer Jahren wurde die Sammlung durch „eine ganze französische Bibliothek" auf Velinpapier [glattes pergamentartiges Papier] in Maroquin- oder Saffianleder [weiches, genarbtes Ziegenleder] mit Goldschnitt erweitert (vgl. Böttiger, LZ, S. 210). Friedrich Schiller konstatierte anlässlich einer beiläufigen Besichtigung der Buchsammlung die Präferenz von „französischen Feenmährchen, Romanen und dergleichen Schriften …" (Brief Schillers vom 31. Juli 1787).

Da Wieland in Warthausen die gräfliche Bibliothek hatte benutzen dürfen, war seine Kenntnisnahme der Literatur jedoch wesentlich umfangreicher, als der persönliche Besitz an Büchern vermuten ließ. Zudem fielen einige Bände dem Weimarer Schlossbrand von 1774 zum

Opfer, andere Bestände wurden vor der Übersiedlung nach Oßmannstedt verkauft. Entleihungen aus der Weimarer herzoglichen Bibliothek gelangten häufig erst nach jahrzehntelangen Überschreitungen der Rückgabefrist an ihren Standort zurück. Goethe, Oberaufseher der fürstlichen Büchersammlung, erlaubte dem Freund mehrmals die Ersetzung vermisster Exemplare (vgl. WB 14.2, S. 211f.). Die Absicht von Wielands Sekretär Lütkemüller, ein Gesamtverzeichnis der Privatbibliothek Wielands zu erstellen, kam nie zur Ausführung.

Die meiste Zeit seines Lebens war der Autor aus Schwaben Verleumdungen durch literarische Gegner ausgesetzt: Von Sulzer wegen des „klaren prosaischen Vortrags", gemeinsam mit Lessing und Zimmermann, als einer der ersten „classischen Schriftsteller" deutscher Sprache und „Meister des Leichten" gekürt (vgl. Sulzer, ATK, Bd. III, S. 48, 223), sah sich Wieland gleichwohl kruden Feindlichkeiten ausgesetzt. Eine Schmähung wie „Wollustsänger" dürfte heute allerdings eher als Ehrenbezeichnung gewertet werden, und die Polemik von Goethes Farce „Götter Helden und Wieland" wusste der Gescholtene souverän zu kontern. Auch Schiller gehörte zu den Kritikern: Die Mentalitität einer anderen Dichtergeneration verkennend, bemängelte er in einer Fußnote zur Abhandlung „Über naive und sentimentalische Dichtung" von 1795 Wielands „Kälte in der Darstellung".

Zudem war die teilweise unverblümte Erotik vieler seiner Schriften einigen staatlichen Behörden verdächtig, so dass deren Lektüre bis zum Jahre 1800 in katholischen Ländern, wie Bayern und Österreich, mit Geldstrafen belegt wurde – was die Verbreitung seiner Werke jedoch kaum behinderte. Persönlich setzte ihm die bittere Kritik einiger Frühromantiker weitaus mehr zu. Die Werkausgaben unmittelbar vor und nach dem Tod Wielands sowie der geschwisterliche Streit zwischen Ludwig Wieland und Charlotte Geßner wegen der Herausgabe des Briefwechsels bezeugen jedoch seinen Nachruhm jenseits aller Anfeindungen. Johann Gottfried Gruber, der 1818 bis 1828 eine Gesamtedition von Wielands Werken herausgab, fühlte sich gleichwohl im 1827 verfassten Vorwort seiner Biografie zur Verteidigung des Verehrten gegen die Front der Aufklärungsgegner veranlasst (vgl. Gruber, Sechstes Buch, S. 257f.).

Aber nicht nur das deutschtümelnde Lager stufte den schwäbischen Poeten als veraltet ein. So resümierte Friedrich Nietzsche: „Wieland hat besser, als irgend Jemand, deutsch geschrieben ... aber seine Gedanken geben uns Nichts mehr zu denken ..." (vgl. „Der Wanderer und sein Schatten" 107, 125). Ähnlich skeptisch äußerte sich Walter Benjamin, der – freilich mit geringer Werkkenntnis – in einem Essay zu Wielands 200. Geburtstag die Werke des Jubilars in der literarischen Gerümpelkammer zu deponieren empfahl. Auch einige Bemerkungen Friedrich Sengles machen nachdenklich, welche das „Merkur"-Projekt schlichtweg als Irrweg, „Aristipp" und „Hexameron" als „flügellahme Phantasieprodukte" abkanzeln. Nicht zu vergessen Sengles Zweifel an der charakterlichen Integrität Wielands, ohne die Auffälligkeiten psychologisch oder medizinisch zu hinterfragen (vgl. Sengle, 10, 407, 502, 534, 537, 537 sowie passim).

Möglicherweise greifen für eine angemessene Beurteilung von Wielands Verhaltens- und Erscheinungsprofil psychologische Argumente zu kurz, denn viele Anzeichen deuten auf eine zeitlebens andauernde Stoffwechselstörung hin, an der er litt: Häufig auftretende motorisch-psychische Unruhe, rasche Stimmungsschwankungen, erhöhter Grundumsatz [Gewichtsabnahme trotz Appetitsteigerung], gesteigerter Haarausfall, hervortretende Augen, überhöhte Reizbarkeit, häufiger Jähzorn, Wetterfühligkeit, Anfälligkeit für Depressionen (von Wieland als „Hypochondrie" bezeichnet) und die Neigung zu einer Herzmuskelschädigung mit langfristig erhöhtem infarktiven Risiko sind Indikationen einer übersteigerten Organtätigkeit: Schilddrüsenüberfunktion [Hyperthyreose]. Bei Nichtbehandlung dieser damals noch unbekannten Erkrankung droht Herzinfarkt – und Wieland erlitt vor seinem Tod mehrere Infarkte. Gewiss handelt es sich bei dieser Diagnose um eine letztgültig nicht verifizierbare These, aber die medizinische Deutung erklärt mit einer gewissen Plausibilität charakteristische körperliche und habituelle Eigenheiten Wielands.

Zweimal vermochte der bis in die mittleren Jahre kompetetiv veranlagte Autor im Wettbewerb der literarischen Eitelkeiten den höchsten Rang zu besetzen: Ende der sechziger Jahre durch die drucktechnisch ansprechend publizierten Versepen und Romane, ab Mitte des neunten Jahrzehnts mit der Werk-Gesamtausgabe. Vor allem „Oberon" galt als Großprojekt zur Verteidigung der eigenen literarischen Vorherrschaft. Dass Schwiegersohn Reinhold vor dem überfülltem Auditorium der

Jenaer Universität das *opus magnum* mit einer Vorlesung und einer ausführlichen Rezension in der „Jenaer Allgemeinen Literaturzeitung" würdigte, flankierte trefflich sein Ringen um die Dichterkrone. Mehrfach versuchte Wieland in den folgenden Jahren seine führende Position zu verteidigen, etwa mit dem epischen Spätling „Die Wasserkufe" – einer Antwort auf Goethes „Römische Elegien" und „Venezianische Epigramme".

Zu der oft gestellten Frage nach dem „klassischsten" von Wielands Werken gilt anzumerken: Selbstverständlich ist das Fragmentarische an „Idris und Zenide" kein stichhaltiger Einwand gegen dessen literarische Qualität, und „Clelia und Sinibald" gebührt die Krone subtilsten Humors, aber aufgrund der ausgewogenen Einheit von Inhalt und Form sowie dem gleichbleibend heiter-besonnenen Grundton entspricht wohl „Musarion" am meisten der konventionellen Vorstellung von „Klassizität".

Wielands seit den späten neunziger Jahren verminderte Neigung zum öffentlich ausgetragenen literarischen Wettbewerb bedeutete keineswegs eine Verringerung der eigenen Wertschätzung. Im Gegenteil: „Ich weiß recht gut, daß ich *Etwas* bin, und, unter uns gesagt, ich bin so gar überzeugt, daß ich, da wo ich stehe, ganz allein stehe und Niemand unter den Völkern mit mir ist noch war" (Brief vom 17. August 1808; dass Wieland sich auch bescheidener einschätzte, da „ich nichts Weniger bin als ein großer Mann", zeigt der Brief vom vom 24. November 1808). Den Wortvirtuosen interessierte die lexikalische Mikrowelt mehr als hehre Botschaften und belehrendes Pathos. Sein literarisches Selbstverständnis definierte ihn weniger als Dichter, denn als Poet im Sinne eines Monteurs von Silben- und Wortkonstruktionen, der literarischen Vorlagen ein nuanciertes sprachartistisches Gepräge zu verleihen vermag. Das ständige Feilen an einer poetischen Form verminderte allerdings zuweilen das Interesse an der endgültigen Fertigstellung des Werkes, und das anspruchsvolle Ungenügen an den eigenen Texten nötigte ihn zu ständigen Revisionen.

Feinfühlig (an)erkannte der Wortmensch die Grenzen seines poetischen Talents: In der Vermutung, der Sonettform sprachlich nicht gewachsen zu sein, fokussierte sich Wieland auf die Anfertigung von Stanzen (vgl. Brief vom 19. August 1808). Dieser Sinn für die eigene Begabung versagte jedoch zuweilen: So fehlte ihm das Gespür für eine glaubwürdige szenische Dramaturgie, was seine Schweizer Stücke unfreiwilliger Komik aussetzte. Während Lessing frühzeitig Wielands theatralische Schwäche erkannt hatte, reifte diese Selbsteinschätzung erst endgültig nach der missglückten „Rosemunde" (vgl. Brief vom 26. Mai 1777). Die im höfischen Auftrag verfassten Singspiele erfüllten hingegen trefflich ihren unterhaltend-didaktischen Zweck, während sich „Alceste" als Erfolgsoper bewährte – was jedoch vermutlich mehr der musikalischen Vorführung als dem Gesangstext zu verdanken war, denn Libretti stehen bekanntlich in der Publikumsgunst zumeist hinter der musikalischen Performance zurück. Das „Alceste"-Projekt dokumentierte Wielands Öffnung gegenüber der klingenden Muse sowie seine Fähigkeit zur Einfühlung in neue ästhetische Anforderungen und ihrer theoretischen Formulierung.

Vom Publikum wurde Wieland zunächst als aufgeklärter Autor von anspruchsvoller Fantasy-, Erotik- und Abenteuerliteratur wahrgenommen, der auf intelligente Weise zu unterhalten vermochte. Auklärerisch sind seine Texte, weil die Inszenierung märchenhafter Ereignisse – etwa in den „Moralischen Erzählungen" oder „Don Sylvio" – von ständigen Reflexionen der Protagonisten durchsetzt sind, die übertriebene Schwärmerei und abergläubische Vorstellungen persiflieren.

Die Kontakte zur Züricher und Berner Intelligenz, die widersprüchliche Erfahrung als Kanzleiverwalter und als Gast des Warthausener Kreis sowie die „Bibi"-Affäre hatte eine „Revolution in [s]einer Seele" bewirkt (vgl. Brief vom 28. Dezember 1787). Ein Poetosoph hatte sich entwickelt, dessen Dichtung in ihren besten Ausformungen frei von bigotter Moralität und tragischen Aporien ist. Diese stilistisch-weltanschauliche Neukonfigurierung war eine Voraussetzung, um Wieland als gehobenen Unterhaltungsschriftsteller zu etablieren, der zugleich von dem Publikum und der Gelehrtenwelt anerkannt wurde. Sein Erfolg war jedoch nicht zuletzt in jener Heiterkeit begründet, welche die meisten seiner Werke wie ein Goldfaden durchzieht. Ob gezielt als stilistisches Mittel eingesetzt oder – wie bei den „Abderiten" – als satirischer Ausdruck von Enttäuschung an der Wirklichkeit: Wieland vermochte durch Worte die Schatten aufzuhellen.

Nach der (anfänglich) beglückend-inspirierenden Affäre mit Bibi Hogel gelangte die – bis dahin zuweilen in den Briefen erscheinende –

menschliche und stilistische Qualität des Humors auch in den Schriften endgültig zur Geltung. Der Kontakt mit dem zynisch gefärbten Rationalismus des Warthausener Kreises und die Lektüre von heiter-grotesken Texten wie „Tristram Shandy“ beglaubigte das Komische als attraktive Möglichkeit zur Befreiung von überzogener Religiosität und naivem Tugendidealismus. Mit „Don Sylvio“ begann sich jenes Karussell der Bizarrerien und exotischen Szenerien zu drehen, welches sich in den programmatisch betitelten „Comischen Erzählungen“, Versepen, Romanen und einigen Essays fortsetzte.

In den späten Prosa-Erzählungen verlässt Wielands Narrenschiff zwar ebenfalls häufig den Hafen, aber die Heiterkeit wirkt wesentlich gemessener als zuvor: Anstatt Zwerge und Feen in Waldkulisse tändeln und kommunizieren nun gereifte Persönlichkeiten in einer antik-mediterranen Landschaft. Ausnahmen, welche der Anpassung an den pathetisch-düsteren Modeton geschuldet sind, seien genannt: Die Liebe zwischen Mönch und Nonne vom Mittelstein endet tragisch; Geron, Alceste, Rosamunde sind ebenfalls keine Geschichten, die den Leser in erster Linie fröhlich stimmen, und auch „Oberon“ ist nicht frei von unglücklichen Begebenheiten.

Das Rokoko, dem Wieland lebenslang verbunden blieb, hat die griechische Mythologie um deren grausamen Elemente verkürzt und gleichsam eine Softversion der alten Götter- und Heldengeschichten geschaffen. So fand der Erprober von neuen Formen und stilistischen Techniken – wie etwa der „Sturm- und Drang“-Ästhetik – stets zu einem heiteren, leicht ironischen Grundton zurück: Ob Zeus in Schwangestalt Leda besteigt, Don Sylvio durch ein Fantasie-Spanien reist, Sinibald seiner Clelia auf listige Weise nachstellt oder Aristipp augenzwinkernd vor Lais als Sklave kokettiert – Wielands Bildsprache erweist sich dort am eindrucksvollsten, wo sie mit Heiterkeit durchtränkt ist.

Die bewusst oberflächen Inszenierungen der Versepen gleichen kunstvoll gewebten Bildteppichen, die einen geselligen Austausch in anmutiger Sphäre schildern, während die späten Romane von komplexen Resonanzen gereifter Persönlichkeiten bestimmt sind. Zu beachten ist, dass Wieland nicht nur Lesestoff, sondern *Vor*lesestoff schuf: Vor allem die Versepen sind für den mündlichen Vortrag konzipiert: Nicht nur Kenner sind von dem sorgsam modellierten Silbenreigen und den filigranen

Klangnuancen bezaubert, deren leichter Ton die Herkunft aus einer Wortschmiede geschickt zu verbergen weiß. Für die Prosa-Erzählungen verwendete Wieland eine antike oder utopisch-märchenhafte Staffage, denn hellenistische, römische sowie exotische pseudo-historische Dekors erlaub(t)en Künstlern und Gelehrten in Zeiten der Zensur die Darstellung von aktuellen Konflikten. Insofern sind Wielands Romane auch als feinsinnige zeitgenössische Kommentare zu lesen.

Der von Herder in einem Brief vom 19. Mai 1788 scherzhaft als „Archipoeta" [Erzdichter] bezeichnete Wieland erschöpfte seine literarische Passion jedoch nicht nur durch publikumswirksame Dichtung, sondern erweiterte in den siebziger Jahren sein Themenspektrum von der Belletristik zu naturwissenschaftlichen und politischen Reflexionen, die in konkreten Forderungen mündeten: Der Einsatz für die Antiqua-Schrift (welche zu dieser Zeit fast ausschließlich bei lateinischen und ausländischen Autoren üblich war) und die Ersetzung der Schreibweise *f* für *ph* sind hier ebenso zu nennen wie das Eintreten für die Pressefreiheit und die rechtliche Sicherstellung der Autoren (zur Antiqua-Schrift vgl. WB 15.2., S. 24). Der Ästhetiker, Poet und Philosoph hatte sich zum Seismographen für die Erfordernisse der gesellschaftlich-kulturellen Modernisierung entwickelt.

Eine Wissenschaftsprosa mit distinkter begrifflicher Unterscheidung, wie etwa diejenige Kants, war Wieland fremd. Bevorzugt wurde von ihm (außer bei knapp gehaltenen Briefen oder dem Kanzleistil) ein lyrisch-polemischer Grundton mit hypotaktischen Satzkonstruktionen. Trotz der zumeist komplexen Textstruktur sind zahlreiche Sentenzen Wielands im deutschen Sprachschatz aufbewahrt: „Sie sehn den Wald vor lauter Bäumen nicht" (C^{1r}, Bd. 9, S. 52; Bd. 20, S. 185), die Einladung „Zum Ritt ins alte romantische Land!" (C^{1r}, Bd. 22, S. 3), „Nichts halb zu tun ist edler Geister Art" (C^{1r}, Bd. 22, S. 205), „Ein einz'ger Augenblick kann alles umgestalten!" (C^{1r}, Bd. 22, S. 48), „Leben und leben lassen" (vgl. Brief Goethes vom 7. November 1827) – nicht zu vergessen die bereits anlässlich der Shakespeare-Übersetzungen erwähnten eingedeutschten Fremdwörter und Lehnbedeutungen.

Mit Vergnügen erinnerte sich Wieland an den „magischen Firniß" der frühen Jugend, als sein Interesse an der Dichtung geweckt, religiöse und philosophische Themen von ihm eifrig versifiziert wurden (vgl. C^{1r}, Bd.

3, S. 186f.). Bereits in jungen Jahren hatte Christoph Martin die Poesie als Instrument zur Befreiung von den elterlichen und schulischen Einflüssen entdeckt. Nach der Begegnung mit dem Erfurter Universalgelehrten Baumer diente die Auseinandersetzung mit Bodmers bibelzentrierter Epik als weiterer Schritt zur Emanzipation ebenso von den religiösen Paradigmen des Elternhauses wie von übertriebenem Moralismus und Platonismus (vgl. Brief vom 16. Juli 1764).

Seit Anfang der sechziger Jahre enthalten seine Schriften nur noch selten Anspielungen auf die Bibel: „Don Sylvio", „Agathon", die „Comischen Erzählungen" und „Idris" sind erste Etappen der Distanzierung von genuin religiösen Inhalten. Lust an der Wortkunst galt nun mehr als die emphatische Beschwörung der Transzendenz; platonisierende Bekehrungsversuche wurden durch Anspielungen auf heidnische Mythen ersetzt, um schließlich – wie in „Der Goldne Spiegel" – in einer Analyse der politischen Funktionalisierung von religiösen Vorstellungen zu münden. Die multiperspektivisch angelegten mittleren und späten Romane beleuchten hingegen schwerpunktmäßig alternative Lebensentwürfe, wo der Einzelne souverän darüber entscheidet, ob er sich der Matrix der eigenen religiösen oder philosophischen Sozialisation unterwirft, sie ablehnt oder anderweitig verarbeitet.

Aus dem Sohn eines unfreiwilligen Geistlichen wird schwerlich ein konfessionell leicht integrierbarer Christ werden: Anders als Christoph Martins Vater, der durch die Einwirkung der Mutter um sein Lebensglück betrogen wurde, konnte der Sohn jene prekäre Religiosität öffentlich ausleben, die Thomas Adam aus beruflichen Gründen versagt blieb. Wielands Leben und Werk ist mithin als Versuch zu werten, sich von der pietistischen Glaubenswelt der Mutter und der lutherisch-orthodoxen Konfession des leiblichen Vaters, schließlich vom Calvinismus des literarischen Übervaters Bodmer zu emanzipieren.

Das Instrument dieses Befreiungsversuches war die Dichtung: Christoph Martins Entwicklung vom Priester-Poeten und Tugend-Psalmisten zum Verfasser heiterer Versepen sowie ideologie- und religionskritischer Belletristik und Essayistik belegt die fortdauernde Auseinandersetzung mit den Paradigmen seiner Sozialisation. Das Spektrum von Wielands zahlreichen Kommentaren zum Thema Religion reichen denn auch von platonisierender Emphase, unverblümt materialistischem Gedankengut bis zum Verständnis des Glaubens als ein Beitrag zur Selbstbestimmung des Einzelnen.

Wielands intellektuelle Lust und gedankliche Kreativität hielten die religiöse Frage offen. Einzelne Zitate, wie das an den Vater gerichtete Bekenntnis zum Pantheismus, sind aufgrund seiner Neigung, Briefinhalte der vermuteten Gesinnung des Adressaten anzupassen, für die Verifikation seines Glaubensverständnisses wenig aussagekräftig (vgl. Brief vom 21. Juni 1776). Wieland leistete sich den Luxus religiöser Indifferenz in dem Wissen, dass die Ausgestaltung des persönlichen Gottesbegriffs nicht nur von der kulturellen Prägung der Person, sondern auch von deren Kritikbereitschaft an Offenbarung und Kultus abhängig ist. Seine religiöse Konfession war mit jener Prise aufgeklärtem Zynismus gewürzt, die ihn erkennen ließ, dass nicht entzifferte Schriftrollen, sondern die Vernunft den Glauben rechtfertige.

Religiosität wurde von ihm keineswegs verworfen, sondern gleichsam als Apologie des menschlichen Intellekts gewertet, der eine so grandiose Wesenheit wie Gott zu denken vermag. Gewiss kokettierte Wieland mit Freigeisterei, aber der anfangs in Klosterbergen, dann in Erfurt wiederholte Verdacht seiner Neigung zu Blasphemie und Atheismus ist unberechtigt: Denn Wieland war nicht nur ein poetischer Avantgardist und „Experimentator in literarischen Formen“ (Reemtsma), sondern ebenso ein Erprober von Gedanken und Meinungen.

Wielands Offenheit in der religiösen Frage verunglimpfte keineswegs pauschal fromme Riten, sondern veranlasste ihn zur Analyse von deren gesellschaftlicher Funktion. So fühlte er sich durch die Diskurse über das preußische Religionsedikt zu den „Merkur“-Beiträgen „Gedanken von der Freyheit über Gegenstände des Glaubens zu philosophiren“ inspiriert, in denen ein rational geläuterter Glaube als Grundlage eines sinnerfüllten Lebens postuliert wird (Merkur 1788, 1. bis 3. Vierteljahr). Wielands Romane, Epen und Erzählungen sind frei von jener – in der damaligen Literatur verbreiteten – pietistisch-frömmelnden Suche nach dem richtigen Glaubensweg. Seine polemischen Untersuchungen der Verflechtung von gesellschaftlichen Interessen und Ideologie in politischen Systemen enthalten stattdessen desillusionierte Einsichten: Wielands Bedeutung als Aufklärer erwies sich mithin in der provokanten Mischung aus Polemik und Zynismus, die, angereichert mit

Ironie und sprachlicher Travestie, gesellschaftliche Widersprüche aufzeigt.

Die Geschichte von Wielands politisch-sozialen Vorstellungen reflektiert die Hoffnungen, Irrwege und Widersprüche seiner Generation: Das (illusorische) Vertrauen auf den Erfolg der Fürstenerziehung sowie die Görtz-Affäre (als Fallbeispiel für die Spannungen zwischen den etablierten adligen Staatsdienern und einer zur Teilhabe an der politischen Macht strebenden bürgerlichen Intelligenz) sind deutliche Vorzeichen für das Scheitern dieser Erwartungen. Wielands Schriften spiegeln die Genese dieser Enttäuschungen: Während „Agathon" naiv-idealistisch auf die „wahre Aufklärung zu moralischer Besserung" (C^{1r}, Bd. 3, S. 419) hofft, entlarvt der analytische Zynismus des Romans „Der Goldne Spiegel" religiöse und politische Ideologien als Funktionen gruppenspezifischer Interessen. Die martialischen Auswüchse der Französischen Revolution widerlegten endgültig die Annahme, dass ein kultureller Code auf den Empfänger triebhemmend wirke. Tatsächlich bestimmten weniger Bildung und ästhetische Erziehung, sondern Demagogie und Guillotine das gesellschaftliche Durchsetzungsvermögen. Die Gewaltexzesse im Nachbarland veranlassten Wieland zum Experimentieren mit verfassungspolitischen Ideen, die zwischen einer Diktatur mit einem charismatischen Führer und einer konstitutionellen Monarchie mit starkem Parlament schwanken (vgl. C^{1r}, B.d 33, S. 313–326).

Von einigen Literaturwissenschaftlern wurde Herder pauschal als „irrationalistischer", ja „völkischer" Denker interpretiert, und es war eine Aufgabe der Forschung, den Geistlichen zweifelsfrei als Aufklärer zu deuten. Anders verhält es sich mit Wieland, der niemals die falschen Germanisten zum Freund hatte, denn die meisten seiner Schriften sind von einem komödiantischen Ton bestimmt, der ihn als Vordenker einer chauvinistischen Gesinnung untauglich macht. Jene deutschtümelnden Ideologen, die Wielands Patriotismus in Frage stell(t)en, seien auf dessen originären Beitrag zur Enwicklung des deutschen Nationalbewusstsein hingewiesen: In der Zeit des Niedergangs der alten Reichsstrukturen unterstützte die in Konkurrenz zu anderen europäischen Sprachen erfolgreich durchgeführte Etablierung einer artistisch-gehobenen deutschen Wortkunst sowie die Gründung des „Merkur" als wichtiges Forum des öffentlichen Diskurses die Entwicklung eines eigenständigen nationalen Kulturverständnisses. Auf heutige Leser mögen die mit erheblichem intellektuellen und emotionalen Aufwand geführten „Merkur"-Debatten zum Thema deutsche Literatur befremdlich wirken, und es gehört viel Sachverstand dazu, sich im Labyrinth der wechselseitigen Attraktionen und Aversionen der gelehrten Herren zurechtzufinden. Jedoch dienten die zuweilen rabulistisch anmutenden öffentlichen Auseinandersetzungen – etwa der Streit um eine angemessene deutschsprachige Homer-Übersetzung zwischen Bürger und Stolberg – der Ausformung eines stabilen nationalen Kommunikationssystems mit einem sozial standardisierten Gefüge von Sprache, Normen und Zeichen.

Der Romanheld Aristipp erteilt einem Freund den Rat, es sich in Zeiten „bürgerlicher Unruhen … mit keiner Parthey ganz zu verderben" (C^{1r}, Bd. 33, S. 118). Als Herausgeber war Wieland denn auch bemüht, sein weltanschaulich heterogen zusammengesetztes Publikum nicht durch allzu radikale Stellungnahmen zu brüskieren. Im Vordergrund stand ein wohlverstandenes finanzielles Interesse mit dem Ziel einer gleichbleibend hohen Abonnentenzahl. Gleichwohl setzte sich Wieland auf dem explodierenden Meinungsmarkt mehrfach gegen kulturelle Reglementierung und Ausnutzung der verlegerischen Monopolstellung gegenüber den Autoren ein.

Seine publizistischen Beiträge erschließen sich häufig nur kontextbezogen;: So trug ihm der polemische, gegen einen demokratisch argumentierenden Historiker gerichtete Artikel „Ueber das göttliche Recht der Obrigkeit oder: Ueber den Lehrsatz: Daß die höchste Gewalt in einem Staat durch das Volk geschaffen sey" (Merkur 1777, 4. Vierteljahr) den Vorwurf ein, sich für eine legitimistisch-konservative Staatsauffassung einzusetzen. Wielands Versuch, mit dem geschichtsphilosophischen Prolog in der Verserzählung „Schach Lolo", diese Fehldeutung zu relativieren, vermochte die Aufkündigung der Freundschaft durch den erzürnten Friedrich Heinrich Jacobi nicht zu verhindern, der den missverstandenen Beitrag im „Deutschen Museum" (1781, Band 1) harsch kritisierte.

Gewiss war Wieland vordergründig kein politischer Autor, plakative Vereinfachungen waren seine Sache nicht. Dennoch sind seit den siebziger Jahren viele seiner Texte als gesellschafliche Kommentare zu werten, deren polemische Nuancierungen allerdings häufig durch den Mangel an exakter Begrifflichkeit erkauft sind. Das freie Spiel der Gedanken war ihm wichtiger als die kontormäßige Anhäufung von Daten und Fakten oder pathetische Manifestationen. Subtile Anspielungen und Gedankenwitz reizten ihn mehr als die Fanalisierung letzter Wahrheiten. Die These, dass sich Wieland „im Stillen über beide Parteien lustig“ machte, bezeugt jedoch ein essenzielles Missverständnis seines Anliegens (vgl. Sengle, 441). Vielmehr bekunden seine politischen Stellungnahmen eine beachtliche Urteilskraft; sie erschließen sich jedoch nur als Bestandteil eines öffentlichen Meinungsnetzes.

Seit der misslichen Erfahrung mit dem „Chronicle“-Artikel enthielt sich Wieland tagespolitischer Äußerungen und beschränkte seine Kommentare fortan auf den privaten Austausch der Protagonisten seiner Romane. Auch das späte Cicero-Projekt, welches die Phase der römischen Republikdämmerung beschreibt, kann als Reflex auf den zeitgenössischen gesellschaftlichen Umbruch gelesen werden.

Für den obrigkeitstreuen Royalisten aus Gewöhnung galten persönliche Beziehungen mehr als emphatisch vorgetragene weltanschauliche Bekenntnisse. Der Vorzug, Seite an Seite auf einer Gartenbank mit Anna Amalia gemütlich einen Sommertag zu vertändeln, machte ihn gänzlich untauglich für Aufrufe zu Rebellion und Umsturz. Die betuliche Komponente seines Charakters wurde zwar ergänzt durch einen eminent politischen Sinn, aber rhetorisches Pathos hätte sich mit seinem Streben nach philosophischer Mäßigung schlecht vereinbart. Für den lärmenden Meinungsmarkt war seine Stimme zu moderat, die sich eher für ein Kleinkunsttheater, als für ein Massenstadion geeignet hätte.

Als Aufklärer fühlte sich Wieland von zwei Fronten herausgefordert: Einerseits von den geheimbündlerischen Bestrebungen des Illuminatenordens, andererseits von den zunehmend offensiver auftretenden Vertretern der Gegenaufklärung. Das weltbürgerliche Manifest mit dem kryptischen Titel „Das Geheimniß des Kosmopolitenordens“ (Merkur 1788, 3. und 4. Vierteljahr) bezog eindeutig Position: Unmissverständlich wurde gegen den restaurativen Zeitgeist polemisiert und die Einlösung von Forderungen, wie Pressefreiheit, Zulassung eines freien öffentlichen Diskurses sowie weitere politische Reformen, angemahnt In einer Zeit zunehmender staatlicher Repression, wie durch das preußische Religionsedikt, bekannte sich Wieland zu einem frühliberalen Weltbild, welches die Modernisierung der bestehenden Staatsformen erhoffte. Eine angemessene Bewertung seiner politischen Kommentare muss gleichwohl deren satirischen, mit einem hohen Anspielungsreichtum melierten Grundton berücksichtigen.

Als ideengeschichtlich wichtig gilt Wielands Formulierung des Kosmopolitengendankens. Die Bedeutung der „Weltbürger“ mit elitär-volksbildender Funktion, welche die Phalanx der Aufklärungsmission bilden, wird in den „Abderiten“ erläutert (2. Buch, 6. Kapitel; vgl. WS Bd. 4, S. 49–61). Der geneigte Leser vernimmt dort „Geheimnachrichten von dem uralten Orden der Kosmopoliten“, deren Mitglieder sich gleichsam als gelehrte Heilsritter oder demokratische Garde unter dem Zeichen von Königin Vernunft empfehlen. Vorkämpfer dieser hypothetischen Vernunftrepublik sind unter anderem Demokrit und Hippokrates, die allerdings vor dem Spießbürgertum Abderas zu kapitulieren gezwungen sind. Kosmopolit und Aufklärer sind mithin Synonyme für Bürger, die ständig das Scheitern ihrer Gesandtschaft einkalkulieren müssen.

Der Veröffentlichung von Wielands Essay zum Stichwort Aufklärung, „Ein paar Goldkörner aus – Maculatur oder Sechs Antworten auf sechs Fragen“ (Merkur 1789, Bd. 2), folgte ein öffentlicher Streit mit dem konservativen Publizisten Ernst August Anton von Göchhausen, dessen satirische, anti-illuminatorische Schrift „Enthüllung des Systems der Weltbürger-Republik“ ihn bereits zum Kosmopolitenaufsatz angeregt hatte. Mit satirischem Ton beantwortet Wieland die Frage nach dem Wesen der Aufklärung durch den frappierend praktischen Hinweis auf den alltagstauglichen Vorteil beleuchteter Gegenstände. Im Sinne der Aufklärung sei „jedermann – von Sokrates oder Kant bis zum obskursten aller übernatürlich erleuchteten Schneider und Schuster“ als potenzieller „Beleuchter“ [ein Wortspiel mit lateinisch *illuminati* = die Erleuchteten] der Wirklichkeit geeignet. Es sei demnach die demokratische Aufgabe gelehrter Vormünder, die Fackeln der Erkenntnis an sämtliche Bürger weiterzureichen.

Zu den zeitgenössischen Philosophen, deren Einfluss auf Wieland nachweisbar ist, gehörten außer Ferguson, Helvétius und Hume auch Shaftesbury, dessen geistreich-humorvolle, eudämonistisch geprägte Weltsicht sich in gedanklicher Noblesse und gelebter Weltläufigkeit ausdrückte. Wie das englische Vorbild, bekannte sich Wieland zum Prozess der Zivilisation in der Hoffnung, dass kulturelle Codes und Techniken –

Kunst, Mythologie, Religion, Wissenschaft – den Einzelnen zur sozialen Verantwortung anleiten.

In der unter anderem von Ferguson und Shaftesbury inspirierten, am Ende des 18. Jahrhunderts verbreiteten Lebenskunstdiskussion mit der immerhin kühnen Absicht, durch kodifizierte Verhaltensmaßregeln die individuelle Glückseligkeit zu befördern, ergriff auch Wieland das Wort: Der Essay „Filosofie als Kunst zu Leben und Heilkunst der Seele betrachtet" (C^{1r}, Bd. 24, S. 55–70; enthalten in: „Fragmente von Beyträgen zum Gebrauch derer, die sie brauchen können oder wollen"; Merkur 1778, 2. Vierteljahr) versteht die Philosophie als Zerfallserscheinung einer überfeinerten Zivilisation, in der das Einzelwesen die Einheit von Leib und Seele verloren hat. Mit (freilich naivem) Blick auf vermeintlich glückselige Naturvölker wird eine Situation beschworen, die keines philosophischen Regelwerkes bedarf, um den Einzelnen glücklich zu machen, denn: „Die Natur weiß nichts von Idealen." Erst der moderne, weltanschaulich verunsicherte Mensch bedürfe der Philosophie als Therapeutikum.

Als Zeichen geistiger Dekadenz galt insbesondere der in den achtziger Jahren zunehmende Geisterglauben und der „Hang zum Übernatürlichen". Wieland warnte – anders als sein Romanheld Peregrinus, der an die „Eudämonie" [Glückseligkeit] des Einzelnen als Ergebnis eines nach „Vorschrift" der Vernunft geführten Lebens glaubte (C^{1r}, Bd. 28, S. 119) – vor der „Vernunft als einzige Führerin" und empfahl dem Weisheitssuchenden das Vertrauen auf „das innige Bewußtsein dessen was wir fühlen" (C^{1r}, Bd. 24, S. 44, 92).

Gänzlich wollte jedoch auch Wieland auf das Therapeutikum der philosophischen Heilkunst nicht verzichten, denn seit den siebziger Jahren befand sich der Autor ständig in einem kräftezehrenden geistigen Ausnahmezustand. Die redaktionelle Vorgabe des „Merkur", das Publikum durch eine weltanschaulich moderate Gesinnung nicht zu brüskieren, wurde nämlich nur lax befolgt. Wie erwähnt, nutzte der Herausgeber das Journal als Forum zur öffentlichen Positionierung und provozierte polemische Retourkutschen. Nicht zuletzt spürten auch orthodoxe Vertreter der christlichen Konfessionen die Unvereinbarkeit seiner Betrachtungen mit ihrer Gedankenwelt. Man vermutete in Wieland einen Freigeist: Seine humoristisch-skeptische Kritik an Sektiererei und Schwärmertum ist ebenso wie die funktionale Deutung von Religion als repressive Kontrollinstanz ein zu häufiges Thema seiner Romane, um dem Verdacht des Freidenkertums zu entgehen.

In Wahrheit blieb Wieland jedoch zeitlebens für religiöse Vorstellungen durchaus empfänglich; vor allem die im Alter verstärkte Auseinandersetzung mit Cicero blieb nicht ohne Folgen. Nicht nur in der Logenrede von 1812, sondern auch privat bekannte sich der Pfarrerssohn als Anhänger eines Vernunftglaubens im Sinne der stoischen Weltsicht von Ciceros erstem Buch der „Tusculanae disputationes", wie Christian Gottlob von Voigt bemerkte (vgl. WB 18.2, S. 418).

Entschieden wandte sich der vormalige Erfurter Philosophieprofessor gegen den „Ton eines Energumenen" (dämonischer Schwärmer; C^{1r}, Bd. 24, S. 51). Fichtes halbsakrale Selbstdarstellung stieß ihn ebenso ab, wie die magisch-sektiererischen Ambitionen einiger Vertreter der jüngeren Dichtergeneration und die abstrakte Denkweise zeitgenössischer Transzendentalphilosophen. Seine Abneigung galt jedoch weniger Kant, als dem teilweise verquasten Idiom und der halbmessianischen Selbstdarstellung von dessen systemfixierten Nachfolgern. Zu Wielands strategischen Partnern beim Widerstand gegen die neue Philosophie gehörten – freilich aus unterschiedlichen Motiven – Friedrich Heinrich Jacobi, Herder, Knebel, Klopstock, Gleim, mit Abstrichen Jean Paul. Die Frontenstellung war jedoch äußerst komplex, denn beispielsweise Fichtes Systemphilosophie gründete sich auf die Vorarbeiten seines Schwiegersohns Reinhold. Wielands poetische Vernunft sympathisierte mit dem subversiven Witz vom Schlage eines Diogenes, Peregrinus oder Lucian. Bei seiner Vorliebe für diese Art von Helden dürfte es nicht übertrieben sein, Wieland in der Tradition der Kyniker zu sehen.

Die Essays „Briefe an einen jungen Dichter" bieten einen intimen Einblick in die Probleme der Autorschaft (C^{1r}, Bd. 24, S. 1–38; Merkur 1782, 3. und 4. Vierteljahr 1784, 1. Vierteljahr). Charakterliche Voraussetzungen für das Schreiben, diesen Parcours der Einsamkeit, sind für Wieland das Vergnügen am Alleinsein und ein ausgeprägter Schaffensdrang. Tatsächlich bestimmte eine klaustrophile Neigung zeitlebens sein Verhalten: Die habituelle Präferenz des Dichterstubendaseins. Ob im elterlichen Domizil, im Tübinger Weinberg-Refugium, in der Bodmer-Eremitage, im Biberacher Gartenhaus, auf dem Oßmannstedter Landgut oder beim späten

Weimarer Cicero-Projekt – stets fand Wieland am Schreibtisch seinen seelischen Ausgleich. Der dornige Weg des jungen Dichters beginnt als kindlicher Verseschmied, wenn der „künftige Virtuoso" den einsamen Pfad betritt, um sein Talent zur Reife zu bringen. Der Vollblutpoet Wieland verspürte bereits in Jugendjahren eine „Wollust" beim Anhören der „Musik schöner Verse", die sogar die Befriedigung natürlicher Lebensbedürfnisse zu unterdrücken vermochte. Als physiologische Grundlage gelungener Schreib-Askese gilt die „zarte Empfindlichkeit und Reizbarkeit einer poetischen Organisation" (C^{1r}, Bd. 24, S. 7f., 25). Seine Ratschläge beruhen auf reicher Erfahrung und sind zeitlos-aktuell: „Sie müssen nie keine Verse machen, wenn der Stuhlgang nicht recht von statten geht" (Brief vom 22. September 1756; vgl. C^{1r}, Bd. 8, S. 99).

Weil mit der Pension eines Fürstenerziehers die größer werdende Familie schwer zu versorgen war, schrieb und übersetzte Wieland nicht nur aus Gründen gepflegter Selbstunterhaltung. Das literarische Talent musste vermarktet werden: Entstand etwa „Don Sylvio", um die Schulden infolge der Bibi-Affäre auszugleichen, so war das journalistische Großprojekt „Merkur" von einer Mischung aus kaufmännischer Naivität und finanzieller Spekulation beflügelt. Erst der Ertrag aus der Göschen-Ausgabe schuf jedoch die Grundlage für eine literarisch-ökonomische Erfolgsstory, welche ihresgleichen in der deutschen Dichtungsgeschichte sucht: Hatte Wieland 1765 für die „Comischen Erzählungen" noch drei Taler pro Bogen erhalten, so steigerte sich bis 1773 die Einnahme auf 16, mithin vier Taler mehr als Klopstock zur selben Zeit beanspruchen durfte. „Die Grazien" und „Der neue Amadis" wurden mit 500 Talern, also in der Höhe des Jahresgehaltes als Erfurter Professor, vergütet. Seit den neunziger Jahren suchte Wieland nach geeigneten Vermögensanlagen, wie Grundbesitz und Anleihen, um das Kapital zu bewahren und zu mehren. Gleichwohl darf nicht übersehen werden, dass bei Wieland aufgrund seiner Unterstützung von Kindern, Schwiegersöhnen und Bekannten nur bedingt von Wohlstand gesprochen werden kann, denn trotz verhältnismäßig hoher Einkünfte blieb Geld ein ständiges Mangelobjekt des Familienoberhaupts.

In weiser Selbsteinschätzung charakterisierte sich Wieland als einfältig, gutherzig und aufrichtig, gepaart mit der Neigung, von anderen besser zu denken als von sich selbst (vgl. Brief vom 22. September 1777; WB

7.1, S. 80). Tatsächlich war Menschenkenntnis nicht seine Stärke: Der anfänglich emphatischen Wertschätzung eines neuen Bekannten folgte Enttäuschung und Distanzierung, wie gegenüber Riedel und Graf Görtz, bedingt auch zu Goethe und Friedrich Heinrich Jacobi. Jahrelang andauernde, weitgehend ungetrübte Freundschaften sind allerdings ebenfalls zu verzeichnen, etwa zu Auguste von Keller, Johannes Daniel Falk, Gleim, Griesbach, Herder, Sophie von La Roche, Anna Amalia, Maria Pawlowna, mit Einschränkungen auch zu Bertuch, Böttiger und Göschen.

Langfristig nachtragend war Wieland nicht. Besonders behagte ihm die Rolle des *arbiter elegantiarum*, des Beraters in ästhetischen Fragen: Sein Briefwechsel zeigt, dass nicht nur die Jacobi-Brüder und Falk, sondern ebenso kunstinteressierte Adelige von seinen literarischen Kenntnissen profitierten (zu Falk und zur Patenschaft Wielands bei dessen Sohn vgl. Brief vom 19. Juni 1798 sowie WB 15.2, S. 123). Allerdings sollten Wielands erzieherische Meriten nicht zu hoch veranschlagt werden: Ob als Hauslehrer in Zürich und Bern, bei Fritz La Roche in Erfurt oder bei den Weimarer Prinzen – seine hochgradige Nervosität erschwerte die Entfaltung der erforderlichen pädagogischen Duldsamkeit.

Von politischen Turbulenzen blieb Wielands Leben weitgehend verschont, sogar die Plünderung Weimars überstand er mit seiner Familie glimpflich. Auch von körperlichen Leiden wurden viele seiner Freunde schwerer heimgesucht, als er selbst; so musste Christoph Martin beispielsweise nicht annähernd Herders Krankheitsplagen erleiden. Immerhin setzten ihm die Pocken in der Jugendzeit, der Kollaps nach dem Tod des Bruders, Ekzeme, Augenentzündungen, Anfälle von Nesselsucht, Katarrhfieber, Cholera, rheumatische Schübe sowie eine altersbedingte Abnahme der Sehkraft zu. Die vermutete Schilddrüsenüberfunktion wirkte sich zwar affektiv und physiologisch nachteilig aus, aber eine gravierende Behinderung war damit nicht verbunden. Erst in den letzten Jahren bereitete die infarktöse Neigung seinem Leben ein rasches Ende.

Der Mench als eigener Lebensentwurf – diese säkulare Botschaft des „Agathodämon" beanspruchte Wieland für sich selbst. In seinen Romanen beschrieb er mit Vorliebe weise Personen, denen er selbst gerne charakterlich geglichen hätte, denn häufig vermisst man bei ihm im Alltag den gelassenen Humor eines Diogenes. Am stimmigsten fügte sich sein

Selbst- und Außenbild während der Oßmannstedter Jahre: Die malerische Selbstinszenierung als Poet mit roter Schärpe und Seidenkappe verlieh dem Bild vom Dichter eine eigentümliche Kostümierung. Das Landgut an der Ilm verließ ein Gereifter, der fortan intellektuelle Schlammschlachten vermeiden wollte. Die im Alter zunehmende Bescheidenheit deutet auf eine tendenzielle Minderung seines Narzissmus hin; gleichwohl berichten auch Zeitzeugen der späten Jahre von unvermindert starken Stimmungsschwankungen und Ausbrüchen heftigen Jähzorns.

Auffallend ist Wielands kognitive Flexibilität und die ständige Bereitschaft, aus schlechten Erfahrungen zu lernen und sich neuen Herausforderungen zu stellen: Ob als Kommunalangestellter oder Unternehmer im Medienbereich – der Poet aus Neigung erwies sich als lebenstüchtig. Glück und Zufall trugen allerdings nicht wenig zum Wohlstand bei, denn selbst der wirtschaftliche Fehlkauf des Landguts Oßmannstedt erbrachte letztlich einen Gewinn.

Für Wieland war eine besondere Neigung zum Privaten bestimmend: „Der bürgerliche Sturm, der stets *Athen* bewegt, Trifft seine Hütte nicht …" könnte eines seiner Motti gewesen sein (C^{1r}, Bd. 9, S. 98). Erstrebt wurde von ihm eine in der „Geschichte des Danischmend" genüsslich ausgemalte „häusliche Glückseligkeit" (C^{1r}, Bd. 8, S. 42). Frei von utopischer Semantik verstand Wieland das Wort *Heimat* als zufriedenes Dasein im privaten Heim. Sein bevorzugtes Selbstbild war dasjenige des weisen Patriarchen inmitten eines expandierenden Familienglücks. Dieses Streben nach Intimität ist gleichwohl die Kehrseite seiner Einsamkeit, denn letztlich fühlte sich Christoph Martin in der Familie zwar aufgehoben, aber unverstanden. Seit früher Jugend erfahren mit Einsamkeitstechniken, verstand er mittels Fantasie und Kreativität diesen Mangel zu lindern. Selbst die Trauer über den Tod seiner Frau vermochte der Witwer wenigstens graduell durch die Vorstellung, ihr Phantom stehe ihm weiterhin zur Seite, auszugleichen.

Wielands Bemerkung, „daß ein gelehrtes Frauen-Zimmer, ein weiblicher Bel-Esprit de profession schwehrlich einen Mann und eine Familie glücklich machen werde", sollte nicht als Redensart eines Jugendlichen abgetan werden, denn für den ehelichen Alltag bevorzugte Wieland den biederen weiblichen Typus ohne intellektuelle Prätention (Brief vom

13. September 1755). Der hauswirtschaftlich-logistische und emotionale Rückhalt ist à *la longue* für jeden Autor wichtiger als ständige elaborierte Diskurse im eigenen Heim. Deshalb war die Weitsichtigkeit seiner – ursprünglich von Sophie La Roche protegierten – Partnerwahl kaum zu überschätzen.

Anna Dorothea und Christoph Martin liebten sich innig, und der Verlust seiner gutmütigen Hausfrau „Perisadeh" [Danischmends Gattin] traf ihn mit Wucht: Dreieinhalb Dekaden des Zusammenlebens hatten die beiden zu einer Dyade geformt, und die Behaglichkeit, welche Anna Dorothea bereitete, war gewiss kein geringer Beitrag zu seinem betulichen Lebensglück.

Nach dem Tod von „Mamma", wie sie von der Familie liebevoll genannt wurde (vgl. Brief vom 1. März 1801), bezweifelte Wieland die Tauglichkeit von Dichtern zum Gatten – möglicherweise ein reumütiger Reflex seiner Erinnerungen an Verdruss und Ungerechtigkeit, welche seine Frau von ihm hatte erdulden müssen. Liebe, dieses vielfach variierte Großthema seiner Schriften, wird in der späten Erzählung „Menander und Glycerion" denn auch eher skeptisch im Sinne einer verminderten Abneigung zwischen Geschlechtspartnern gedeutet, deren Verhältnis sich zu beiderseitigem Vorteil besser auf Freundschaft hätte beschränken sollen.

Anders als bei Herder ging Wielands Heirat keine Lovestory voraus, vielmehr handelte es sich bei der Verbindung von Anna Dorothea und Christoph Martin um eine von Ruhe und Gleichförmigkeit bestimmte Vernunftehe, die nach 36 Ehejahren aus der Zweckgemeinschaft ein beseeltes Tandem hatte werden lassen. Mit neun lebenden und fünf totgeborenen Kindern – zuzüglich Bibis Baby – hatte sich Wieland als kinderreichster Vertreter der so genannten „Weimarer Klassik" erwiesen. Anna Dorothea war jedoch nicht nur Gebärerin, sondern ebenso die hauswirtschafltiche Zentrale eines personenreichen Haushalts, den der mit Vorliebe auf Geistreise befindliche poetische Weltbürger nur ungern verließ. Ungeachtet dieser Verbundenheit zur familiären Sphäre gehörte Wieland literarisch „zu den progressivsten und sensibelsten aller Vorkämpfer der Frauenrechte" (Thomas Starnes, WS Bd. 2, S. 221). Diese Einschätzung gilt jedoch nicht nur für seine Schriften, welche mit geistvollen Damen wie Aspasia, Musarion, Lais, Clelia, Phryne, Hipparchia,

Glycera bevölkert sind. Auch zu seinen realen Freundinnen gehörten gebildete weibliche Personen: Sophie von La Roche, Julie Bondeli, Catharina „Cateau“ von Hillern, Auguste von Keller, Sophie Brentano, Corona Schröter, Charlotte Gräfin zu Solms-Laubach, Anna Amalia, Maria Pawlowna sowie, nach dem Tod ihres Gatten, Charlotte von Schiller – jede dieser Damen wusste Christoph Martins charmante Geselligkeit und Gelehrsamkeit zu schätzen (zu Charlotte Schiller vgl. WB 18.2, S. 30).

Wielands betont höfliches Verhalten gegenüber Frauen und sein bis in die Spätwerke vorhandener galanter Stil dienen bis heute als Anlass, ihn auf die Rolle eines Rokoko-Dichters zu reduzieren. Wie jedoch die ideengeschichtliche Funktion der Romantik keinesfalls auf ihre Gegnerschaft zur Aufklärung beschränkt werden darf, so sollte man den Konflikt zwischen Wieland und einigen Vertretern der damals modernen philosophisch-literarischen Strömung wirkungsgeschichtlich nicht überbewerten. Der Autor aus Schwaben kann durchaus als Präromantiker verstanden werden, denn seine literarischen Vorleistungen für die neue Dichtergeneration sind unübersehbar: Wielands früher Kontakt zum Mittelalterforscher Bodmer, seine ausgiebige Rezeption der Ritterepen und der Artus-Sage sowie diverse „Merkur“-Beiträge zu ähnlichen Themen bezeugen das aufgeklärte Interesse an jener Zeitperiode, deren Erforschung und Idealisierung die Romantiker für sich beanspruchten.

Die Versepen „Idris“ und „Oberon“ sind in der Göschen-Ausgabe mit dem Prädikat „romantisch“ versehen, aber dieser Begriff beschrieb im 18. Jahrhundert aus den romanischen Sprachen entlehnte Sujets oder Dichtungen. Trotz dieser begrifflichen Einschränkung ist Wielands vielschichter Einfluss auf die nachfolgende Künstlergeneration nicht zu leugnen. So komponierte der romantische Tonsetzer *par excellence*, Carl Maria von Weber, nach der Vorlage des „Oberon“ seine gleichnamige Oper. Insgesamt gilt: Obwohl sich Wielands Romantik-Verständnis deutlich von dem ironisierenden Pathos etwa Friedrich Schlegels unterscheidet, sollte die Wechselwirkung zwischen den Vertretern von Aufklärung, Klassik und Romantik nicht unterschätzt werden.

Wielands philosophische Gesinnung war von Misstrauen gegenüber jeglicher metaphysischen Deutungshoheit bestimmt, von einem distinkten Realismus, welcher hinter der Welt keine „höhere“ Wirklichkeit vermutet. Poesie vermag jedoch jene trostreichen Welten zu erschaffen, die auf vernünftige Weise (mit nur wenig oder gar nicht erhobenem moralischen Zeigefinger) zu erfreuen vermögen. Aber im oft zitierten Diktum „Ergetzen ist der Musen erste Pflicht, Doch spielend geben sie den besten Unterricht" (vgl. „Idris und Zenide", Erster Gesang, C[1r], Bd. 17, S. 16) erschöpfte sich Wielands Anliegen nicht: Nietzsches Ablehnung der „heitern Moralitäten" und „heiteren Immoralitäten" des schwäbischen Dichters verkennt dessen Duplizität als Aufklärer und Poet. Übersehen wird der kritische Impuls seiner poetischen Vernunft. Aufgewachsen in der Hochaufklärung, hatte Wieland den Niedergang des rationalistischen Optimismus persönlich miterlebt. Nun schien die schwärmerische Tonlage vieler Romantiker und der scholastische Jargon der Systemphilosophie die rationale Besonnenheit und die poetische Klarheit zu bedrohen. Wielands narrative Philosophie versuchte mit dem Wissen, dass der Wert der Ware Vernunft auf dem Meinungsmarkt erheblichen Schwankungen ausgesetzt ist, das Projekt Aufklärung erneut anzuregen und dessen Gefährdungen und mögliche Verzerrungen aufzuzeigen.

Sengles These von Wielands „Bindungslosigkeit" und Wirklichkeitsfremdheit ist mithin zutiefst fraglich (vgl. Sengle, S. 443, 492). Vielmehr versuchte sich der aufgeklärte Poet zeitlebens durch die literarischen Versuche von den geistigen Wurzeln seiner Herkunft zu lösen und reagierte spätestens ab dem mittleren Lebensalter gleichsam seismografisch auf die gesellschaftlichen Herausforderungen. Seine Dichtung und Philosophie loteten intellektuelle und literarische Freiräume aus, die vielen seiner Zeitgenossen verschlossen blieben. Einige späte briefliche Äußerungen Wielands lesen sich wie Vorahnungen des modernen Generalverdachts, der das Individuum als eine „Vergesellschaftung von »Zellen« oder einen Komplex biochemischer Reaktionen" (Max Weber) beschreibt. Diese Einsicht mündet in dem vertraulich mitgeteilten sarkastischen Kommentar: „Das Ich ist – ein Betrüger" (vgl. Briefe vom 13. und 17. August 1808). Auch die Zerbrechlichkeit der Sinnerfahrung ist dem Werk nicht fremd. So räsoniert Aristipp über die „beiden großen Regenten unsers wetterlaunischen Planeten", nämlich die „Thorheit, die uns von innen, und de[n] Zufall, der uns von außen beherrscht" (C[1r], Bd. 33, S. 131) – eine gedankliche Konstante, die von „Don Sylvio", „Schach Lolo" bis zum „Aristipp" Wielands Werk wie ein Leitfaden durchzieht.

AUSWAHLBIBLIOGRAFIE

Albrecht, Wolfgang (Hg.): Christoph Martin Wieland. Von der Freiheit der Literatur. 2 Bände. Frankfurt 1997

Bauch, Klaus-P./Schröder, Maria-B.: Alphabetisches Verzeichnis der Wieland-Bibliothek. Hannover 1993

Bock, Heinrich (Hg.): Wieland-Lesebuch. 2. Auflage. Frankfurt am Main 1990

Bock, Heinrich (Hg.): Wieland. Mit fliegender Feder. Ausgewählte Briefe. Frankfurt am Main 1990

Bock, Heinrich (Hg.): Wieland in Bildern. Biberach 1998

Bock, Heinrich (Hg. Wieland-Museum Biberach): „Einen oder zween Sparren zuviel". Biberacher Wieland-Vorträge. Eggingen 2006

Böttiger, Karl August: Literarische Zustände und Zeitgenossen. Begegnungen und Gespräche im klassischen Weimar. Hg. Klaus Gerlach und René Sternke. 3. Auflage. Berlin 1998

Brender, Irmela: Christoph Martin Wieland (rowohlt-monographie 50475), 3. Auflage. Reinbek 2003

Freitag, Egon (Hg.): Ergetzen ist der Musen erste Pflicht … Geschichten und Anekdoten über Christoph Martin Wieland. Jena 2002

Gärten in Wielands Welt. Bearb. von Heinrich Bock und Hans Radspieler (Marbacher Magazin 40/1986; Sonderheft), 2. durchgesehene Auflage. Marbach am Neckar 1999

Gemeinde Oßmannstedt (Hg.): Azmenstat 956/2006 Oßmannstedt (Festschrift zum 1050. Gründungsjahr der Gemeinde). Oßmannstedt 2006

Jørgensen, Sven-Aage; Jaumann, Herbert; McCarthy, John; Thomé, Horst (Hg.): Wieland. Epoche – Werk – Wirkung (Arbeitsbücher zur Literaturgeschichte). München 1994

Heinz, Andrea (Hg): „Der Teutsche Merkur" – die erste deutsche Kulturzeitschrift? Heidelberg 2003

Manger, Klaus/Wieland-Archiv Biberach (Hg.): Wieland-Studien. 5 Bände. Sigmaringen, Heidelberg 1991–2005

Radspieler, Hans: Christoph Martin Wieland 1733–1813. Leben und Wirken in Oberschwaben (Veröffentlichungen der Stadtbibliothek Ulm; Band 3). Ulm 1983

Radspieler, Hans: Wieland-Museum Biberach an der Riß (1905–1985), 2. Auflage. Biberach 1990
Reemtsma, Jan Philipp: Der Liebe Maskentanz. Aufsätze zum Werk Christoph Martin Wielands. Zürich 1999
Reemtsma, Jan Philipp: Das Buch vom Ich. Christoph Martin Wielands „Aristipp und einige seiner Zeitgenossen". Universitäts-Dissertation Hamburg 1993, München 2000
Schaefer, Klaus: Christoph Martin Wieland (Realien zur Literatur; Sammlung Metzler, Band 295). Stuttgart, Weimar 1996
Schelle, Hansjörg (Hg.): Christoph Martin Wieland. (Wege der Forschung; Band 421). Darmstadt 1981
Schelle, Hansjörg (Hg.): Christoph Martin Wieland. Nordamerikanische Forschungsbeiträge zur 250. Wiederkehr seines Geburtstages. Tübingen 1984
Sengle, Friedrich: Wieland. Stuttgart 1949
Seuffert, Bernhard: Prolegomena zu einer Wieland-Ausgabe. 9 Bände. Berlin 1904–1941
Starnes, Thomas C.: Christoph Martin Wieland – Leben und Werk. Aus zeitgenössischen Quellen chronologisch dargestellt. 3 Bände. Sigmaringen 1987
Wielands Gesammelte Schriften (geplant in 3 Abteilungen, nicht abgeschlossen). Hg. Deutsche Kommission der Königlich Preußischen Akademie der Wissenschaften (später: Deutsche Akademie der Wissenschaften zu Berlin). Berlin 1909–1940
Wielands Briefwechsel. Hg. Berlin-Brandenburgische Akademie der Wissenschaften, Institut für deutsche Sprache und Literatur, vormals: Akademie der Wissenschaften der DDR, Zentralinstitut für Literaturgeschichte (seit 1968 durch: Hans Werner Seiffert; seit 1984 durch: Siegfried Scheibe). Berlin 1963ff.
Wieland, C. M: Sämmtliche Werke. Reprint der Ausgabe letzter Hand (Leipzig 1794–1811). Hg. Hamburger Stiftung zur Förderung von Wissenschaft und Kultur in Zusammenarbeit mit dem „Wieland-Archiv" Biberach und Hans Radspieler. Hamburg 1984
Wieland, Christoph Martin. Werke. (3 Bände) Hg. von Manfred Fuhrmann, Gonthier-Louis Fink, Klaus Manger. Frankfurt 1986ff.
Wieland, Christoph Martin: Schriften zur deutschen Sprache und Literatur. Hg. Jan Philipp Reemtsma, Hans und Johanna Radspieler. Frankfurt 2005

Wieland-Bibliographie. Hg. Nationale Forschungs- und Gedenkstätten der klassischen deutschen Literatur. Bearb. von Gottfried Günther und Heidi Zeilinger. Berlin und Weimar 1983

Zaremba, Michael: Zur Geschichte des Wielandgrabes. Hg. Evangelisch-Lutherische Kirchengemeinde Oßmannstedt. Festschrift „210 Jahre Wieland in Oßmannstedt" (Oßmannstedt-Studien, Band 1). Oßmannstedt 2007

ZEITTAFEL

1733	Christoph Martin Wieland wird am 5. September in Oberholzheim nahe Biberach als Sohn des evangelisch-lutherischen Pfarrers Thomas Adam und der Mutter Regina Catharina geboren.
1736	Übersiedlung in die Reichsstadt Biberach.
1747	Besuch der Internatsschule Klosterbergen bei Magdeburg.
1749	Beendigung der Schulzeit ohne Abschluss. Studium an der Universität Erfurt, Wohnung im Hause Baumer.
1750	Rückkehr nach Biberach. Verlobung mit Sophie Gutermann. Jurastudium in Tübingen.
1751	*Die Natur der Dinge. Hermann. Anti-Ovid. Erzählungen. Der Fryhling.*
1752	Gast bei Bodmer in Zürich (bis 1754). *Zwölf Moralische Briefe in Versen.*
1753	*Briefe von Verstorbenen an hinterlassene Freunde. Der geprÿfte Abraham. Hymnen.*
1754	Hauslehrer in Zürich (bis 1759). *Ankündigung einer Dunciade. Sympathien. Empfindungen eines Christen.*
1758	Uraufführung des Dramas *Lady Johanna Gray* in Winterthur.
1759	*Cyrus.* Hauslehrer in Bern. Verlobung mit Julie Bondeli. *Araspes und Panthea. Clementina von Poretta.*
1760	Wahl zum Kanzleiverwalter von Biberach.
1761	Besuche bei Graf Stadion auf Warthausen. Direktor des Evangelischen Komödienhauses. Inszenierung von Shakespeares

„*Sturm*". Übersetzung von *22 Shakespeare-Dramen* (bis 1766). Brechter-Affäre. Beziehung zu Christina „Bibi" Hogel (bis 1763).

1764 *Der Sieg der Natur über die Schwärmerey, oder die Abenteuer des Don Sylvio von Rosalva.*

1765 Heirat mit der Augsburger Kaufmannstochter Anna Dorothea von Hillenbrand. *Comische Erzählungen.*

1766 Biberach-Warthausener Rechtsstreit. Anmietung eines Gartenhauses. *Geschichte des Agathon* (1. Fassung).

1768 *Idris. Musarion oder die Philosophie der Grazien.*

1769 Ernennung zum Kurmainzischen Regierungsrat und Professor der Philosophie an der Universität Erfurt. Grazienbund.

1770 *Sokrates Mainomenos oder die Dialogen des Diogenes von Sinope.* Reise nach Leipzig. *Beyträge zur Geheimen Geschichte des menschlichen Verstandes und Herzens. Die Grazien.*

1771 „Pastor-Amor"-Affäre. Reise in die Rhein-Main-Gegend; Besuch bei La Roche auf Ehrenbreitstein. *Der neue Amadis.* Bearbeitung und Herausgabe von Sophie La Roches Roman *Geschichte des Fräuleins von Sternheim.*

1772 *Der Goldne Spiegel.* Prinzenerzieher am Weimarer Hof.

1773 Gründung des Journals *Der Teutsche Merkur. Alceste. Agathon* (2. Fassung). Angriffe durch die junge Dichtergeneration.

1774 *Die Abderiten* im „Merkur" (bis 1781).

1775 *Geschichte des Philosophen Danischmende.* Ende der Erziehertätigkeit. Erhalt einer Pension. Goethe trifft in Weimar ein.

1776 *Geron, der Adelich. Sommermärchen. Hann und Gulpenheh. Schach Lolo. Pervonte.* Herder in Weimar.

1780 Uraufführung von *Rosemunde* in Mannheim. *Oberon.*

1781 *Die Abderiten* (vollständige Buchausgabe).

1782 Übersetzung: *Horazens Briefe.*

1783 *Clelia und Sinibald.*

1783 Übersetzung: *Horazens Satyren* (bis 1786).

1786 Herausgeber und Bearbeiter von *Dschinnistan oder auserlesene Feen- und Geister-Mährchen* (bis 1788). Mitglied der preußischen Akademie der Wissenschaften.

1787 Schiller in Weimar.

1788	*Lucian von Samosata Sämtliche Werke. Das Geheimniß des Kosmopolitenordens.*
1789	*Geheime Geschichte des Philosophen Peregrinus Proteus. Neue Göttergespräche. Kulturpolitische und naturwissenschaftliche „Merkur"-Artikel.*
1790	*Der Neue Teutsche Merkur.*
1793	*Agathon* (3. Fassung).
1794	Erscheinungsbeginn *Sämmtliche Werke* bei Göschen (bis 1811).
1796	Reisen nach Leipzig und Dresden sowie Zürich. Gründung der Zeitschrift *Attisches Museum.*
1797	Übersiedlung nach Oßmannstedt.
1799	*Agathodämon.* Übersetzungen von *Euripides, Aristophanes, Xenophon.* Öffentlicher Angriff durch die Schlegel-Brüder. Besuch von Sophie La Roche und deren Enkelin Sophie Brentano.
1800	*Aristipp* (bis 1802). Sophie Brentano stirbt in Oßmannstedt.
1801	Tod von Wielands Frau Anna Dorothea.
1802	Im Winter Besuch Heinrich von Kleists.
1803	Verkauf des Landguts Oßmannstedt. Rückkehr nach Weimar.
1804	*Menander und Glycerion.* Begegnung mit Madame de Staël.
1805	*Krates und Hipparchia. Das Hexameron von Rosenhain. Euthanasia. Neues Attisches Museum.*
1806	Übersetzung: *Ciceros Sämmtliche Briefe* (bis 1813)
1807	Tod von Sophie von La Roche und Herzogin Anna Amalia.
1808	Begegnung mit Napoleon.
1809	Eintritt in die Freimaurerloge „Amalia".
1813	Tod Wielands am 20. Januar. Beisetzung in Oßmannstedt.

PERSONENREGISTER

BILDNACHWEIS

Freies Deutsches Hochstift/Frankfurter Goethe-Museum, Frankfurt am Main: Abb. 16

Stiftung Weimarer Klassik: Abb. 3, 6, 10, 12, 13, 14, 17, 18, 20

Thüringisches Hauptstaatsarchiv, Weimar, Großherzogliches Hausarchiv: Abb. 15

Universitätsarchiv Tartu/Estland: Umschlagabbildung

Wieland-Museum Biberach an der Riß: Abb. 1, 2, 4, 5, 7, 8, 9, 11, 19

Michael Zaremba

Johann Gottfried Herder

Prediger der Humanität

Eine Biografie

2002. VI, 270 Seiten. 20 s/w-Abb.
auf 16 Tafeln. Gb. mit SU.
ISBN 978-3-412-03402-3

Johann Gottfried Herder, geboren 1744 im ostpreußischen Mohrungen und gestorben 1803 in Weimar, gehört zu den bedeutendsten Vertretern der Weimarer Klassik. Vor allem durch sein Hauptwerk »Ideen zur Philosophie der Geschichte der Menschheit«, seine »Volkslieder«-Sammlung sowie die »Briefe zur Beförderung der Humanität« gebührt ihm ein Ehrenplatz in der deutschen Literatur- und Geistesgeschichte.
Mit Blick auf den 200. Todestag Herders im kommenden Jahr legt Michael Zaremba eine moderne Biografie vor, die erstmals auf die Gesamtausgabe von Herders Briefen zurückgreifen kann. Anschaulich verfolgt der Autor die entscheidenden Stationen auf Herders Lebensweg: sein Studium in Königsberg, seine Reise- und Lehrjahre u.a. in Riga, Darmstadt, Straßburg und Bückeburg sowie sein fast dreißigjähriges Wirken in Weimar. Das Buch würdigt die Verdienste, die sich Herder als Philosoph und praktischer Reformer, als aufgeklärter Patriot und protestantischer Prediger erworben hat. Es zeigt aber auch den Ehegatten und Privatmann, den Menschen mit einer schwachen körperlichen Konstitution und einem knorrigen Naturell.

Böhlau
Köln Weimar Wien

Ursulaplatz 1, D-50668 Köln, Telefon (0221) 91390-0, Fax 91390-11

03402070709

Ursula Salentin

Anna Amalia

Wegbereiterin der Weimarer Klassik

3. Aufl. 2001. 201 S.
32 Taf. mit 37 s/w-Abb. Br.
ISBN 978-3-412-13200-2

Ohne sie hätte die Weimarer Klassik nie stattgefunden. Anna Amalia, Nichte Friedrichs des Großen und Herzogin von Sachsen-Weimar-Eisenach, gilt als das charismatische Zentrum des Weimarer Hofes. Sie holte Wieland als Prinzenerzieher in ihre Residenz, unterhielt freundschaftliche Kontakte zu Goethe und Herder. Doch stand ihr Name lange im Schatten jener Dichter und Denker, die sie förderte.

Dem sucht Ursula Salentin mit ihrer Biographie abzuhelfen. Sie schildert das Leben der braunschweigischen Prinzessin, die als Sechzehnjährige heiratete, schon zwei Jahre später Witwe wurde und für ihre beiden kleinen Söhne die Regentschaft übernahm. Nachdem dann ihr Sohn Carl August 1775 die Regierung angetreten hatte, widmete sich Anna Amalia fast ausschließlich der Pflege und Förderung von Kunst und Wissenschaft sowie dem Genuss der Natur.

Ursula Salentin zeichnet ein lebendiges Bild dieser Fürstin, von der Goethe rückblickend sagte, sie habe Erhabenes verehrt, Schönes genossen, Gutes bewirkt und damit all das gefördert, was die Menschheit ehre, ziere und bestätige.

Böhlau

Köln Weimar Wien

Ursulaplatz 1, D-50668 Köln, Telefon (0221) 9139 00, Fax 9139 011

Reinhard Schau

Das Weimarer Belvedere

Eine Bildungsstätte zwischen Goethezeit und Gegenwart

2006. 227 S. mit 51 s/w-Abb.
Gb. mit SU.
ISBN 978-3-412-31205-3

Das Belvedere in Weimar wurde als barockes Jagdschloss mit umliegenden Kavalierhäusern erbaut. Herzogin Anna Amalia führte hier in den Sommermonaten ihre Regierungsgeschäfte. Die Tradition des Ortes als Bildungsstätte beginnt mit Christoph Martin Wieland, der als Prinzenerzieher auf seinen Schützling Carl August in der naturnahen Atmosphäre Belvederes besonders nachhaltig wirkte. Das Buch zeichnet die vielfältigen pädagogischen Initiativen, die mit dem Belvedere institutionell und programmatisch verbunden sind, vom späten 18. Jahrhundert bis in die Gegenwart nach. Die erste Bildungsinstitution auf dem Berg mit der schönen Aussicht war eine Eliteschule für Diplomaten (18. Jh.). Für Mitglieder der Großherzoglichen Kunstschule (19. Jh.) und das »Neue Weimar« um Harry Graf Kessler (Anfang 20. Jh.) bot die Harmonie von Natur und Kultur reiche Anregungen. Seit den 30er-Jahren des 20. Jahrhunderts ist das Belvedere Heimstatt für verschiedene Schulen musischer Bildung, so für das legendäre »Deutsche Theater-Institut« und für Abteilungen der Hochschule für Musik Franz Liszt. Seit 1996 residiert dort in einem Neubau das »Musikgymnasium Schloss Belvedere«.